중학교 졸업자격 검정고시

같은 문제 다른 해설 기출문제집

최신개정판

도서출판 국자감
www.kukjagam.co.kr

C·O·N·T·E·N·T·S

2021년도 제2회
중학교 졸업자격 검정고시

C·O·N·T·E·N·T·S

2021년도 제2회 중학교 졸업학력 검정고시

국 어

중졸

---

1. 공감하며 반응하는 대화로 ㉠에 들어가기에 가장 적절한 것은?

① 동아리에서 배운 대로만 하는데 그게 어려워?

② 그럼 지금이라도 그만둬! 괜히 피해 주지 말고.

③ 거봐, 그럴 줄 알았다. 어쩐지 연습을 안 하더라.

④ 그렇구나! 연주회를 앞두고 있어서 걱정이 되는구나.

2. 다음은 토론의 일부이다. ㉠에 들어갈 내용으로 가장 적절한 것은?

> **논제 : 학교 내 복도에 무인 방범 카메라를 설치하자.**
>
> 찬성 측 : 교내의 모든 복도에 무인 방범 카메라가 설치되어야 합니다. 학교의 사각지대가 사라진다면 학생들이 자신의 행동을 스스로 조심하게 되어 학교 폭력이 줄어들 것입니다.
>
> 반대 측 : 저는 바로 그 점 때문에 교내 복도 무인 방범 카메라 설치에 반대합니다. 학교의 모든 복도에 카메라가 설치되어 학생들의 일거수일투족이 빠짐없이 촬영된다면 ___㉠___
>
> ⋮

① 사생활 침해 우려가 크기 때문입니다.

② 초기 설치 비용이 많이 들기 때문입니다.

③ 유지 및 보수 관리가 어렵기 때문입니다.

④ 교내에 외부인 출입이 어려워지기 때문입니다.

3. 다음 <표준 발음법> 규정에 맞지 않는 것은?

> ■ 표준 발음법 ■
>
> **【제9항】** 받침 'ㄲ, ㅋ', 'ㅅ, ㅆ, ㅈ, ㅊ, ㅌ', 'ㅍ'은 어말 또는 자음 앞에서 각각 대표음 [ㄱ, ㄷ, ㅂ]으로 발음한다.

① 낮[낟]
② 밖[박]
③ 옷[옷]
④ 앞[압]

4. 밑줄 친 단어의 품사가 다른 것은?

① 오늘은 어느 집에서 모이나요?
② 모든 학생은 강당으로 모여 주세요.
③ 언제나 시작할 때의 첫 마음을 잊지 말자.
④ 엄마가 들려주신 이야기는 매우 흥미로웠다.

5. ㉠과 같은 어휘를 사용하는 이유로 가장 적절한 것은?

> (엄마가 아들에게) 당근은 가늘고 길게 채 썰어 줘.
> (요리사들의 대화) 당근은 ㉠쥘리엔*으로 썰어 주세요!
> *쥘리엔 : 채소나 고기를 길고 가는 모양으로 채 써는 것을 가리키는 요리 용어.

① 고유어를 사용하여 생생하게 표현하기 위해
② 지역 방언을 사용하여 동질감을 형성하기 위해
③ 전문어를 사용하여 소통을 효율적으로 하기 위해
④ 유행어를 사용하여 문화적 특징을 드러내기 위해

6. 밑줄 친 문장 성분이 ㉠에 해당하는 것은?

> 문장을 이루는 데 필요한 주성분에는 주어, 목적어, ㉠보어, 서술어가 있다.

① 아침에 까치가 울었다.
② 내 동생이 반장이 되었다.
③ 형이 강가에서 산책을 한다.
④ 여름에는 수박을 많이 먹는다.

7. ㉠에 해당하지 않는 것은?

> 훈민정음의 자음 글자 'ㄱ, ㄴ, ㅁ, ㅅ, ㅇ'은 상형의 원리로 만들어진 기본 글자이다. ㉠이 기본 글자에 가획의 원리에 따라 획을 더하여 글자를 추가로 만들었다.

① ㅋ
② ㄲ
③ ㄷ
④ ㅈ

8. **다음 개요에서 통일성을 고려할 때, 적절하지 않은 것은?**

제목	지진의 피해와 대처 방안
처음	지진의 개념
중간	◦ 지진 피해 실태 - 지진과 태풍의 원인 비교 ························ ① - 각국의 지진 피해 사례 ··························· ② ◦ 지진 발생 시 대처 방안 - 지진 발생 시 장소에 따른 대피 방법 ············· ③ - 지진 강도에 따른 행동 요령 ······················ ④
끝	당부의 말

9. **(가)를 활용하여 표현하기에 적절한 것을 (나)의 ㉠~㉣에서 고른 것은?**

(가) **속담** : 울며 겨자 먹기

(나) 어제 아버지께서 등산을 가자고 하셨다. ㉠가기 싫었지만 억지로 따라갔다. 급하게 올라가려니 너무 힘들었다. 아버지께서 ㉡힘들면 내려가자고 하셨다. 그때는 ㉢포기하고 싶다는 생각이 들었다. 그런데 산 정상에 도착하니 눈앞에 펼쳐진 풍경에 ㉣올라갈 때의 고통이 사라지는 것 같았다.

① ㉠ ② ㉡ ③ ㉢ ④ ㉣

10. **㉠~㉣에 대한 고쳐쓰기 방안으로 적절하지 않은 것은?**

종묘는 1995년에 유네스코 세계 문화유산으로 지정된 우리나라의 대표적인 문화재이다. ㉠유네스코는 프랑스 파리에 본부를 두고 있다. 종묘는 조선 시대에 왕과 왕비의 위패를 모시고 제사를 지내던 공간이다. ㉡조상은 추모하는 장소이므로 화려한 단청 같은 장식은 없다. 모든 건축물이 단순하고 절제된 아름다움을 ㉢드러내고 있어서 방문한 사람들도 ㉣경박함을 느낄 수 있는 곳이다.

① ㉠ : 글의 흐름에서 벗어난 내용이므로 삭제한다.
② ㉡ : 조사의 쓰임이 맞지 않으므로 '조상을'로 바꾼다.
③ ㉢ : 문장의 호응을 고려하여 '드러나고'로 바꾼다.
④ ㉣ : 문맥에 맞지 않으므로 '경건함'으로 바꾼다.

[11~13] 다음 글을 읽고 물음에 답하시오.

"이제부터 내가 노새다. 이제부터 내가 노새가 되어야지 별수 있니? 그놈이 도망쳤으니까 이제 내가 노새가 되는 거지."

기분 좋게 취한 듯한 아버지는 놀라는 나를 보고 히힝 한 번 웃었다. 나는 어쩐지 그런 아버지가 무섭지만은 않았다. 그러면 형들이나 나는 노새 새끼고, 어머니는 암노새고, 할머니는 어미 노새가 되는 것일까? 나도 아버지를 따라 히히힝 웃었다. 어른들은 이래서 술집에 오는 모양이었다. 나는 안주만 집어 먹었는데도 술 취한 사람마냥 턱없이 즐거웠다. 노새 가족……. 노새 가족은 우리 말고는 이 세상에 또 없을 것이다.

그러나 그러한 생각은 아버지와 내가 집에 당도했을 때 무참히 깨어지고 말았다. ㉠우리를 본 어머니가 허둥지둥 달려 나와 매달렸다.

"이걸 어쩌우, 글쎄 경찰서에서 당신을 오래요. 그놈의 노새가 사람을 다치고 ⓐ가게 물건들을 박살을 냈대요. 이걸 어쩌지."

"노새는 찾았대?"

"찾고나 그러면 괜찮게요? 노새는 간데온데없고 사람들만 다치고 하니까, 누구네 노새가 그랬는지 수소문 끝에 우리 집으로 순경이 찾아왔지 뭐유."

오늘 낮에 지서에서 나온 사람이 우리 노새가 튀는 바람에 많은 피해를 입었으니 도로 무슨 법이라나 하는 ⓑ법으로 아버지를 잡아넣어야겠다고 이르고 갔다는 것이었다. 아버지는 술이 확 깨는 듯 그 자리에 선 채 한동안 눈만 데룩데룩 굴리고 서 있더니 힝 하고 코를 풀었다. 그러고는 아무 말 없이 스적스적 문밖으로 걸어 나갔다. 나는 '아버지' 하고 따랐으나 아버지는 돌아보지도 않고 어두운 골목길을 나가고 있었다. 나는 그 순간 또 한 마리의 노새가 집을 나가는 것 같은 착각을 일으켰다. 그러고는 무엇인가가 뒤통수를 때리는 것을 느꼈다.

아, 우리 같은 노새는 어차피 이렇게 비행기가 붕붕거리고 헬리콥터가 앵앵거리고, ⓒ자동차가 빵빵거리고, 자전거가 쌩쌩거리는 대처에서는 발붙이기 어려운 것인가 하는 생각이 들었다. 언젠가 남편이 택시 운전사인 칠수 어머니가 하던 말, '최소한도 자동차는 굴려야지 지금이 어느 땐데 노새를 부려.' 했다는 말이 생각났다. 그러나 그것은 잠깐 동안이고 나는 금방 아버지를 쫓았다. ⓓ또 한 마리의 노새를 찾아 캄캄한 골목길을 마구 뛰었다.

- 최일남, 『노새 두 마리』 -

11. 윗글에 대한 설명으로 가장 적절한 것은?

① '나'의 시각을 통해 이야기를 전개하고 있다.
② 구체적 지명을 제시하여 사실성을 높이고 있다.
③ 배경 묘사를 통해 향토적 분위기를 드러내고 있다.
④ 대화를 통해 등장인물 간 갈등 해소를 나타내고 있다.

12. ㉠의 이유로 가장 적절한 것은?

① 노새가 죽었다는 소식을 들었기 때문에
② 노새를 찾으러 나갔던 형이 다쳤기 때문에
③ 노새가 난동을 부려 순경이 찾아왔기 때문에
④ 경찰서에서 노새를 잡았다는 얘기를 들었기 때문에

13. ⓐ~ⓓ 중 다음 설명에 해당하는 것은?

산업화 · 도시화에 적응하지 못하는 '아버지'의 삶을 비유하는 소재

① ⓐ ② ⓑ ③ ⓒ ④ ⓓ

[14~16] 다음 글을 읽고 물음에 답하시오.

[A] 나는 나룻배
당신은 행인.

당신은 ㉠흙발로 나를 짓밟습니다.
나는 당신을 안고 물을 건너갑니다.
나는 당신을 안으면 깊으나 얕으나 급한 여울이나 건너갑니다.

만일 ㉡당신이 아니 오시면 나는 바람을 쐬고 눈비를 맞으며 밤에서 낮까지 당신을 기다리고 있습니다.
당신은 물만 건너면 ㉢나를 돌아보지도 않고 가십니다그려.
그러나 ㉣당신이 언제든지 오실 줄만은 알아요.
나는 당신을 기다리면서 날마다 날마다 낡아 갑니다.

나는 나룻배
당신은 행인.

- 한용운, 『나룻배와 행인』 -

14. 윗글에 대한 설명으로 적절하지 <u>않은</u> 것은?

① 묻고 답하는 형식을 활용하고 있다.
② 비유적 표현을 통해 시상을 전개하고 있다.
③ 첫 연을 마지막 연에서 다시 제시하고 있다.
④ '-ㅂ니다'의 반복을 통해 운율을 살리고 있다.

15. ㉠~㉣ 중 다음 밑줄 친 부분이 가장 잘 드러난 것은?

> 일제 강점기라는 시대 배경을 고려할 때, 이 작품에는 조국 독립에 대한 확신이 담겨 있다.

① ㉠ ② ㉡ ③ ㉢ ④ ㉣

16. [A]로 볼 때, '당신'에 대한 '나'의 태도로 적절하지 않은 것은?

① 인내하는 태도 ② 도전하는 태도
③ 희생하는 태도 ④ 헌신하는 태도

[17~19] 다음 글을 읽고 물음에 답하시오.

"여봐라, 사령들아. 너희 사또께 여쭈어라. 먼 데 있는 걸인이 마침 잔치를 만났으니 고기하고 술이나 좀 얻어 먹자고 여쭈어라."

사령 하나가 뛰어나와 등을 밀쳐 낸다.

"어느 양반인데 이리 시끄럽소. 사또께서 거지는 들이지도 말라고 했으니 말도 내지 말고 나가시오."

운봉 수령이 그 거동을 지켜보다가 무슨 짐작이 있었는지 변 사또에게 청했다.

"㉠저 걸인이 옷차림은 남루하나 양반의 후예인 듯하니 저 끝자리에 앉히고 술이나 한잔 먹여 보내는 것이 어떻겠소?"

"운봉 생각대로 하지요마는……."

마지못해 입맛을 다시며 허락을 한다. ㉡어사또 속으로, '오냐, 도적질은 내가 하마. 오랏줄은 ㉢네가 져라.' 되뇌이며 주먹을 꽉 쥐고 있는데 운봉 수령이 사령을 부른다.

"㉣저 양반 드시라고 해라."

어사또 들어가 단정히 앉아 좌우를 살펴보니 마루 위의 모든 수령이 다과상을 앞에 놓고 진양조 느린 가락을 즐기는데, 어사또 상을 보니 어찌 아니 통분하랴. 귀퉁이가 떨어진 개다리소반에 닥나무 젓가락, 콩나물에 깍두기, 막걸리 한 사발이 놓였구나. 상을 발로 탁 차 던지며 운봉의 갈비를 슬쩍 집어 들고,

"갈비 한 대 먹읍시다."

"다리도 잡수시오."

하고 운봉이 하는 말이,

"이런 잔치에 풍류로만 놀아서는 맛이 적으니 운자를 따라 시 한 수씩 지어 보면 어떻겠소?"

"그 말이 옳다."

다들 찬성을 했다. 운봉이 먼저 운을 낼 때 '높을 고(高)'자, '기름 고(膏)' 자 두 자를 내놓고 차례로 운을 달아 시를 지었다. 앞사람이 끝나면 뒷사람이 받아 시를 지을 때 어사또 끼어들어 하는 말이,

"이 걸인도 어려서 글을 좀 읽었는데, 좋은 잔치를 맞아 술과 안주를 포식하고 그냥 가기가 염치가 아니니 한 수 하겠소이다."

운봉이 반갑게 듣고 붓과 벼루를 내주니, 백성들의 사정과 변 사또의 정체를 생각하여 시 한 편을 써 내려갔다.

[A]
금 술잔의 좋은 술은 수많은 사람의 피요
옥쟁반의 좋은 안주는 만백성의 기름이라
촛농이 떨어질 때 백성들 눈물도 떨어지고
노랫소리 높은 곳에 원망의 소리도 높구나

이렇게 시를 지어 보이니 술에 취한 변 사또는 무슨 뜻 인지도 모르지만, 글을 받아 본 운봉은 속으로

'아뿔싸! 일 났다.'

가슴이 철렁 내려앉았다.

- 작자 미상, 『춘향전』 -

17. 윗글에 대한 설명으로 가장 적절한 것은?

① '사령'은 '어사또'를 잔치에 몰래 들여보냈다.
② '운봉'은 '어사또'의 시가 의미하는 바를 파악하였다.
③ '어사또'는 자신의 지조를 자연물에 빗대어 표현하였다.
④ '변 사또'는 '어사또'의 정체를 알아보려고 시를 지었다.

18. ㉠~㉣ 중 가리키는 대상이 <u>다른</u> 것은?

① ㉠ ② ㉡ ③ ㉢ ④ ㉣

19. [A]의 기능으로 가장 적절한 것은?

① 비유를 통해 대상을 비판하고 있다.
② 후렴구를 활용하여 흥을 돋우고 있다.
③ 과거에 즐거웠던 한때를 떠올리게 한다.
④ 헤어진 인물들이 서로의 사랑을 의심하게 한다.

[20~22] 다음 글을 읽고 물음에 답하시오.

> 겨울만 되면 정전기가 기승을 부린다. ㉠정전기란 전하[1]가 정지 상태로 있어 그 분포가 시간적으로 변화하지 않는 전기 및 그로 인한 전기 현상을 말한다.
>
> 정전기로 고생하는 정도는 사람마다 다르다. 정전기는 건조할 때 잘 ㉡생긴다. 습도가 높으면 공기 중의 수분이 전하가 흘러갈 수 있는 도체 역할을 하여 정전기가 수시로 방전된다. 따라서 습도가 높으면 정전기도 잘 생기지 않는다. 땀을 많이 흘리는 사람보다는 적게 흘리는 사람에게 정전기가 많이 생기는 것도 같은 까닭에서이다.
>
> 또한 정전기는 전자를 쉽게 주고받을 수 있는 마찰에 의해 잘 생긴다. 마찰할 때 전자를 쉽게 잃는 물체가 있고, 전자를 쉽게 얻는 물체가 있다. 예를 들면, 털가죽 종류는 전자를 쉽게 잃고, 플라스틱 종류는 전자를 쉽게 얻는다. 우리 몸은 전자를 잘 잃는 편이므로 전자를 쉽게 얻는 나일론, 아크릴, 폴리에스테르 같은 합성 섬유로 된 옷을 자주 입는 사람은 정전기와 친할 수밖에 없다.
>
> 정전기는 우리 생활을 편리하게 하는 데에도 이용되고 있다. 복사기는 정전기를 이용한 대표적인 제품이다. 복사기는 정전기를 이용해 토너의 잉크 가루를 종이에 붙인다. 식품을 포장할 때 쓰는 랩이 그릇에 잘 달라붙는 것도 정전기 때문이다.
>
> \- 김정훈, 『정전기가 겨울로 간 까닭은?』 -
>
> 1) 전하 : 물체가 띠고 있는 정전기의 양.

20. 윗글에서 알 수 있는 내용으로 가장 적절한 것은?

① 습도가 높으면 정전기가 잘 생긴다.
② 마찰에 의해 정전기를 줄일 수 있다.
③ 정전기는 포장용 랩이 그릇에 붙지 않게 한다.
④ 마찰할 때 털가죽 종류는 전자를 쉽게 잃는다.

21. ㉠에 사용된 설명 방법이 쓰인 예로 가장 적절한 것은?

① 시계는 태엽, 초침, 분침, 시침 등으로 구성되어 있다.
② 요구르트, 된장, 치즈는 발효 식품의 예로 들 수 있다.
③ 지구의 기온이 상승하면 남극과 북극의 빙하가 녹게 되어 해수면이 상승한다.
④ 마술이란 재빠른 손놀림이나 여러 장치 등을 써서 불가사의한 일을 해 보이는 것을 말한다.

22. 밑줄 친 부분이 ㉡과 같은 의미로 쓰인 것은?

① 그녀는 이국적으로 생겼다.
② 비가 와서 무지개가 생겼다.
③ 은밀히 한 일이 발각되게 생겼다.
④ 그 약은 맛있는 사탕처럼 생겼다.

[23~25] 다음 글을 읽고 물음에 답하시오.

옛날 우리 조상들이 겨울철에 저장한 얼음을 여름까지 보관할 수 있었던 방법은 무엇이었을까? 비밀은 석빙고에 있다.

석빙고의 얼음 저장 과정은 냉각과 저온 ㉠유지의 두 단계로 나뉜다. 얼음을 넣기 전에 내부를 냉각하는 것이 첫 번째 단계이고, 얼음을 넣은 뒤 7~8개월 동안 내부 온도를 낮게 유지하는 것이 두 번째 단계이다.

첫 번째 단계는 우선 겨울에 석빙고의 내부를 냉각하는 것부터 시작한다. 경주 석빙고의 겨울철 내부 온도는 평균 영상 3.9도 정도이다. 일반적으로 건물의 지하실 내부 평균 온도가 영상 15도 안팎이니 석빙고 내부가 얼마나 차가운지 쉽게 알 수 있다.

우리 조상들은 어떻게 석빙고 ㉡내부를 냉각할 수 있었을까? 그 비밀은 석빙고 출입문 옆에 세로로 튀어나온 '날개벽'에 숨어 있다. 겨울에 부는 찬 바람은 날개벽에 부딪히면서 소용돌이로 변한다. 이 소용돌이는 추진력이 있어 힘차게 석빙고 내부 깊은 곳까지 밀고 들어가게 되고, 석빙고 내부는 이렇게 ㉢냉각이 된다.

두 번째 단계는 2월 말 무렵 얼음을 저장하고 나서 7~8개월 동안 석빙고 내부를 저온 상태로 유지하는 것이다. 저장한 얼음은 봄이 지나고 여름이 되어도 녹지 않아야 한다. 그렇다면 어떻게 한여름에도 저온 상태를 유지할 수 있었을까? 그 비밀은 석빙고의 절묘한 천장 구조에 있다. 석빙고의 천장은 1~2미터 ㉣간격을 두고 나란히 배치된 4~5개의 아치형 구조물로 되어 있다. 각각의 아치 사이에는 움푹 들어간 공간이 있는데, 이를 '에어 포켓'이라고 한다. 얼음이 저장된 후 조금씩 더워진 내부 공기가 위로 뜨면 그 공기는 에어 포켓에 갇혀 아래로는 내려올 수 없게 된다. 이곳에 갇힌 더운 공기는 에어 포켓 위쪽에 설치된 환기구를 통해 밖으로 배출된다. 이렇게 해서 석빙고 내부는 한여름에도 저온 상태를 유지할 수 있었다.

- 이광표, 『조상의 슬기가 낳은 석빙고의 비밀』 -

23. 윗글의 내용 전개 방식으로 가장 적절한 것은?

① 가설을 통해 중심 화제를 검증하고 있다.
② 중심 화제의 원리를 단계별로 설명하고 있다.
③ 전문가의 견해를 인용하여 신뢰성을 높이고 있다.
④ 통계 자료를 통해 중심 화제의 장점을 부각하고 있다.

24. 윗글의 내용과 일치하지 않는 것은?

① 얼음 저장은 석빙고 내부를 냉각하는 것부터 시작한다.
② 석빙고의 겨울철 내부 온도는 일반적인 건물의 지하실 내부 평균 온도보다 낮다.
③ 석빙고 내부의 '날개벽'은 더운 공기를 위로 뜨게 한다.
④ '에어 포켓' 위쪽에 설치된 환기구는 내부를 저온 상태로 유지하는 장치이다.

25. ㉠~㉣의 사전적 의미로 적절하지 않은 것은?

① ㉠ : 낮은 데서 위로 올라감.
② ㉡ : 안쪽의 부분.
③ ㉢ : 식어서 차게 됨.
④ ㉣ : 공간적으로 벌어진 사이.

2021년도 제2회 중학교 졸업학력 검정고시

수 학

중졸

1. 다음과 같이 40을 소인수분해하면 $2^a \times 5$이다. a의 값은?

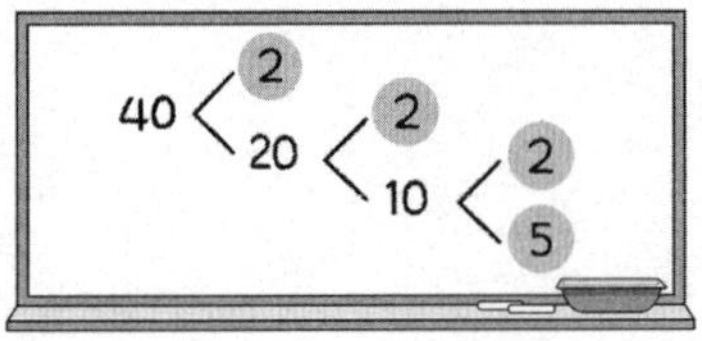

① 1
② 2
③ 3
④ 4

2. $a = 2$일 때, $5a - 1$의 값은?

① 1 ② 3 ③ 6 ④ 9

3. 일차방정식 $3x - 2 = 4$의 해는?

① 2 ② 4 ③ 6 ④ 8

4. y가 x에 정비례할 때, ㉠에 알맞은 수는?

x	1	2	3	4	5
y	4	8	12	㉠	20

① 16 ② 17 ③ 18 ④ 19

5. 그림과 같이 두 직선 l과 m이 한 점에서 만날 때, $\angle a$의 크기는?

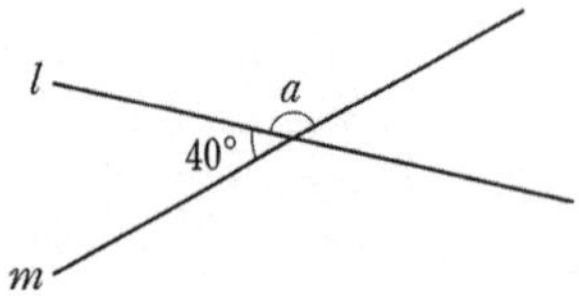

① 130°
② 140°
③ 150°
④ 160°

6. 그림과 같이 직사각형 $ABCD$를 직선 l을 회전축으로 하여 1회전 시킬 때 생기는 입체도형은?

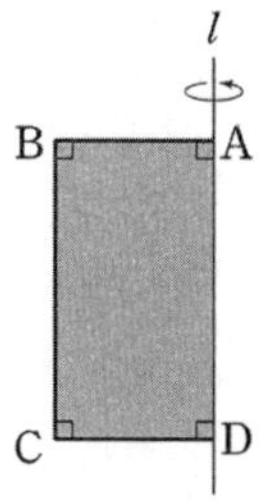

① 구
② 원뿔
③ 원기둥
④ 사각기둥

7. 다음은 어느 학급의 학생 20명을 대상으로 지난 올림픽 기간의 경기 시청 시간을 조사하여 나타낸 도수분포표이다. 이 학급의 학생들 중 경기 시청 시간이 6시간 미만인 학생 수는?

시청 시간(시간)	학생 수(명)
0^이상^ ~ 3^미만^	1
3 ~ 6	4
6 ~ 9	7
9 ~ 12	5
12 ~ 15	3
합계	20

① 5명
② 6명
③ 7명
④ 8명

8. 분수 $\frac{1}{3}$을 순환소수로 나타낼 때, 순환마디는?

① 1 ② 3 ③ 5 ④ 7

9. $x^4 \times x^3 \div x^2$을 간단히 한 것은? (단, $x \neq 0$)

① x^2 ② x^3 ③ x^4 ④ x^5

10. 일차부등식 $2x - 2 \leq 4$를 풀면?

① $x \leq 3$ ② $x \geq 3$ ③ $x \leq 4$ ④ $x \geq 4$

11. 함수 $f(x) = 3x$에 대하여 $f(-2)$의 값은?

① -6 ② -5 ③ -4 ④ -3

12. 그림과 같이 $\overline{AB} = \overline{AC}$ 인 이등변삼각형 ABC에서 $\angle A = 80^\circ$일 때, $\angle x$의 크기는?

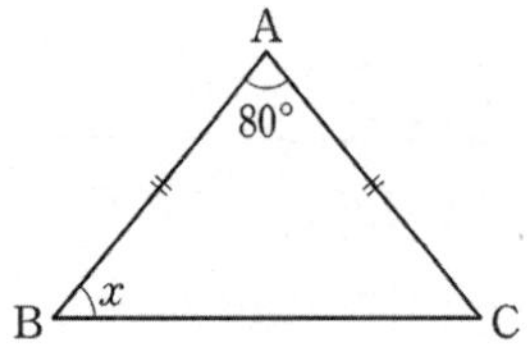

① 30°
② 40°
③ 50°
④ 60°

13. 그림과 같이 삼각형 ABC에서 두 변 AB, AC의 중점을 각각 M, N이라고 하자. $\overline{BC} = 12\text{cm}$ 일 때, $\overline{MN}$ 의 길이는?

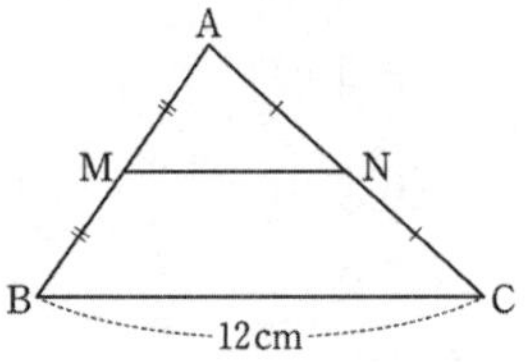

① 4cm
② 6cm
③ 8cm
④ 10cm

14. 그림과 같이 집에서 학교까지 가는 길과 학교에서 도서관까지 가는 길은 각각 3가지이다. 집에서 출발하여 학교를 거쳐 도서관까지 가는 모든 경우의 수는? (단, 같은 지점은 두 번 이상 지나지 않는다.)

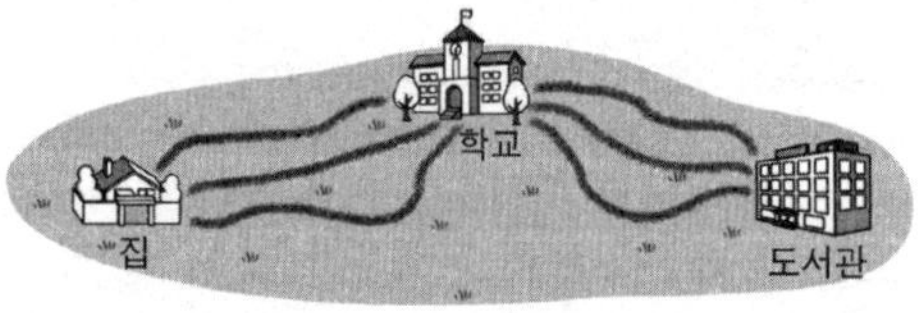

① 3
② 5
③ 7
④ 9

15. $3\sqrt{2} = \sqrt{a}$ 일 때, a의 값은?

① 17 ② 18 ③ 19 ④ 20

16. 다항식 $x^2 + 2x + 1$을 인수분해하면?

① $(x-2)^2$ ② $(x-1)^2$ ③ $(x+1)^2$ ④ $(x+2)^2$

17. 이차방정식 $(x-2)(x+3)=0$의 한 근이 -3이다. 다른 한 근은?

① -2 ② -1 ③ 1 ④ 2

18. 이차함수 $y=2x^2$의 그래프에 대한 설명으로 옳은 것은?

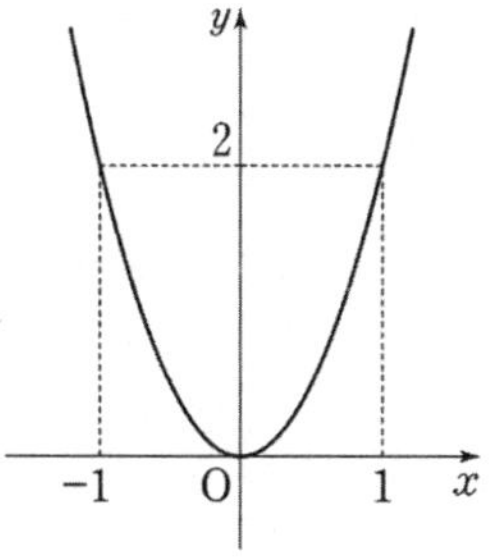

① 위로 볼록하다.

② 점 $(1, 0)$을 지난다.

③ 직선 $x=1$을 축으로 한다.

④ 꼭짓점의 좌표는 $(0, 0)$이다.

19. 그림과 같이 원 O의 중심에서 현 AB에 내린 수선의 발을 M이라고 하자. $\overline{AM}=2\text{cm}$일 때, $\overline{AB}$의 길이는?

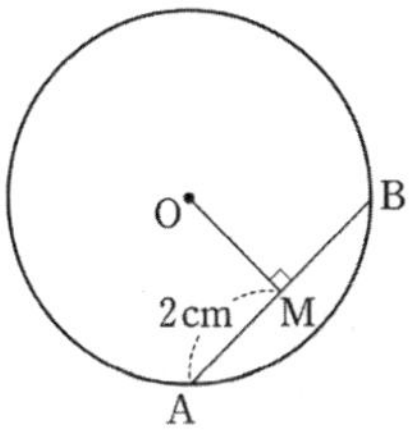

① 4cm

② 5cm

③ 6cm

④ 7cm

20. 다음 자료는 어느 학급의 학생 5명이 1년 동안 이웃 돕기 행사에 참가한 횟수를 조사하여 나타낸 것이다. 이 자료의 중앙값은?

(단위 : 회)

3, 1, 2, 4, 6

① 1회 ② 2회 ③ 3회 ④ 4회

2021년도 제2회 중학교 졸업학력 검정고시

영 어

중졸

1. **다음 밑줄 친 단어의 뜻으로 가장 적절한 것은?**

Tom is watching a <u>popular</u> Korean drama on TV.

① 예의 바른　② 용기 있는　③ 인기 있는　④ 전통적인

2. **다음 밑줄 친 두 단어의 의미 관계와 <u>다른</u> 것은?**

I don't know who will <u>win</u> or <u>lose</u>.

① ask - answer　② begin - start
③ open - close　④ forget - remember

3. **다음 빈칸에 들어갈 말로 가장 적절한 것은?**

He will ________ here for the interview tomorrow.

① be　② am　③ is　④ was

[4~6] 다음 대화의 빈칸에 들어갈 말로 가장 적절한 것을 고르시오.

4.

A : Is this salt from France?
B : ______________. It's from Korea.

① Yes, it is　② Yes, it does
③ No, it isn't　④ No, it doesn't

5.

A : Who is the man wearing glasses?
B : That's our new teacher. Let's ________ hello to him.

① come　② say　③ take　④ walk

6.

> A : You look sad. ______________________________?
> B : I broke my favorite watch.

① What happened
② How's the weather
③ Who did you go with
④ Where are you staying

7. 다음 빈칸에 공통으로 들어갈 말로 가장 적절한 것은?

> ◦ Why don't you __________ your bike to school?
> ◦ I can give you a __________ after work.

① cost ② fall ③ live ④ ride

8. 다음은 Tony가 집에서 할 일이다. 금요일에 할 일은?

Thursday	Friday	Saturday	Sunday
doing the dishes	making cookies	cleaning the room	throwing out the garbage

① 설거지하기
② 쿠키 만들기
③ 방 청소하기
④ 쓰레기 버리기

9. 그림으로 보아 빈칸에 들어갈 말로 가장 적절한 것은?

The girl is ___________ a tree.

① crying ② drawing ③ eating ④ planting

10. 다음 대화의 마지막 말로 가장 적절한 것은?

> A : John, did you find your phone?
> B : Yes, Jane found it for me.
> A : ______________________________.

① Not really
② That's too bad
③ You're welcome
④ Glad to hear that

11. **다음 대화의 주제로 가장 적절한 것은?**

A : Did you see the movie, *The Higher*?
B : No, I didn't. What is it about?
A : It's about flying an airplane.

① 영화 내용　② 휴가 계획　③ 회원 가입　④ 병원 예약

12. **다음 공연 포스터를 보고 알 수 없는 것은?**

① 공연 날짜
② 가수 이름
③ 공연 장소
④ 티켓 가격

13. **다음 방송의 목적으로 가장 적절한 것은?**

Welcome, visitors! When you go up the mountain, please keep these things in mind. First, watch out for wild animals. Second, come down before it gets dark. Lastly, take your trash back with you. Enjoy your hike!

① 관광 명소 홍보　② 일정 변경 공지
③ 멸종 위기 동물 소개　④ 등산 시 유의 사항 안내

14. **다음 대화에서 Bora가 주말에 파티에 가지 못하는 이유는?**

A : Bora, let's go to a party this weekend.
B : I'm sorry, but I can't. I'm going on a family trip.

① 친구와 약속이 있어서　② 가족 여행을 가야 해서
③ 남동생을 돌봐야 해서　④ 집 청소를 해야 해서

15. Star Flea Market에 관한 다음 글의 내용과 일치하지 않는 것은?

> Next to the Natural History Museum, you can find Star Flea Market. It opens every Saturday from 9 a.m. to 6 p.m. You can buy clothes, shoes, and toys at low prices. You can get more information on the website.

① 박물관 안에 위치한다.
② 매주 토요일에 열린다.
③ 옷, 신발, 장난감을 낮은 가격에 살 수 있다.
④ 웹사이트에서 더 많은 정보를 얻을 수 있다.

16. 주어진 말에 이어질 두 사람의 대화를 <보기>에서 찾아 순서대로 가장 적절하게 배열한 것은?

> Would you like some cake?

<보기>

> (A) Then, could I get you something to drink?
> (B) A cup of coffee, please.
> (C) No, thanks. I'm trying to lose weight.

① (A)-(C)-(B)　② (B)-(A)-(C)　③ (C)-(A)-(B)　④ (C)-(B)-(A)

17. 다음 동아리 홍보문을 보고 알 수 없는 내용은?

> We are looking for new members!
> English Book Club
> 
> ○ We read English books and talk about them after school on Wednesdays.
> ○ To sign up, come to the English classroom.

① 활동 내용
② 신청 기간
③ 활동 요일
④ 신청 장소

18. 다음 글의 흐름으로 보아 어울리지 않는 문장은?

> Octopuses are very smart. ⓐThey use coconut shells for protection. ⓑWhen they can't find a good hiding place, they hide under coconut shells. ⓒMany people like to swim in the ocean. ⓓSome octopuses even save coconut shells for later. Aren't they really smart?

① ⓐ　② ⓑ　③ ⓒ　④ ⓓ

19. 다음 글에서 haka춤을 췄던 이유로 가장 적절한 것은?

Have you heard of haka? It is a famous New Zealand dance. This dance was originally performed by the Maori before a fight. They used the dance to show their strength to the enemy.

① 힘을 보여 주려고 ② 행복을 기원하려고
③ 손님을 맞이하려고 ④ 아름다움을 표현하려고

20. 그래프로 보아 빈칸에 들어갈 말로 가장 적절한 것은?

Hankuk School Students' Favorite Sports

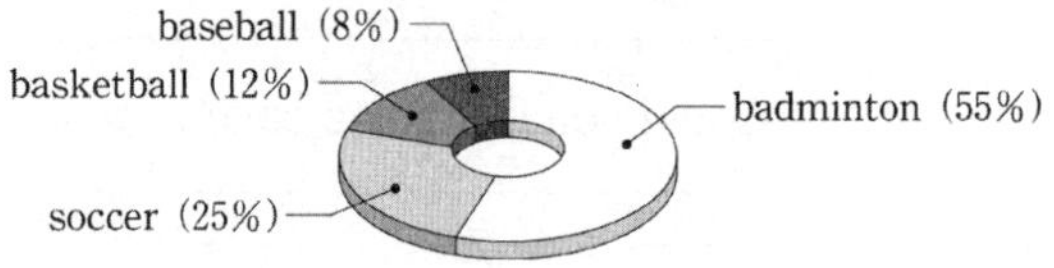

Hankuk School students like ___________ the most.

① badminton ② baseball ③ basketball ④ soccer

21. Central Library에 관한 다음 글에서 언급된 내용이 아닌 것은?

Central Library is located across from City Hall. It has a collection of about 400,000 books. It opened its doors in 2013. Since then, many people have visited this library.

① 위치 ② 보유 도서 권수
③ 개관 연도 ④ 일일 방문객 수

22. 다음 밑줄 친 They가 가리키는 것으로 가장 적절한 것은?

Eating vegetables and fruits is good for your health. If you want to have healthy skin, try some lemons. <u>They</u> contain a lot of vitamin C. If you want to have a healthy heart, eat more tomatoes.

① apples ② carrots ③ lemons ④ tomatoes

23. 온라인상에서 지켜야 할 사항으로 언급되지 <u>않은</u> 것은?

<Online Manners>
- Don't use bad language.
- Don't leave rude comments.
- Don't post false information.

① 나쁜 언어 사용하지 않기　② 무례한 글 남기지 않기
③ 개인 정보 유출하지 않기　④ 거짓 정보 게시하지 않기

24. 다음 글의 주제로 가장 적절한 것은?

People in Vietnam love their traditional hat, *non las*, because it has various uses. In the summer, it protects the skin from the sun. When it rains, people use it as an umbrella. It can also be used as a basket.

① 베트남의 유명한 관광지　② 베트남과 한국의 공통점
③ 베트남 음식이 유행하는 이유　④ 베트남 전통 모자의 다양한 용도

25. 다음 글의 바로 뒤에 이어질 내용으로 가장 적절한 것은?

Living without smartphones is difficult these days. However, using smartphones too much can cause several problems. Let's talk about them in more detail.

① 올바른 스마트폰 사용 사례
② 스마트폰이 우리 생활에 주는 도움
③ 과도한 스마트폰 사용으로 인한 문제점
④ 스마트폰 중독에서 벗어날 수 있는 방법

2021년도 제2회 중학교 졸업학력 검정고시

사 회

중졸

1. 다음에서 ㉠에 들어갈 것은?

> 지구의 경도를 결정할 때 기준이 되는 선으로, 영국의 그리니치 천문대를 지나는 경선을 [㉠](이)라 한다.

① 적도 ② 북회귀선 ③ 날짜 변경선 ④ 본초 자오선

2. 다음에서 ㉠에 들어갈 것은?

> ◦ 건조 기후는 연 강수량 250mm를 기준으로 사막 기후와 [㉠]로 구분됨.
> ◦ [㉠] 지역의 주민들은 염소, 양 등을 기르며 물과 풀을 찾아 이동하는 유목 생활을 함.

① 빙설 기후 ② 스텝 기후
③ 툰드라 기후 ④ 열대 우림 기후

3. 다음에서 설명하는 지형은?

> ◦ 산봉우리를 뜻하는 제주도 방언으로, 제주도 곳곳에 발달한 300여 개의 작은 화산체이다.
> ◦ 큰 화산의 사면에 형성된 측화산 또는 기생 화산을 의미한다.

① 오름 ② 피오르 ③ 시 스택 ④ 해식 동굴

4. 다음에서 ㉠에 들어갈 것으로 가장 적절한 것은?

> [㉠]의 사례
> ◦ 세계 여러 지역의 식생활과 전통을 반영한 햄버거
> ◦ 외국에서 들어온 침대와 한국의 전통 온돌이 만나 새롭게 만들어진 돌침대

① 1차 집단 ② 귀속 지위 ③ 역할 갈등 ④ 문화 변용

5. **그래프를 통해 알 수 있는 현상으로 옳은 것은?**

〈우리나라 65세 이상 인구 비율의 변화 추이〉

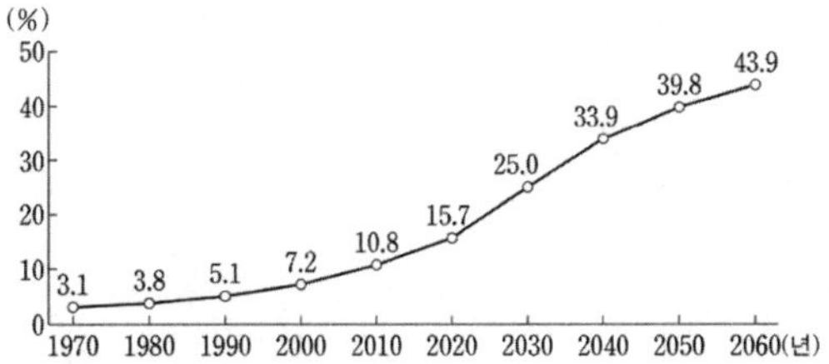

* 2020년 이후는 예상치임. (통계청, 2019)

① 인플레이션
② 인구 고령화
③ 다문화 사회
④ 오존층 파괴

6. **다음에서 설명하는 것은?**

선진국의 대도시에서 주로 발생하며, 도시의 인구가 도시 이외의 지역이나 촌락으로 이동하는 현상

① 세계화 ② 정보화 ③ 역도시화 ④ 이촌 향도

7. **다음에서 설명하는 것은?**

◦ 밀과 함께 대표적인 식량 자원이다. ◦ 아시아 계절풍 기후의 평야 지역에서 주로 생산된다.

① 쌀 ② 커피 ③ 대추야자 ④ 사탕수수

8. **다음에서 설명하는 것은?**

기업의 본사, 연구소, 공장 등이 각각의 기능을 수행하는 데 적합한 지역으로 분산되는 현상

① 탈공업화 ② 공정 무역 ③ 전자 상거래 ④ 공간적 분업

9. **다음에서 ㉠에 들어갈 것은?**

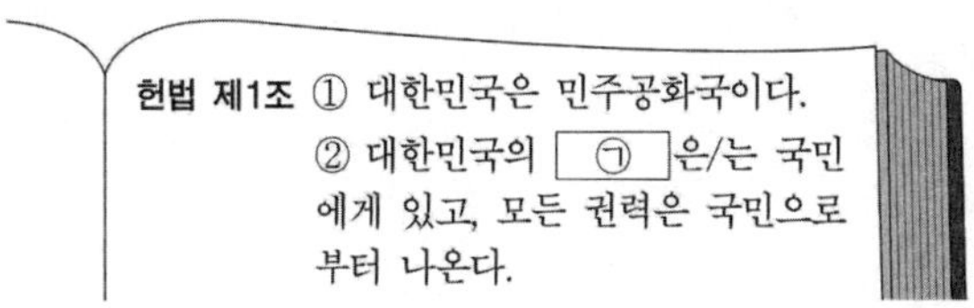

① 자유
② 정치
③ 주권
④ 평등

10. **문화 상대주의에 대한 설명으로 적절하지 <u>않은</u> 것은?**

① 문화의 다양성을 존중한다.
② 문화의 고유한 가치를 인정한다.
③ 문화를 비교하여 우열을 평가한다.
④ 문화가 형성된 배경 속에서 문화를 이해한다.

11. **다음에서 설명하는 정치 주체는?**

> ◦ 정치적 의견이 같은 사람들이 모여서 만든 단체이다.
> ◦ 정치권력 획득을 목적으로 한다.

① 법원 ② 정당 ③ 감사원 ④ 헌법 재판소

12. **다음에서 ㉠에 들어갈 기본권으로 가장 적절한 것은?**

> **대한민국 국민의 ［ ㉠ ］!**
> ○ 국민이 선거에 참여해 대통령을 직접 뽑을 수 있어요.
> ○ 국가의 중요한 일을 결정하는 투표에 참여할 수 있어요.

① 노동권
② 사회권
③ 참정권
④ 청구권

13. **다음에서 ㉠, ㉡에 들어갈 경제 활동을 알맞게 짝지은 것은?**

> ◦ ［ ㉠ ］: 재화나 서비스를 만들거나 가치를 높이는 활동
> ◦ ［ ㉡ ］: 재화나 서비스를 구입하여 사용하는 활동

	㉠	㉡
①	분배	생산
②	분배	소비
③	생산	분배
④	생산	소비

14. 표는 초콜릿의 수요량과 공급량을 나타낸 것이다. 이에 대한 설명으로 옳은 것은? (단, 다른 조건은 일정함.)

가격(원)	수요량(개)	공급량(개)
1,000	400	200
2,000	300	300
3,000	200	400
4,000	100	500

① 균형 가격은 4,000원이다.
② 균형 거래량은 300개이다.
③ 가격이 1,000원일 때, 초과 공급이 발생한다.
④ 가격이 3,000원일 때, 초과 수요가 발생한다.

15. 다음에서 ㉠에 해당하는 것으로 가장 적절한 것은?

현대 사회에서 부각되고 있는 주요한 사회 문제로는 ㉠노동 문제, 인구 문제, 환경 문제 등이 있다.

① 노사 갈등 ② 영토 분쟁 ③ 해양 오염 ④ 지구 온난화

16. 퀴즈에 대한 정답으로 옳은 것은?

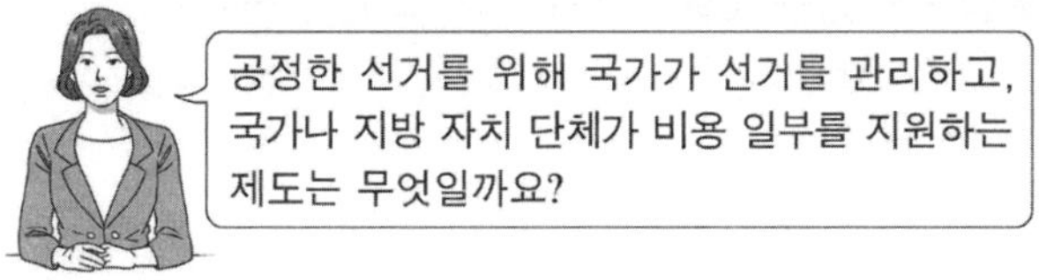

① 심급 제도
② 게리맨더링
③ 선거 공영제
④ 보통 선거 제도

17. 다음 유물이 처음으로 제작된 시대는?

〈주먹도끼〉

① 구석기 시대
② 신석기 시대
③ 청동기 시대
④ 철기 시대

18. **고구려 장수왕의 업적으로 옳은 것은?**

① 서원 철폐　　② 과거제 실시
③ 경국대전 편찬　　④ 한강 유역 차지

19. **다음에서 설명하는 인물은?**

- 완도에 청해진을 설치해 해적을 소탕함.
- 당과 신라, 일본을 연결하는 해상 무역을 장악하여 해상왕이라고 불림.

① 원효　　② 혜초　　③ 이차돈　　④ 장보고

20. **다음에서 ㉠에 들어갈 내용으로 옳은 것은?**

⊙ **역사 인물 카드** ⊙

- 재위 연도: 918~943
- 주요 활동 – 고려를 건국함.
  – 사심관 제도와 기인 제도를 시행함.
  – [㉠]을/를 남김.

① 동의보감
② 훈요 10조
③ 대동여지도
④ 몽유도원도

21. **다음 중 조선 후기 서민 문화에 대한 설명으로 옳은 것을 <보기>에서 고른 것은?**

<보기>

ㄱ. 판소리가 유행하였다.
ㄴ. 한글 소설이 보급되었다.
ㄷ. 상감 청자의 사용이 보편화되었다.
ㄹ. 커피와 케이크 등 서양 음식이 유행하였다.

① ㄱ, ㄴ　　② ㄱ, ㄷ　　③ ㄴ, ㄹ　　④ ㄷ, ㄹ

22. **다음에서 ㉠에 들어갈 내용으로 옳은 것은?**

광해군 집권 당시 만주 지역에서 여진족이 세력을 키워 후금을 세웠다. 후금이 명과 대립하자 광해군은 두 나라 사이에서 [㉠]을/를 추진하였다.

① 남진 정책　　② 대몽 항쟁　　③ 중립 외교　　④ 나 · 제 동맹

23. 다음에서 ㉠에 들어갈 내용으로 옳은 것은?

〈조선 세종의 업적〉
- 측우기 제작
- ㉠
- 앙부일구와 자격루 제작

① 대동법 실시
② 훈민정음 창제
③ 노비안검법 실시
④ 팔만대장경 제작

24. 일제의 식민지 지배 정책이 아닌 것은?

① 국채 보상 운동
② 산미 증식 계획
③ 토지 조사 사업
④ 헌병 경찰 제도

25. 다음에서 ㉠에 들어갈 내용으로 옳은 것은?

〈6 · 25 전쟁의 전개 과정〉

북한의 남침 ➡ ㉠ ➡ 중국군 참전 ➡ 1 · 4 후퇴 ➡ 정전 협정

① 3 · 1 운동
② 4 · 19 혁명
③ 인천 상륙 작전
④ 부 · 마 민주 항쟁

2021년도 제2회 중학교 졸업학력 검정고시

과 학

중졸

1. 그림은 물 위에 배가 떠 있는 모습이다. 다음 중 물이 배를 밀어 올리는 힘은?

① 부력
② 마찰력
③ 자기력
④ 탄성력

2. 다음 중 일정한 속력으로 운동하는 물체의 시간에 따른 속력 그래프로 옳은 것은?

① 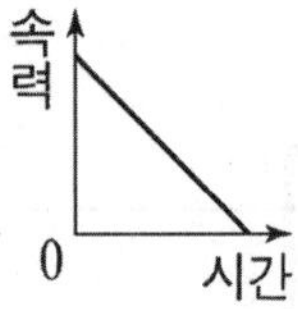

② 

③ 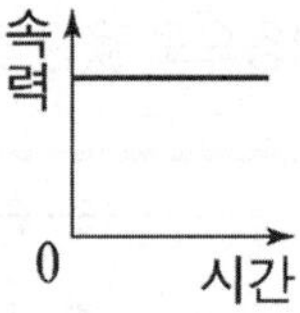

④ 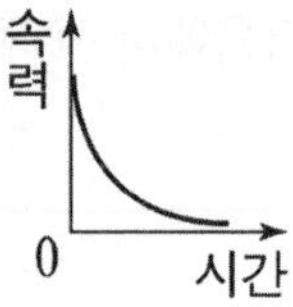

3. 그림은 니크롬선에 걸어 준 전압에 따른 전류의 세기를 나타낸 것이다. 이 니크롬선의 저항은?

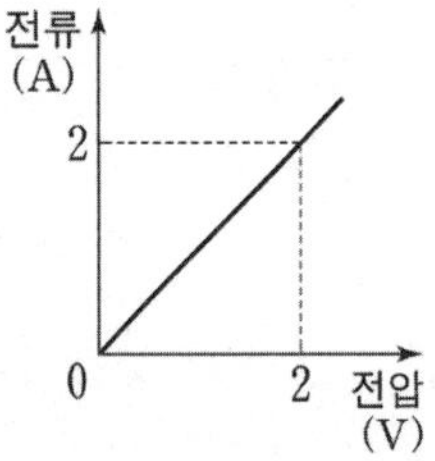

① 1Ω
② 3Ω
③ 5Ω
④ 7Ω

4. 오른쪽은 A지점에서 공을 가만히 놓았을 때, A~D에서의 위치 에너지와 운동 에너지를 나타낸 것이다. ㉠의 크기는? (단, 공기 저항은 무시한다.)

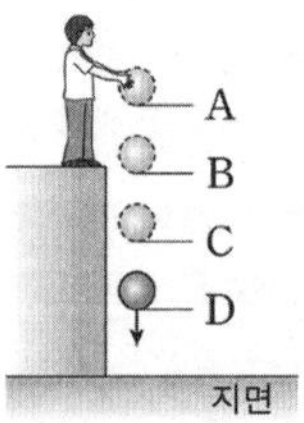

지점	위치 에너지(J)	운동 에너지(J)
A	100	0
B	75	25
C	50	50
D	(㉠)	75

① 0　② 25　③ 75　④ 100

5. 그림과 같이 평면거울 면에 입사 광선을 비추었을 때 반사 광선의 진행 경로로 옳은 것은?

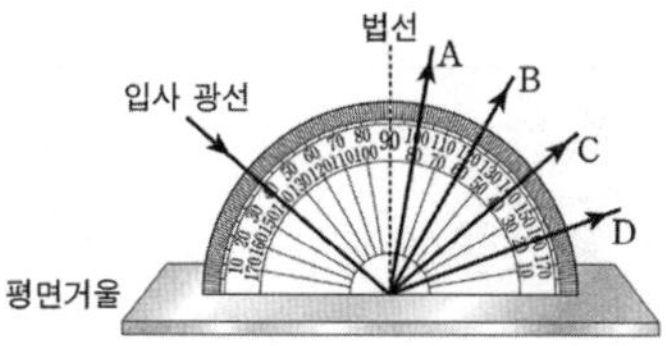

① A
② B
③ C
④ D

6. 다음 중 대전된 풍선을 실에 매달았을 때의 모습으로 옳은 것은?
(단, 풍선에 대전된 전하량의 크기는 모두 같다.)

①
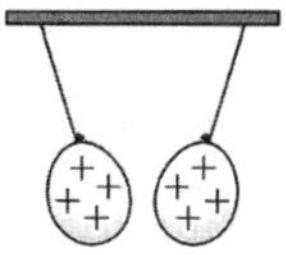

②
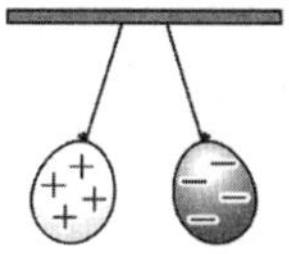

③
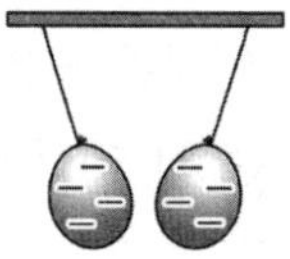

④
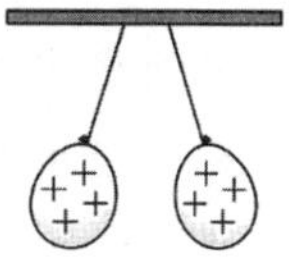

7. 그림은 압력에 따른 기체의 부피 변화를 나타낸 것이다. 4기압일 때의 부피 ㉠은?
(단, 온도는 일정하고 기체의 출입은 없다.)

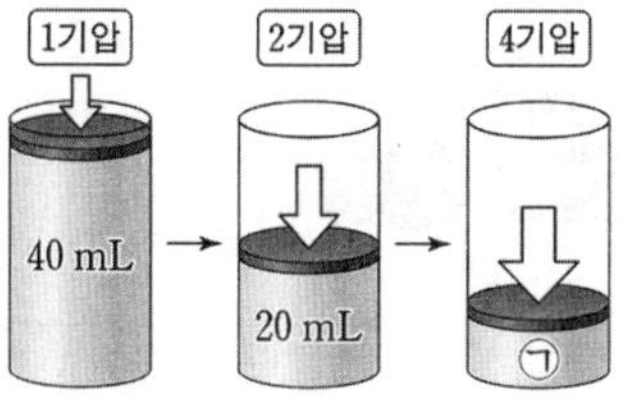

① 3mL
② 5mL
③ 10mL
④ 15mL

8. 그림은 액체와 기체 사이의 상태 변화를 나타낸 것이다. A에 해당하는 상태 변화는?

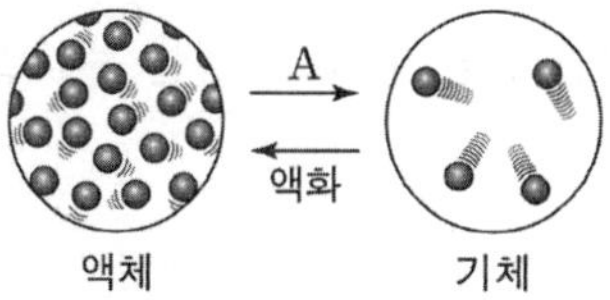

① 기화
② 승화
③ 융해
④ 응고

9. 그림은 물(H_2O)의 분자 모형이다. 물 분자 1개를 구성하는 수소 원자의 개수는?

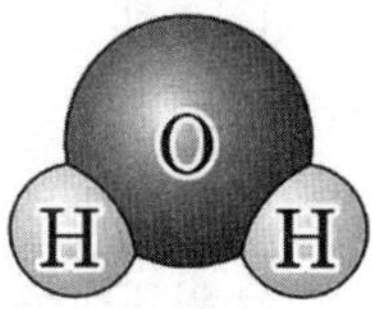

① 1개
② 2개
③ 3개
④ 4개

10. 그림은 베릴륨(Be) 원자가 전자 2개를 잃고 이온이 되는 과정을 나타낸 것이다. 베릴륨 이온의 이온식은?

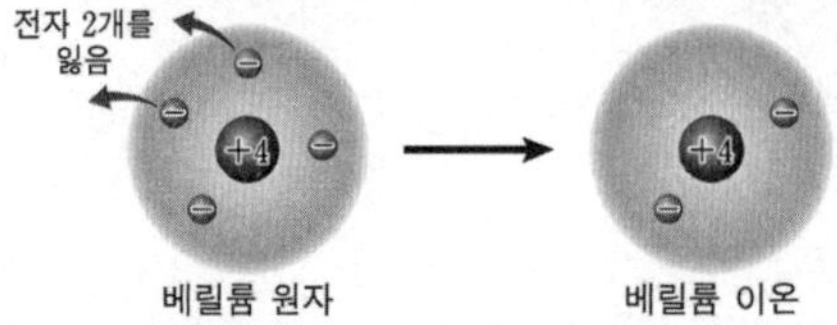

① Be^{3-}　　② Be^{-}　　③ Be^{+}　　④ Be^{2+}

11. 다음 설명에 해당하는 물질의 특성은?

> ◦ 액체가 고체로 될 때 일정하게 유지되는 온도이다.
> ◦ 1기압에서 순수한 물은 0℃에서 언다.

① 밀도　　② 끓는점　　③ 어는점　　④ 용해도

12. 다음은 구리 4g과 산소 1g이 모두 반응하여 산화구리(Ⅱ)가 생성된 것을 모형으로 나타낸 것이다. 질량 ㉠은?

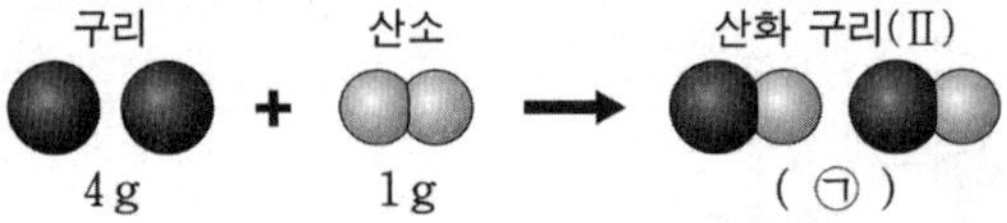

① 2g　　② 3g　　③ 4g　　④ 5g

13. 다음 설명에 해당하는 생물 분류의 단위는?

> ◦ 자연 상태에서 짝짓기하여 생식 능력이 있는 자손을 낳을 수 있는 생물 무리를 뜻한다.
> ◦ 생물을 분류하는 기본 단위이다.

① 종　　② 속　　③ 과　　④ 목

14. 그림은 생물을 5계로 분류한 것이다. 버섯이 속하는 계는?

① 균계
② 동물계
③ 원생생물계
④ 원핵생물계

15. 다음 중 식물이 빛에너지를 이용하여 스스로 양분을 만드는 과정은?

① 생식 ② 호흡 ③ 광합성 ④ 체세포 분열

16. 다음 설명에 해당하는 사람의 기관계는?

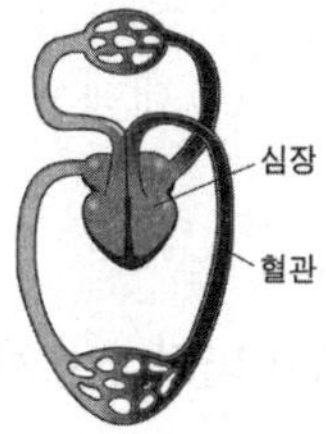

◦ 우리 몸에서 영양소와 산소 등의 순환을 담당한다.
◦ 심장, 혈관, 혈액이 포함된다.

① 배설계 ② 소화계 ③ 순환계 ④ 신경계

17. 그림은 서로 다른 뉴런을 연결한 모습이다. 감각 기관에서 받아들인 자극을 연합 뉴런으로 전달하는 A는?

① 뇌
② 척수
③ 네프론
④ 감각 뉴런

18. 다음 설명에 해당하는 과정은?

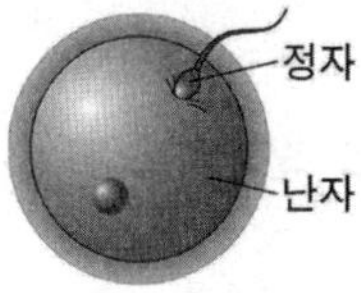

◦ 정자와 난자가 결합하는 것이다.
◦ 이를 통해 수정란이 만들어진다.

① 배설 ② 수정 ③ 소화 ④ 유전

19. 순종의 키 큰 완두(TT)와 순종의 키 작은 완두(tt)를 교배하여 얻은 잡종 1대의 유전자형은? (단, 돌연변이는 없다.)

① TT ② Tt ③ tt ④ t

20. 다음 설명에 해당하는 지구 내부 구조 A는?

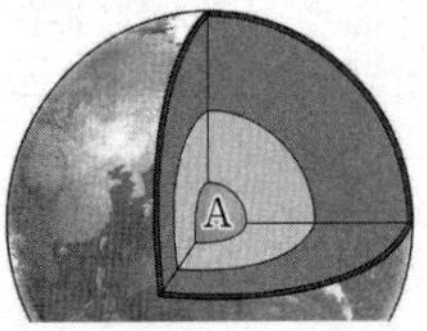

- 철과 니켈 등의 무거운 물질로 이루어져 있다.
- 지구의 가장 중심에 위치하며 고체 상태로 추정된다.

① 지각 ② 맨틀 ③ 외핵 ④ 내핵

21. 그림과 같이 우리나라에서 남동 계절풍의 영향을 받아 덥고 습한 날씨가 나타나는 계절은?

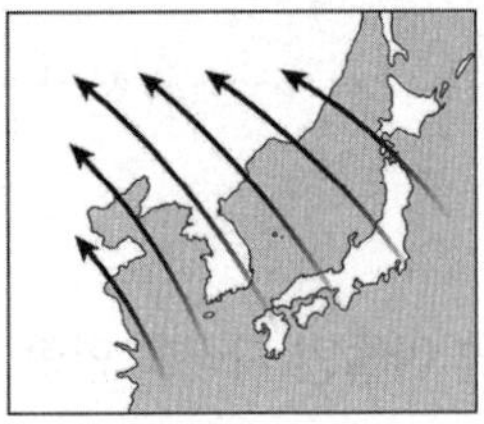

① 봄
② 여름
③ 가을
④ 겨울

22. 그림은 지구의 수권에서 물의 부피를 비교한 것이다. 다음 중 가장 많은 양을 차지하는 것은?

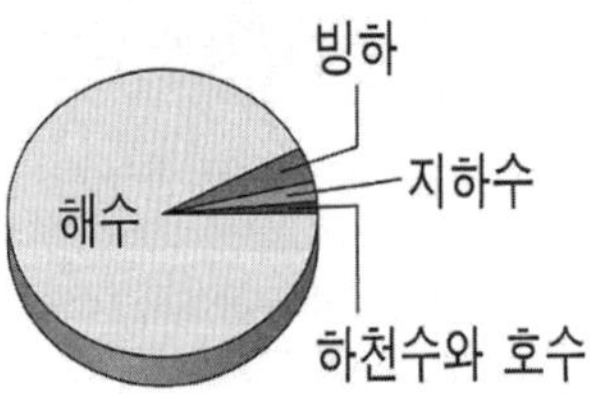

① 빙하
② 해수
③ 지하수
④ 하천수와 호수

23. 그림과 같이 태양의 표면에 쌀알을 뿌려 놓은 것처럼 보이는 모습의 명칭은?

① 채층
② 홍염
③ 흑점
④ 쌀알 무늬

24. 그림은 절대 등급이 같은 별 A~D의 위치를 나타낸 것이다. A~D 중 지구에서 가장 어둡게 보이는 별은? (단, pc은 거리 단위이다.)

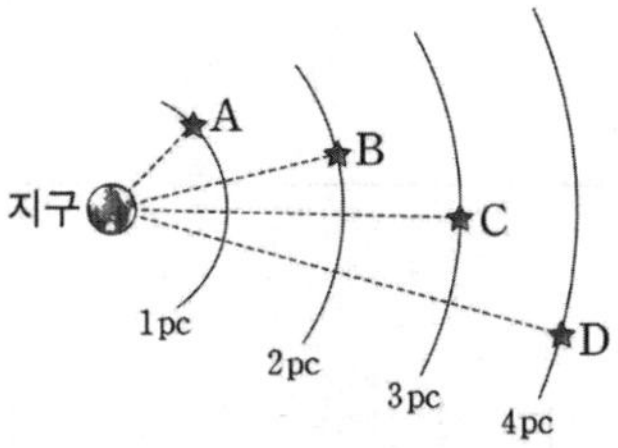

① A
② B
③ C
④ D

25. 그림은 지구에서 관측한 별 S의 연주 시차를 나타낸 것이다. 별 A~D 중 연주 시차가 가장 큰 별은?

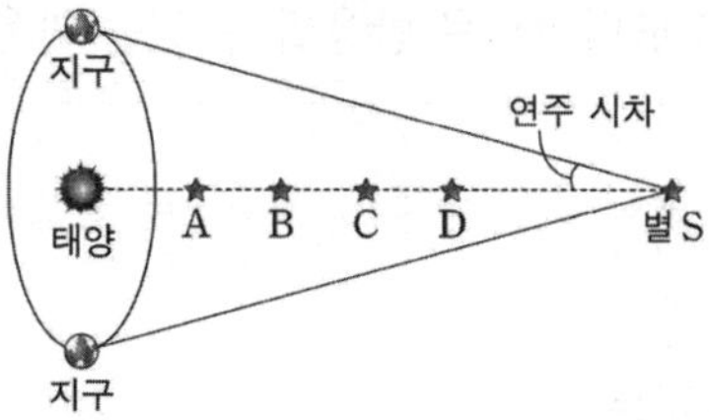

① A
② B
③ C
④ D

2021년도 제2회 중학교 졸업학력 검정고시

도 덕

중졸

1. **다음 중 도덕이 필요한 이유로 가장 적절한 것은?**

① 훌륭한 인격을 갖추기 위해서이다. ② 혼자서만 잘 살아가기 위해서이다.
③ 타인의 행복을 방해하기 위해서이다. ④ 사회적 혼란을 일으키기 위해서이다.

2. **다음에서 설명하는 용어로 옳은 것은?**

> 어떤 상황을 도덕적 문제로 민감하게 느끼고 도덕적으로 반응할 수 있는 마음 상태.

① 삼단 논법 ② 비판적 사고 ③ 도덕적 민감성 ④ 결과 예측 능력

3. **다음 중 법을 지켜야 할 도덕적 이유로 가장 적절한 것은?**

① 사회 질서를 유지하기 위해서이다. ② 공익 실현을 저해하기 위해서이다.
③ 폭력의 악순환을 만들기 위해서이다. ④ 차별받는 사회를 만들기 위해서이다.

4. **㉠에 들어갈 말로 옳은 것은?**

① 돈 ② 음식 ③ 우정 ④ 스마트폰

5. **이성 친구와 바람직한 관계를 형성하기 위한 자세로 옳은 것을 <보기>에서 고른 것은?**

<보기>

ㄱ. 이성 친구를 외모로만 평가한다.
ㄴ. 이성 친구의 요구에 무조건 따른다.
ㄷ. 이성 친구의 공부를 방해하지 않는다.
ㄹ. 이성 친구를 존중하며 고운 말을 사용한다.

① ㄱ, ㄴ ② ㄱ, ㄷ ③ ㄴ, ㄹ ④ ㄷ, ㄹ

6. **다음에 해당하는 가족 간의 도리로 옳은 것은?**

> 형은 동생을 사랑하고, 동생은 형을 공경해야 한다. 형제자매 간에 서로를 아끼고 사이를 돈독하게 해야 한다.

① 단절　　② 무지　　③ 우애　　④ 방관

7. **다음 중 부패 행위에 해당하지 <u>않는</u> 것은?**

① 탈세 행위　　② 뇌물 수수　　③ 권력 남용　　④ 자원 봉사

8. **(가)에 들어갈 용어로 적절한 것은?**

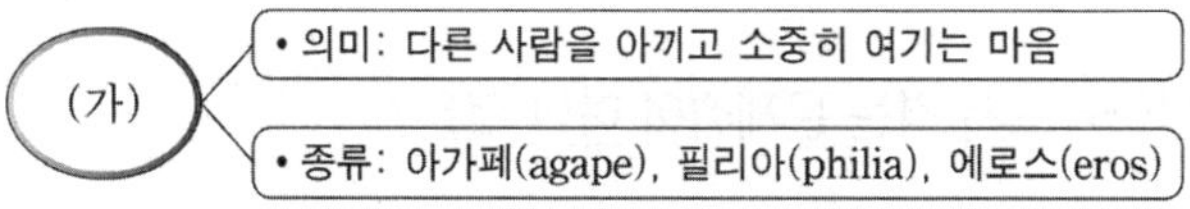

① 욕구　　② 사랑　　③ 양심　　④ 편견

9. **다음 대화에서 공통으로 나타나는 삶의 자세는?**

① 도전하는 삶의 자세　　② 생명을 경시하는 삶의 자세
③ 수동적으로 살아가는 삶의 자세　　④ 육체적 쾌락을 추구하는 삶의 자세

10. **다음과 같은 문제를 해결하기 위해 필요한 도덕적 자세로 가장 적절한 것은?**

> ◦ 층간 소음으로 인한 갈등
> ◦ 이웃 간 주차 문제로 인한 갈등

① 고집　　② 배려　　③ 탐욕　　④ 효도

11. 다음에서 설명하는 개념은?

> 1. 의미 : 인간이라면 누구나 가지는 기본적인 권리.
> 2. 특징 : 태어날 때부터 지니는 권리로 영원히 보장됨.

① 인권
② 용기
③ 봉사
④ 절제

12. ㉠에 공통으로 들어갈 말로 가장 적절한 것은?

> (㉠)(이)란 오랫동안 반복하는 과정에서 몸에 익은 행동 방식을 의미한다. 올바른 (㉠)을/를 형성하게 되면 자신의 인격을 향상할 수 있다.

① 존중　② 습관　③ 성찰　④ 평화

13. 다음 중 남북한이 분단국가로서 겪는 문제점이 <u>아닌</u> 것은?

① 분단 비용 지출　② 세계 평화에 기여
③ 이산가족의 고통　④ 남북 주민 간 이질화 심화

14. 다음 설명에 해당하는 용어는?

> 인간의 존엄성을 최고의 가치로 여기고 인종, 민족, 국가, 종교 등의 차이를 초월하여 인류의 안녕과 복지를 꾀하는 것을 이상으로 하는 사상이나 태도.

① 경쟁심
② 타율성
③ 인도주의
④ 이기주의

15. 다음 중 갈등을 일으키는 원인으로 옳지 <u>않은</u> 것은?

① 이해관계 충돌　② 가치관의 차이
③ 잘못된 의사소통　④ 공감과 경청의 자세

16. ㉠에 공통으로 들어갈 용어로 가장 적절한 것은?

> 갈등을 평화롭게 해결하기 위해서는 (㉠)의 자세가 필요하다. (㉠)(이)란 입장 바꿔 상대방의 처지에서 생각해 보는 것을 의미한다.

① 억압　② 복지　③ 역지사지　④ 해악 금지

17. 다음 설명에 해당하는 문화를 바라보는 태도는?

자기가 속한 사회의 문화만이 가장 우수하다고 생각하면서 다른 사회의 문화를 부정적으로 평가하는 태도

① 개인주의 ② 문화 상대주의
③ 생태 중심주의 ④ 자문화 중심주의

18. 다음 대화에서 여학생이 사용하고 있는 도덕 원리 검사 방법은?

① 사실 판단 검사 ② 편견과 오류 검사
③ 보편화 결과 검사 ④ 정보의 원천 검사

19. 다음 사례에 해당하는 폭력의 유형으로 가장 적절한 것은?

친구가 듣기 싫어하는 별명을 부르거나 외모를 비하하는 말로 친구를 괴롭힌다.

① 금품 갈취 ② 언어 폭력 ③ 신체 폭행 ④ 강제 심부름

20. 다음에서 설명하는 것은?

정의롭지 못한 법이나 제도를 폐지하거나 바꾸기 위해 공개적이고 평화적인 방법으로 법을 위반하는 행위

① 준법 ② 관용 ③ 세금 납부 ④ 시민 불복종

21. 다음 중 마음의 평화를 얻는 방법에 대한 조언으로 옳지 <u>않은</u> 것은?

22. 과학 기술 발달에 따른 부작용으로 옳은 것을 <보기>에서 고른 것은?

<보기>

ㄱ. 풍요롭고 편리한 삶
ㄴ. 건강 증진과 생명 연장
ㄷ. 환경 오염과 생태계 파괴
ㄹ. 과학 기술에 대한 지나친 의존

① ㄱ, ㄴ ② ㄱ, ㄷ ③ ㄴ, ㄹ ④ ㄷ, ㄹ

23. ㉠에 들어갈 대답으로 적절하지 않은 것은?

① 사회적 약자의 고통을 외면해야 합니다.
② 사회적 약자를 제도적으로 지원해야 합니다.
③ 사회적 약자의 입장에서 생각해 보아야 합니다.
④ 사회적 약자에 대한 잘못된 편견을 버려야 합니다.

24. 다음 중 교사의 질문에 적절한 대답을 한 학생은?

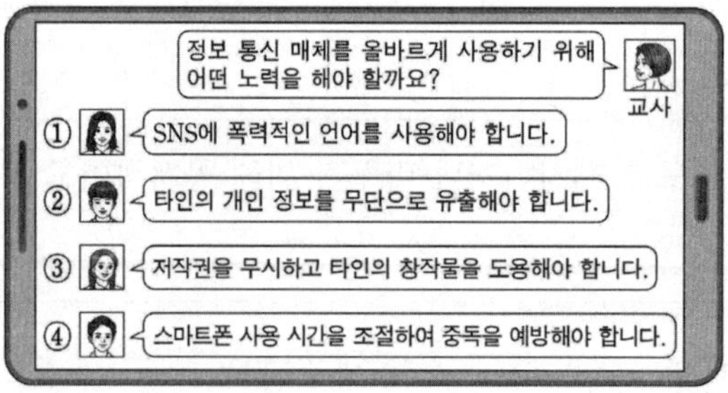

25. 다음 중 환경 친화적 소비에 해당하는 것은?

① 자연과의 조화를 추구하는 소비
② 자신의 욕구를 과도하게 충족하는 소비
③ 미래 세대의 소비 기반을 훼손하는 소비
④ 물질적 만족을 최고의 가치로 여기는 소비

2022년도 제1회 중학교 졸업자격 검정고시

C·O·N·T·E·N·T·S

2022년도 제1회 중학교 졸업학력 검정고시

국 어

중졸

1. 다음 대화에 대한 설명으로 가장 적절한 것은?

> **사회자** : 우리 학교 화단이 허전하다는 의견이 많습니다. 이 문제를 해결할 수 있는 의견을 말해 주십시오.
> **학생 1** : 봄을 맞아 꽃들을 심는 건 어떨까요?
> **학생 2** : 동의합니다. 꽃 이름을 알려주는 팻말을 함께 붙이는 것도 좋겠습니다.
> **사회자** : 네, 좋은 의견 감사합니다. 다른 의견 있으십니까?

① 진로를 위한 상담이다.
② 문제 해결을 위한 토의이다.
③ 직업 선택을 위한 전문가 면담이다.
④ 전학 온 친구를 위한 학교 소개이다.

2. 다음 말하기 상황을 고려할 때 ㉠의 의도로 가장 적절한 것은?

① '재희'의 안부가 궁금하다.
② '재희'에게 도움을 요청한다.
③ '재희'의 잘못된 점을 지적한다.
④ '재희'와 학교 밖에서 만나고 싶다.

3. 다음 규정에 맞지 <u>않는</u> 것은?

> **■ 표준 발음법 ■**
> **【제5항】** 'ㅢ'는 이중모음 [ㅢ]로 발음한다.
> 다만 3. 자음을 첫소리로 가지고 있는 음절의 'ㅢ'는 [ㅣ]로 발음한다.

① 무늬[무니]
② 의자[의자]
③ 희망[희망]
④ 띄어쓰기[띠어쓰기]

4. **다음 밑줄 친 낱말이 문장에서 바르게 쓰인 것은?**

- 반드시 : 틀림없이 꼭
- 반듯이 : 작은 물체, 또는 생각이나 행동 등이 비뚤어지거나 기울거나 굽지 않고 바르게

① 겨울이 가면 **반듯이** 봄이 온다.
② 이번 시험에는 **반드시** 합격할 것이다.
③ 비가 오는 날이면 **반듯이** 허리가 쑤신다.
④ 큰 지진 뒤에는 **반듯이** 피해가 일어난다.

5. **다음 밑줄 친 부분의 예로 적절하지 않은 것은?**

[탐구 과제]

관용 표현은 둘 이상의 낱말이 합쳐져 원래의 뜻과는 다른 특별한 뜻을 나타내는 관습적인 말입니다. 그중 신체 부위와 관련한 관용 표현을 찾아봅시다.

① 아이가 **눈이 작아서** 귀엽다.
② 그는 **귀가 얇아서** 남의 말을 잘 믿는다.
③ 이야기가 재미있어서 **배꼽 빠지게** 웃었다.
④ 그는 사회생활을 많이 해서인지 **발이 넓다**.

6. **㉠에 해당하는 것은?**

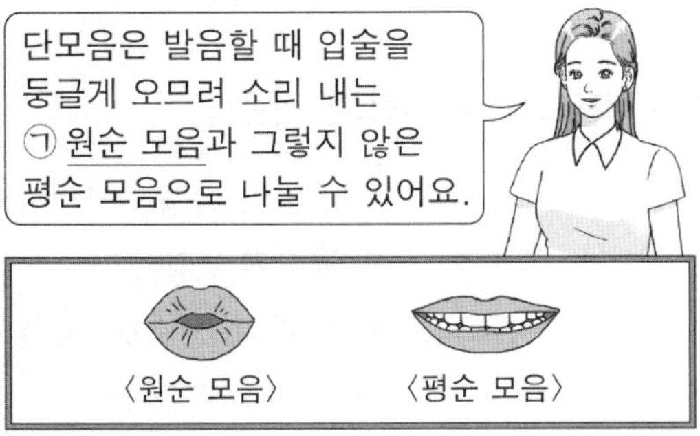

① ㅏ
② ㅗ
③ ㅡ
④ ㅣ

7. **밑줄 친 단어의 품사가 다른 것은?**

① 그는 매우 착하다.
② 일을 빨리 끝내다.
③ 새 옷을 꺼내 입다.
④ 선물을 살며시 건네주다.

8. ㉠에 해당하는 것은?

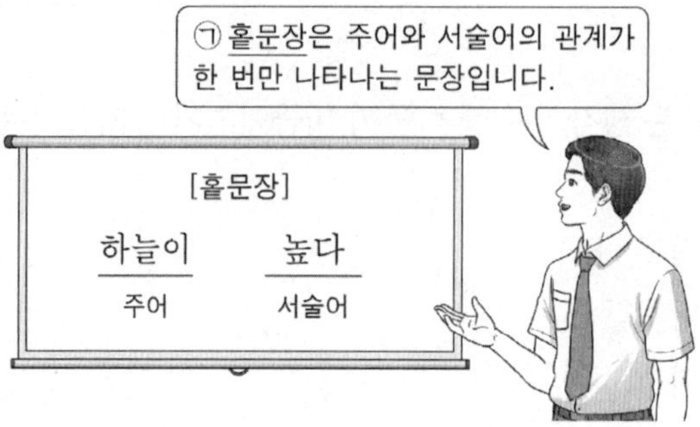

① 국화가 활짝 피었다.
② 민호가 소리도 없이 다가왔다.
③ 나는 노래하고 영희는 춤춘다.
④ 비가 그쳐서 지수는 외출했다.

9. (가)에 들어갈 내용으로 가장 적절한 것은?

근거 1	즉석식품을 자주 섭취할 경우 우리 몸에 필요한 여러 영양소가 결핍되기 쉽다.
근거 2	즉석식품에는 나트륨과 식품 첨가물이 과다하게 함유되어 있다.

⇓

주장	(가)

① 즉석식품의 과도한 섭취는 건강에 해롭다.
② 즉석식품의 포장 관리를 철저히 해야 한다.
③ 즉석식품에서 발생하는 쓰레기를 줄여야 한다.
④ 즉석식품에는 우리 몸에 필요한 영양소가 들어 있다.

10. 다음은 글쓰기 계획의 일부이다. ㉠에 해당하는 내용으로 가장 적절한 것은?

⊙ 우리 지역 축제 보고서 쓰기 계획 ⊙

○ 목적 : (㉠)
○ 기간 : 2022년 ○월 ○일 ~ ○월 ○일
○ 방법 : 설문 조사
• 대상 : 축제 방문자
• 내용

◆ 축제의 만족도는? (□ 안에 체크하세요.)

□ 매우 불만족	□ 불만족	□ 보통	□ 만족	□ 매우 만족

〈매우 불만족/불만족〉일 때 응답하세요.	〈만족/매우 만족〉일 때 응답하세요.
· 축제에 만족하지 못한 이유는? · 축제에서 고쳐야 할 점은?	· 축제에서 좋았던 행사는? · 다음 해에 참가하고 싶은 행사는?

① 우리 지역 환경오염의 심각성을 알리기 위해
② 우리 지역 청소년 시설의 현황을 조사하기 위해
③ 우리 지역 축제의 문제점과 발전 방안을 찾기 위해
④ 전통 시장을 홍보해서 지역의 축제 예산을 늘리기 위해

[11~13] 다음 글을 읽고 물음에 답하시오.

위층의 소리는 멈추지 않았다. 드르륵거리는 ㉠ 소리에 머리털이 진저리를 치며 곤두서는 것 같았다. 철없고 상식 없는 요즘 젊은 엄마들이 아이들에게 집 안에서 자전거나 스케이트보드 따위를 타게도 한다는데, 아무래도 그런 것 같았다. 인터폰의 수화기를 들자, 경비원의 응답이 들렸다. 내 목소리를 알아채자마자 길게 말꼬리를 늘이며 지레 짚었다. 귀찮고 성가셔하는 표정이 눈앞에 역력히 떠올랐다.

"위층이 또 시끄럽습니까? 조용히 해 달라고 말씀드릴까요?"

잠시 후 인터폰이 울렸다.

"충분히 주의하고 있으니 염려 마시랍니다."

경비원의 전갈이었다. 염려 마시라고? 다분히 도전적인 저의(底意)[1]가 느껴지는 전언이었다. 게다가 드르륵드르륵 소리는 여전하지 않은가? 이젠 한판 싸워 보자는 얘긴가? 나는 인터폰을 들어 다짜고짜 909호를 바꿔 달라고 말했다. 신호음이 서너 차례 울린 후에야 신경질적인 젊은 여자의 응답이 들렸다.

"아래층인데요. 댁이 그런 식으로 말할 건 없잖아요? 나도 참을 만큼 참았다고요. 공동 주택에는 지켜야 할 규칙들이 있잖아요? 난 그 ㉡ 소리 때문에 병이 날 지경이에요."

"여보세요. 난 날아다니는 나비나 파리가 아니에요. 내 집에서 맘대로 움직이지도 못하나요? 해도 너무하시네요. 이틀 거리로 전화를 해대시니 저도 피가 마르는 것 같아요. 저더러 어쩌라는 거예요?"

"하여튼 아래층 사람 고통도 생각하시고 주의해 주세요."

나는 거칠게 수화기를 내려놓았다. "뻔뻔스럽긴. 이젠 순 배짱이잖아?" 소리 내어 욕설을 퍼부어도 화가 가라앉지 않았다. 그렇다고 언제까지 경비원을 사이에 두고 '하랍신다', '하신다더라' 하며 신경전을 펼 수도 없는 일이었다. 화가 날수록 침착하고 부드럽게 처신해야 한다는 것은 나이가 가르친 지혜였다. 지난겨울 선물로 받은, 아직 쓰지 않은 실내용 슬리퍼에 생각이 미친 것은 스스로도 신통했다. 선물도 무기가 되는 법. 발소리를 죽이는 푹신한 슬리퍼를 선물함으로써 ㉢ 소리를 죽이라는 메시지와 함께 소리 때문에 고통받는 내 심정을 간접적으로 나타낼 수 있으리라. 사려 깊고 양식 있는 이웃으로서 공동생활의 규범에 대해 조곤조곤 타이르리라.

위층으로 올라가 벨을 눌렀다. 안쪽에서 "누구세요?" 묻는 ㉣ 소리가 들리고도 십 분 가까이 지나 문이 열렸다. '이웃 사촌이라는데 아직 인사도 없이…….' 등등 준비했던 인사말과 함께 포장한 슬리퍼를 내밀려던 나는 첫마디를 뗄 겨를도 없이 우두망찰했다.[2] 좁은 현관을 꽉 채우며 휠체어에 앉은 젊은 여자가 달갑잖은 표정으로 나를 올려다보았다.

"안 그래도 바퀴를 갈아 볼 작정이었어요. 소리가 좀 덜 나는 것으로요. 어쨌든 죄송해요. 도와주는 아줌마가 지금 안 계셔서 차 대접할 형편도 안 되네요."

여자의 텅 빈, 허전한 하반신을 덮은 화사한 빛깔의 담요와 휠체어에서 황급히 시선을 떼며 나는 할 말을 잃은 채 부끄러움으로 얼굴만 붉히며 슬리퍼 든 손을 등 뒤로 감추었다.

1) 겉으로 드러나지 아니한, 속에 품은 생각.
2) 정신이 얼떨떨하여 어찌할 바를 몰랐다.

- 오정희, 『소음공해』 -

11. 윗글의 내용으로 가장 적절한 것은?

① 경비원은 층간 소음 문제를 적극적으로 해결했다.
② 위층 여자는 아래층의 소음에 대해 여러 번 항의했다.
③ '나'는 위층 여자의 사정을 알고 나서 부끄러움을 느꼈다.
④ '나'는 위층 여자를 오해했던 것이 미안하여 사과의 선물을 전달했다.

12. 윗글을 연극으로 공연하고자 할 때, 준비할 소품으로 볼 수 없는 것은?

① 화사한 빛깔의 담요
② 선물로 준비한 과일
③ 포장된 실내용 슬리퍼
④ 바퀴 소리가 큰 휠체어

13. ㉠~㉣ 중 성격이 다른 것은?

① ㉠ ② ㉡ ③ ㉢ ④ ㉣

[14~16] 다음 글을 읽고 물음에 답하시오.

[A]
열무 삼십 단을 이고
㉠ 시장에 간 우리 엄마
안 오시네, 해는 시든 지 오래
나는 ㉡ 찬밥처럼 방에 담겨
아무리 천천히 숙제를 해도
엄마 안 오시네, ㉢ 배춧잎 같은 발소리 타박타박
안 들리네, 어둡고 무서워
금 간 ㉣ 창틈으로 고요히 빗소리
빈방에 혼자 엎드려 훌쩍거리던

아주 먼 옛날
지금도 내 눈시울을 뜨겁게 하는
그 시절, 내 유년[1]의 윗목[2]

- 기형도, 『엄마 걱정』 -

1) 나이가 어린 때.
2) 온돌방에서 아궁이로부터 먼 쪽의 방바닥. 불길이 잘 닿지 않아 아랫목보다 상대적으로 차가운 쪽이다.

14. 윗글에 대한 설명으로 가장 적절한 것은?

① 어른이 된 화자가 어린 시절을 회상한다.
② 속마음을 반대로 표현하여 현실을 비판한다.
③ 의성어를 통해 어머니의 발소리를 경쾌하게 표현했다.
④ 감각적 표현을 통해 유년의 행복했던 기억을 생생하게 전달한다.

15. [A]에 나타난 화자의 정서와 거리가 먼 것은?

① 무서움 ② 외로움 ③ 쓸쓸함 ④ 부끄러움

16. ㉠~㉣ 중 밑줄 친 '이것'에 해당하는 것은?

일하러 간 엄마를 기다리는 '나'의 모습을 이것에 빗대어 표현하였다.

① ㉠ ② ㉡ ③ ㉢ ④ ㉣

[17~19] 다음 글을 읽고 물음에 답하시오.

규중 부인이 아침 단장을 마치매, 칠우가 모여 할 일을 함께 의논하여 각각 맡은 일을 이루어 내는지라. 하루는 칠우가 모여 바느질의 공을 의논하는데 ㉠ 척 부인이 긴 허리를 뽐내며 말하기를,

"여러 벗들은 들으라. 가는 명주, 굵은 명주, 흰 모시, 가는 실로 짠 천, 파랑, 빨강, 초록, 자주 비단을 다 내어 펼쳐 놓고 남녀의 옷을 마련할 때, 길이와 넓이며 솜씨와 격식을 내가 아니면 어찌 이루리오. 그러므로 옷 짓는 공은 내가 으뜸이 되리라."

㉡ 교두 각시가 두 다리를 빠르게 놀리며 뛰어나와 이르되, "척 부인아, 그대 아무리 마련을 잘한들 베어 내지 아니 하면 모양이 제대로 되겠느냐? 내 공과 내 덕이니 네 공만 자랑 마라."

세요 각시가 가는 허리를 구부리며 날랜 부리 돌려 이르되, "두 벗의 말이 옳지 않다. 진주 열 그릇이라도 꿴 후에야 보배라 할 것이니, 재단에 두루 능하다 하나 내가 아니면 옷 짓기를 어찌하리오. 잘게 누빈 누비, 듬성하게 누빈 누비, 맞대고 꿰맨 솔기, 긴 옷을 지을 때 나의 날래고 빠름이 아니면 어찌 잘게 뜨며, 굵게 박아 마음대로 하리오. 척 부인이 재고 교두 각시가 옷감을 베어 낸다 하나, 나 아니면 공이 없으련만 두 벗이 무슨 공이라 자랑하느뇨."

㉢ 청홍흑백 각시가 얼굴이 붉으락푸르락하여 화내며 말하기를,

"세요야, 네 공이 내 공이라. 자랑 마라. 네 아무리 잘난 체 하나 한 솔기나 반 솔기인들 내가 아니면 네 어찌 성공하리오."

㉣ 감투 할미가 웃으며 이르되,

"각시님네, 웬만히 자랑하소. 이 늙은이 머리부터 발끝까지 온몸으로 아기씨네 손부리 아프지 아니하게 바느질 도와 드리나니, 옛말에 이르기를 '닭의 입이 될지언정 소의 꼬리는 되지 말라'고 했소. ㉮ 청홍흑백 각시는 세요의 뒤를 따라다니며 무슨 말을 하시느뇨. 실로 얼굴이 아까워라. 나는 매양 세요의 귀에 찔렸으나, 낯가죽이 두꺼워 견딜 만하여 아무 말도 아니하노라."

- 규중의 어느 부인, 『규중의 일곱 벗』 -

17. ㉠~㉣에 해당하는 내용이 적절한 것은?

	외적 특징		실제 사물
㉠	긴 허리	······	자
㉡	두 다리	······	다리미
㉢	두꺼운 낯	······	골무
㉣	붉으락푸르락한 얼굴	······	가위

① ㉠
② ㉡
③ ㉢
④ ㉣

18. 윗글의 내용으로 보아 빈칸에 들어갈 말로 적절한 것은?

칠우가 모여 함께 이루어 내는 일은 (   )이다.

① 옷 만들기
② 집 안 정리하기
③ 규중 부인 깨우기
④ 규중 부인의 머리 꾸미기

19. ㉮의 의미로 가장 적절한 것은?

① 이야기를 좋아하는 규중 부인
② 바늘이 꽂혀 있는 골무의 모습
③ 화려하게 장식된 규중 부인의 방
④ 바늘귀에 꿰여 달려 있는 실의 모습

[20~22] 다음 글을 읽고 물음에 답하시오.

> 여름밤에 잠을 못 자게 하는 두 가지 공포는 밤새도록 더위가 가시지 않는 열대야 현상과 [㉠]이다. 밤새 가로수에 매달려 우는 매미 때문에 창문을 열어 놓을 수가 없다. 도로를 지나다니는 차들의 경적도 시끄럽지만, 매미의 기세도 보통이 아니다.
>
> 하지만 매미는 원래 밝은 낮에만 울고 어두워지면 울지 않았다. 매미의 수컷이 내는 소리에는 세 가지 의미가 있는데, 첫째 주변에 있는 매미들에게 자신의 존재를 알리고, 둘째 자신의 영역을 침범하지 말라고 경고하고, 셋째 암컷을 유인해 짝짓기를 하는 것이다. 특히 매미의 울음소리는 수컷이 암컷 매미를 만나 짝짓기를 하여 종족을 번식하는 데 없어서는 안 될 신호인 셈이다. 그런데 가로등이나 상점 간판의 네온사인, 자동차의 전조등과 같은 인공 불빛으로 밤이 너무 밝아지자 낮이 아닌데도 매미들이 우는 것이다.
>
> [A] 사람도 빛 공해의 피해를 입고 있다. 우리나라의 도시에 사는 아이들은 시골에 사는 아이들보다 안과를 자주 찾는다. 세계적으로 유명한 과학 잡지 『네이처』에서는 밤에 항상 불을 켜 놓고 자는 아이의 34퍼센트가 근시라는 조사 결과를 발표했다. 불빛 아래에서는 잠드는 데 ㉡ <u>걸리는</u> 시간인 수면 잠복기가 길어지고 뇌파도 불안정해진다. 이 때문에 도시의 눈부신 불빛은 아이들의 깊은 잠을 방해하고 있는 것이다.
>
> 이와 같이 도시의 빛 공해로 인해 생물체들이 피해를 입고 있다. 생물체가 살아가려면 햇빛이 필요하듯이 어둠과 고요도 꼭 있어야 한다. 어둠 속에서 편히 쉬어야 다시 생기를 얻을 수 있기 때문이다. 생명을 위해 이제 도시의 밤하늘에 어둠과 고요를 돌려주자. 인공의 불빛이 아닌 자연의 별빛을 밝히자.
>
> \- 박경화, 『도시의 밤은 너무 눈부시다』 -

20. 윗글의 ㉠에 들어갈 내용으로 가장 적절한 것은?

① 아파트 위층에서 들리는 세탁기 소리
② 운동장에서 들리는 아이들의 웃음소리
③ 집 안에서 키우는 반려견의 발자국 소리
④ 창밖에서 들리는 시끄러운 매미 울음소리

21. [A]에 대한 설명으로 가장 적절한 것은?

① 질문을 통해 화제에 집중하게 하고 있다.
② 속담을 이용하여 독자의 흥미를 불러일으키고 있다.
③ 과장된 수치를 사용하여 경각심을 불러일으키고 있다.
④ 세계적으로 유명한 과학 잡지를 인용하여 신뢰도를 높이고 있다.

22. ㉡과 같은 의미로 쓰인 것은?

① 감기에 <u>걸리다</u>. ② 그림이 벽에 <u>걸리다</u>.
③ 물고기가 그물에 <u>걸리다</u>. ④ 밥하는 시간이 오래 <u>걸리다</u>.

[23~25] 다음 글을 읽고 물음에 답하시오.

> 남극과 북극 가운데 어디가 더 추울까? 남극이 훨씬 춥다. 육지는 바다에 비해 쉽게 데워지고 쉽게 식는다. 남극은 이러한 육지가 밑에 있어서 한겨울에 해당하는 8월 말 무렵이면 높은 곳에서는 기온이 영하 70℃ 가까이 내려 간다고 한다. 역사상 최저 기온은 영하 89℃였다. 이러한 기후 조건 때문에 남극에는 연구를 목적으로 거주하는 사람들 외에는 원주민이 없다. [㉠] 남극의 추위를 견뎌 내기가 그만큼 어렵기 때문이다.
>
> 북극은 주변에 있는 바다와 해류의 영향을 받는다. 얼음 덩어리보다 상대적으로 온도가 높은 바다에서 상승하는 따뜻한 공기 때문에 겨울에는 최저 기온이 영하 30~40℃ 까지 내려가지만, 여름에는 영상 10℃ 정도로 비교적 따뜻하다. 그리고 북극에는 우리가 에스키모라고 알고 있는 원주민인 이누이트인들이 살아가고 있다.
>
> - 고현덕 외, 『살아있는 과학 교과서 1』 -

23. 윗글의 내용과 일치하지 <u>않는</u> 것은?

① 북극이 남극보다 훨씬 춥다. ② 북극은 해류의 영향을 받는다.
③ 이누이트인이 북극에 살고 있다. ④ 육지는 바다에 비해 쉽게 데워진다.

24. 다음 빈칸에 들어갈 말로 가장 적절한 것은?

> 윗글은 남극과 북극의 (   ) 특징을 대비하여 설명하고 있다.

① 경제적 ② 기후적 ③ 문화적 ④ 역사적

25. ㉠에 들어갈 말로 가장 적절한 것은?

① 또한 ② 그러나 ③ 왜냐하면 ④ 예를 들면

2022년도 제1회 중학교 졸업학력 검정고시

수 학

중졸

1. 56을 소인수분해한 결과로 옳은 것은?

① $2^2 \times 7$　② $2^3 \times 7$　③ 2×7^2　④ $2^2 \times 7^2$

2. 다음 중 수의 대소 관계가 옳은 것은?

① $-2 < 0$　② $-1 < -2$　③ $3 < -1$　④ $7 < 4$

3. $x = 3$, $y = -1$일 때, $2x + y$의 값은?

① -1　② 1　③ 3　④ 5

4. 그림은 가로의 길이가 7cm, 세로의 길이가 $x\text{cm}$인 직사각형이다. 이 직사각형의 둘레의 길이가 24cm일 때, x의 값은?

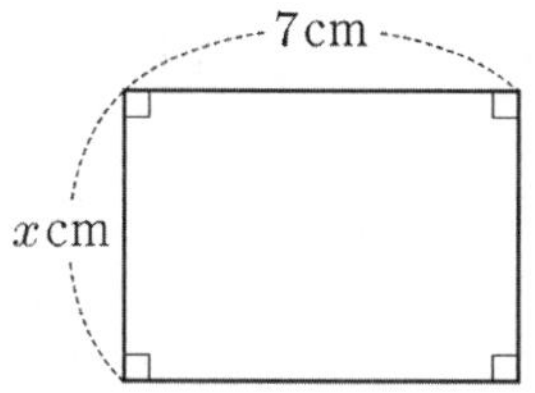

① 4
② 5
③ 6
④ 7

5. 그림과 같이 평행한 두 직선 l, m이 다른 한 직선 n과 만날 때, $\angle x$의 크기는?

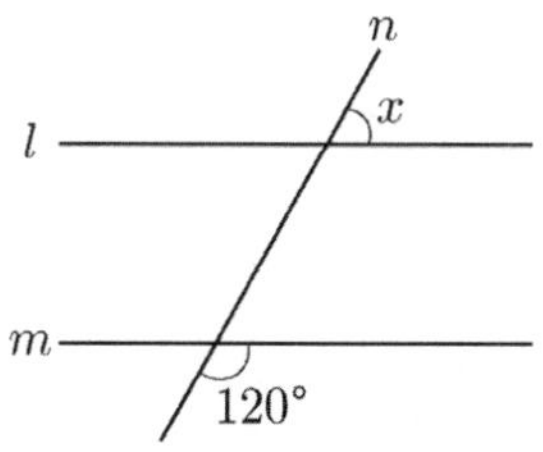

① 40°
② 60°
③ 80°
④ 100°

6. 그림과 같이 원 O에서 $\angle AOB = 30^\circ$, $\angle COD = 90^\circ$, $\overset{\frown}{CD} = 12\text{cm}$ 일 때, x의 값은?

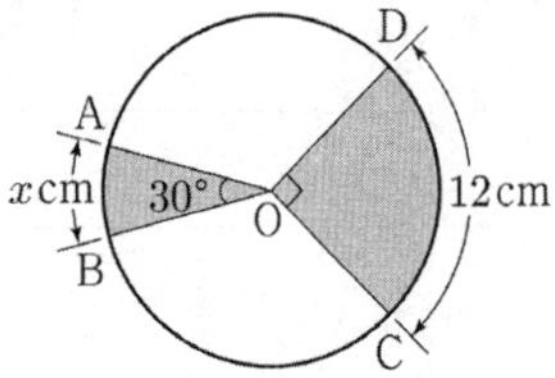

① 3
② 4
③ 5
④ 6

7. 다음은 청소년 40명의 일일 평균 스마트폰 사용 시간을 조사하여 만든 도수분포표이다. 일일 평균 스마트폰 사용 시간이 3시간 이상인 청소년의 수는?

사용 시간(시간)	청소년 수(명)
0이상 ~ 1미만	2
1 ~ 2	8
2 ~ 3	10
3 ~ 4	12
4 ~ 5	8
합계	40

① 16
② 18
③ 20
④ 22

8. $\frac{4}{9}$를 순환소수로 나타낸 것은?

① $0.\dot{1}$　② $0.\dot{2}$　③ $0.\dot{3}$　④ $0.\dot{4}$

9. $a \times a^2 \times a^3$을 간단히 한 것은?

① a^3　② a^4　③ a^5　④ a^6

10. 연립방정식 $\begin{cases} x + y = 1 \\ 2x - y = 2 \end{cases}$의 해는?

① $x = -1, y = 2$　② $x = 0, y = 1$
③ $x = 1, y = 0$　④ $x = 2, y = -1$

11. 일차함수 $y = ax$의 그래프를 y축의 방향으로 2만큼 평행이동하면 일차함수 $y = -2x + 2$의 그래프와 일치한다. 상수 a의 값은?

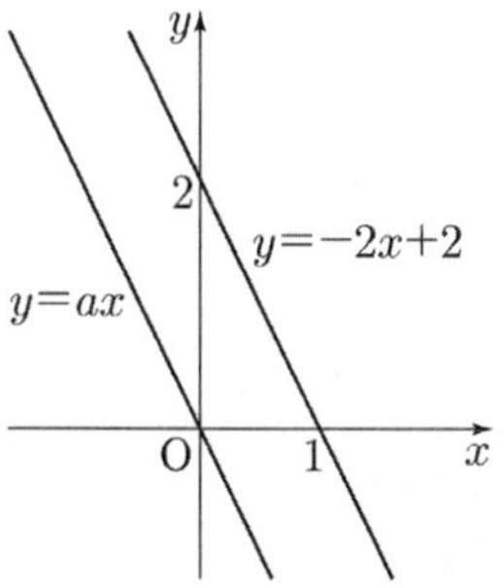

① -2
② -1
③ 1
④ 2

12. 그림과 같이 평행사변형 $ABCD$에서 $\overline{AB} = 5\text{cm}$, $\angle D = 120°$일 때, x, y의 값은?

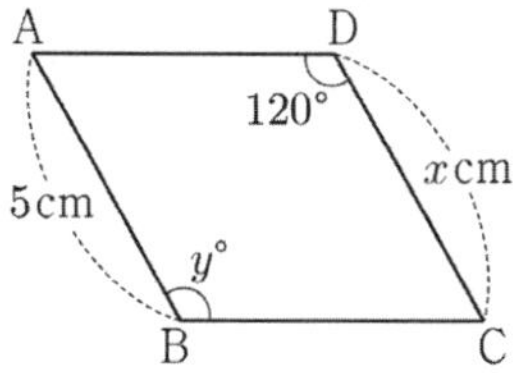

① $x = 5, y = 60$
② $x = 5, y = 120$
③ $x = 6, y = 60$
④ $x = 6, y = 120$

13. 그림에서 $\triangle ABC \backsim \triangle DEF$일 때, $\triangle ABC$와 $\triangle DEF$의 닮음비는?

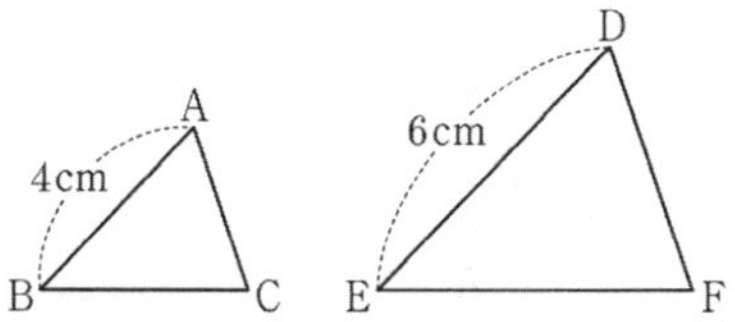

① $1:2$
② $1:3$
③ $2:3$
④ $3:4$

14. 그림과 같은 주사위 한 개를 한 번 던질 때, 나오는 눈의 수가 3이상일 확률은?

① $\frac{1}{6}$
② $\frac{1}{3}$
③ $\frac{1}{2}$
④ $\frac{2}{3}$

15. $3\sqrt{2} + \sqrt{2}$ 를 간단히 한 것은?

① $\sqrt{2}$　② $2\sqrt{2}$　③ $3\sqrt{2}$　④ $4\sqrt{2}$

16. 이차방정식 $(x-1)(x-3)=0$의 한 근이 1이다. 다른 한 근은?

① 3 ② 4 ③ 5 ④ 6

17. 이차함수 $y=-2x^2$의 그래프에 대한 설명으로 옳은 것은?

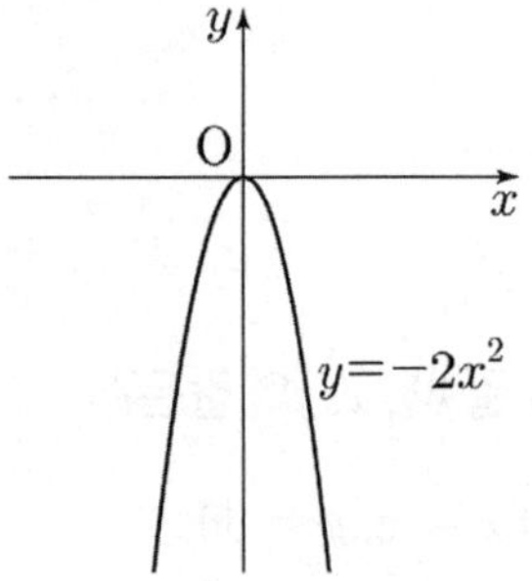

① 위로 볼록하다.
② x축에 대칭이다.
③ 점 (1, 2)를 지난다.
④ 꼭짓점의 좌표는 (0, −2)이다.

18. 직각삼각형 ABC에서 $\overline{AB}=5$, $\overline{BC}=4$, $\overline{AC}=3$일 때, $\cos B$의 값은?

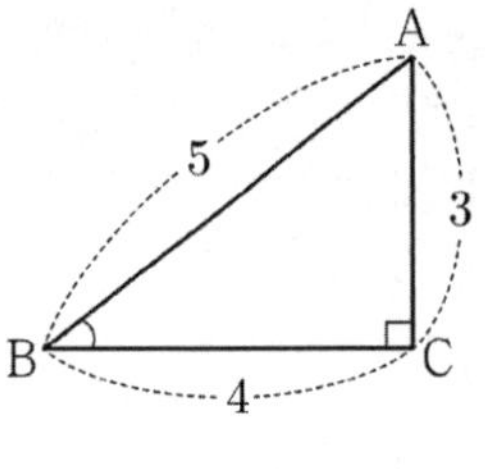

① $\frac{3}{5}$
② $\frac{3}{4}$
③ $\frac{4}{5}$
④ $\frac{5}{4}$

19. 그림과 같이 원 O에서 호 AB에 대한 원주각 $\angle APB$의 크기가 35°일 때, 이 호에 대한 중심각 $\angle AOB$의 크기는?

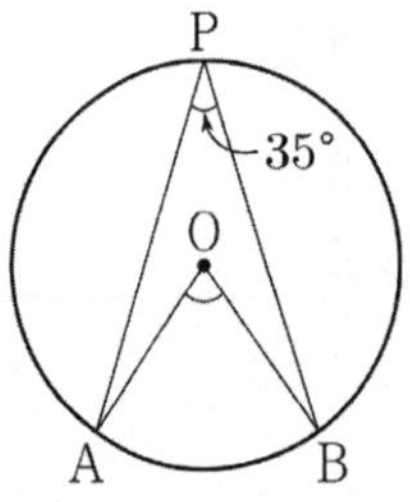

① 50°
② 60°
③ 70°
④ 80°

20. 다음 중 음의 상관관계를 나타내는 산점도는?

①
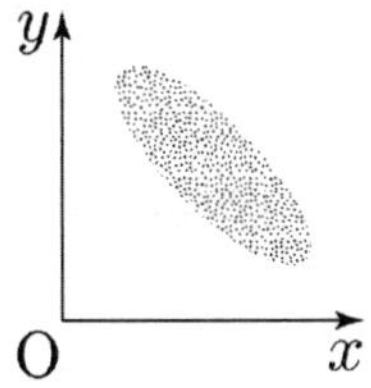

②
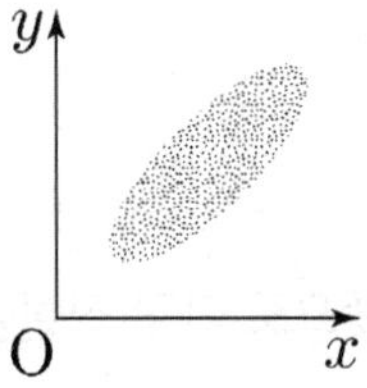

③
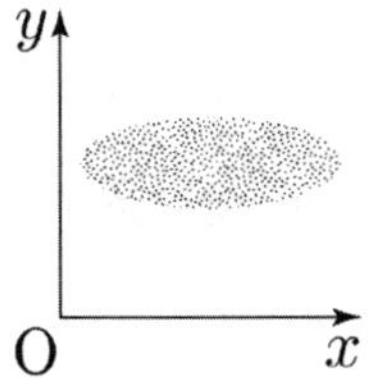

④
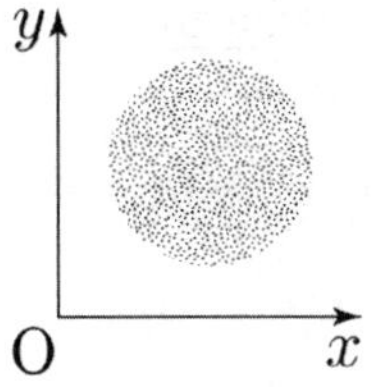

2022년도 제1회 중학교 졸업학력 검정고시

영 어

중졸

---

1. 다음 밑줄 친 단어의 뜻으로 가장 적절한 것은?

I heard this movie is <u>boring</u>, so I don't want to watch it.

① 지루한　　② 즐거운　　③ 무서운　　④ 놀라운

2. 다음 중 두 단어의 의미 관계가 나머지 셋과 <u>다른</u> 것은?

① buy – sell　　② tell – speak
③ push – pull　　④ start – finish

3. 다음 빈칸에 들어갈 말로 가장 적절한 것은?

This ______ one of my favorite songs.

① be　　② is　　③ am　　④ are

[4~6] 다음 대화의 빈칸에 들어갈 말로 가장 적절한 것을 고르시오.

4.

A : Excuse me, how ________ is this book? B : It's only five dollars.

① far　　② tall　　③ long　　④ much

5.

A : Can you please ________ the dishes? B : I'm sorry, but I don't have time. I'll do it later.

① go　　② call　　③ hear　　④ wash

6.

A : I like this jacket very much.
B : Why do you like it?
A : ____________________________.

① I like the color
② They look so tired
③ Don't worry about it
④ I am reading a magazine

7. 다음 빈칸에 공통으로 들어갈 말로 가장 적절한 것은?

- You can't ________ your car here.
- Let's go to the ________ for a picnic.

① fly ② cook ③ park ④ watch

8. 다음은 Alice의 주간계획표이다. 목요일에 할 일은?

Tuesday	Wednesday	Thursday	Friday
ride my bike	go swimming	make pizza	play soccer

① 자전거 타기
② 수영하기
③ 피자 만들기
④ 축구하기

9. 그림으로 보아 빈칸에 들어갈 말로 가장 적절한 것은?

A : What is the boy doing?
B : He is __________ the violin.

① driving ② playing ③ reading ④ walking

10. 다음 대화가 끝난 후 두 사람이 만날 장소는?

A : Why don't we play badminton today?
B : Sure. Where shall we meet?
A : How about the school playground?
B : O.K. See you there at 3 o'clock.

① 경찰서 ② 도서관 ③ 운동장 ④ 주차장

11. 다음 대화의 빈칸에 들어갈 말로 가장 적절한 것은?

A : Mom, can I go to the movies?
B : Who are you going to go with?
A : ____________________.

① At 3 o'clock
② I'm going to go with Sora
③ We're going to see *The Planet*
④ We'll meet in front of the theater

12. 다음 대화의 주제로 가장 적절한 것은?

A : Which season do you like?
B : I like summer because I can go to the beach.
A : I love skiing, so I like winter.

① 새해 소망
② 좋아하는 계절
③ 여행지 추천
④ 외국인 친구 소개

13. 다음 홍보문을 보고 알 수 <u>없는</u> 것은?

Learn from Artists
○ Place : Modern Art Museum
○ Date : May 7th, 2022
○ Activity : Drawing pictures with artists

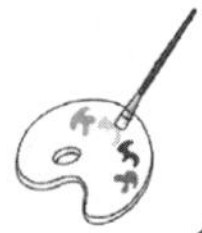

① 장소
② 날짜
③ 참가비
④ 활동 내용

14. 다음 방송의 목적으로 가장 적절한 것은?

Good afternoon. Welcome to the downtown library. We have a special event today. Julia Smith will talk about her new book, *Harry Botter*, in the main hall at 2 p.m. If you're a fan, please don't miss this event!

① 기부 방법 설명
② 화장실 고장 공지
③ 중고 서적 판매 광고
④ 도서관 특별 행사 안내

15. 다음 대화에서 B가 긴장한 이유는?

A : Hi, Judy. You look worried. What's wrong?
B : I have to give a speech in English. I'm so nervous.
A : Don't worry. You'll do a good job.

① 요리 대회에 출전해서
② 약속 시간에 늦어서
③ 좋아하는 배우를 만나서
④ 영어로 연설을 해야 해서

16. seahorse에 관한 다음 글의 내용과 일치하지 않는 것은?

The seahorse is very interesting in many ways. It is a kind of fish, but it looks like a horse. It swims standing up. It moves slowly in the water. When it is in danger, it can change its color.

① 말처럼 생겼다.
② 서서 헤엄친다.
③ 빠르게 이동한다.
④ 색을 바꿀 수 있다.

17. 주어진 말에 이어질 두 사람의 대화를 <보기>에서 찾아 순서대로 가장 적절하게 배열한 것은?

Seho, where are you going?

<보기>

(A) To the library. I need to return these books.
(B) Yes, please. Thank you!
(C) They look heavy. Do you need any help?

① (A) - (B) - (C)
② (A) - (C) - (B)
③ (B) - (A) - (C)
④ (B) - (C) - (A)

18. 다음 글에서 Minsu가 버스에서 내린 이유로 가장 적절한 것은?

Yesterday, Minsu got on a bus. He put his card on the reader to pay the fare. But the machine said that there was not enough money on his card. So he had to get off the bus. He was embarrassed.

① 버스를 잘못 타서
② 목적지에 도착해서
③ 버스가 갑자기 고장 나서
④ 버스 카드 잔액이 부족해서

19. 그래프로 보아 빈칸에 들어갈 말로 가장 적절한 것은?

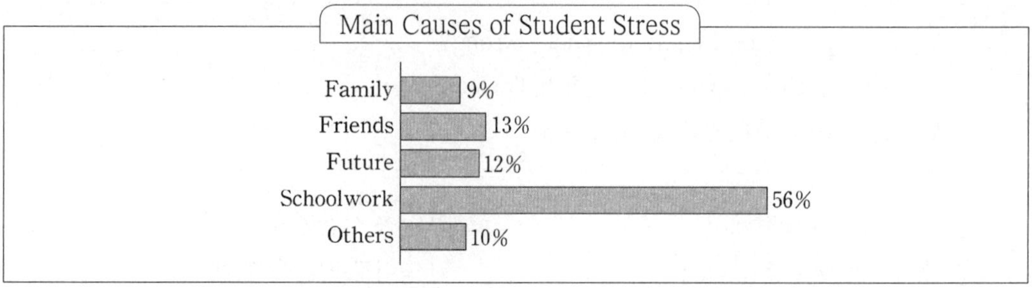

More than 50% of the students chose ________ as the main cause of their stress.

① family ② friends ③ future ④ schoolwork

20. Franz Liszt에 관한 다음 글에서 언급된 내용이 아닌 것은?

Have you heard of Franz Liszt? He was born in Hungary in 1811. His father played the cello, so Liszt became interested in music. Liszt first started playing the piano when he was seven. He later became a great pianist, composer, and teacher.

① 작곡한 작품의 수 ② 태어난 나라
③ 피아노를 치기 시작한 나이 ④ 직업

21. 다음 밑줄 친 they가 가리키는 것으로 가장 적절한 것은?

The Sahara Desert is a very hot place. It is difficult for animals to survive there, but ants can live in this environment. How can they do that? Because their bodies can reflect the heat from the sun.

① ants ② bears ③ foxes ④ lions

22. 수영장에서 지켜야 할 규칙으로 언급되지 않은 것은?

- Do not run.
- Do not eat food.
- Do not dive into the pool.

① 뛰지 않기 ② 음식 먹지 않기 ③ 다이빙하지 않기 ④ 사진 촬영하지 않기

23. 다음 글의 주제로 가장 적절한 것은?

> There are many good things about using a smartphone. First, I can get in touch with my friends anywhere. Also, I can easily get the information I need. This is useful when I have a lot of homework to do.

① 다양한 원격 수업 방법
② 인터넷 중독의 위험성
③ 스마트폰 사용의 좋은 점
④ 학교 숙제가 필요한 이유

24. 다음 글을 쓴 목적으로 가장 적절한 것은?

> Hello, Dr. Brown. I have a problem. I keep buying things that I don't need. So I have a lot of unnecessary things. I really want to break this bad habit. What should I do?

① 조언을 구하기 위해서
② 환불을 요청하기 위해서
③ 주말 약속을 잡기 위해서
④ 전시회를 소개하기 위해서

25. 다음 글의 바로 뒤에 이어질 내용으로 가장 적절한 것은?

> Why do people dance? They dance to express feelings, give happiness to others, or enjoy themselves. Now, let's take a look at different kinds of dance around the world.

① 여러 나라의 인사법
② 세계의 다양한 춤 소개
③ 감정을 잘 표현하는 방법
④ 책을 많이 읽어야 하는 이유

2022년도 제1회 중학교 졸업학력 검정고시

사 회

중졸

1. 다음에서 설명하는 것은?

> 어떤 장소나 지역에 대한 정보를 수치화하여 컴퓨터에 입력 · 저장한 후, 가공 · 분석 · 처리하여 다양하게 표현해 주는 체계

① 시차 ② 표준시 ③ 랜드마크 ④ 지리 정보 시스템

2. 다음 자료에서 (가)에 해당하는 기후는?

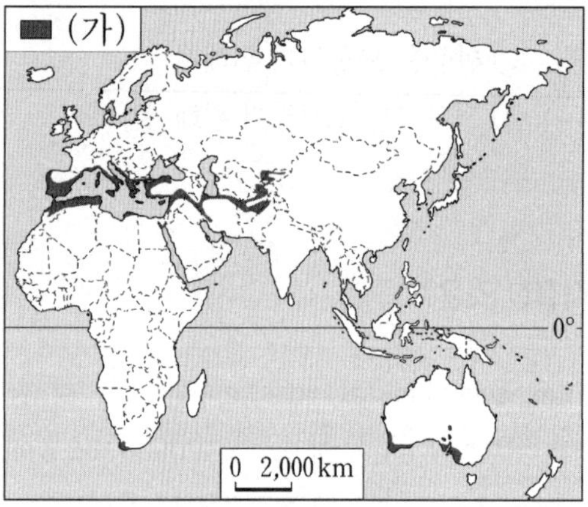

- 지도에 표시된 (가)는 여름에는 고온 건조하고, 겨울에는 온난 습윤하다.
- 이 지역은 주로 올리브, 포도 등의 수목 농업이 이루어진다.

① 고산 기후 ② 툰드라 기후 ③ 지중해성 기후 ④ 열대 우림 기후

3. 다음 내용에 해당하는 지형은?

> - 용암이 빠른 속도로 식어 굳으면서 다각형의 기둥 모양으로 쪼개짐.
> - 주로 제주도에 분포함.

① 갯벌 ② 모래사장 ③ 석회동굴 ④ 주상절리

4. 다음에서 설명하는 자연재해는?

◦ 집중 호우에 의한 하천의 범람으로 발생 ◦ 가옥이나 농경지 등이 침수되어 재산 및 인명 피해 발생

① 홍수 ② 황사 ③ 폭염 ④ 가뭄

5. 다음 설명에 해당하는 자원은?

◦ 자동차 보급의 확산으로 수요가 급증함. ◦ 편재성이 매우 크고, 국제적 이동량이 많음. ◦ 주요 수출국 : 사우디아라비아, 러시아, 아랍 에미리트 등

① 구리 ② 석유 ③ 석탄 ④ 철광석

6. 다음에서 설명하는 것은?

푸드 마일리지를 줄이기 위한 대안으로 등장하였으며, 지역에서 생산된 먹거리를 해당 지역에서 직접 소비하는 것을 뜻한다.

① 공정 무역
② 로컬 푸드
③ 혼합 농업
④ 플랜테이션

7. 개발 제한 구역의 설정 목적으로 가장 적절한 것은?

① 도시 내 시가지 개발
② 대규모 중공업 단지 조성
③ 도시의 무질서한 팽창 방지
④ 각종 건축물의 자유로운 건설

8. ㉠, ㉡에 들어갈 말로 옳은 것은?

◦ [㉠]은/는 국가의 주권이 미치는 해역이다. ◦ [㉡]은/는 국가의 주권이 미치는 육지와 바다의 수직 상공이다.

	㉠	㉡
①	영해	영공
②	영해	영토
③	영공	영해
④	영토	영공

9. **다음 상황을 설명하는 용어로 적절한 것은?**

> ○○은 신인 가수 그룹의 리더로서 중요한 오디션이 있던 날, 어머니의 건강이 위독하다는 연락을 받았다. 그는 오디션에 참가해야 할지 어머니에게 가야 할지 고민에 빠졌다.

① 외집단　② 재사회화　③ 역할 갈등　④ 지역 갈등

10. **다음 내용에 해당하는 문화의 속성은?**

> 문화는 한 사회의 구성원들이 공통으로 가지는 생활 양식이다. 이를 통하여 사회 구성원들은 특정한 상황에서 서로의 행동을 쉽게 이해하고 예측할 수 있다.

① 공유성　② 선천성　③ 수익성　④ 일회성

11. **㉠에 들어갈 내용으로 적절한 것은?**

우리나라의 지방 자치 단체는 의결 기관인 (　㉠　)와/과 집행 기관인 지방 자치 단체장으로 구성됩니다.

① 국회
② 대통령
③ 국무회의
④ 지방 의회

12. **다음에서 설명하는 일반적인 정부 형태는?**

> 국민이 선거를 통해 의회를 구성하고, 의회 다수당의 대표가 총리(수상)가 된다. 총리는 내각을 구성할 권한을 가진다.

① 대통령제　② 절대 왕정　③ 귀족 정치제　④ 의원 내각제

13. **㉠에 들어갈 국민의 기본권은?**

> ㉠ [검색]
> ○ 의미 : 국가 권력의 간섭을 받지 않고 자유롭게 생활할 수 있는 권리
> ○ 관련 조항 : 모든 국민은 직업선택의 자유를 가진다. (헌법 제15조)

① 자유권
② 평등권
③ 참정권
④ 사회권

14. **다음의 역할을 담당하는 국가 기관은?**

> ◦ 선거와 국민 투표의 공정한 관리
> ◦ 정당 및 정치 자금에 관한 사무, 선거 참여 홍보 활동

① 감사원　② 선거 관리 위원회
③ 헌법 재판소　④ 국가 인권 위원회

15. **㉠에 들어갈 경제 개념은?**

> (㉠)은/는 어떤 것을 선택함으로써 포기하게 되는 대안의 가치 중 가장 큰 것을 의미하며, 편익과 더불어 합리적 선택을 위해 고려해야 할 요소이다.

① 수요　② 실업　③ 기회비용　④ 물가 지수

16. **㉠에 해당하는 경제 주체는?**

> 인플레이션 발생 시, (㉠)은/는 물가 안정을 위해 과도한 재정 지출을 줄이고, 공공요금 인상을 억제하며, 세금을 늘리는 정책을 집행한다.

① 가계　② 정부　③ 기업　④ 법원

17. **다음 유물이 처음으로 제작된 시대는?**

> ◦ 명칭 : 빗살무늬 토기
> ◦ 용도 : 식량을 저장하고 음식을 조리하는 데 사용함.

① 구석기 시대　② 신석기 시대　③ 청동기 시대　④ 철기 시대

18. 다음 설명에 해당하는 고구려의 왕은?

- ‘영락’이라는 독자적인 연호를 사용함.
- 신라에 침입한 왜군을 물리치고 금관가야를 공격함.
- 영토를 넓혀 만주와 한반도 중부에 걸치는 대제국을 건설함.

① 내물왕　② 신문왕　③ 근초고왕　④ 광개토 대왕

19. ㉠에 해당하는 국가는?

< ㉠ 의 발전 과정>

- 대조영 : 만주 동모산 근처에서 나라를 세움.
- 무왕 : 장문휴를 보내 당의 산둥 반도를 공격함.
- 선왕 : 당으로부터 ‘해동성국’이라 불리며 전성기를 이룸.

① 가야　② 발해　③ 부여　④ 백제

20. ㉠에 들어갈 내용으로 옳은 것은?

〈공민왕의 개혁 정치〉

- 쌍성총관부를 공격하여 철령 이북의 땅을 되찾음.
- 신돈을 등용하고 ㉠ .

① 삼국을 통일함
② 경복궁을 중건함
③ 훈민정음을 창제함
④ 전민변정도감을 설치함

21. 다음 설명에 해당하는 전쟁은?

- 원인 : 조선 인조 때 청의 군신 관계 요구 거부
- 전개 : 청의 침략 → 남한산성에서 항전
- 결과 : 조선이 삼전도에서 항복, 청과 군신 관계 체결

① 병자호란　② 임진왜란　③ 살수 대첩　④ 봉오동 전투

22. ㉠에 들어갈 내용으로 가장 적절한 것은?

ㅇ 조선 후기 [㉠]
- 한글 소설, 사설시조 유행
- 판소리와 탈춤 공연
- 풍속화와 민화의 유행

① 성리학의 전래
② 불교 예술의 발달
③ 서민 문화의 발달
④ 서양 문물의 수용

23. 다음 설명에 해당하는 사건은?

김옥균, 박영효 등의 급진 개화파가 정변을 일으켜 근대 국가 건설을 목표로 한 개혁을 추진하였으나, 청군의 개입으로 3일 만에 실패하였다.

① 3 · 1 운동
② 갑신정변
③ 홍경래의 난
④ 만민 공동회

24. 다음 대화 내용에 해당하는 제도는?

① 균역법
② 진대법
③ 호패법
④ 유신 헌법

25. 다음 설명에 해당하는 사건은?

- 신군부의 비상계엄 전국 확대에 반발하여 일어남.
- 광주에서 계엄군의 무력 진압으로 많은 사상자가 발생함.
- 1980년대 민주화 운동의 중요한 원동력이 됨.

① 6 · 10 만세 운동
② 국채 보상 운동
③ 동학 농민 운동
④ 5 · 18 민주화 운동

2022년도 제1회 중학교 졸업학력 검정고시

과 학

중졸

1. 그림과 같이 용수철에 물체를 매달아 화살표 방향으로 잡아당겼다. 용수철이 원래 길이보다 늘어났을 때 물체에 작용하는 탄성력의 방향은?

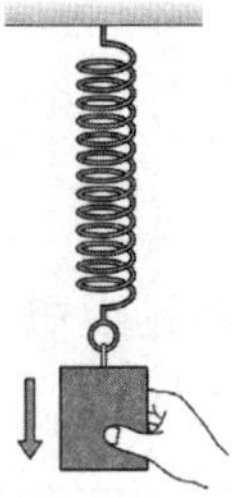

① ↑ ② ← ③ ↓ ④ →

2. 그림과 같이 레이저 빛이 입사각 70°로 평면거울에 입사할 때 반사각의 크기는?

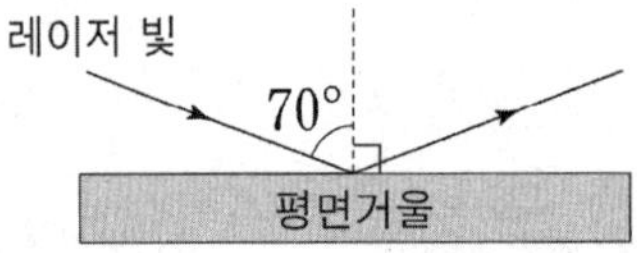

① 40°
② 50°
③ 60°
④ 70°

3. 그래프는 온도가 다른 두 물체 A와 B를 접촉시켜 놓았을 때 시간에 따른 온도 변화를 나타낸 것이다. 열평형에 도달할 때까지 걸리는 시간은?

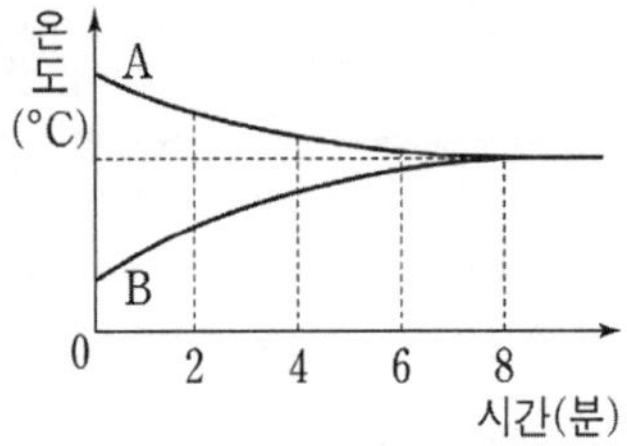

① 2분
② 4분
③ 6분
④ 8분

4. 소비 전력이 20W인 전구를 4시간 동안 사용할 때 전구가 소비하는 전기 에너지의 양은?

① 70Wh ② 80Wh ③ 90Wh ④ 100Wh

5. 그림은 전기 회로에 연결된 전류계의 모습을 나타낸 것이다. 전류의 세기는? (단, (−)단자가 5A에 연결되어 있다.)

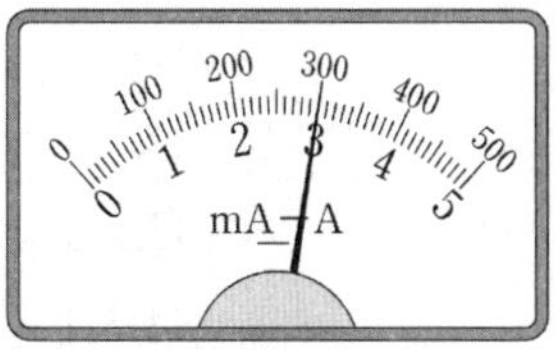

① 1A
② 2A
③ 3A
④ 4A

6. 그림은 사람이 물체에 5 N의 힘을 가해 힘의 방향으로 4m 이동시킨 것을 나타낸 것이다. 이 사람이 물체에 한 일의 양은?

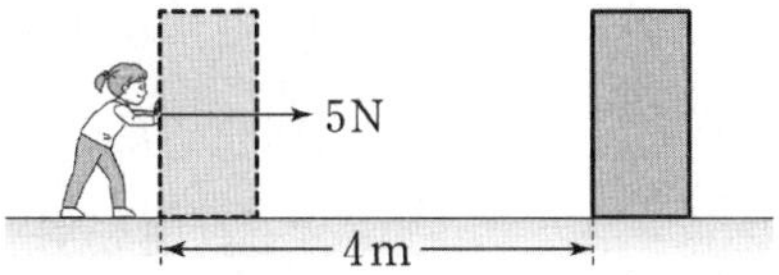

① 10J
② 20J
③ 30J
④ 40J

7. 그림은 고무풍선을 씌운 삼각 플라스크를 가열할 때 풍선의 부피가 커지는 모습을 나타낸 것이다. 다음 중 풍선의 부피 변화에 영향을 준 것은? (단, 압력은 일정하다.)

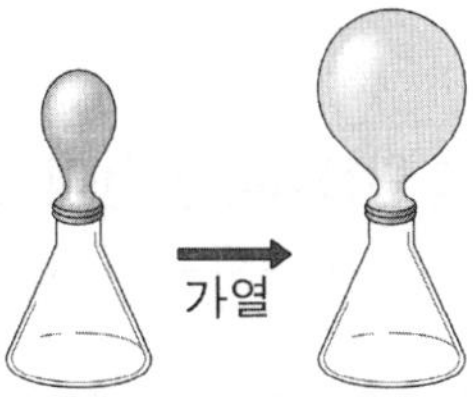

① 냄새
② 색깔
③ 소리
④ 온도

8. 그림은 물질의 상태 변화를 나타낸 것이다. A~D 중 얼음이 녹아 물이 되는 과정은?

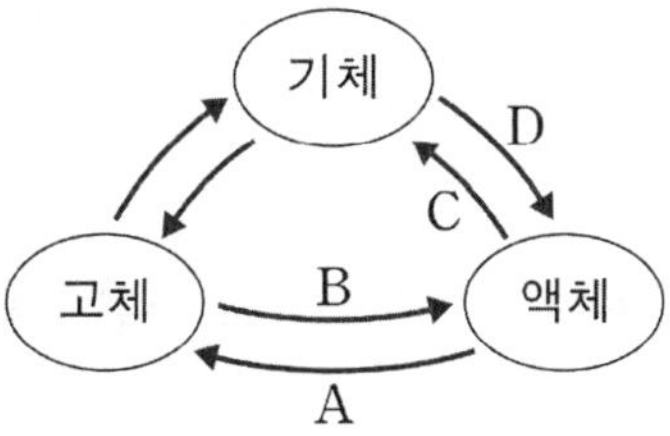

① A
② B
③ C
④ D

9. 그림은 수소 원자가 전자를 잃는 과정을 나타낸 것이다. 다음 중 수소 이온식으로 옳은 것은?

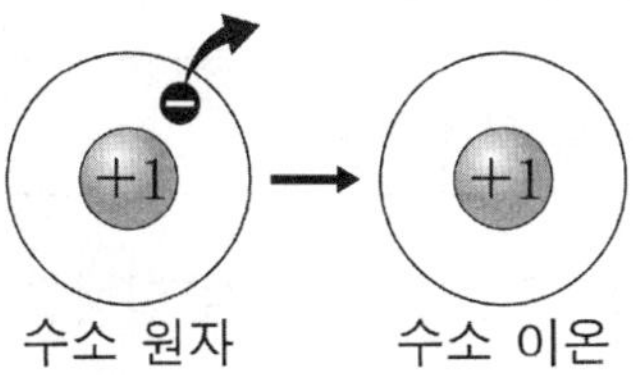

① H^-
② H
③ H^+
④ H^{2+}

10. 그림은 과산화 수소(H_2O_2)의 분자 모형을 나타낸 것이다. 수소와 산소의 원자 수의 비는?

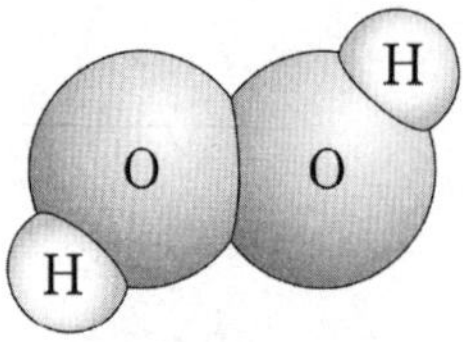

과산화 수소

<u>수소</u>	:	<u>산소</u>
① 1	:	1
② 1	:	2
③ 1	:	3
④ 1	:	4

11. 그림은 원유를 가열하여 증류탑에서 분리하는 과정을 나타낸 것이다. 다음 중 원유를 증류할 때 이용한 물질의 특성은?

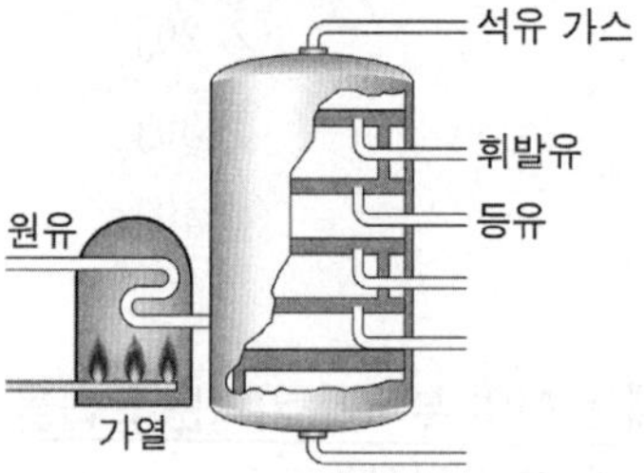

① 밀도
② 끓는점
③ 어는점
④ 용해도

12. 다음은 구리와 산소가 반응하여 산화 구리(Ⅱ)를 생성하는 화학 반응식이다. ㉠에 해당하는 것은?

2Cu + [㉠] → 2CuO

① H_2 ② N_2 ③ O_2 ④ Cl_2

13. 다음 중 식물계에 속하는 생물이 <u>아닌</u> 것은?

① 민들레 ② 소나무 ③ 옥수수 ④ 푸른곰팡이

14. 다음은 빛에너지를 이용한 광합성 과정이다. ㉠에 해당하는 것은?

이산화 탄소 + [㉠] —빛에너지→ 포도당 + 산소

① 물 ② 녹말 ③ 지방 ④ 단백질

15. **다음 설명에 해당하는 것은?**

◦ 두 개의 세포가 둘러싸서 식물 잎의 기공을 만든다. ◦ 기공을 열거나 닫아서 증산 작용을 조절한다.

① 물관　　② 열매　　③ 뿌리털　　④ 공변세포

16. **다음 설명에 해당하는 사람의 기관계는?**

◦ 음식물의 소화와 흡수에 관여한다. ◦ 입, 식도, 위, 소장 등으로 구성되어 있다.

① 배설계　　② 소화계　　③ 순환계　　④ 호흡계

17. **그림은 귀의 구조를 나타낸 것이다. A~D 중 다음 설명에 해당하는 것은?**

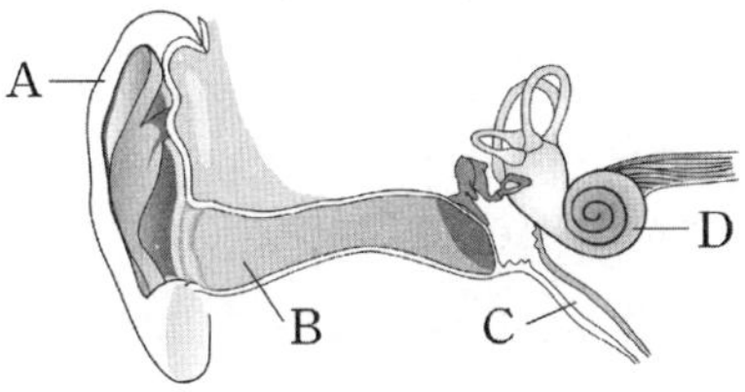

◦ 청각 세포가 분포하여 소리 자극을 받아들인다. ◦ 달팽이 모양의 구조이다.

① A　　② B　　③ C　　④ D

18. **그림과 같이 염색체가 세포의 중앙에 나란히 배열되는 체세포 분열 단계는?**

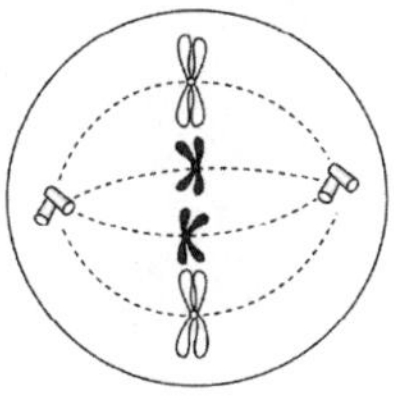

① 간기
② 전기
③ 중기
④ 말기

19. 순종의 보라색 꽃 완두(AA)와 흰색 꽃 완두(aa)를 교배하여 얻은 잡종 1대의 유전자형은? (단, 돌연변이는 없다.)

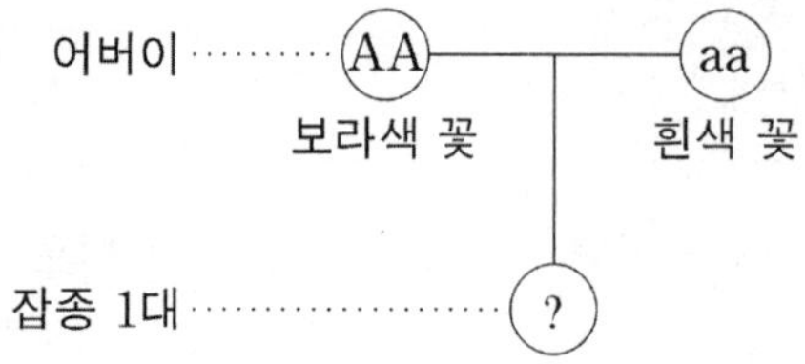

① AA
② Aa
③ aa
④ a

20. 다음 설명에 해당하는 광물의 특성은?

노란색인 황동석을 조흔판에 긁었을 때 나타나는 광물 가루의 색은 녹흑색이다.

① 밀도 ② 자성 ③ 조흔색 ④ 염산 반응

21. 그림은 판게아가 여러 대륙으로 분리되는 과정을 순서 없이 나타낸 것이다. A~C를 시간 순서대로 나열한 것은?

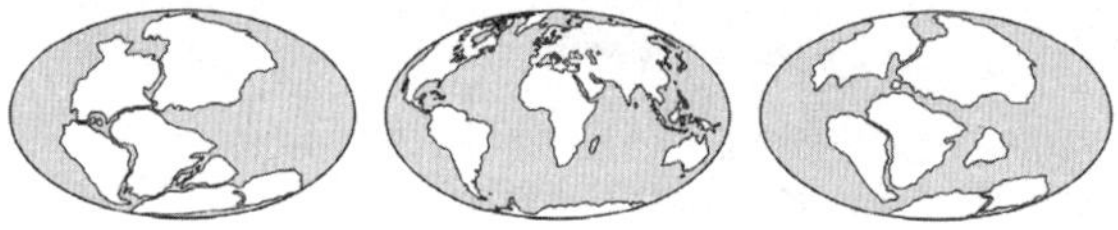

A B C

① A − C − B
② B − A − C
③ C − A − B
④ C − B − A

22. 그림은 일식을 관측한 모습이다. 다음 중 태양을 가려 일식 현상을 일으키는 천체는?

개기 일식

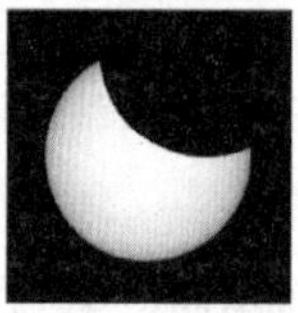

부분 일식

① 달
② 목성
③ 토성
④ 화성

23. 염분이 35psu인 해수 2kg에 녹아 있는 염류의 총량은?

① 50g ② 60g ③ 70g ④ 80g

24. 다음 설명에 해당하는 우리나라의 계절은?

- 주로 시베리아 기단의 영향을 받아 춥고 건조한 날씨가 나타난다.
- 북서 계절풍이 많이 분다.

① 봄　　② 여름　　③ 가을　　④ 겨울

25. 다음 설명에 해당하는 우리은하의 구성 천체는?

- 성간 물질이 밀집되어 구름처럼 보인다.
- 주변의 밝은 별에서 오는 별빛을 반사하여 우리 눈에 보인다.

① 암흑 성운　　② 반사 성운　　③ 산개 성단　　④ 구상 성단

2022년도 제1회 중학교 졸업학력 검정고시

도 덕

중졸

1. 다음에서 소개하는 사상가는?

◆ 도덕 인물 카드 ◆

- 고대 그리스의 사상가
- "성찰하지 않는 삶은 살 가치가 없다."라고 주장하며 반성하는 삶을 강조함.

① 공자
② 칸트
③ 석가모니
④ 소크라테스

2. 다음에서 설명하고 있는 용어는?

- 인간의 정신 활동으로 얻게 되는 가치
- 진(眞), 선(善), 미(美), 성(聖) 등

① 정신적 가치　② 물질적 가치　③ 수단적 가치　④ 도구적 가치

3. 도덕적으로 살아야 하는 이유로 적절하지 <u>않은</u> 것은?

4. ㉠에 공통으로 들어갈 개념으로 가장 적절한 것은?

(㉠)은/는 어떤 상황을 도덕 문제로 민감하게 느끼고 반응하는 마음의 상태를 말한다. (㉠)이/가 높은 사람일수록 도덕적 행동을 실천할 가능성이 높다.

① 자아 정체성　② 정서적 건강
③ 비판적 사고　④ 도덕적 민감성

5. **참된 우정이 필요한 이유로 적절하지 않은 것은?**

① 정서적 안정을 줄 수 있다.
② 성숙한 인격을 형성할 수 있다.
③ 공동체 의식을 훼손할 수 있다.
④ 타인과 관계를 맺는 능력을 기를 수 있다.

6. **가족 간의 도리에 관한 설명으로 가장 적절한 것은?**

① 우애는 자녀가 부모님을 잘 섬기는 것이다.
② 효도는 형제자매 간의 두터운 정과 사랑이다.
③ 자애는 부모가 대가없이 자녀에게 베푸는 사랑이다.
④ 부부 간에는 가깝고 편하기 때문에 예절을 생략해도 된다.

7. **성(性)에 대한 바람직한 관점을 <보기>에서 고른 것은?**

<보기>

ㄱ. 성의 인격적 가치를 소중히 여긴다.
ㄴ. 성의 쾌락적 측면만을 추구해야 한다.
ㄷ. 성을 상품화하는 수단으로 생각해야 한다.
ㄹ. 성에 대한 균형 잡힌 시각을 가져야 한다.

① ㄱ, ㄴ　　② ㄱ, ㄹ　　③ ㄴ, ㄷ　　④ ㄷ, ㄹ

8. **㉠에 들어갈 대답으로 적절하지 않은 것은?**

① 훌륭한 성품을 갖게 합니다.
② 긍정적인 자세를 갖게 합니다.
③ 건강한 삶을 살 수 있도록 합니다.
④ 외형적인 모습만 가꿀 수 있게 합니다.

9. **바람직한 이웃 간의 자세로 적절한 것은?**

① 배려 ② 혐오 ③ 해악 ④ 무시

10. **다음에서 설명하는 사이버 공간의 특성은?**

사이버 공간에서는 자신이 누구인지 밝히지 않을 수 있다. 자신의 신분이나 정체성을 드러내지 않고 활동할 수 있기 때문에 무책임한 행동을 하기 쉽다.

① 개방성 ② 익명성 ③ 홍보성 ④ 획일성

11. **다음에 해당하는 정보화 시대의 도덕 문제는?**

① 세대 갈등
② 악성 댓글
③ 저작권 침해
④ 사이버 따돌림

12. **학교 폭력에 대처하는 방법으로 적절하지 <u>않은</u> 것은?**

① 자신의 의사를 명확하게 표현해야 한다.
② 사소한 행동도 폭력이 될 수 있음을 알아야 한다.
③ 다른 사람에게 알리기보다 혼자 참고 견뎌야 한다.
④ 법과 제도 및 전문 기관을 적극적으로 활용해야 한다.

13. **인권에 대한 설명으로 적절하지 <u>않은</u> 것은?**

① 성인에게만 주어지는 권리이다.
② 누구나 누려야 하는 보편적 가치이다.
③ 모든 사람이 태어날 때부터 가지는 권리이다.
④ 인간으로서 마땅히 보장받아야 할 기본적 권리이다.

14. 양성평등에 대한 설명으로 가장 적절한 것은?

① 성별에 따라 부당하게 차별하는 것이다.
② 성 역할에 대한 고정관념을 유지하는 것이다.
③ 항상 남성을 우대하고 여성을 배제하는 것이다.
④ 여성과 남성을 동등한 인격체로 존중하는 것이다.

15. 다음에서 설명하고 있는 용어는?

각 문화의 다양성을 인정하고, 문화가 가진 독특한 환경과 역사적 · 사회적 상황에서 다른 문화를 바라보는 태도

① 연고주의
② 사대주의
③ 문화 상대주의
④ 자문화 중심주의

16. ㉠에 들어갈 개념으로 적절한 것은?

(㉠)은/는 특정 국가의 국민으로서만이 아닌 지구 공동체의 일원으로서 공동체 의식을 가지고 지구촌 문제 해결을 위해 협력하는 사람을 의미한다.

① 세계 시민 ② 특권 계층 ③ 소수 민족 ④ 사회적 약자

17. 다음 내용이 설명하는 개념은?

◦ 사회적으로 옳고 그름을 판단하는 기준 ◦ 사회를 구성하고 유지하는 공정한 원리

① 인권 침해 ② 사회 정의 ③ 부패 행위 ④ 시민 불복종

18. 바람직한 국가의 역할로 적절한 것은?

① 국민의 삶을 불안하게 한다.
② 국민의 생명과 재산을 보호한다.
③ 국민 간의 갈등 상황을 방치한다.
④ 국민 간의 빈부격차를 심화시킨다.

19. **다음에 해당하는 갈등 해결 방법은?**

① 협상
② 비난
③ 조롱
④ 협박

20. **평화 통일을 이루기 위한 자세로 적절하지 않은 것은?**

① 통일에 대한 관심을 가져야 한다.
② 올바른 안보 의식을 갖춰야 한다.
③ 북한 주민에 대한 편견을 가져야 한다.
④ 다름을 인정하고 포용하는 자세를 지녀야 한다.

21. **다음 내용에 해당하는 통일의 필요성으로 가장 적절한 것은?**

북에 계신 어머니와의 상봉을 마치고 돌아온 아들은 "불쌍한 나의 어머니! 가슴이 찢어져요. 함께 살자고 떨어질 줄 모르시던 어머니, 통일이 되기를 그토록 빌던 어머니의 모습이 눈앞에서 사라지지 않아요."라며 절절한 그리움을 편지글로 표현하였다.

① 군사적 긴장 완화
② 경제적 이익 증대
③ 주변 국가의 원조
④ 이산가족 고통 해소

22. **다음 대화에서 을의 입장으로 가장 적절한 것은?**

① 인간은 자연의 지배자야.
② 자연은 그 자체로 소중해.
③ 자연을 보호할 필요는 없어.
④ 자연을 무분별하게 개발할 필요가 있어.

23. 교사의 질문에 대한 대답으로 적절한 것은?

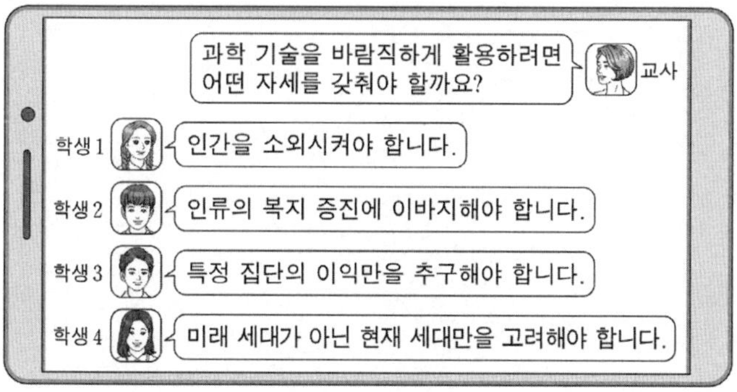

① 학생 1
② 학생 2
③ 학생 3
④ 학생 4

24. 도덕 추론의 과정에서 ㉠에 들어갈 용어는?

∘ (㉠   ) : 타인에게 피해를 주는 행동을 하면 안 된다.
∘ 사실 판단 : 부정행위는 타인에게 피해를 주는 행동이다.
∘ 도덕 판단 : 부정행위를 하면 안 된다.

① 도덕 원리 ② 대중 문화 ③ 진로 탐색 ④ 가치 전도

25. ㉠에 들어갈 조언으로 가장 적절한 것은?

① 마주치는 시련과 어려움을 무조건 피해야 해.
② 지금 해야 할 일을 나중으로 미루는 것이 좋아.
③ 주위 사람이 원하는 삶보다는 네가 원하는 삶을 살아.
④ 정신적 가치보다는 육체적 쾌락만을 추구하는 것이 나아.

2022년도 제2회
중학교 졸업자격 검정고시

C·O·N·T·E·N·T·S

2022년도 제2회 중학교 졸업학력 검정고시

국 어

중졸

---

1. 다음 대화에서 '민지'의 의도로 적절한 것은?

① 감사
② 요청
③ 위로
④ 칭찬

2. 다음에 해당하는 예로 적절한 것은?

> '나 전달법'은 '너'를 주어로 하여 상대의 말과 행동을 표현하는 방법인 '너 전달법'과 달리, '나'를 주어로 하여 상대의 말과 행동에 대한 자신의 생각과 감정을 표현하는 방법이다.

① 누가 음악을 이렇게 크게 틀었니?
② 너는 어떻게 그런 말을 할 수가 있니?
③ 너한테 그런 말을 들으면 나는 속상해.
④ 너처럼 친구를 놀리는 건 나쁜 짓이야.

3. ㉠과 ㉡에 공통으로 들어갈 문장 성분은?

> ◦ 동생이 (㉠) 먹었다.
> ◦ 나는 어머니께 (㉡) 드렸다.

① 주어　② 보어　③ 목적어　④ 관형어

4. ㉠의 예로 적절하지 않은 것은?

> ■ **한글 맞춤법** ■
>
> **【제1항】** 한글 맞춤법은 표준어를 ㉠<u>소리대로 적되</u>, 어법에 맞도록 함을 원칙으로 한다.

① 꽃
② 밤
③ 나무
④ 하늘

5. **밑줄 친 단어의 공통적인 특성으로 적절한 것은?**

> ◦ 나는 책을 <u>읽었다</u>.
> ◦ 강아지가 빨리 <u>달린다</u>.

① 다른 말을 꾸며 준다.
② 문장에서 주로 주어로 쓰인다.
③ 부름, 응답, 놀람 등을 나타낸다.
④ 사람이나 사물의 움직임을 나타낸다.

6. **다음에서 설명하는 언어의 특성은?**

> 백(百)을 뜻하는 '온'이나 천(千)을 뜻하는 '즈믄'은 지금은 거의 쓰이지 않는다. 또 '어리다'라는 말은 '어리석다'라는 뜻에서 오늘날에는 '나이가 적다'라는 뜻으로 바뀌었다.

① 사회성 ② 역사성 ③ 자의성 ④ 창조성

7. **다음 자음의 공통적인 특성으로 알맞은 것은?**

> ㅁ, ㅂ, ㅃ, ㅍ

① 두 입술 사이에서 나는 입술소리이다.
② 입안이나 코안이 울리면서 나는 울림소리이다.
③ 혀끝이 윗니의 잇몸에 닿으면서 나는 잇몸소리이다.
④ 성대 근육을 긴장시켜 숨이 거세게 나는 거센소리이다.

8. **㉠에 해당하는 자음이 <u>아닌</u> 것은?**

> 훈민정음의 자음 글자는 '상형의 원리'를 기본으로 다섯 개의 ㉠ <u>기본 글자</u>를 만들고, 이러한 기본 글자에 획을 더한 '가획의 원리'에 따라 'ㅋ, ㄷ, ㅌ, ㅂ, ㅍ, ㅈ, ㅊ, ㆆ, ㅎ'을 만들었다.

① ㄱ ② ㄹ ③ ㅅ ④ ㅇ

9. 다음 계획서를 바탕으로 보고서를 작성할 때 유의할 점으로 적절하지 않은 것은?

• 목적: 우리 고장의 문화재 조사하기
• 조사 기간: 8월 1일부터 8월 10일까지
• 조사 내용: 우리 고장 문화재의 종류와 특징
• 조사 방법: 우리 고장 문화재 답사
인터넷과 책에서 관련 자료 조사
우리 고장 문화재 해설사 인터뷰

① 조사한 내용을 과장하거나 왜곡하지 않는다.
② 인터넷과 책에서 찾은 자료의 출처를 밝힌다.
③ 조사한 자료는 사실에 근거하지 않더라도 활용한다.
④ 인터뷰 내용은 문화재 해설사의 동의를 얻어 인용한다.

10. ㉠~㉣ 중 글의 통일성을 고려할 때 적절하지 않은 것은?

제목	자전거를 탈 때 안전모를 쓰자	
처음	자전거 운행 시 안전모 착용 실태	㉠
중간	• 공유 자전거 이용 활성화 - 자동차 이용률을 낮추어 친환경적임.	㉡
	• 안전모 미착용에 따른 문제점 - 사소한 사고에도 인명 피해가 커짐.	㉢
	• 안전모의 착용률을 높이는 방법 - 안전모의 필요성을 강조하는 광고를 함.	㉣
끝	자전거 운행 시 안전모 착용 당부	

① ㉠
② ㉡
③ ㉢
④ ㉣

[11~13] 다음 글을 읽고 물음에 답하시오.

우리가 명선이한테서 순순히 얻어 낸 ㉠ 금반지는 두 번째 것으로 마지막이었다. 아버지와 어머니가 온갖 지혜를 짜내어 백방으로 숨겨 둔 장소를 알아내려 안간힘을 다해 보았으나 금반지 근처에만 얘기가 닿아도 명선이는 입을 굳게 다문 채 침묵 속의 도리질로 완강히 버티곤 했다.

날이 가고 달이 갔다. 어느덧 초가을로 접어드는 날씨였다. 남쪽에서 쳐 올라오는 국방군에 밀려 ㉡ 인민군이 북쪽으로 쫓겨 가기 시작한다는 소문이 돌았다. 생각보다 전쟁이 일찍 끝나 남쪽으로 피란 갔던 명선이네 숙부가 어느 날 불쑥 마을에 다시 나타날 경우를 생각하면서 어머니는 딱할 정도로 조바심을 치기 시작했다. 내가 벌써 귀띔을 해 줘서 어른들은 명선이가 숙부에게 버림받은 게 아니라 스스로 도망쳤다는 사실을 이미 알고 있었다. 전쟁이 끝나기 전에 어떻게든 명선이의 입을 열게 하려고 아버지는 수단 방법을 안 가릴 기세였다.

그날도 나는 명선이와 함께 부서진 다리에 가서 놀고 있었다. 예의 그 위험천만한 곡예 장난을 명선이는 한창 즐기는 중이었다. 콘크리트 부위를 벗어나 그 애가 앙상한 철근을 타고 거미처럼 지옥의 가장귀를 향해 조마조마하게 건너갈 때였다. 그때 우리들 머리 위의 하늘을 두 쪽으로 가르는 굉장한 폭음이 귀뺨을 갈기는 기세로 갑자기 울렸다. 푸른 하늘 바탕을 질러 하얗게 호주기 편대가 떠가고 있었다. ㉢ 비행기의 폭음에 가려 나는 철근 사이에서 울리는 비명을 거의 듣지 못했다. 다른 것은 도무지 무서워할 줄 모르면서도 유독 비행기만은 병적으로 겁을 내는 서울 아이한테 얼핏 생각이 미쳐, 눈길을 하늘에서 허리가 동강이 난 다리로 끌어 내렸을 때, 내가 본 것은 강심을 겨냥하고 빠른 속도로 멀어져 가는 한 송이 ㉣ 쥐바라숭꽃이었다.

명선이가 들꽃이 되어 사라진 후 어느 날 한적한 오후에 나는 그때까지 한 번도 성공한 적이 없는 모험을 혼자서 시도해 보았다. 겁쟁이라고 비웃는 사람이 아무도 없으니까 의외로 용기가 나고 마음이 차갑게 가라앉는 것이었다.

- 윤흥길, 『기억 속의 들꽃』 -

11. 윗글의 서술상 특징으로 가장 적절한 것은?

① 작품 속에서 서술자가 계속 바뀌고 있다.
② 작품 밖 서술자가 등장인물을 관찰하고 있다.
③ 작품 속 인물이 경험한 내용을 서술하고 있다.
④ 작품 밖에서 서술자가 인물의 심리를 제시하고 있다.

12. '명선이'에 대한 설명으로 적절하지 않은 것은?

① 금반지를 숨겨 두고 있다.
② 숙부로부터 버림을 받았다.
③ 위험천만한 곡예 장난을 했다.
④ 비행기를 병적으로 무서워했다.

13. ㉠~㉣ 중 다음 설명에 해당하는 것은?

6 · 25 전쟁의 폭력으로 죽어 간 한 소녀를 상징한다.

① ㉠　② ㉡　③ ㉢　④ ㉣

[14~16] 다음 글을 읽고 물음에 답하시오.

> 내를 건너서 ㉠ 숲으로
> ㉡ 고개를 넘어서 마을로
>
> 어제도 가고 오늘도 갈
> 나의 길 새로운 길
>
> ㉢ 민들레가 피고 까치가 날고
> ㉣ 아가씨가 지나고 바람이 일고
>
> 나의 길은 언제나 새로운 길
> 오늘도…… 내일도……
>
> 내를 건너서 숲으로 ⌐ [A]
> 고개를 넘어서 마을로 ⌙
>
> - 윤동주, 『새로운 길』 -

14. 윗글의 표현상 특징으로 가장 적절한 것은?

① 색채 대비를 통해 시상을 전개하고 있다.
② 소리를 흉내 내는 말로 생동감을 살리고 있다.
③ 동일한 시어를 반복하여 운율을 형성하고 있다.
④ 후각적 심상을 통해 시적 분위기를 조성하고 있다.

15. 다음을 참고할 때, ㉠~㉣ 중 내의 함축적 의미와 가장 유사한 것은?

> 이 시에서 '길'이 인생을 상징한다고 보면, '내'는 인생에서 극복해야 할 시련이나 장애물로 해석할 수 있다.

① ㉠ ② ㉡ ③ ㉢ ④ ㉣

16. [A]에 대한 설명으로 가장 적절한 것은?

① 계절의 변화로 화자의 심리를 드러낸다.
② 대상을 의인화하여 친근감을 느끼게 한다.
③ 과거와 현재를 대비하여 상실감을 표현한다.
④ 공간의 이동을 통해 화자의 지향을 보여 준다.

[17~19] 다음 글을 읽고 물음에 답하시오.

"오늘 밤 새벽 때를 함지에다 머물게 하고, 내일 아침 돋는 해를 부상지에다 매어 두면 가련하신 우리 아버지 좀 더 모셔 보련마는, 날이 가고 달이 가니 뉘라서 막을쏘냐. 애고 애고, 설운지고."

천지가 사정없어 이윽고 닭이 우니 심청이 하릴없어,

"닭아 닭아, 우지 마라. 제발 덕분에 우지 마라. 반야[1] 진관에서 닭 울음 기다리던 맹상군이 아니로다. 네가 울면 날이 새고, 날이 새면 나 죽는다. 죽기는 섧잖아도 의지 없는 우리 아버지 어찌 잊고 가잔 말이냐?"

어느덧 동방이 밝아 오니, 심청이 아버지 진지나 마지막 지어 드리리라 하고 문을 열고 나서니, 벌써 뱃사람들이 사립문 밖에서,

"오늘이 배 떠나는 날이오니 수이 가게 해 주시오."

하니, 심청이 이 말을 듣고 ㉠ <u>얼굴빛이 없어지고 손발에 맥이 풀리며 목이 메고 정신이 어지러워</u> 뱃사람들을 겨우 불러,

"여보시오 선인네들, 나도 오늘이 배 떠나는 날인 줄 이미 알고 있으나, 내 몸 팔린 줄을 우리 아버지가 아직 모르십니다. 만일 아시게 되면 지레 야단이 날 테니, 잠깐 기다리면 진지나 마지막으로 지어 잡수시게 하고 말씀 여쭙고 떠나게 하겠어요."

하니 뱃사람들이,

"그리하시지요."

하였다. 심청이 들어와 눈물로 밥을 지어 아버지께 올리고, 상머리에 마주 앉아 아무쪼록 진지 많이 잡수시게 하느라고 자반도 떼어 입에 넣어 드리고 김쌈도 싸서 수저에 놓으며,

"진지를 많이 잡수셔요."

심 봉사는 철도 모르고,

"야, 오늘은 반찬이 유난히 좋구나. 뉘 집 제사 지냈느냐."

그날 밤에 꿈을 꾸었는데, 부자간은 천륜지간[2]이라 꿈에 미리 보여 주는 바가 있었다.

"아가 아가, 이상한 일도 있더구나. 간밤에 꿈을 꾸니, 네가 큰 수레를 타고 한없이 가 보이더구나. 수레라 하는 것이 귀한 사람이 타는 것인데 우리 집에 무슨 좋은 일이 있을란가 보다. 그렇지 않으면 장 승상 댁에서 가마 태워 갈란가 보다."

심청이는 저 죽을 꿈인 줄 짐작하고 둘러대기를,

"그 꿈 참 좋습니다."

하고 진짓상을 물려 내고 담배 태워 드린 뒤에 밥상을 앞에 놓고 먹으려 하니 간장이 썩는 눈물은 눈에서 솟아나고, 아버지 신세 생각하며 저 죽을 일 생각하니 정신이 아득하고 몸이 떨려 밥을 먹지 못하고 물렸다. 그런 뒤에 심청이 사당[3]에 하직하려고 들어갈 제, 다시 세수하고 사당 문을 가만히 열고 하직 인사를 올렸다.

- 작자 미상, 『심청전』 -

1) 반야 : 한밤중.
2) 천륜지간 : 천륜으로 맺어진 사이. '천륜'은 부모와 자식 간에 하늘의 인연으로 정하여져 있는 사회적 관계나 혈연적 관계를 뜻함.
3) 사당 : 조상의 신주를 모셔 놓은 집.

17. 윗글에 대한 설명으로 가장 적절한 것은?

① 전통적인 효 사상이 반영되어 있다.
② 간결하고 건조한 문체를 사용하고 있다.
③ 시대적 배경을 구체적으로 묘사하고 있다.
④ 영웅적 인물이 등장하여 갈등을 해결하고 있다.

18. ㉠에서 짐작할 수 있는 '심청'의 심리와 거리가 먼 것은?

① 걱정　② 긴장　③ 분노　④ 불안

19. 윗글에 대한 감상으로 가장 적절한 것은?

① '심 봉사'가 딸의 상황을 모르고 있어서 안타깝다.
② 뱃사람을 기다리게 하는 '심청'의 태도가 무례하다.
③ 새벽 닭 우는 장면을 떠올리니 희망찬 느낌이 든다.
④ '심청'의 부탁을 들어주지 않는 뱃사람들이 야속하다.

[20~22] 다음 글을 읽고 물음에 답하시오.

㉠ '모두를 위한 디자인'은 노인이나 장애를 가진 사람도 사용하는 데 불편하지 않은 디자인을 말한다. 이 디자인은 처음에 장애인과 노약자 같은 사회적 약자를 위한 복지 차원에서 시작되었다. 그러나 지금은 좀 더 보편적인 의미인 '모든 사람을 위한 디자인'이라는 의미로 통용되고 있으며, 개인이 사용하는 도구나 물건은 물론 공공시설 같은 환경으로까지 확대되고 있다.

이 디자인이 시작된 미국에서는 신체, 인종, 종교, 문화 차이에 따라 차별을 받지 않도록 규정하는 '동등한 기회' 정신이 보편화되어 있는데, 이러한 가치관이 디자인에도 적용되었다. 옆으로 긴 막대 모양의 문손잡이(옛날에 주로 쓰이던 동그란 문손잡이는 손이 불편하거나 악력이 약한 사람이 사용하기에는 힘들다.), 휠체어를 자유롭게 이용할 수 있는 지하철의 엘리베이터(지하철 계단에 설치된 휠체어 리프트보다 훨씬 유용하다.), 횡단보도에서 파란불이 켜질 때 나오는 소리, 공공장소나 대중교통에서 나오는 다국어 음성 안내 등을 '모두를 위한 디자인'이라 부를 수 있다. 이런 디자인은 사회적 약자뿐만이 아니라 사회적 약자가 아닌 사람에게도 유용하다.

'모두를 위한 디자인'의 원칙을 보면, 이와 같은 특징을 잘 이해할 수 있다.

㉮

이 외에도 비싸지 않아야 하고 내구성이 있어야 한다. 또한 품질이 좋고 심미적이어야 하며, 인체와 환경을 배려해야 함은 말할 것도 없다.

- 김신, 『모두를 위한 디자인』 -

20. 윗글에서 '모두를 위한 디자인'이 적용된 예가 아닌 것은?

① 건물 출입구의 계단　　② 지하철의 엘리베이터
③ 횡단보도의 신호등 소리　　④ 긴 막대 모양의 문손잡이

21. ㉠과 같은 설명 방법이 사용된 것은?

① 동물은 척추동물과 무척추동물로 나뉜다.
② 발효 음식의 예로 김치와 간장, 된장이 있다.
③ 지구촌 곳곳의 폭염과 화재의 원인은 기후 변화이다.
④ 정삼각형은 변의 길이와 내각의 크기가 모두 같은 삼각형이다.

22. ㉮에 들어갈 원칙으로 적절하지 않은 것은?

① 누구나 쉽게 접근할 수 있어야 한다.
② 누가 쓰더라도 차별 받는 느낌이 없어야 한다.
③ 무리한 힘을 들이지 않아도 사용할 수 있어야 한다.
④ 잘못 다루었을 때 원래 상태로 되돌리기 어려워야 한다.

[23~25] 다음 글을 읽고 물음에 답하시오.

파스퇴르가 살던 시대 사람들은 미생물이 저절로 발생한다고 믿었습니다. 권위 있는 학자들도 예외는 아니어서 이러한 믿음을 학설로 굳혀 놓기까지 했습니다. [㉮] 파스퇴르는 권위에 따르지 않고 실험을 통해 반론을 폈습니다.

㉠ 파스퇴르는 멸균하지 않은 육즙은 발효되었지만, 멸균한 육즙은 발효가 일어나지 않고 원래의 맛과 모습을 계속 유지한다는 사실을 알아냈습니다. 생명이 없는 육즙이 변형되어 생명체인 미생물이 발생하는 것은 불가능하다는 사실을 보여 준 것이지요. 미생물이 무생물로부터 자연적으로 발생하는 것이 아니라 사람처럼 생명을 지닌 고유한 존재라는 사실을 입증했습니다.

의심은 마법사의 물과 같습니다. 의심하는 순간 죽어 있던 진실이 생명을 얻고 살아나기 시작하니까요. 그렇다고 밑도 끝도 없이 의심만 해야 한다는 이야기는 아닙니다. ㉯ 모두가 옳다고 주장하는 이야기라도 틀릴 수 있다는 사실을 잊지 말아야 한다는 것입니다.

"자유 낙하를 하는 두 물체 중 더 무거운 것이 더 빨리 땅에 떨어진다."

㉡ 아리스토텔레스는 이렇게 주장하고, 대부분의 사람은 이 주장을 별 의심 없이 받아들였습니다. 하지만 ㉢ 갈릴레이는 이 주장에 의문을 품었습니다. 그리고 여러 번의 실험으로 모든 물체는 그 무게와 관계없이 똑같은 속도로 자유 낙하한다는 사실을 증명해 냈습니다.

㉣ 코페르니쿠스 역시 누구나 믿고 따르던 프톨레마이오스의 생각, 즉 우주의 중심이 지구라는 생각에 의심을 품었습니다. 그리고 지구가 태양을 중심으로 돈다는 지동설을 주장했습니다.

이처럼 탐구하는 것은 우리를 둘러싸고 있는 잘못된 믿음에 의심을 품고, 새로운 가설을 세우고 실험으로 입증하여 그 잘못을 바로잡는 일을 뜻합니다.

- 남창훈, 『생명을 불어넣는 마법사의 물』 -

23. 윗글의 내용과 일치하는 것은?

① 멸균한 육즙에서는 발효가 일어난다.
② 미생물은 무생물로부터 자연적으로 발생한다.
③ 프톨레마이오스는 우주의 중심이 태양이라고 생각했다.
④ 모든 물체는 무게와 관계없이 같은 속도로 자유 낙하한다.

24. ㉮에 들어갈 말로 가장 적절한 것은?

① 그러나 ② 그리고 ③ 따라서 ④ 왜냐하면

25. ㉠~㉣ 중 윗글에서 ㉯를 뒷받침하는 사례로 제시된 인물이 아닌 것은?

① ㉠ ② ㉡ ③ ㉢ ④ ㉣

2022년도 제2회 중학교 졸업학력 검정고시

수 학

중졸

1. 다음은 36을 소인수분해하는 과정을 나타낸 것이다. 36을 소인수분해한 것은?

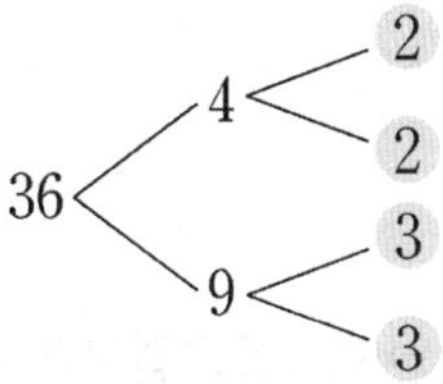

① 2×3
② $2^2 \times 3$
③ 2×3^2
④ $2^2 \times 3^2$

2. $(-3) + (+5)$를 계산하면?

① 2　② 3　③ 4　④ 5

3. 다음을 문자를 사용한 식으로 바르게 나타낸 것은?

한 개에 500원인 막대 사탕 a개의 가격

① $(500 + a)$원　② $(500 - a)$원　③ $(500 \times a)$원　④ $(500 \div a)$원

4. 일차방정식 $4x - 3 = 6 + x$의 해는?

① 3　② 4　③ 5　④ 6

5. 다음 좌표평면 위에 있는 점 A의 좌표는?

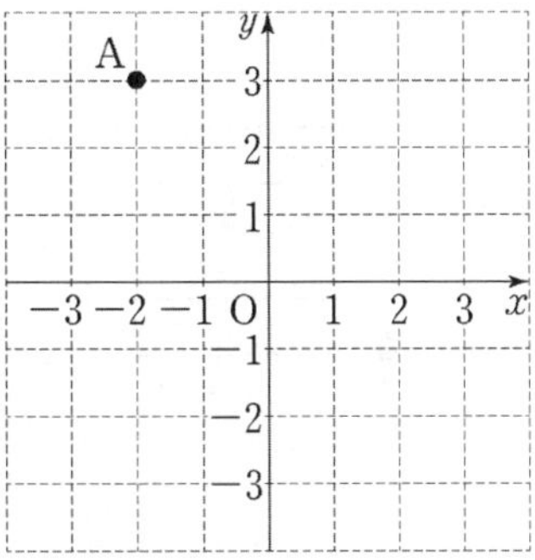

① A$(-2,\ -3)$
② A$(-2,\ 3)$
③ A$(2,\ -3)$
④ A$(2,\ 3)$

6. 그림과 같이 원 O에서 $\angle AOB = 30°$, $\angle COD = 150°$이고, 부채꼴 AOB의 넓이가 5cm^2일 때, 부채꼴 COD의 넓이는?

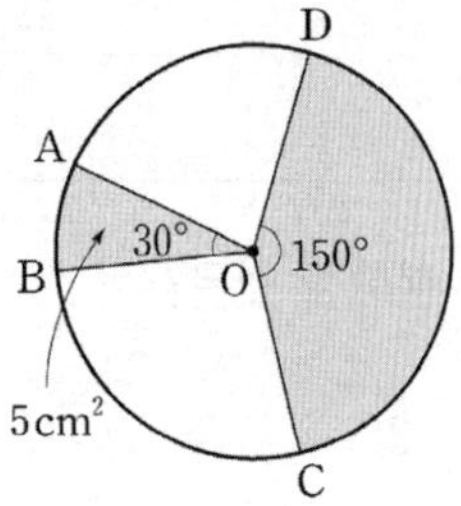

① 10cm^2
② 15cm^2
③ 20cm^2
④ 25cm^2

7. 다음은 어느 반 학생 25명의 하루 평균 통화 시간을 조사하여 나타낸 히스토그램이다. 하루 평균 통화 시간이 40분 이상인 학생 수는?

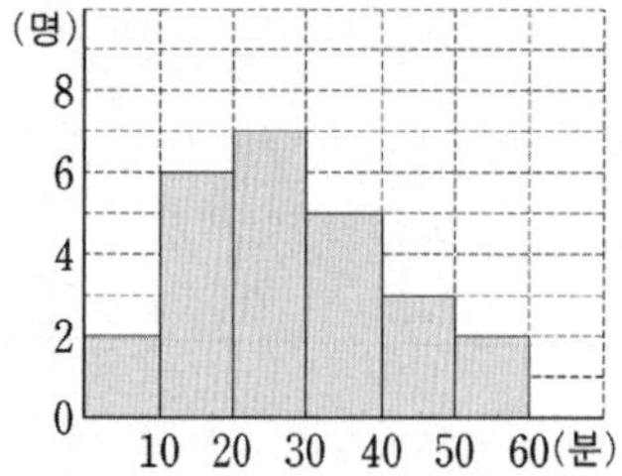

① 3
② 5
③ 7
④ 9

8. 다음 분수 중 유한소수로 나타낼 수 있는 것은?

① $\frac{1}{3}$　② $\frac{1}{5}$　③ $\frac{1}{7}$　④ $\frac{1}{9}$

9. $-2x^2 \times 3x^5$을 간단히 한 것은?

① $-6x^7$　② $-6x^{10}$　③ $5x^7$　④ $5x^{10}$

10. 일차부등식 $2x \leq 6$의 해를 수직선 위에 나타낸 것은?

①
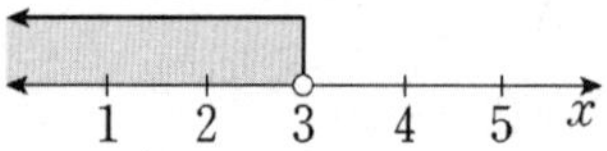

②
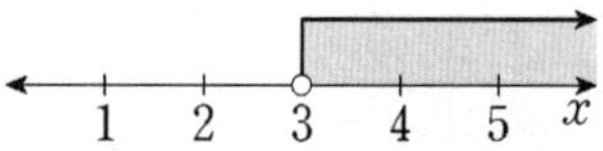

③
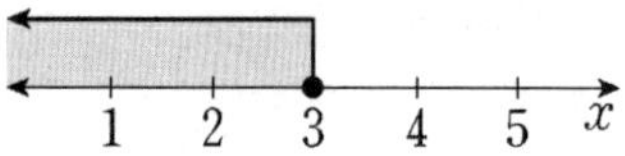

④
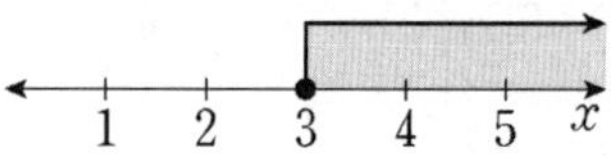

11. 그림은 일차함수 $y = ax + 2$의 그래프이다. 상수 a의 값은?

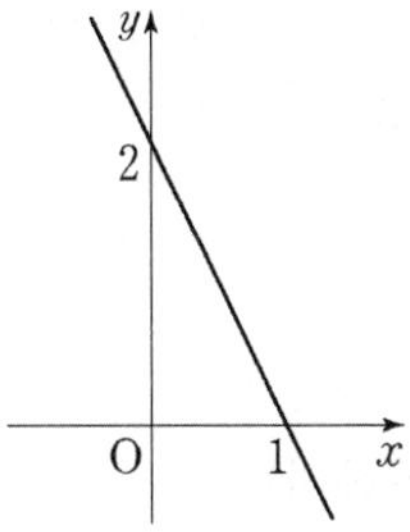

① -2
② -1
③ 1
④ 2

12. 그림과 같이 $\overline{AB} = \overline{AC}$ 인 이등변삼각형 ABC에서 $\angle B = 45°$일 때, $\angle x$의 크기는?

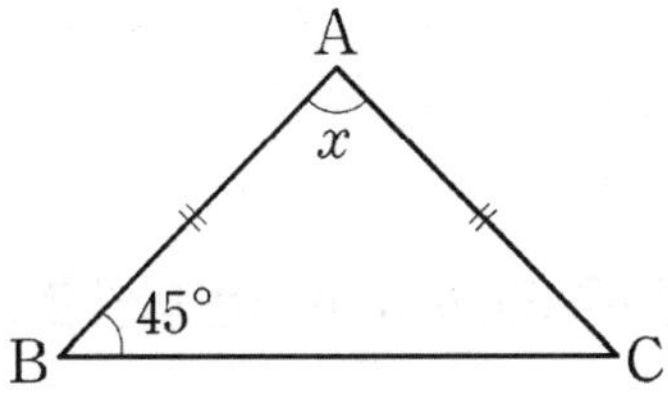

① $80°$
② $85°$
③ $90°$
④ $95°$

13. 그림에서 $\square ABCD \backsim \square EFGH$이고 닮음비가 $5 : 3$이다. $\overline{BC} = 10\text{cm}$일 때, $\overline{FG}$의 길이는?

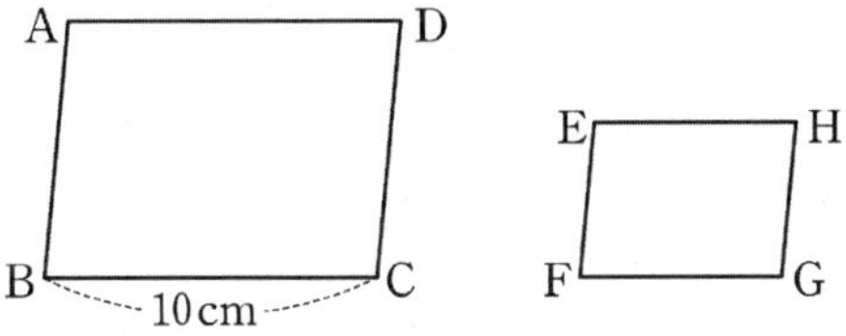

① 3cm
② 4cm
③ 5cm
④ 6cm

14. 항아리에 1부터 9까지의 자연수가 각각 하나씩 적힌 공 9개가 들어 있다. 이 항아리에서 공 한 개를 꺼낼 때, 3의 배수가 적힌 공이 나올 경우의 수는?

① 1
② 2
③ 3
④ 4

15. $5\sqrt{3} - 3\sqrt{3}$을 간단히 한 것은?

① $-2\sqrt{3}$　② $-\sqrt{3}$　③ $\sqrt{3}$　④ $2\sqrt{3}$

16. 다항식 $x^2 + 5x + 6$을 인수분해한 것은?

① $(x + 2)(x + 3)$　② $(x + 2)(x + 4)$
③ $(x + 3)^2$　④ $(x + 4)(x + 5)$

17. 이차함수 $y = x^2 + 1$의 그래프에 대한 설명으로 옳은 것은?

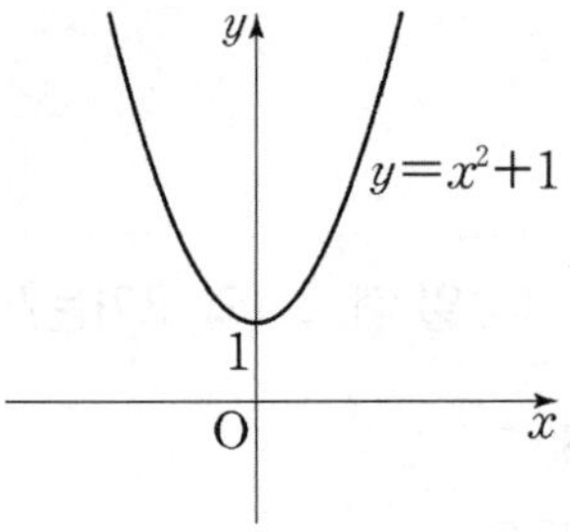

① 위로 볼록하다.
② 점 (1, 1)을 지난다.
③ 직선 $x = 0$을 축으로 한다.
④ 꼭짓점의 좌표는 (1, 0)이다.

18. 그림과 같이 반지름의 길이가 1인 사분원에서 sin42°의 값은? (단, 0.67, 0.74는 어림한 값이다.)

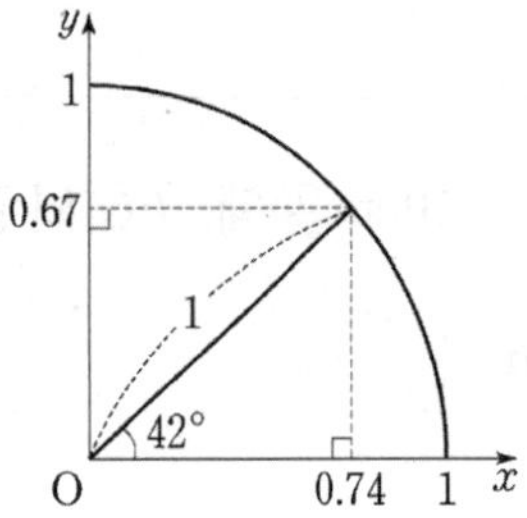

① 0
② 0.67
③ 0.74
④ 1

19. 그림과 같이 원 O의 중심에서 두 현 AB, CD에 내린 수선의 발을 각각 M, N이라고 하자. $\overline{OM} = \overline{ON} = 5\text{cm}$, $\overline{CD} = 16\text{cm}$일 때, $\overline{AM}$의 길이는?

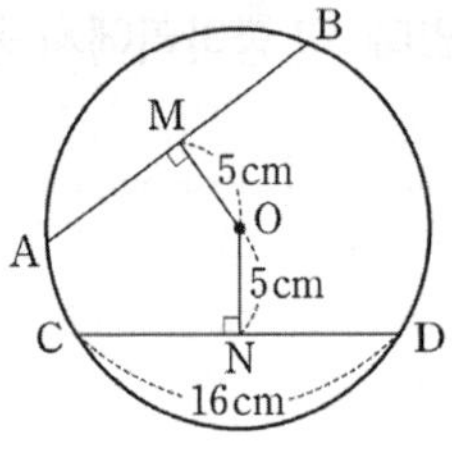

① 5cm
② 6cm
③ 7cm
④ 8cm

20. 다음 자료는 학생 8명의 수학 퀴즈 점수를 조사하여 나타낸 것이다. 이 자료의 최빈값은?

(단위 : 점)

8	7	8	6	9	10	10	8

① 7점　② 8점　③ 9점　④ 10점

2022년도 제2회 중학교 졸업학력 검정고시

영 어

중졸

---

1. 다음 밑줄 친 단어의 뜻으로 가장 적절한 것은?

He is a very <u>famous</u> singer and has a lot of fans.

① 독특한 ② 유명한 ③ 친절한 ④ 편안한

2. 다음 중 두 단어의 의미 관계가 나머지 셋과 다른 것은?

① rise – fall ② win – lose

③ open – close ④ end – finish

3. 다음 빈칸에 들어갈 말로 가장 적절한 것은?

Kate is good at skating, but she _______ good at skiing.

① are ② does ③ isn't ④ don't

[4~6] 다음 대화의 빈칸에 들어갈 말로 가장 적절한 것을 고르시오.

4.

A : How _________ do you play basketball? B : Three times a week.

① tall ② often ③ many ④ pretty

5.

A : Tom, what are you doing? B : Mom, I'm _________ for my math textbook. I can't find it. A : Why don't you check under the bed?

① putting ② sleeping ③ looking ④ wearing

6.

A : Jessica, how about going to the flower festival today?
B : Sure, Dad. What time do you want to go?
A : ______________________.

① I'll buy a cap
② That's a nice flower
③ I'm taking a taxi
④ Let's leave home at 2 o'clock

7. 다음 빈칸에 공통으로 들어갈 말로 가장 적절한 것은?

◦ He looks ________ his father.
◦ What do you ________ to do during the vacation?

① try
② like
③ take
④ work

8. 다음 대화에서 A가 찾아가려는 곳의 위치로 옳은 것은?

A : Excuse me. How do I get to the post office?
B : Go straight one block and turn left. It's on your right.
A : Thank you.

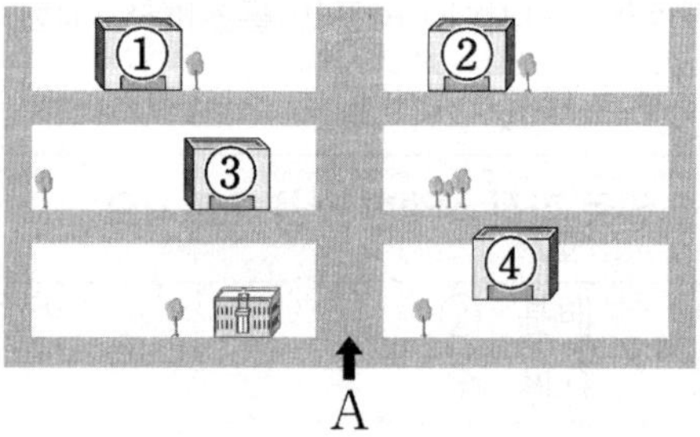

9. 그림으로 보아 빈칸에 들어갈 말로 가장 적절한 것은?

A : What is the boy doing?
B : He is ________ in the pool.

① flying
② writing
③ drawing
④ swimming

10. 다음 대화가 끝난 후 두 사람이 주문할 음식은?

A : What would you like to eat for dinner?
B : What about hamburgers?
A : Well, I had that for lunch. Why don't we order a pizza?
B : Sounds great.

① 피자　　② 샐러드　　③ 스파게티　　④ 스테이크

11. 다음 대화의 빈칸에 들어갈 말로 가장 적절한 것은?

A : Mr. Smith, can I go home early today?
B : Oh, you don't look so good. What's wrong?
A : ______________________________.

① You're welcome
② I have a high fever
③ I'm happy to hear that
④ You should exercise more

12. 다음 대화의 주제로 가장 적절한 것은?

A : What do you do in your free time?
B : I like to bake cookies. How about you?
A : I usually watch movies.

① 여가 활동
② 장래 희망
③ 영화 추천
④ 선호 음식

13. 다음 홍보문을 보고 알 수 없는 것은?

Star Dance Club

- We practice K-pop dance every Friday.
- We need five new members.

★ To sign up, email the club president at dance@school.kr.

① 연습 요일
② 활동 장소
③ 모집 인원
④ 신청 방법

14. **다음 방송의 목적으로 가장 적절한 것은?**

> Good morning, everyone. Let me tell you some safety rules for riding a bike in the park. First, put on a helmet to protect your head. Second, wear bright colors at night so that people can see you easily.

① 보건실 이전 공지
② 지역 관광 명소 홍보
③ 공원 내 편의 시설 소개
④ 자전거 운행 시 안전 수칙 안내

15. **다음 대화에서 B가 늦은 이유는?**

> A : You're late. What happened?
> B : I'm so sorry. I took the wrong subway.
> A : That's terrible. I'm glad you're here before the game starts.

① 수업이 늦게 끝나서
② 지하철을 잘못 타서
③ 표를 구하지 못해서
④ 심부름을 해야 해서

16. **Ocean Hotel에 관한 다음 글의 내용과 일치하지 않는 것은?**

> Ocean Hotel is next to the beach. Every room has a view of the sea. Guests can eat fresh seafood at the hotel restaurant. There are also free boat tours for all guests.

① 해변 옆에 있다.
② 모든 객실에서 바다를 볼 수 있다.
③ 식당에서 신선한 해산물을 먹을 수 있다.
④ 무료 버스 관광을 제공한다.

17. **다음 글의 흐름으로 보아 어울리지 않는 문장은?**

> I would like to introduce our new orchestra member, Sophie. ⓐ She plays the violin. ⓑ She has lots of experience playing in orchestras. ⓒ The violin is smaller than the guitar. ⓓ She has won many violin contests. Let's all welcome Sophie.

① ⓐ ② ⓑ ③ ⓒ ④ ⓓ

18. 다음 글에서 Mike가 책을 빌리지 못한 이유로 가장 적절한 것은?

> Mike had to read some books for his science project. So, he went to the library yesterday. He found the books there. However, he couldn't borrow them because he left his library card at home.

① 이미 너무 많은 책을 빌려서
② 필요한 책이 도서관에 없어서
③ 도서관 카드를 집에 두고 와서
④ 도서관 공사로 대출이 중단되어서

19. 그래프로 보아 빈칸에 들어갈 말로 가장 적절한 것은?

What type of music do students like the best?

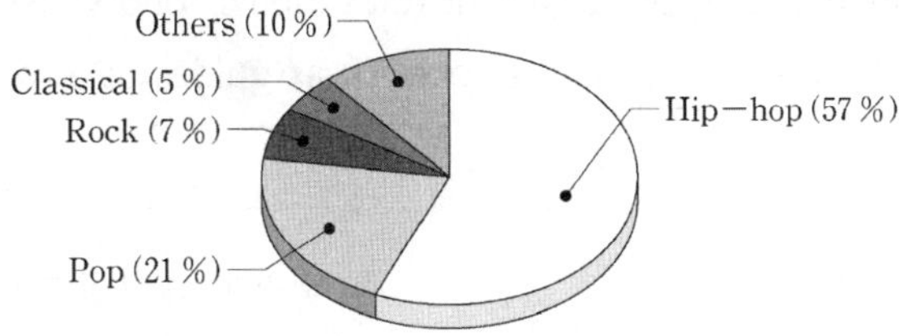

> More than half of the students like ________ the best.

① hip-hop ② pop ③ rock ④ classical

20. 다음 글에서 언급된 내용이 아닌 것은?

> My name is David. This is my family photo. Here is my younger sister, Christine. She is in the third grade. Next to her, my parents are sitting in chairs. My father is a teacher, and my mother is a doctor. We are a happy family.

① 글쓴이의 이름 ② 여동생의 학년 ③ 아버지의 직업 ④ 어머니의 나이

21. 다음 밑줄 친 them이 가리키는 것으로 가장 적절한 것은?

> Here's how to relax your eyes when they feel tired. Close your eyes and press them gently with your fingers. When you finish, cover your eyes with warm towels. This will make your eyes feel more relaxed.

① eyes ② hands ③ towels ④ glasses

22. **영화관에서 지켜야 할 사항으로 언급되지 않은 것은?**

- Don't talk loudly.
- Don't use cell phones.
- Don't throw trash on the floor.

① 크게 말하지 않기 ② 휴대폰 사용하지 않기
③ 앞좌석 발로 차지 않기 ④ 바닥에 쓰레기 버리지 않기

23. **다음 글의 주제로 가장 적절한 것은?**

These days robots play many different roles. Some robots take orders at restaurants. Others make coffee at cafés. They also work as guides at airports. They even talk to people as friends.

① 로봇의 다양한 역할 ② 온라인 쇼핑의 장단점
③ 컴퓨터 교육의 필요성 ④ 친구 간 대화의 중요성

24. **다음 글을 쓴 목적으로 가장 적절한 것은?**

Hi, Sam. It's me, Chris. I know we were going to play soccer today. But it's raining now, and I heard that it will not stop until tonight. So, why don't we change the plan?

① 계획 변경을 제안하려고 ② 경기 규칙을 설명하려고
③ 최신 스피커를 광고하려고 ④ 공부에 관한 조언을 구하려고

25. **다음 글의 바로 뒤에 이어질 내용으로 가장 적절한 것은?**

Do you like cheese? Making cheese at home is easy and fun. It takes only 30 minutes. And you just need some milk, lemon juice, and salt. Now, let's take a look at the steps to make cheese with these three things.

① 버터 활용 사례 ② 캠핑 음식의 종류
③ 주요 소금 생산지 ④ 치즈를 만드는 절차

사 회

중졸

1. ㉠, ㉡에 해당하는 것으로 옳은 것은?

> [㉠]은/는 한 나라의 표준시를 정하는 기준이 되는 선이다. 지구는 24시간 동안 360°를 회전하기 때문에 [㉡] 15°마다 1시간의 시차가 발생한다.

	㉠	㉡		㉠	㉡
①	적도	경도	②	적도	위도
③	표준 경선	경도	④	표준 경선	위도

2. 다음 편지글에 나타난 지역의 기후는?

> ○○에게,
> ○○아 안녕. 나는 오늘 브라질의 아마존 강 근처를 탐험했어. 이곳은 덥고 습한 지역이지만, 다행히 한낮에는 스콜이라고 불리는 소나기가 내려서 그때는 조금 시원한 기분이 들기도 해.

① 스텝 기후
② 사막 기후
③ 툰드라 기후
④ 열대 우림 기후

3. 다음에서 설명하는 지역으로 옳은 것은?

> 힌두교의 발상지로, 다양한 종교와 언어가 나타나고 소를 신성시한다.

① 인도 문화 지역　② 아프리카 문화 지역
③ 오세아니아 문화 지역　④ 라틴 아메리카 문화 지역

4. 다음에서 설명하는 자연재해는?

> 오랜 기간 비가 오지 않아 땅이 메마르고 물이 부족해지는 재해로, 농업 활동에 지장을 초래한다.

① 가뭄　② 태풍　③ 폭설　④ 홍수

5. **다음 설명에 해당하는 것은?**

◦ 도시의 중심부에 위치하여 접근성이 좋고 땅값이 비쌈. ◦ 상업과 업무 기능이 밀집된 중심 업무 지구가 형성됨.

① 도심　② 촌락　③ 주변지역　④ 개발 제한 구역

6. **우리나라의 영역 중 ㉠에 해당하는 것은?**

㉠ 은/는 국가의 주권이 미치는 바다로, 기선으로부터 측정하여 그 바깥쪽 12해리의 선까지에 이르는 수역으로 한다.

① 영공　② 영토　③ 영해　④ 배타적 경제 수역

7. **(가), (나)에 해당하는 것으로 옳은 것은?**

(가) 바람을 이용해 전력을 생산하며, 산지나 해안 등 바람이 강하고 지속적으로 부는 지역에서 유리하다. (나) 땅 속의 열을 이용해 전력을 생산하며, 아이슬란드, 뉴질랜드 등 화산 지대에서 볼 수 있다.

	(가)	(나)
①	조력 발전	지열 발전
②	풍력 발전	지열 발전
③	조력 발전	원자력 발전
④	풍력 발전	원자력 발전

8. **㉠에 들어갈 산맥으로 옳은 것은?**

㉠ 에는 세계 최고봉인 에베레스트 산이 위치한다. 이 산맥과 인접한 국가에서는 등산객들을 대상으로 한 관광 산업이 발달하였다.

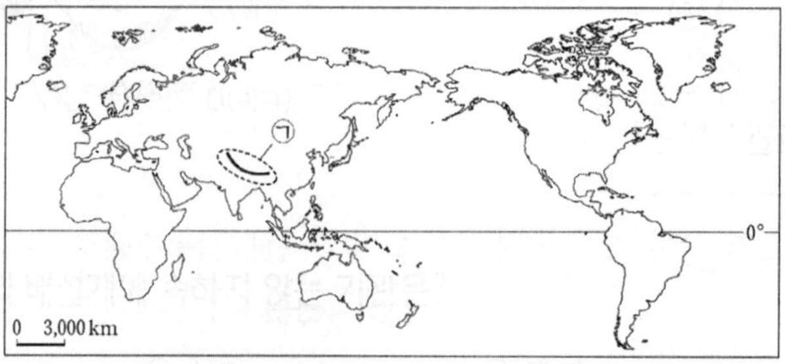

① 로키 산맥　② 우랄 산맥　③ 안데스 산맥　④ 히말라야 산맥

9. **다음과 같은 사회적 지위의 공통적인 특성은?**

∘ 교사　　∘ 대학생　　∘ 회사원

① 귀속 지위에 해당한다.
② 태어날 때부터 자연적으로 주어진다.
③ 지위에 따라 기대되는 행동 양식이 없다.
④ 개인의 의지와 노력으로 얻게 되는 지위이다.

10. **다음 내용에 해당하는 문화의 속성은?**

문화는 언어와 문자 등을 통해 다음 세대에 전승되면서 더욱 풍부하고 다양해진다.

① 축적성　② 유동성　③ 안전성　④ 수익성

11. **다음에서 설명하는 민주 선거의 원칙은?**

일정한 연령 이상의 국민이면 누구나 선거권을 갖는 원칙이며 재산, 성별, 인종 등을 이유로 선거권을 부당하게 제한하지 않는 것을 의미한다.

① 공개 선거　② 대리 선거　③ 보통 선거　④ 차등 선거

12. **그래프와 같이 공급 곡선이 A에서 B로 이동했을 때, 균형 가격과 균형 거래량의 변화로 옳은 것은? (단, 다른 조건은 일정함.)**

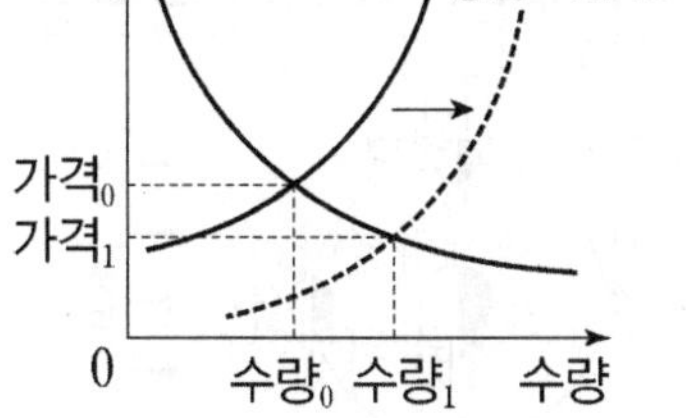

	균형 가격	균형 거래량
①	상승	증가
②	하락	증가
③	상승	감소
④	하락	감소

13. **다음에서 설명하는 것은?**

> ∘ 주민과 그들이 뽑은 대표들이 지역의 사무를 자율적으로 처리하는 제도
> ∘ '민주주의의 학교', '풀뿌리 민주주의'라고도 함.

① 심급 제도　② 문화 사대주의
③ 증거 재판주의　④ 지방 자치 제도

14. **밑줄 친 ㉠에 해당하는 재판은?**

> 경찰이 대형 마트에서 500만 원대의 전자 제품을 훔친 A 씨를 붙잡았다. 이 사건에 대하여 검사가 법원에 공소를 제기하면서 ㉠ <u>재판</u>이 시작되었다.

① 가사 재판　② 선거 재판　③ 형사 재판　④ 행정 재판

15. **㉠에 해당하는 국가 기관으로 옳은 것은?**

> **헌법**
> **제40조** 입법권은 [㉠]에 속한다.

① 국회
② 감사원
③ 대법원
④ 헌법 재판소

16. **다음 설명에 해당하는 자원의 특성은?**

> 인간의 욕구는 무한하지만 이를 충족해 줄 자원이 상대적으로 부족한 상태

① 합리성　② 희소성　③ 효율성　④ 형평성

17. **다음 유물이 처음 제작된 시기의 생활 모습으로 옳지 <u>않은</u> 것은?**

〈빗살무늬 토기〉

① 움집을 짓고 살았다.
② 간석기를 사용하였다.
③ 철제 무기를 제작하였다.
④ 농경과 목축이 시작되었다.

18. 다음에서 설명하는 고려의 왕은?

호족 세력을 포섭하기 위해 유력한 호족들과 혼인 관계를 맺었으며, 사심관 제도, 기인 제도를 실시하여 호족을 견제하였다. 또한 후손들에게 훈요 10조를 남겨 통치의 교훈으로 삼도록 하였다.

① 대조영 ② 장수왕 ③ 박혁거세 ④ 태조 왕건

19. 다음에서 설명하는 역사서는?

승려 일연은 단군 이야기를 포함하여 고대로부터 전해 오는 역사와 설화 등을 담은 역사서를 저술하였다.

① 경국대전 ② 삼국유사 ③ 동의보감 ④ 삼강행실도

20. ㉠에 들어갈 내용으로 옳은 것은?

<진흥왕의 업적> ∘ 한강 유역으로 진출하여 영토 확장 ∘ [㉠]을/를 통해 인재 양성 ∘ 황룡사를 건립하여 불교 진흥

① 별무반 ② 화랑도 ③ 삼별초 ④ 훈련도감

21. ㉠에 들어갈 국가로 옳은 것은?

위화도 회군으로 권력을 장악한 이성계는 과전법을 실시한 후, 새 왕조 개창에 반대하던 정몽주 등을 제거하고 [㉠]을/를 건국하였다.

① 백제 ② 신라 ③ 조선 ④ 고구려

22. 조선 정조의 업적으로 옳은 것을 <보기>에서 고른 것은?

<보기>

ㄱ. 척화비 건립　　ㄴ. 규장각 설치
ㄷ. 훈민정음 창제　　ㄹ. 수원 화성 건설

① ㄱ, ㄴ　② ㄱ, ㄷ　③ ㄴ, ㄷ　④ ㄴ, ㄹ

23. ㉠에 들어갈 내용으로 옳은 것은?

<수행평가 보고서>

주제 : ㉠

◦ 전개 : 황토현 전투 → 전주 화약 체결 → 집강소 설치 → 우금치 전투

① 병인양요　② 살수대첩　③ 동학 농민 운동　④ 6월 민주 항쟁

24. ㉠에 들어갈 내용으로 옳은 것은?

① 청해진
② 교정도감
③ 독립협회
④ 대한민국 임시 정부

25. 다음에서 설명하는 민주화 운동이 일어난 배경은?

1960년 4월 19일, 학생과 시민들은 이승만 정부의 퇴진을 요구하며 대규모 시위를 벌였다. 학생과 시민의 저항이 거세지자 이승만은 결국 대통령직에서 물러났다.

① 단발령　② 금융 실명제　③ 새마을 운동　④ 3 · 15 부정 선거

2022년도 제2회 중학교 졸업학력 검정고시

과 학

중졸

1. 다음에서 설명하는 힘은?

◦ 지구가 물체를 당기는 힘이다. ◦ 힘의 방향은 지구 중심을 향한다. ◦ 힘의 크기는 물체의 질량에 비례한다.

① 부력 ② 중력 ③ 마찰력 ④ 탄성력

2. 암실에서 흰 종이 위에 놓인 빨간색 공에 파란색 빛을 비추었을 때 관찰되는 공의 색은?

① 검은색 ② 노란색 ③ 빨간색 ④ 파란색

3. 그림은 전류가 흐르는 원형 코일 옆에 놓인 나침반을 나타낸 것이다. 전류가 흐르는 방향이 반대일 때, 나침반의 모습은? (단, 전류에 의한 자기장만 고려한다.)

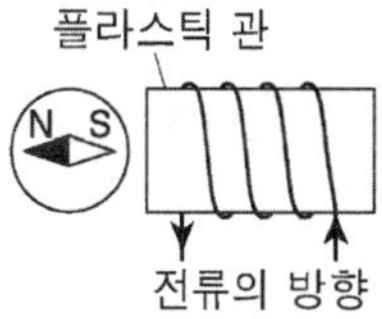

① 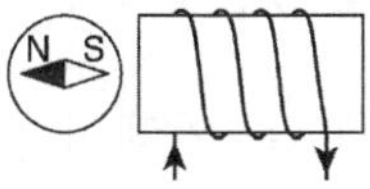

② 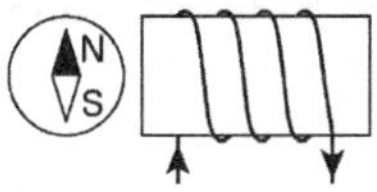

③ 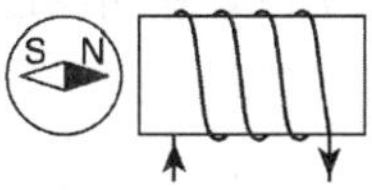

④ 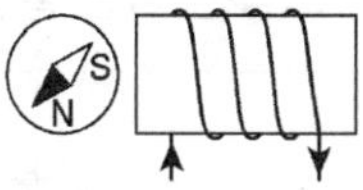

4. 다음 설명의 ㉠ 에 해당하는 것은?

(㉠)은/는 열이 물질을 거치지 않고 직접 이동하는 현상이다.

① 단열 ② 대류 ③ 복사 ④ 전도

5. 표는 물체 A~D의 질량과 A~D를 들어 올린 높이를 나타낸 것이다. A~D 중 위치 에너지가 가장 많이 증가한 것은?

물체	질량(kg)	들어 올린 높이(m)
A	1	1
B	1	2
C	2	1
D	2	2

① A
② B
③ C
④ D

6. 그림은 P 지점에서 가만히 놓은 쇠구슬이 운동하는 모습을 나타낸 것이다. 지점 A, B, C에서 쇠구슬의 역학적 에너지 크기를 비교한 것으로 옳은 것은? (단, 공기 저항과 마찰은 무시한다.)

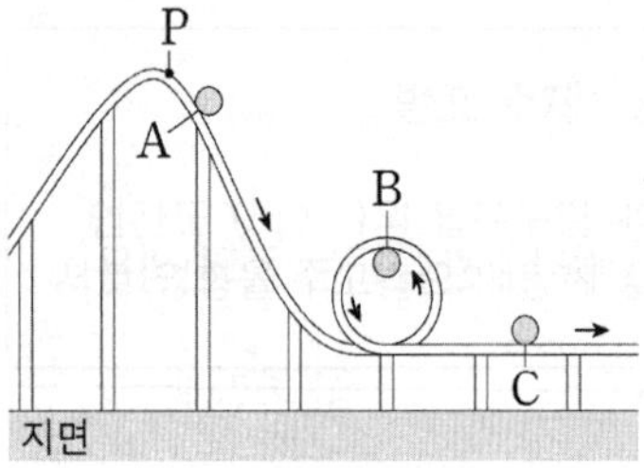

① A = B = C
② A > B > C
③ B > C > A
④ C > B > A

7. 나트륨의 원소 기호는?

① na ② nA ③ Na ④ NA

8. 그림은 어떤 물질의 상태 변화를 나타낸 것이다. 이에 대한 설명으로 옳은 것은?

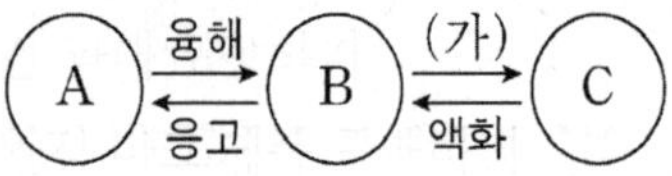

① A는 기체이다.
② B는 고체이다.
③ C는 액체이다.
④ (가)는 기화이다.

9. 다음 중 순물질을 모두 고른 것은?

구리, 설탕, 우유, 소금물

① 구리, 설탕 ② 설탕, 우유 ③ 구리, 소금물 ④ 우유, 소금물

10. 그림은 일정량의 기체의 압력에 따른 부피 변화를 나타낸 것이다. 2기압일 때 기체의 부피(mL)는? (단, 온도는 일정하다.)

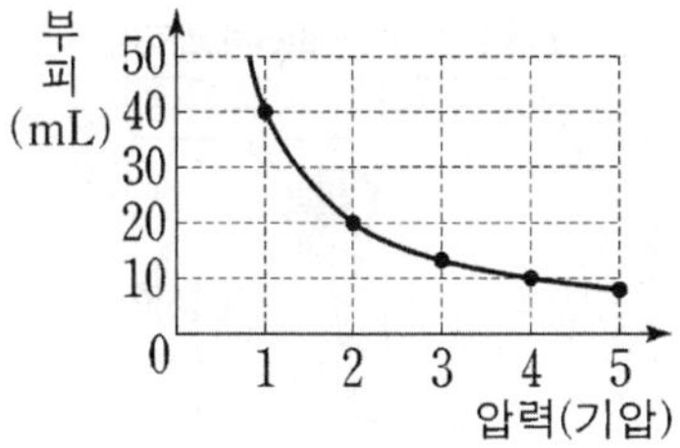

① 10
② 20
③ 30
④ 40

11. 다음은 암모니아(NH_3) 기체가 생성되는 반응의 화학 반응식을 나타낸 것이다. 질소(N_2) 기체 1L와 수소(H_2) 기체 3L가 모두 반응할 때 생성되는 암모니아(NH_3) 기체의 부피(L)는? (단, 온도와 압력은 일정하다.)

$$N_2 + 3H_2 \rightarrow 2NH_3$$

① 1　② 2　③ 3　④ 4

12. 다음 중 화학 변화에 해당하는 것은?

① 김치가 시어진다.
② 두부를 작게 자른다.
③ 아이스크림이 녹는다.
④ 물을 가열하면 수증기가 된다.

13. 다음 중 생물 다양성의 감소 원인이 아닌 것은?

① 환경 오염
② 서식지 파괴
③ 무분별한 남획
④ 멸종 위기종 보호

14. 다음 중 원생생물계에 속하는 생물이 아닌 것은?

① 김　② 소나무　③ 아메바　④ 짚신벌레

15. 그림과 같이 순종의 황색 완두(YY)와 순종의 녹색 완두(yy)를 교배하여 얻은 잡종 1대를 자가 수분시켜 잡종 2대를 얻었을 때, 잡종 2대에서 황색 완두와 녹색 완두의 표현형의 비는?

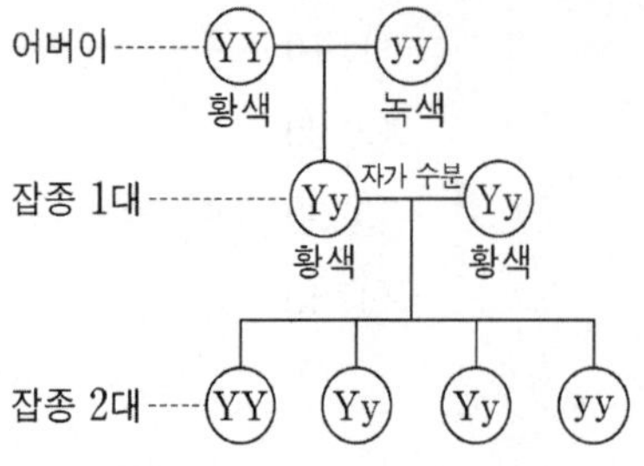

황색 완두	:	녹색 완두
① 1	:	1
② 2	:	1
③ 3	:	1
④ 4	:	1

16. 그림은 식물의 호흡 결과 생성된 기체를 확인하기 위한 실험 장치를 나타낸 것이다. 이 장치를 어두운 곳에 오래 두었더니 시험관 A의 석회수만 뿌옇게 흐려졌다. 석회수를 뿌옇게 만든 기체는?

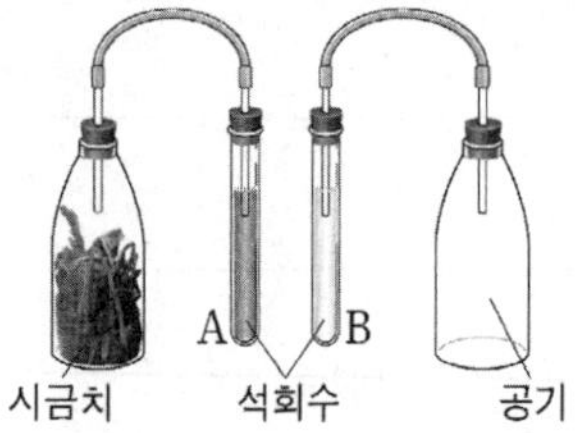

① 산소
② 수소
③ 질소
④ 이산화 탄소

17. 그림은 사람의 소화 기관을 나타낸 것이다. A~D 중 쓸개즙을 생성하고, 요소를 합성하는 기관은?

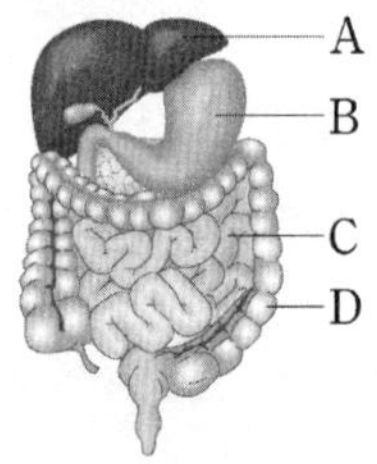

① A
② B
③ C
④ D

18. 그림은 생식세포 분열 과정의 일부를 나타낸 것이다. 감수 1분열 전기 단계인 세포의 염색체 수가 4개일 때, 딸세포 A의 염색체 수는? (단, 돌연변이는 없다.)

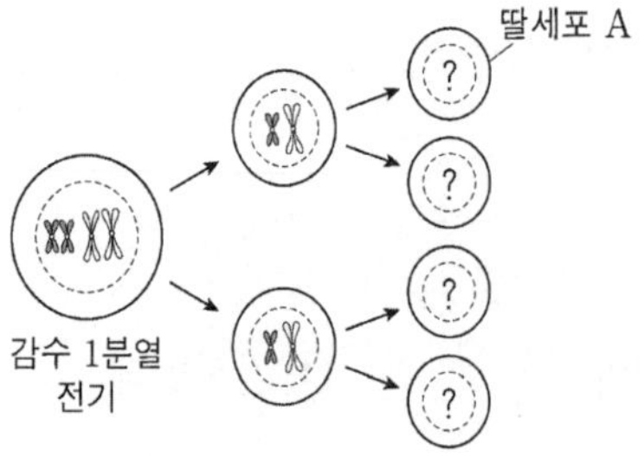

① 1개
② 2개
③ 4개
④ 8개

19. 광합성에 영향을 주는 환경 요인으로 옳은 것만을 <보기>에서 모두 고른 것은?

<보기>

ㄱ. 온도　　ㄴ. 빛의 세기　　ㄷ. 이산화 탄소의 농도

① ㄱ, ㄴ　　② ㄱ, ㄷ　　③ ㄴ, ㄷ　　④ ㄱ, ㄴ, ㄷ

20. 다음 중 어두운색을 띠는 광물을 많이 포함하고 있는 화산암은?

① 대리암　　② 석회암　　③ 현무암　　④ 화강암

21. 다음 설명에 해당하는 태양계의 행성은?

- 주로 수소와 헬륨으로 이루어져 있다.
- 태양계의 행성 중 부피와 질량이 가장 크다.

① 수성　　② 지구　　③ 화성　　④ 목성

22. 그림은 태양의 표면을 나타낸 것이다. 주변보다 온도가 낮아 어둡게 보이는 A의 명칭은?

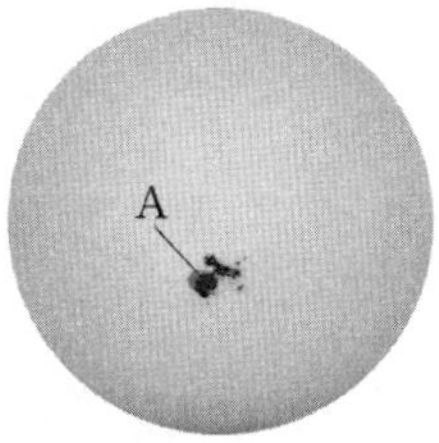

① 채층
② 흑점
③ 코로나
④ 플레어

23. 다음 중 성층권의 특징으로 옳은 것은?

① 오존층이 존재한다.
② 공기의 대류가 활발하게 일어난다.
③ 높이 올라갈수록 기온이 낮아진다.
④ 비가 내리는 기상 현상이 나타난다.

24. 표는 별 A~D의 겉보기 등급과 절대 등급을 나타낸 것이다. A~D 중 지구에서 가장 가까운 별은?

별 \ 등급	겉보기 등급	절대 등급
A	-1.5	1.4
B	0.5	-5.1
C	1.3	-8.7
D	2.1	-3.7

① A
② B
③ C
④ D

25. 그림은 기온에 따른 포화 수증기량을 나타낸 것이다. 기온 A~D 중 포화 수증기량이 가장 적은 것은?

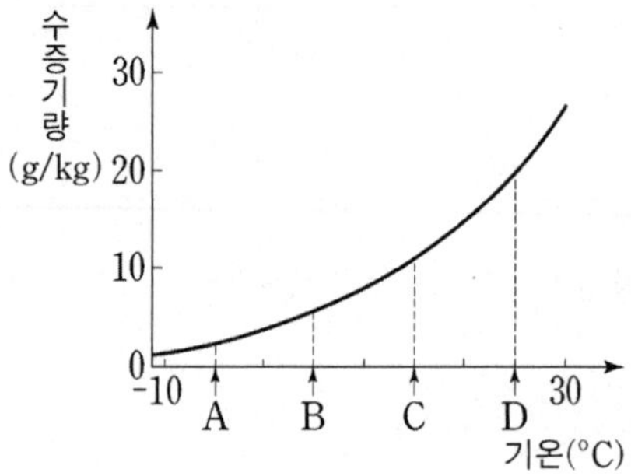

① A
② B
③ C
④ D

2022년도 제2회 중학교 졸업학력 검정고시

도 덕

중졸

---

1. 다음 일기에서 알 수 있는 인간의 특성은?

> 20○○년 ○월 ○일
>
> 학교에서 집으로 돌아가다가 도움을 필요로 하는 할머니를 지나쳐 갔다. 처음에는 집에 가고 싶은 생각에 지나쳐 갔지만 양심의 가책을 느껴서 할머니를 도우러 갔다.

① 도구적 존재
② 도덕적 존재
③ 문화적 존재
④ 유희적 존재

2. 다음 대화에서 교사가 사용한 비판적 사고의 방법은?

① 반증 사례 검사　　② 오류와 편견 검사
③ 보편화 결과 검사　　④ 사실적 판단 검사

3. 도덕 추론 과정에서 ㉠에 들어갈 용어는?

> ○ 도덕 원리 : 다른 사람을 돕는 행위는 옳다.
> ↓
> ○ 사실 판단 : 봉사 활동은 다른 사람을 돕는 행위이다.
> ↓
> ○ (㉠) 판단 : 봉사 활동은 옳다.

① 관찰
② 도덕
③ 의식
④ 교차

4. 도덕적 신념 형성에 필요한 보편적 가치로 옳은 것은?

① 평화　　② 맹목　　③ 방종　　④ 환상

5. **행복한 삶을 위해 필요한 것을 <보기>에서 고른 것은?**

<보기>

ㄱ. 좋은 습관　　ㄴ. 허례허식
ㄷ. 정서적 건강　　ㄹ. 부정적 자아관

① ㄱ, ㄴ　② ㄱ, ㄷ　③ ㄴ, ㄹ　④ ㄷ, ㄹ

6. **세계 시민으로서 할 수 있는 도덕적 실천으로 옳은 것은?**

① 난민을 위해 기부하기
② 민족적 정체성만 강조하기
③ 잘못된 편견을 가지고 외국인을 대하기
④ 해외에서 일어나는 전쟁 소식에 무관심하기

7. **현대 사회의 가정 윤리로 적절하지 <u>않은</u> 것은?**

① 충분한 의사소통하기
② 서로의 가치를 존중하며 대화하기
③ 민주적 협의를 통해 집안일 나누기
④ 시대에 맞지 않는 전통 관습을 그대로 따르기

8. **㉠에 들어갈 덕목은?**

◈ 덕목 탐구 보고서 ◈
• 덕목 : (㉠)
• 의미 : 상대방의 처지와 감정을 헤아려 보살펴 주고 도와 줌.
• 사례 : 몸이 아픈 친구의 입장에서 생각하여 도와 줌.

① 경건
② 무지
③ 배려
④ 탐욕

9. **청소년기의 올바른 이성 교제 태도로 가장 적절한 것은?**

① 서로를 존중하는 자세 갖기
② 잘못된 부탁이라도 무조건 들어주기
③ 이성에게 잘 보이기 위해 비싼 선물 주기
④ 이성 교제를 성적 욕구의 수단으로 생각하기

10. 밑줄 친 ㉠에 들어갈 대답으로 적절하지 않은 것은?

① 인간다운 삶을 살기 위해
② 차별받지 않는 삶을 위해
③ 인간 존엄성을 보장하기 위해
④ 개인의 자율성을 침해하기 위해

11. 다음은 서술형 평가 문제와 학생 답안이다. 밑줄 친 ㉠~㉣ 중 적절하지 않은 것은?

문제 : 이웃 사이에 필요한 도덕적 자세는?

〈답안〉

이웃과 함께 살아가기 위해서 나의 행동이 이웃에게 좋은 영향을 주는지 생각해야 한다. 구체적으로 ㉠ 늦은 저녁에 음악을 크게 트는 것, ㉡ 층간 소음을 일으키지 않는 것, ㉢ 예절을 지켜 인사하는 것, 그리고 ㉣ 어려울 때 서로 돕는 것이다.

① ㉠
② ㉡
③ ㉢
④ ㉣

12. 바람직한 시민이 갖추어야 할 자질이 아닌 것은?

① 준법정신
② 참여의식
③ 책임의식
④ 이기주의

13. 교사의 질문에 대한 대답으로 옳은 것은?

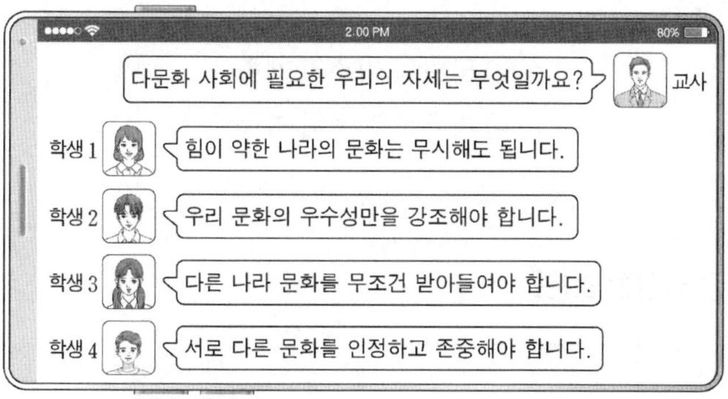

① 학생 1
② 학생 2
③ 학생 3
④ 학생 4

14. 정보화 시대의 도덕적 자세로 옳지 않은 것은?

① 타인의 사생활 존중
② 사이버 폭력 행위 금지
③ 자유로운 유언비어 유포
④ 다른 사람의 저작권 존중

15. **일상생활에서 발생하는 갈등 원인을 <보기>에서 고른 것은?**

<보기>

ㄱ. 가치관의 차이 　　　 ㄴ. 원활한 의사소통
ㄷ. 이해관계의 충돌 　　 ㄹ. 공정한 분배 실현

① ㄱ, ㄴ　　② ㄱ, ㄷ　　③ ㄴ, ㄹ　　④ ㄷ, ㄹ

16. **다음에서 소개하는 인물은?**

◈ 도덕 인물 카드 ◈
- 인도의 민족 운동 지도자
- 식민지 지배에 굴하지 않고 비폭력 불복종 운동을 실천하여 독립에 기여함.

① 김구
② 공자
③ 간디
④ 칸트

17. **학교 폭력 피해자의 대처 방법으로 가장 적절한 것은?**

① 일단 선생님께 알리고 함께 대책을 세운다.
② 괴롭히는 상대에게 싫다는 말을 하지 않는다.
③ 문제를 확대시키지 않도록 혼자 조용히 참는다.
④ 돈을 주어 더는 폭력을 행사하지 않도록 부탁한다.

18. **정의로운 국가의 역할로 옳은 것은?**

① 인간의 기본권 축소　　② 국민의 거주권 제한
③ 공정한 법과 제도 마련　　④ 자유로운 경제 활동 금지

19. **밑줄 친 ㉠에 들어갈 사례로 가장 적절한 것은?**

〈 가치의 종류 〉
- 물질적 가치: ㉠
- 정신적 가치: ……

① 사랑
② 재물
③ 우정
④ 평화

20. 부패가 발생하는 원인으로 옳지 않은 것은?

① 혈연, 학연을 강조하는 사회 분위기
② 부당하게 자신의 이익을 챙기려는 태도
③ 사회 구성원들 간에 공유된 청렴 의식
④ 뇌물 수수, 인사 청탁을 당연하게 생각하는 분위기

21. 통일이 필요한 이유로 옳지 않은 것은?

① 민족 공동체를 회복하기 위해
② 이산가족의 고통을 해소하기 위해
③ 인류의 보편적 가치를 실현하기 위해
④ 남북 간의 문화 차이를 확대시키기 위해

22. 인간 중심주의 자연관을 <보기>에서 고른 것은?

<보기>

ㄱ. 인간이 자연의 주인이다.
ㄴ. 인간이 자연을 통제해서는 안 된다.
ㄷ. 자연을 인간을 위한 도구로 여긴다.
ㄹ. 자연이 가진 본래적 가치를 존중한다.

① ㄱ, ㄴ　② ㄱ, ㄷ　③ ㄴ, ㄹ　④ ㄷ, ㄹ

23. 환경친화적 삶을 위한 실천 태도로 옳은 것은?

① 쓰레기 분리배출 하기
② 일회용 종이컵 많이 사용하기
③ 물건을 살 때 장바구니 대신 비닐봉지 사용하기
④ 장기 외출 시 사용하지 않는 전기 플러그 꽂아 두기

24. 과학 기술의 발달이 가져다 준 혜택으로 옳은 것은?

① 환경 오염
② 인간 소외
③ 새로운 질병 확산
④ 생활의 편리 증가

25. 도덕적인 삶을 위한 노력을 <보기>에서 고른 것은?

<보기>

ㄱ. 보람된 삶을 추구함.
ㄴ. 가치 있는 목표를 설정함.
ㄷ. 자신을 부정적으로 바라봄.
ㄹ. 배타적인 삶의 태도를 가짐.

① ㄱ, ㄴ　② ㄱ, ㄷ　③ ㄴ, ㄹ　④ ㄷ, ㄹ

2023년도 제1회
중학교 졸업자격 검정고시

C·O·N·T·E·N·T·S

2023년도 제1회 중학교 졸업학력 검정고시

국 어

중졸

---

1. 다음 대화에서 ㉠에 담긴 '나윤'의 의도로 적절한 것은?

> 강현 : 나윤아, 다음 주에 학생회에서 자선 바자회 행사를 주최한다고 하는데, 우리 반이 참가할 필요가 있을까?
> 나윤 : 응, 바자회 행사의 의의를 생각하면 참가하는 게 좋을 거 같아.
> 강현 : 왜 그렇게 생각해? 수익금을 학급비로 쓸 수 있게 해 주는 것도 아니라던데.
> 나윤 : 바자회에서 쓰지 않는 물건을 서로 사고팔면, 자원도 재활용되고 저렴한 가격에 물건을 구입해서 좋잖아. 수익금을 학급비로 쓸 수는 없지만 그걸로 불우 이웃을 도울 예정이래. ㉠ 그러니 바자회에 참가하는 게 좋지 않겠니?
> 강현 : 네 말을 듣고 보니 그렇네. 나도 집에 가서 바자회에 낼 만한 물건을 찾아봐야겠어.

① 감사 ② 설득 ③ 위로 ④ 칭찬

2. 다음과 같이 말했을 때, 공감하며 반응한 대화로 가장 적절한 것은?

> 나 이번에 진짜 열심히 공부했는데 시험을 너무 못 봤어. 내 장래 희망을 이루기 위해서는 성적을 올려야 하는데 오히려 떨어졌어. 어떡하지?

① 지나간 시험을 말해서 뭐 하냐? 시험은 끝났으니까 그만 얘기해.
② 그랬구나. 열심히 준비했는데 결과가 좋지 않아서 너무 속상하겠다.
③ 이번 시험 쉬웠는데, 넌 공부를 했는데도 성적이 떨어졌다니 이해가 안 된다.
④ 아이참, 너 때문에 나까지 우울해진다. 나 배고프니까 떡볶이나 먹으러 가자.

3. 다음에서 설명하는 언어의 특성에 해당하는 예로 적절하지 않은 것은?

> 언어는 시간의 흐름에 따라 새로 생기거나, 소리나 뜻이 변하거나, 예전에 사용하던 말이 사라지기도 한다.

① '스마트폰'은 새로운 물건이 만들어지면서 새로 생긴 말이다.
② '어리다'는 의미가 '어리석다'에서 '나이가 적다'로 변하였다.
③ '천(千, 1000)'을 뜻하는 고유어 '즈믄'은 현재 거의 쓰이지 않는다.
④ 우리가 '나비[나비]'라고 부르는 곤충을 영어에서는 'butterfly [버터플라이]'라고 부른다.

4. **밑줄 친 모음이 사용된 단어는?**

국어의 모음에는 발음할 때 입술이나 혀가 고정되어 움직이지 않는 단모음과, 입술 모양이나 혀의 위치가 달라지는 이중 모음이 있다.

① 개미　② 나라　③ 수레　④ 예의

5. **다음 규정에 맞게 발음하지 않은 것은?**

■ 표준 발음법 ■ **【제10항】** 겹받침 'ㄳ', 'ㄵ', 'ㄼ, ㄽ, ㄾ', 'ㅄ'은 어말 또는 자음 앞에서 각각 [ㄱ, ㄴ, ㄹ, ㅂ]으로 발음한다.

① 넓다[넙따]　② 앉다[안따]　③ 없다[업따]　④ 핥다[할따]

6. **밑줄 친 품사의 특성으로 적절한 것은?**

◦ 가을 하늘이 파랗다. ◦ 예쁜 동생이 태어났다. ◦ 아이들이 즐겁게 뛰놀고 있다.

① 사물의 이름을 나타낸다.
② 대상의 움직임을 나타낸다.
③ 대상의 상태나 성질을 나타낸다.
④ 놀람, 느낌, 부름, 대답을 나타낸다.

7. **밑줄 친 부분의 문장 성분이 ㉠과 같은 것은?**

㉠ 하얀 꽃잎이 바닥에 쌓였다.

① 꽃이 활짝 피었다.
② 동생이 우유를 마신다.
③ 소년은 어른이 되었다.
④ 가을은 독서의 계절이다.

8. **밑줄 친 부분의 표기가 바른 것은?**

① 어서 오십시요.
② 손을 깨끗히 씻자.
③ 나는 몇일 동안 책만 읽었다.
④ 그가 배낭을 메고 공원에 간다.

[9~10] 다음 글을 읽고 물음에 답하시오.

그날은 가만히 있어도 땀이 날 정도로 무척 더웠다. 나는 빨리 집에 들어가 씻고 싶다는 생각뿐이었다. 나는 걸음을 재촉하여 집 근처에 도착했다.

[A] 그런데 골목길 한 구석에서 주인을 잃은 강아지가 나를 애처롭게 바라보고 있었다. 모르는 척 집에 들어가려고 했지만 문득 떠오른 병아리 '민들레' 때문에 나는 발을 뗄 수 없었다.

초등학교 2학년 때, 어느 따스한 봄날이었다. 학교 앞에서 한 할머니께서 병아리를 ㉠ 파는 것을 보았다. 노란 털로 ㉡ 덥여 있는 병아리가 정말 귀여웠다. ㉢ 병아리는 아직 다 자라지 않은 어린 닭으로 닭의 새끼를 말한다. 나는 병아리를 키우게 해 달라고 엄마를 졸랐다. 내가 너무 간절했기 때문인지 처음에는 반대하셨던 엄마도 ㉣ 절대 허락해 주셨고, 그렇게 해서 나와 병아리 '민들레'의 인연이 시작되었다.

9. 다음은 [A]를 영상으로 만들기 위한 계획이다. ㉮에 들어갈 구성 요소로 알맞은 것은?

번호	장면 그림	구성 요소	내용
S#1		장면 내용	강아지가 소녀를 바라보고 있음.
		배경 음악	잔잔한 분위기의 음악
		㉮	힘없는 강아지 소리

① 대사 ② 효과음 ③ 내레이션 ④ 촬영 방법

10. ㉠~㉣에 대한 고쳐쓰기 방안으로 적절하지 않은 것은?

① ㉠ : 높임 표현이 잘못되었으므로 '파시는'으로 고친다.
② ㉡ : 맞춤법에 어긋나므로 '덮여'로 고친다.
③ ㉢ : 글의 통일성을 해치므로 삭제한다.
④ ㉣ : 문장 호응이 맞지 않으므로 '결코'로 바꾼다.

[11~13] 다음 글을 읽고 물음에 답하시오.

"아름아, 뭐 하니?"
어머니가 문 사이로 고개를 디밀었다.
'헉, 깜짝이야.'
나는 짜증을 냈다.

"엄마! 노크!"

어머니는 '아차.' 하다, 도리어 큰소리를 냈다.

"노크는 무슨 노크. 지금 방송 시작하는데, 안 봐?"

"벌써 할 때 됐어요?"

"응, 광고 하고 있어. 빨리 나와."

나도 방송국 웹 사이트에 들어가 예고편을 봤었다. 설렘과 어색함, 신기함과 민망함이 섞여 복잡한 마음이 들었지만, 사실 동영상을 보고 제일 먼저 든 생각은 이거였다.

'아, 나는 저거보단 훨씬 괜찮게 생겼는데…….'

카메라에 비친 내 모습이 실제보다 못해 억울하고 섭섭한 거였다. 연예인들도 실제로 보면 두 배는 더 예쁘고 멋지다는데, 아마 이런 경우를 두고 하는 말인 듯했다. 그러니 일반인들은 오죽 할까. 더구나 방송 한 번에 이리 심란한 기분이라니, 연예인이 되려면 자기를 보통 좋아하지 않고선 힘들겠구나 싶은 마음도 들었다. 문밖에 선 어머니가 "근데" 하고 덧붙였다.

"왜 그렇게 놀라? 뭐 이상한 거 보고 있었던 거 아냐?"

나는 부루퉁히 꿍얼댔다.

"내가 뭐 아빤 줄 아나……."

어머니가 눈을 동그랗게 뜨고 다그쳤다.

"아빠? 아빠가 그래?"

나는 그렇긴 뭐가 그렇냐며, 곧 나갈 테니 얼른 문 닫으라 핀잔을 줬다. 어머니는 끝까지 의심을 거두지 못한 얼굴로 자리를 떴다. 나는 인터넷 뉴스 창을 닫고, 방송국 홈페이지에 들어가 동영상을 한 번 더 돌려 봤다.

"실제 나이 17세. 신체 나이 80세. 누구보다 빨리 자라, 누구보다 아픈 아이 아름. 각종 합병증에 시달리면서도 웃음을 잃지 않는 아름에게 어느 날 시련이 닥쳐오는데……."

다시 봐도 낯선 영상이었다. 17. 80. 합병증. 웃음…….

하나하나 짚어 보면 다 맞는 말인데, 그게 그렇게 알뜰하게 배열된 걸 보니 사실이 사실 같지 않았다.

'괜히 하자고 한 걸까?'

막상 완성된 영상이 전파를 타고 전국에 송출될 생각을 하니 걱정스러웠다. 내가 모르는 이들에게 나를 보여 준다는 게 언짢기도 했다. 정확한 건 본방송이 끝난 후에 알게 될 터였다.

- 김애란, 『두근두근 내 인생』 -

11. 윗글의 서술상 특징으로 가장 적절한 것은?

① 이야기의 진행에 따라 서술자가 달라진다.

② 서술자가 모든 인물의 속마음을 알고 있다.

③ 서술자인 '나'가 자신의 생각을 직접 이야기한다.

④ 작품 밖 서술자가 인물의 행동을 관찰하고 있다.

12. '아름'의 심리에 대한 설명으로 적절하지 <u>않은</u> 것은?

① 노크하지 않은 엄마에게 짜증이 났다.
② 방송 예고편을 보고 마음이 복잡했다.
③ 영상 속 자신의 모습을 보고 만족했다.
④ 모르는 사람들이 자신을 볼 것이 언짢았다.

13. 다음 감상에 대한 설명으로 가장 적절한 것은?

> 나는 본방송을 앞둔 아름이의 마음이 이해돼. 왜냐하면 나도 퀴즈 프로그램에 출연한 적이 있었거든. 방송 시작 전까지 긴장되기도 하고 설레기도 했어.

① 중심 소재의 상징적 의미를 찾았다.
② 작품의 사회 · 문화적 배경을 분석했다.
③ 작품에 나타나는 중심 갈등을 파악했다.
④ 자신의 경험을 바탕으로 인물에게 공감했다.

[14~16] 다음 글을 읽고 물음에 답하시오.

길이 끝나는 곳에서도 ┐ [A]
길이 있다 ┘
길이 끝나는 곳에서도
길이 되는 사람이 있다
㉠ <u>스스로 봄 길이 되어</u>
끝없이 걸어가는 사람이 있다
㉡ <u>강물은 흐르다가 멈추고</u>
㉢ <u>새들은 날아가 돌아오지 않고</u>
㉣ <u>하늘과 땅 사이의 모든 꽃잎은 흩어져도</u>
보라
사랑이 끝난 곳에서도
사랑으로 남아 있는 사람이 있다
스스로 사랑이 되어
한없이 봄 길을 걸어가는 사람이 있다

- 정호승, 『봄 길』 -

14. 윗글에 대한 설명으로 적절하지 않은 것은?

① 색채 대비를 통해 선명한 이미지를 제시한다.
② 현실 상황을 여러 자연물에 빗대어 표현한다.
③ 비슷한 문장 구조를 반복하여 의미를 강조한다.
④ 단정적인 어조를 통해 화자의 강한 믿음을 드러낸다.

15. ㉠~㉣ 중 함축적 의미가 다른 것은?

① ㉠ ② ㉡ ③ ㉢ ④ ㉣

16. 다음을 참고할 때, [A]와 같은 표현이 쓰인 것은?

> 시에서 역설이란 겉으로는 뜻이 모순되고 이치에 맞지 않는 것 같지만, 그 속에 진리를 담고 있는 표현을 말한다.

① 이것은 소리 없는 아우성
② 돌담에 속삭이는 햇발같이
③ 나는 나룻배 / 당신은 행인
④ 젖지 않고 가는 삶이 어디 있으랴

[17~19] 다음 글을 읽고 물음에 답하시오.

허생은 집에 비가 새고 바람이 드는 것도 아랑곳하지 않고 글 읽기만 좋아하였다. 그래서 아내가 삯바느질을 해서 그날그날 겨우 입에 풀칠을 하는 처지였다.

어느 날 허생의 아내가 배고픈 것을 참다못해 훌쩍훌쩍 울며 푸념을 하였다.

"당신은 평생 과거도 보러 가지 않으면서 대체 글은 읽어 뭘 하시렵니까?"

그러나 허생은 아무렇지도 않게 껄껄 웃으며 말하였다.

"내가 아직 글이 서툴러 그렇소."

"그럼 공장이[1] 노릇도 못 한단 말입니까?"

"배우지 않은 공장이 노릇을 어떻게 한단 말이오?"

"그러면 장사치 노릇이라도 하시지요."

"가진 밑천이 없는데 장사치 노릇을 어떻게 한단 말이오?"

[A] 그러자 아내가 왈칵 역정[2]을 내었다.
"당신은 밤낮 글만 읽더니, 겨우 '어떻게 한단 말이오.' 소리만 배웠나 보구려. 공장이 노릇도 못 한다, 장사치 노릇도 못 한다, 그럼 하다못해 도둑질이라도 해야 할 것 아니오?"

허생이 이 말을 듣고 책장을 덮어 치우고 벌떡 일어났다.

"아깝구나! 내가 애초에 글을 읽기 시작할 때 꼭 십 년을 채우려 했는데, 이제 겨우 칠 년밖에 안 되었으니 어쩔거나!"

[중간 줄거리] 허생은 아내의 성화에 집을 나와, 서울에서 가장 부자라는 변 씨를 찾아가 만 냥을 빌렸다. 그러고는 여러 지역으로 이동하는 길목이 있는 안성으로 가서 과일을 몽땅 사들이기 시작했다.

얼마 안 가서 나라 안의 과일이란 과일은 모두 동이 나 버렸다. 잔치나 제사를 지내려고 해도 과일이 없으니 상을 제대로 차릴 수가 없었다. 이렇게 되니, 과일 장수들은 너나 없이 허생한테 몰려와서 제발 과일 좀 팔라고 통사정을 하였다. 결국 허생은 처음 값의 열 배를 받고 과일을 되팔았다.

"허허, 겨우 만 냥으로 나라의 경제를 흔들어 놓았으니, ㉠ 이 나라 형편이 어떤지 알 만하구나."

- 박지원, 『허생전』-

1) 공장이 : 예전에 물건 만드는 것을 직업으로 하던 사람.
2) 역정 : 몹시 언짢거나 못마땅하여 내는 화.

17. 윗글에서 '허생'에 대한 설명으로 적절하지 않은 것은?

① 집안일에 무관심했다.
② 해마다 과거 시험에 떨어졌다.
③ 계획했던 글공부를 마치지 못했다.
④ 과일을 독점 판매하여 이익을 얻었다.

18. [A]에서 '아내'가 '허생'에게 역정을 내는 이유로 가장 적절한 것은?

① 장사를 하겠다고 해서
② 돈을 벌어 오지 않아서
③ '아내'의 무능함을 비난해서
④ 글공부를 열심히 하지 않아서

19. ㉠의 의미로 가장 적절한 것은?

① 예의범절이 무너지고 있구나.
② 신분 질서가 흔들리고 있구나.
③ 나라의 경제 구조가 취약하구나.
④ 관리들의 부정부패가 심각하구나.

[20~22] 다음 글을 읽고 물음에 답하시오.

중국 신장의 요구르트, 스페인 랑하론의 하몬, 우리나라 구례 양동 마을의 된장. 이 음식들의 공통점은 무엇일까? 이것들은 모두 발효 식품으로, 세계의 장수 마을을 다룬 어느 방송에서 각 마을의 장수 비결로 꼽은 음식들이다.

발효 식품은 건강식품으로 널리 알려져 있다. 또한 다양한 발효 식품이 특유의 맛과 향으로 사람들의 입맛을 사로잡고 있다. 앞에서 소개한 요구르트, 하몬, 된장을 비롯하여 달콤하고 고소한 향으로 우리를 유혹하는 빵, 빵과 환상의 궁합을 자랑하는 치즈 등을 그 예로 들 수 있다. 이렇게 몸에도 좋고 맛도 좋은 식품을 만들어 내는 발효란 무엇일까? 그리고 발효 식품은 왜 건강에 좋을까? 먼저 발효의 개념을 알아 보고, 우리나라의 전통 발효 식품을 중심으로 발효 식품의 우수성을 자세히 알아보자.

발효란 곰팡이나 효모와 같은 미생물이 탄수화물, 단백질 등을 분해하는 과정을 말한다. 미생물이 유기물에 작용하여 물질의 성질을 바꾸어 놓는다는 점에서 발효는 부패와 비슷하다. 하지만 ㉠ 발효는 우리에게 유용한 물질을 만드는 반면에, 부패는 우리에게 해로운 물질을 만들어 낸다는 점에서 차이가 있다. 그래서 발효된 물질은 사람이 안전하게 먹을 수 있지만, 부패한 물질은 식중독을 일으킬 수 있어서 함부로 먹을 수 없다.

[㉡], 발효를 거쳐 만들어지는 전통 음식에는 무엇이 있을까? 가장 대표적인 전통 음식으로 김치를 꼽을 수 있다. 김치는 채소를 오랫동안 저장해 놓고 먹기 위해 조상들이 생각해 낸 음식이다. 김치는 우리가 채소의 영양분을 계절에 상관없이 섭취할 수 있도록 해 주고, 발효 과정에서 더해진 좋은 성분으로 우리의 건강을 지키는 데도 도움을 준다.

- 진소영, 『맛있는 과학 44-음식 속의 과학』 -

20. 윗글에서 설명하는 중심 내용으로 가장 적절한 것은?

① 김치 담그는 방법
② 발효 식품의 우수성
③ 식중독 예방의 중요성
④ 여러 나라의 장수 비결

21. ㉠에 사용된 설명 방법으로 적절한 것은?

① 과정 ② 대조 ③ 예시 ④ 정의

22. 이어질 내용을 고려할 때, ㉡에 들어갈 말로 적절한 것은?

① 그래도 ② 그러나 ③ 그렇다면 ④ 왜냐하면

[23~25] 다음 글을 읽고 물음에 답하시오.

> 더위는 우리가 근본적인 고민을 하도록 만든다. 당장의 더위를 해결하지 않는 이상 그 어떤 것도 중요하지 않음을 몸소 경험함으로써 우리는 알게 모르게 이 시대의 문제를 마주하게 된다. 그렇다. 기후 변화는 현대의 큰 문제이다. 모든 이의 피부에 와 닿는 가장 심각한 전 지구적 문제, 나와 무관하다며 모든 것을 무시해 버려도 끝내 외면할 수 없는 생존의 문제이다.
>
> 국제 생태 발자국 네트워크(GFN)라는 단체가 운영하는 '지구 생태 용량 과용의 날'이라는 것이 있다. 지구의 일 년 치 자원을 12월 31일에 다 쓰는 것으로 가정하고 실제로 자원이 모두 소모되는 날을 측정하는 것이다. 이 날이 2015년에는 8월 13일이었는데 2016년에는 8월 8일로 5일 앞당겨졌다. 또한 우리가 현재처럼 자원을 소비하면서 자원을 지속적으로 사용할 수 있는 상태를 유지하기 위해서는 지구가 3.3개 필요하다고 한다. 한마디로 [㉠]고 할 수 있다.
>
> 그런데도 우리는 더위 앞에서 에너지 사용량을 줄이는 데까지 생각이 미치지 못한다. ㉡ <u>더위에 대응하는 근본적인 대책</u>에 관해 우리 모두 관심이 적다. 우리 모두가 이렇게 위험성을 인식하지 못하고 있는 사실이 이 더위보다 충격적이라 할 수 있다. 지금부터라도 기후 변화가 중요한 문제임을 인식하고 자원을 아껴 사용해야 할 것이다. 그리고 지속적으로 발전할 수 있는 녹색 성장을 준비해야 할 것이다.
>
> \- 김산하, 『김산하의 야생 학교』 -

23. 위와 같은 글을 읽는 방법으로 가장 적절한 것은?

① 육하원칙에 따라 사건을 요약한다.
② 등장인물 간의 갈등 원인을 찾아본다.
③ 주장과 근거를 중심으로 내용을 파악한다.
④ 시간의 흐름에 따른 대상의 변화를 정리한다.

24. 글의 맥락을 고려할 때, ㉠에 들어갈 내용으로 가장 적절한 것은?

① 미세 먼지로 대기 오염이 심하다
② 에너지의 사용량과 그 증가량이 심하다
③ 오랜 가뭄으로 물 부족 문제가 심각하다
④ 해양 오염으로 동물들의 생존 문제가 심각하다

25. ㉡에 해당하는 글쓴이의 생각으로 적절하지 <u>않은</u> 것은?

① 더위에 익숙해지도록 한다.
② 지구의 자원을 아껴 사용한다.
③ 기후 변화의 위험성을 인식한다.
④ 지속 가능한 녹색 성장을 준비한다.

2023년도 제1회 중학교 졸업학력 검정고시

수 학

중졸

---

1. 다음은 54를 소인수분해하는 과정을 나타낸 것이다. 54를 소인수분해한 것은?

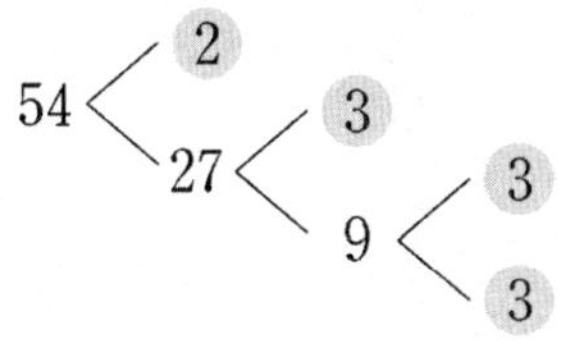

① 2×3^2
② $2^2 \times 3^2$
③ 2×3^3
④ $2^2 \times 3^3$

2. 다음 수를 작은 수부터 차례대로 나열할 때, 넷째 수는?

$3,\quad -7,\quad \frac{1}{2},\quad -1,\quad 1$

① -1　　② $\frac{1}{2}$　　③ 1　　④ 3

3. $a = 2$ 일 때, $3a + 1$의 값은?

① 3　　② 5　　③ 7　　④ 9

4. 일차방정식 $4x - 4 = x + 2$의 해는?

① 1　　② 2　　③ 3　　④ 4

5. 순서쌍 $(2,\ -3)$을 좌표평면 위에 나타낸 점은?

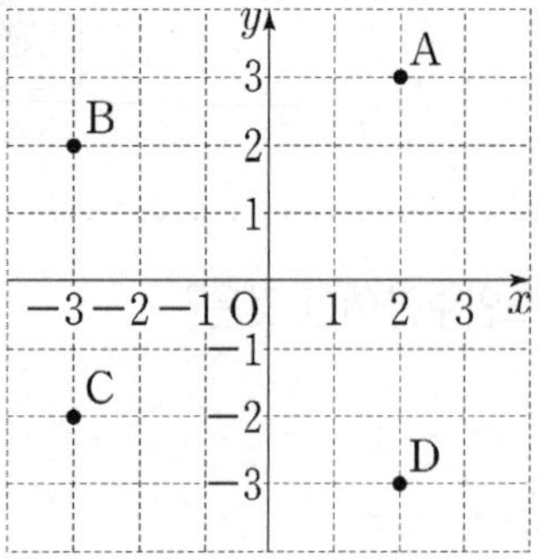

① A
② B
③ C
④ D

6. 그림과 같이 평행한 두 직선 $l,\ m$이 다른 한 직선 n과 만날 때, $\angle x$의 크기는?

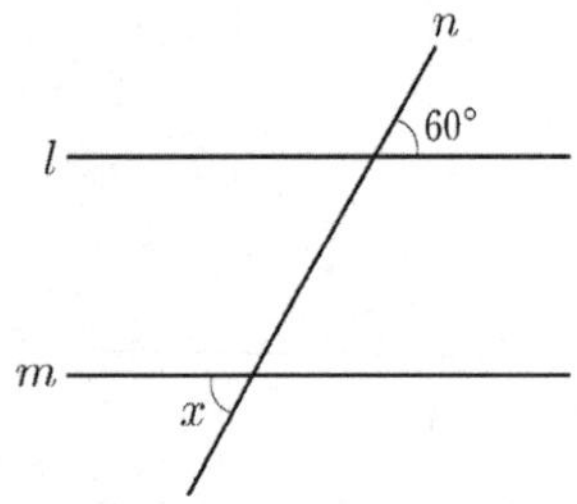

① $30°$
② $40°$
③ $50°$
④ $60°$

7. 다음은 학생 20명을 대상으로 1분 동안의 윗몸 일으키기 기록을 줄기와 잎 그림으로 나타낸 것이다. 윗몸 일으키기 기록이 40회 이상인 학생의 수는?

윗몸 일으키기 기록

(1|2 는 12 회)

줄기	잎
1	2 4 6
2	1 2 5 5 6 7
3	2 3 3 7
4	5 7 9 9
5	3 6 9

① 4
② 5
③ 6
④ 7

8. 순환소수 $0.\dot{5}$를 기약분수로 나타낸 것은?

① $\frac{1}{3}$ ② $\frac{4}{9}$ ③ $\frac{5}{9}$ ④ $\frac{2}{3}$

9. $a^2 \times a^2 \times a^3$을 간단히 한 것은?

① a^7 ② a^8 ③ a^9 ④ a^{10}

10. 다음 문장을 부등식으로 옳게 나타낸 것은?

한 권에 700원인 공책 x권의 가격은 3500원 이상이다.

① $700x \geq 3500$ ② $700x > 3500$ ③ $700x \leq 3500$ ④ $700x < 3500$

11. 그림은 일차함수 $y = 2x + k$의 그래프이다. 상수 k의 값은?

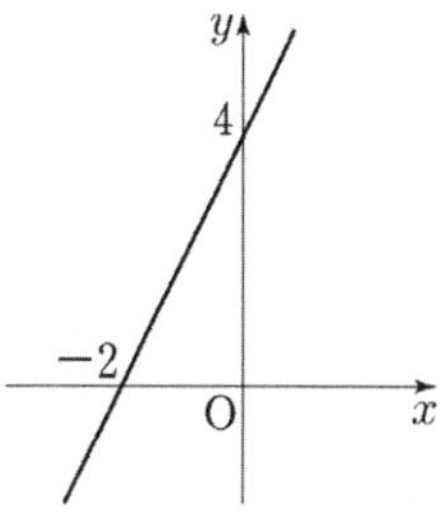

① 2
② 3
③ 4
④ 5

12. 그림과 같이 $\overline{AB} = \overline{AC}$ 인 이등변삼각형 ABC에서 $\angle A$의 이등분선과 $\overline{BC}$ 의 교점을 D라고 하자. $\overline{BC} = 10\text{cm}$ 일 때, $\overline{BD}$ 의 길이는?

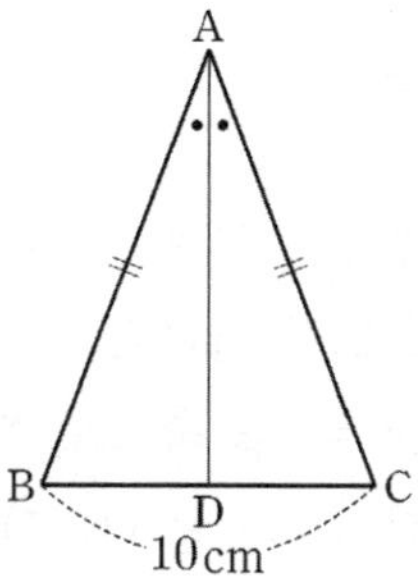

① 4cm
② 5cm
③ 6cm
④ 7cm

13. 그림에서 두 원기둥 A와 B는 서로 닮음이고 밑면의 반지름의 길이가 각각 2cm, 3cm이다. 원기둥 A의 높이가 4cm일 때, 원기둥 B의 높이는?

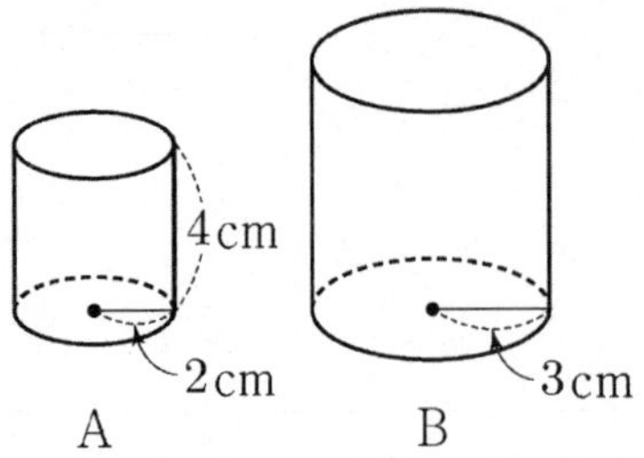

① 6cm
② 6.5cm
③ 7cm
④ 7.5cm

14. 그림과 같이 1에서 10까지의 자연수가 각각 적힌 공 10개가 들어 있는 주머니가 있다. 이 주머니에서 공 한 개를 꺼낼 때, 짝수가 적힌 공이 나올 확률은?

① $\frac{1}{5}$
② $\frac{3}{10}$
③ $\frac{2}{5}$
④ $\frac{1}{2}$

15. $\sqrt{8} = a\sqrt{2}$ 일 때, a의 값은?

① 1 ② 2 ③ 3 ④ 4

16. 이차방정식 $x^2 - 5x + 6 = 0$의 한 근이 2이다. 다른 한 근은?

① 3 ② 4 ③ 5 ④ 6

17. 이차함수 $y = -(x-1)^2 + 1$의 그래프에 대한 설명으로 옳은 것은?

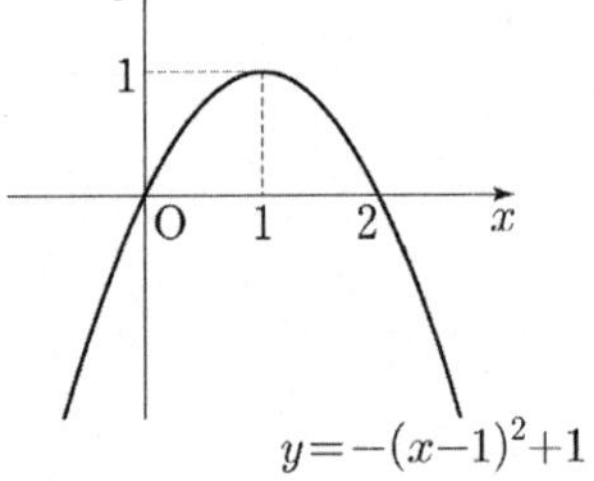

① 아래로 볼록이다.
② 점 (0, 2)를 지난다.
③ 직선 $x = 0$을 축으로 한다.
④ 꼭짓점의 좌표는 (1, 1)이다.

18. 직각삼각형 ABC에서 $\overline{AB}=5$, $\overline{BC}=4$, $\overline{AC}=3$일 때, $\tan B$의 값은?

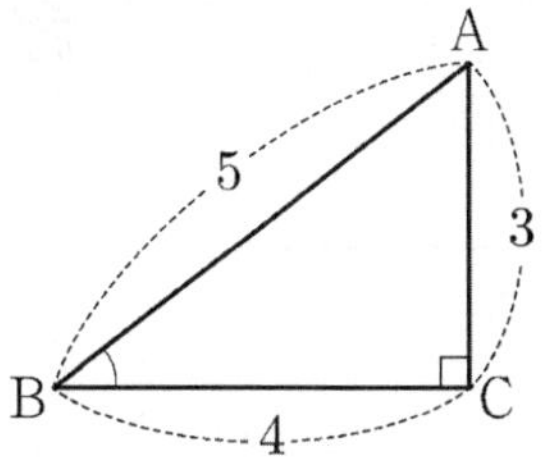

① $\frac{3}{5}$

② $\frac{3}{4}$

③ $\frac{4}{5}$

④ $\frac{4}{3}$

19. 그림과 같이 원 O에서 호 AB에 대한 중심각 $\angle AOB=80°$일 때, 호 AB에 대한 원주각 $\angle APB$의 크기는?

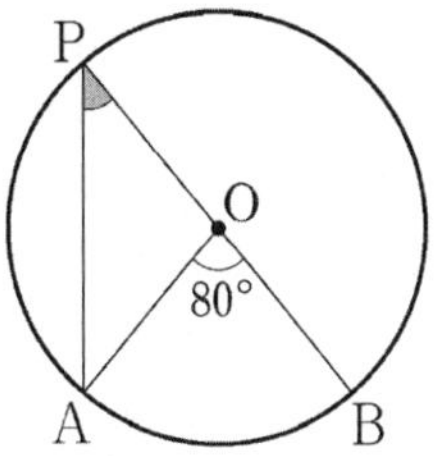

① 30°

② 40°

③ 50°

④ 60°

20. 다음 자료는 학생 5명이 방학 동안 읽은 책의 권수를 조사하여 나타낸 것이다. 이 자료의 중앙값은?

(단위 : 권)

3　0　3　1　2

① 0　② 1　③ 2　④ 3

2023년도 제1회 중학교 졸업학력 검정고시

영 어

중졸

1. 다음 밑줄 친 단어의 뜻으로 가장 적절한 것은?

My sister is really <u>funny</u>. She makes me laugh a lot.

① 슬픈　② 게으른　③ 수줍은　④ 재미있는

2. 다음 중 두 단어의 의미 관계가 나머지 셋과 다른 것은?

① pass – fail　② sit – stand
③ say – tell　④ begin – end

[3~4] 다음 빈칸에 들어갈 말로 가장 적절한 것을 고르시오.

3.

Mr. Kim ________ my Korean teacher last year.

① is　② are　③ was　④ were

4.

It was raining, ________ I took my umbrella.

① if　② or　③ so　④ for

[5~6] 다음 대화의 빈칸에 들어갈 말로 가장 적절한 것을 고르시오.

5.

A : ______ were you late for school?
B : Because I missed the bus.

① Why ② What ③ When ④ Where

6.

A : I am not feeling well. I think I have a cold.
B : ________________________.

① That's too bad
② Yes, I'd love to
③ You're welcome
④ Thank you for your help

7. 다음 빈칸에 공통으로 들어갈 말로 가장 적절한 것은?

- Some shops ________ on Sundays.
- My school is very ________ to the post office.

① free ② next ③ close ④ among

8. 다음 대화에서 A가 찾아가려는 곳의 위치로 옳은 것은?

A : Excuse me, how can I get to the library?
B : Go straight two blocks and turn right. It's on your left.
A : Thank you.

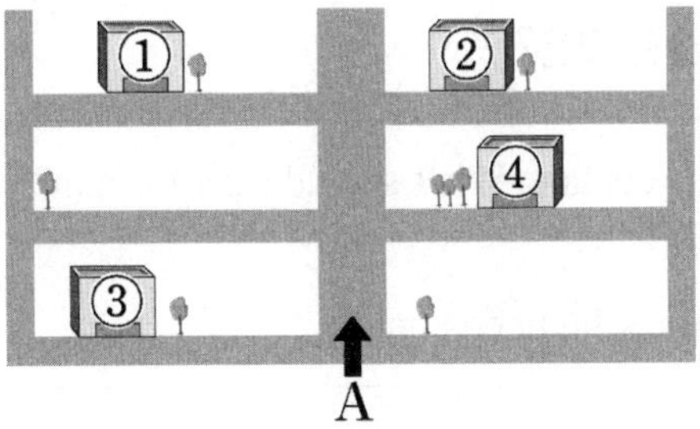

9. 그림으로 보아 빈칸에 들어갈 말로 가장 적절한 것은?

A : What is the boy doing?
B : He is ______ a picture.

① buying ② taking ③ sitting ④ playing

10. 다음 대화에서 두 사람이 할 운동으로 가장 적절한 것은?

A : What are you going to do on sports day?
B : I am going to play soccer.
A : Me, too. I'm really looking forward to it.
B : Good luck. Let's do our best.

① 농구 ② 수영 ③ 야구 ④ 축구

11. 다음 대화의 빈칸에 들어갈 말로 가장 적절한 것은?

A : Are you happy with your school uniform, Jane?
B : ______________________.
A : Why not?
B : I don't like the color.

① Yes, I really like it
② I'm really happy for you
③ No, I'm not very happy with it
④ You should bring your own lunch

12. 다음 대화의 주제로 가장 적절한 것은?

A : My father's birthday is coming. What should I get for him?
B : How about a nice tie?
A : That sounds good. I think he needs one.

① 생일 선물 ② 시험 성적 ③ 여가 활동 ④ 여행 계획

13. 다음 홍보문을 보고 알 수 없는 것은?

City Library Book Camp

Date : May 6th (Saturday), 2023
Time : 9:00 a.m. - 11:00 a.m.
Place : City Library
Activities :
- Talking about books
- Meeting authors

① 참가 인원
② 행사 일시
③ 행사 장소
④ 활동 내용

14. 다음 방송의 목적으로 가장 적절한 것은?

Good morning, everyone. I would like to give you some safety tips in case of a fire. Make sure you cover your mouth with a wet cloth. Also, use stairs instead of elevators.

① 기상 악화 예보
② 일정 변경 공지
③ 건물 내 시설 소개
④ 화재 안전 수칙 안내

15. 다음 대화에서 회의 시간을 바꾸려는 이유는?

A : We need to change the time for tomorrow's meeting. It's too early.
B : I agree. How about 10 a.m.?
A : That's much better.

① 늦게 도착해서
② 교통 체증이 심해서
③ 회의 시간이 길어서
④ 너무 이른 시간이어서

16. cookie cup에 관한 다음 글의 내용과 일치하지 않는 것은?

Here's an eco-friendly item! It's a cookie cup. It is a cookie made in the shape of a cup. After using the cup, you can just eat it instead of throwing it away. By doing this, you can make less trash.

① 친환경 제품이다.
② 유리로 만든다.
③ 먹을 수 있다.
④ 쓰레기를 줄일 수 있다.

17. 다음 글의 흐름으로 보아 어울리지 않는 문장은?

I want to win the school singing contest. ⓐ I love singing. ⓑ And I think I have a good voice. ⓒ I'm a really poor tennis player. ⓓ However, I am too shy to sing in front of many people. How can I feel more comfortable singing on stage?

① ⓐ ② ⓑ ③ ⓒ ④ ⓓ

18. 다음 글에서 Gina가 제안한 것으로 가장 적절한 것은?

Gina and I saw a little dog on our way to school. The dog seemed to have a broken leg, and we were worried about it. Gina suggested that we take it to an animal doctor.

① 아침 일찍 일어나기
② 개를 공원에서 산책시키기
③ 친구와 함께 공부하기
④ 개를 수의사에게 데려가기

19. 그래프로 보아 빈칸에 들어갈 말로 가장 적절한 것은?

Favorite Club Activities at Daehan School

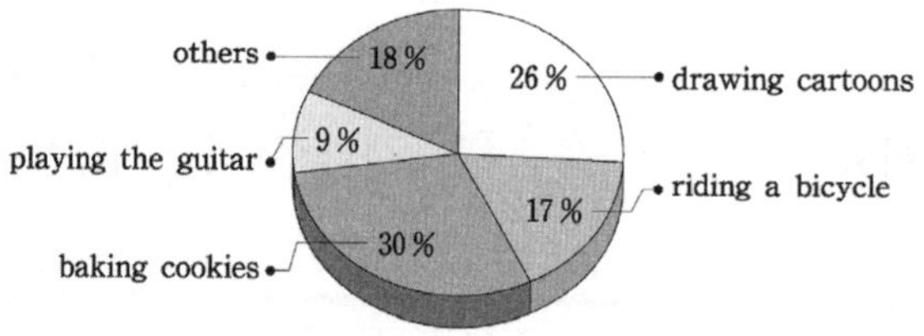

The most popular club activity among the students at Daehan school is ____________.

① drawing cartoons
② riding a bicycle
③ baking cookies
④ playing the guitar

20. 다음 글에서 David에 대해 언급된 내용이 아닌 것은?

My name is David. I am good at painting. I want to be a famous artist like Vincent Van Gogh. My favorite painting is *The Starry Night*. Please visit my blog and check out my artwork.

① 잘하는 것　② 출신 학교　③ 장래 희망　④ 가장 좋아하는 그림

21. 다음 밑줄 친 It이 가리키는 것으로 가장 적절한 것은?

Bees are very helpful to humans. First, bees give us honey. Honey is a truly wonderful food. It is good for our health and tastes good. Second, bees help produce many fruits like apples and peaches.

① bird　② honey　③ apple　④ peach

22. 수업 규칙으로 언급되지 않은 것은?

Class Rules
- Help each other.
- Take notes in class.
- Bring your textbooks.

① 활동 시간 지키기　② 서로 도와주기
③ 수업 중 필기하기　④ 교과서 가져오기

23. 다음 글의 주제로 가장 적절한 것은?

Today, I will talk about what makes a good leader. First, a good leader is friendly and easy to talk to. Second, a good leader gives advice to people. Lastly, a good leader listens to others carefully.

① 조언의 필요성　② 좋은 리더의 특징
③ 아침 식사의 중요성　④ 운동을 해야 하는 이유

24. 다음 편지의 목적으로 가장 적절한 것은?

> Thank you for inviting me to your home last Friday. I had a really good time and the food was great. The bulgogi was very delicious. Also, thank you for showing me how to cook tteokbokki.

① 감사 ② 거절 ③ 불평 ④ 사과

25. 다음 글의 바로 뒤에 이어질 내용으로 가장 적절한 것은?

> Smartphones can cause some health problems. One problem is dry eyes because we don't often blink when using smartphones. Another problem is neck pain. Looking down at one can cause neck pain. Here are some tips to solve these problems.

① 스마트폰 요금제를 선택하는 방법
② 스마트폰 종류별 특징과 수리 방법
③ 스마트폰을 저렴하게 구입하는 다양한 방법
④ 스마트폰 사용으로 인한 건강 문제 해결 방법

2023년도 제1회 중학교 졸업학력 검정고시

사 회

중졸

---

1. ㉠에 들어갈 내용으로 옳은 것은?

① 경도
② 위도
③ 랜드마크
④ 도로명 주소

2. ㉠에 들어갈 기후로 옳은 것은?

◦ 건조 기후는 연 강수량을 기준으로 ㉠ 와 스텝 기후로 구분한다.
◦ ㉠ 지역은 스텝 기후 지역보다 강수량이 적으며, 오아시스나 관개 수로를 이용해 밀, 대추야자 등을 재배한다.

① 사막 기후　② 툰드라 기후
③ 열대 우림 기후　④ 서안 해양성 기후

3. 다음 설명에 해당하는 지형은?

석회암이 지하수에 녹으며 형성된 지형으로, 종유석, 석순, 석주 등이 나타난다.

① 갯벌　② 오름　③ 주상 절리　④ 석회동굴

4. 다음 설명에 해당하는 자원의 특성은?

자원이 지구상에 고르게 분포하지 않고 일부 지역에 집중되어 분포하는 특성이다.

① 창의성　② 편재성　③ 학습성　④ 공유성

5. ㉠에 들어갈 내용으로 옳은 것은?

> [㉠]은/는 여성 100명에 대한 남성의 수를 말한다. 일부 국가에서는 남아 선호 사상 등으로 인해 [㉠] 불균형의 문제가 발생하기도 한다.

① 관습 ② 도덕 ③ 문화 ④ 성비

6. 다음 설명에 해당하는 것은?

> 자신이 그 집단에 속해 있다는 소속감과 '우리'라는 공동체 의식이 강한 집단이다.

① 내집단 ② 외집단 ③ 역할 갈등 ④ 역할 행동

7. 다음 설명에 해당하는 정치 주체는?

> 이해관계를 같이하는 사람들이 자신들의 특수한 이익을 실현하기 위해 만든 단체이다.

① 개인 ② 대통령 ③ 감사원 ④ 이익 집단

8. ㉠에 들어갈 내용으로 옳은 것은?

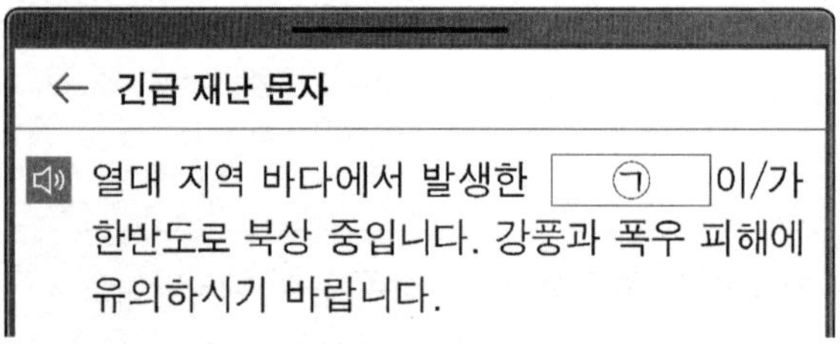

① 황사
② 가뭄
③ 태풍
④ 폭설

9. ㉠, ㉡에 해당하는 것으로 옳은 것은?

> 국가의 주권이 미치는 범위를 영역이라고 하며, [㉠]와/과 영해의 수직 상공을 [㉡](이)라고 한다.

	㉠	㉡		㉠	㉡
①	영토	영공	②	영공	영토
③	영토	배타적 경제 수역	④	영공	배타적 경제 수역

10. 다음에서 설명하고 있는 것은?

◦ 의미 : 한 개인이 자신이 속한 사회의 언어, 규범, 가치관 등을 배워 나가는 과정 ◦ 기능 : 자신만의 독특한 개성과 자아를 형성함.

① 선거　② 사회화　③ 심급 제도　④ 빈부 격차

11. ㉠, ㉡에 해당하는 것으로 옳은 것은?

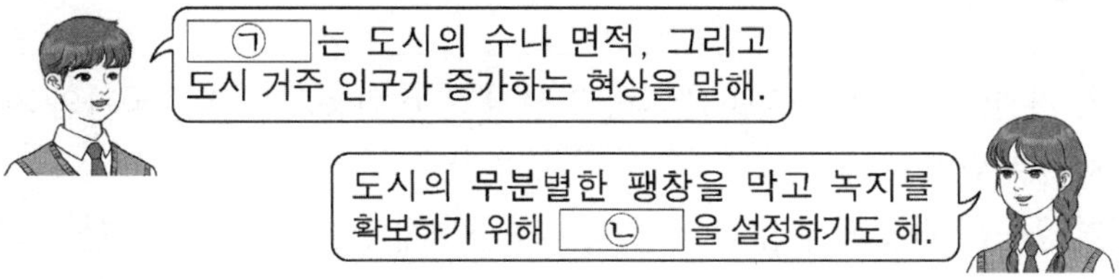

	㉠	㉡
①	도시화	도심
②	인구 공동화	도심
③	도시화	개발 제한 구역
④	인구 공동화	개발 제한 구역

12. 다음 설명에 해당하는 국가 기관은?

법을 해석하고 적용하여 분쟁을 해결해 주는 역할을 한다.

① 법원　② 국세청　③ 기상청　④ 금융 감독원

13. 다음 설명에 해당하는 것은?

개인과 개인 사이에서 일어난 법률관계에 관한 다툼을 해결하기 위한 재판이다.

① 선거 재판　② 행정 재판　③ 민사 재판　④ 형사 재판

14. 그래프와 같이 수요 곡선이 오른쪽으로 이동했을 때, 균형 가격과 균형 거래량의 변화로 옳은 것은? (단, 다른 조건은 일정함.)

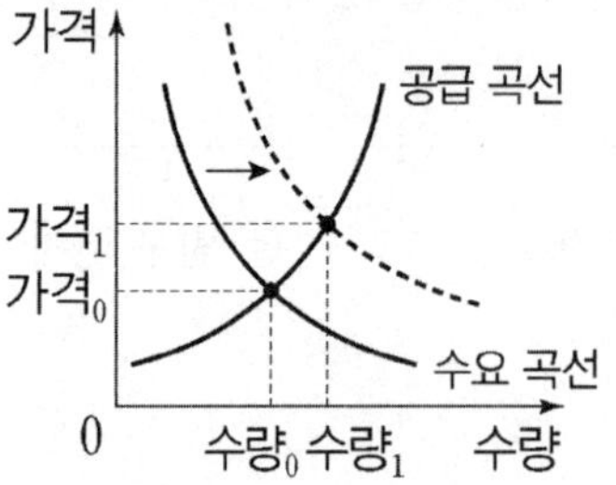

	균형 가격	균형 거래량
①	상승	감소
②	상승	증가
③	하락	감소
④	하락	증가

15. 다음에서 설명하고 있는 제도는?

> ◦ 의미 : 국가 기관에서 선거 과정을 관리하고 선거 운동 비용의 일부를 국가와 지방 자치 단체가 부담하는 제도
> ◦ 목적 : 선거 운동의 과열과 부정 선거 방지, 후보자에게 선거 운동의 균등한 기회 보장

① 의원 내각제　② 주민 투표제
③ 선거 공영제　④ 주민 소환제

16. ㉠, ㉡에 들어갈 경제 활동으로 옳은 것은?

> ◦ (㉠) : 필요한 재화나 서비스를 만들어 내거나 그 가치를 높이는 활동
> ◦ (㉡) : 필요한 재화나 서비스를 구매하여 사용하는 활동

	㉠	㉡		㉠	㉡
①	소비	생산	②	분배	생산
③	생산	분배	④	생산	소비

17. 다음에서 설명하는 유물이 처음으로 제작된 시대는?

비파형 동검

만주와 한반도 지역의 비파형 동검은 중국식 동검과 모양이 다르고, 칼날과 손잡이를 따로 만들어 조립한 것이 특징이다.

① 구석기 시대　② 신석기 시대　③ 청동기 시대　④ 철기 시대

18. 다음 정책을 시행한 고구려의 왕은?

- 남진 정책을 추진함.
- 수도를 평양으로 옮김.
- 백제의 수도 한성을 함락함.

① 진흥왕　② 장수왕　③ 충선왕　④ 선덕여왕

19. 다음 설명에 해당하는 고려 후기 정치 세력은?

- 명분과 도덕을 중시하는 성리학을 공부함.
- 공민왕의 개혁에 참여하며 정치 세력을 형성함.
- 대표적 인물 : 정몽주, 정도전 등

① 사림　② 진골　③ 6두품　④ 신진 사대부

20. 밑줄 친 ㉠에 해당하는 나라는?

① 발해　② 신라　③ 고조선　④ 후백제

21. ㉠에 들어갈 책으로 옳은 것은?

질문 [　㉠　]에 대해 알려 주세요.

답변 조선 태조에서 철종까지의 역사적 사실을 기록한 책으로, 1997년 유네스코 세계 기록 유산으로 등재되었습니다.

① 농사직설
② 동의보감
③ 고려사절요
④ 조선왕조실록

22. **다음 설명에 해당하는 민족 운동은?**

> ∘ 일제 강점기 최대 규모의 민족 운동임.
> ∘ 대한민국 임시 정부 수립의 계기가 됨.

① 3 · 1 운동　② 새마을 운동
③ 국채 보상 운동　④ 물산 장려 운동

23. **밑줄 친 ㉠에 해당하는 법은?**

> 광해군 시기에 ㉠ 공납의 폐단을 극복하고 국가 재정을 확보하고자 경기도에서 처음 시행한 법이다. 집집마다 토산물을 납부하게 한 방식을 바꾸어 토지를 기준으로 하여 쌀로 납부하도록 하였다.

① 대동법　② 유신 헌법　③ 노비안검법　④ 국가 총동원법

24. **㉠에 들어갈 내용으로 옳은 것은?**

> 〈수행 평가 계획서〉
> ○ 주제 : [㉠] 시기 이순신의 활약
> ○ 조사할 내용 – 한산도 대첩
> – 옥포 해전

① 병자호란
② 신미양요
③ 임진왜란
④ 정묘호란

25. **다음 설명에 해당하는 정부는?**

> 분단 이후 최초로 남과 북의 정상이 평양에서 만나 6 · 15 남북 공동 선언을 발표하였다(2000년). 이 선언에서 남과 북은 경제, 문화 등 교류와 협력을 활성화하고 이산 가족 문제 등을 조속히 풀어 나가기로 합의하였다.

① 전두환 정부　② 노태우 정부　③ 김영삼 정부　④ 김대중 정부

2023년도 제1회 중학교 졸업학력 검정고시

과 학

중졸

1. 그림의 용수철은 무게 1N의 추를 매달 때마다 1cm씩 늘어난다. 이 용수철에 추 A를 매달았더니 3cm 늘어났다. 추 A의 무게는?

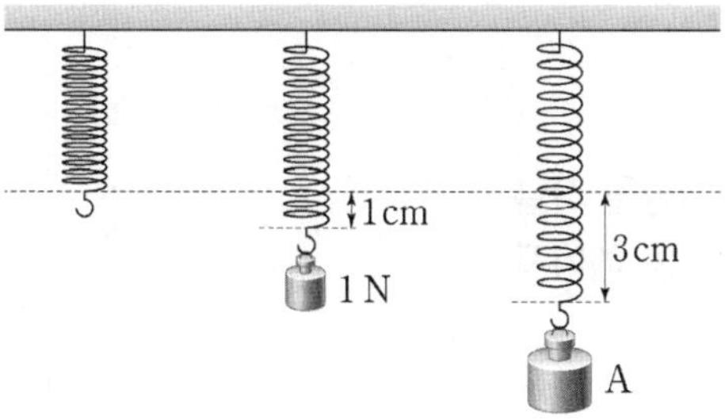

① 1N
② 2N
③ 3N
④ 4N

2. 다음 중 가장 진동수가 큰 파동은?

①
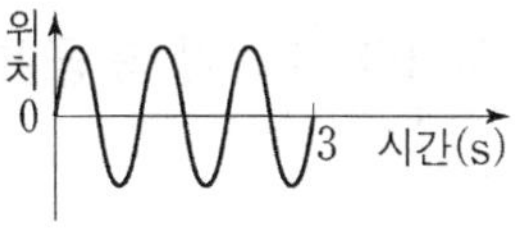

②
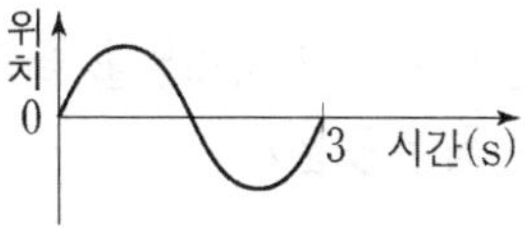

③
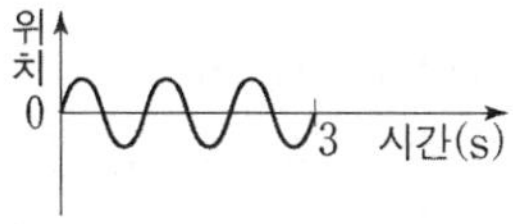

④
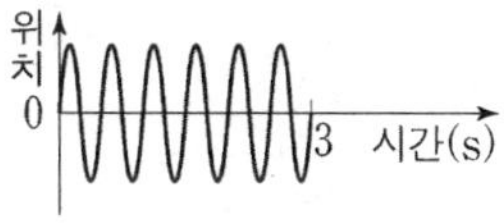

3. 그림은 온도가 다른 두 물체 A와 B를 접촉시켜 놓았을 때 시간에 따른 온도 변화를 나타낸 것이다. 이에 대한 설명으로 옳은 것은? (단, 외부와의 열 출입은 없다.)

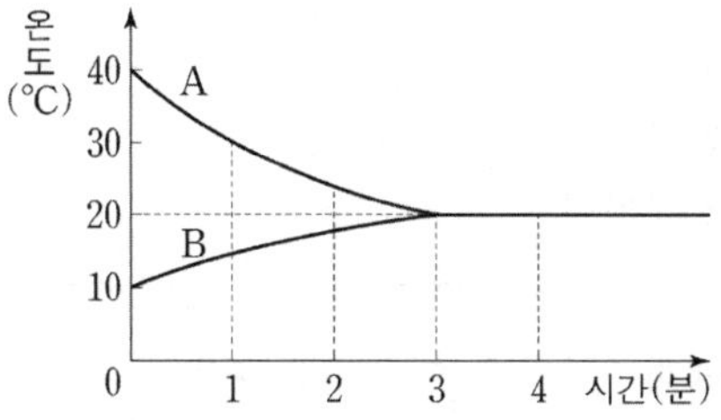

① 열평형 온도는 20℃이다.
② 1분일 때 열은 B에서 A로 이동한다.
③ 2분일 때 A의 온도는 B의 온도보다 낮다.
④ 열평형에 도달할 때까지 걸린 시간은 2분이다.

4. 표는 가전제품의 소비 전력을 나타낸 것이다. 두 가전제품을 동시에 1시간 동안 사용했을 때 소비된 총 전기 에너지의 양은?

가전제품	소비 전력
선풍기	50 W
텔레비전	100 W

① 70Wh
② 150Wh
③ 300Wh
④ 600Wh

5. 그림과 같이 A지점에서 자유 낙하 시킨 공이 B지점을 지날 때 감소한 위치 에너지가 10J이었다면 증가한 운동 에너지의 크기는? (단, 공기 저항은 무시한다.)

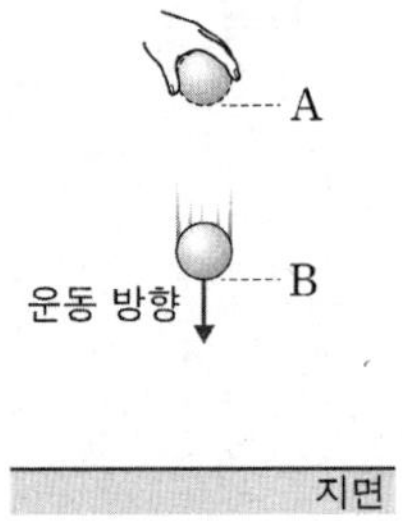

① 1J ② 5J
③ 10J ④ 20J

6. 그림은 밀폐된 주사기의 피스톤을 눌러 변화된 모습을 나타낸 것이다. 주사기 속 공기의 변화에 대한 설명으로 옳은 것은?

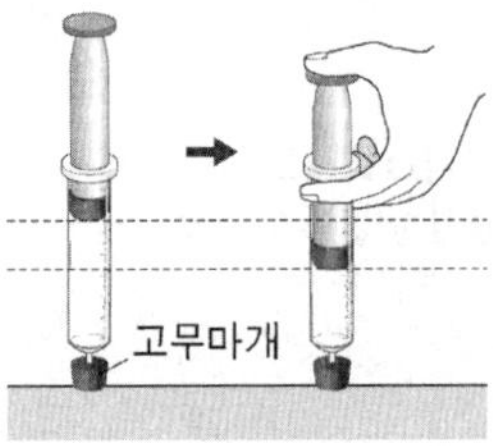

① 질량이 증가한다.
② 부피가 줄어든다.
③ 입자 수가 증가한다.
④ 입자들 사이의 거리가 멀어진다.

7. 다음 설명에 해당하는 물질의 상태 변화는?

- 차가운 음료가 담긴 컵의 표면에 물방울이 맺힌다.
- 추운 겨울날 실내에 들어가면 안경이 뿌옇게 흐려진다.

① 기화 ② 응고 ③ 액화 ④ 융해

8. 그림은 리튬 원자(Li)가 리튬 이온(Li^+)이 되는 과정을 모형으로 나타낸 것이다. 리튬 원자가 잃은 전자의 개수는?

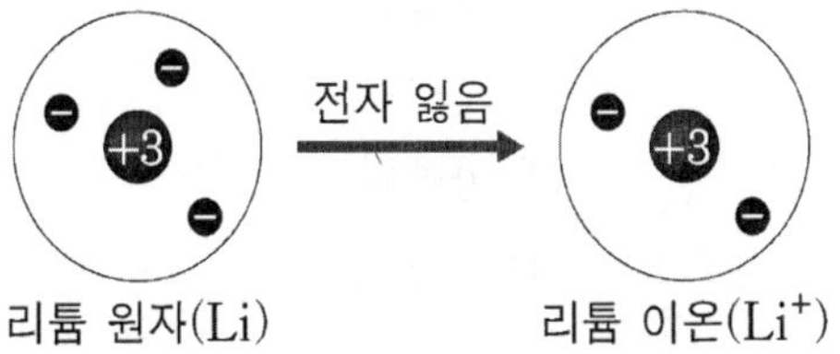

① 1개
② 2개
③ 4개
④ 8개

9. 그림은 1기압에서 고체 팔미트산의 가열 시간에 따른 온도 변화를 나타낸 것이다. A~D 중 팔미트산의 녹는점에 해당하는 온도는?

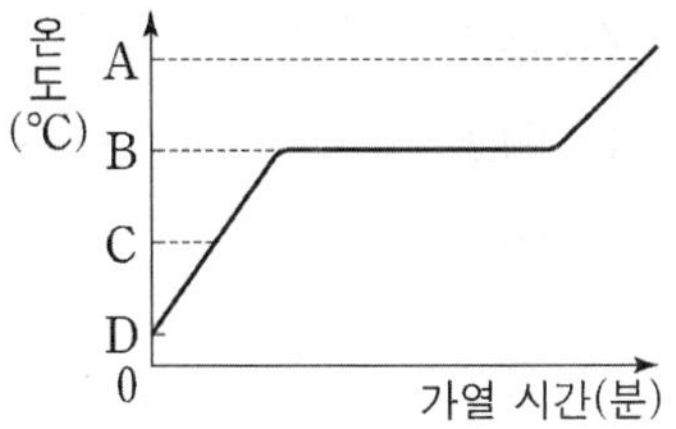

① A
② B
③ C
④ D

10. 그림은 여러 물질을 컵에 넣었을 때의 모습을 나타낸 것이다. 물질이 뜨거나 가라앉는 까닭을 설명할 수 있는 물질의 특성은?

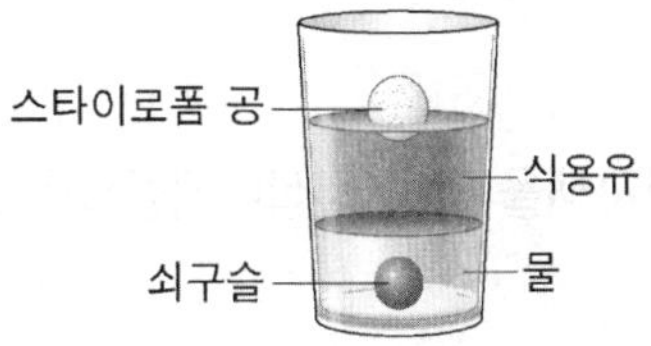

① 밀도
② 녹는점
③ 어는점
④ 끓는점

11. 그림은 수증기(H_2O)를 생성하는 반응의 부피 모형과 화학 반응식을 나타낸 것이다. 수소(H_2) 기체 2L가 모두 반응할 때 생성되는 수증기(H_2O)의 부피는? (단, 온도와 압력은 일정하다.)

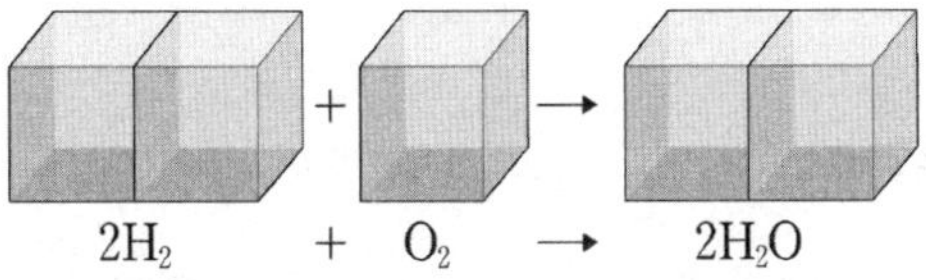

① 2L
② 3L
③ 6L
④ 7L

12. 그림은 생물을 5가지의 계로 분류한 것이다. 다음 중 식물계에 속하는 생물은?

① 대장균
② 소나무
③ 아메바
④ 호랑이

13. 그림은 검정말을 이용한 식물의 광합성 실험 장치를 나타낸 것이다. 광합성을 통해 검정말이 생성한 기체는?

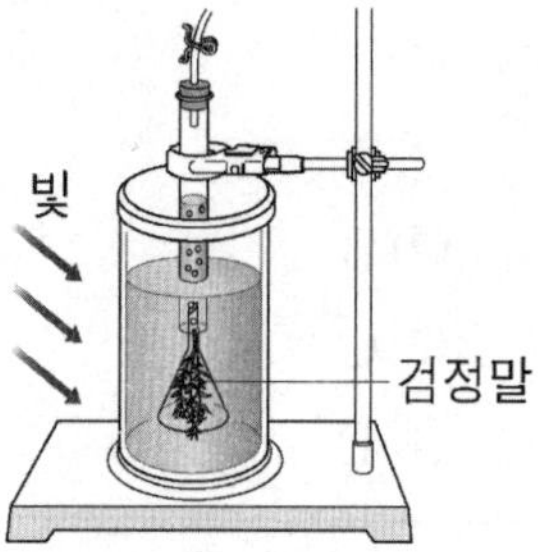

① 산소
② 수소
③ 염소
④ 이산화 탄소

14. 다음 중 몸속에 침입한 세균을 잡아먹는 혈액의 성분은?

① 혈장 ② 백혈구 ③ 적혈구 ④ 혈소판

15. 그림은 사람의 소화 기관을 나타낸 것이다. A~D 중 이자액을 만들어 십이지장으로 분비하는 기관은?

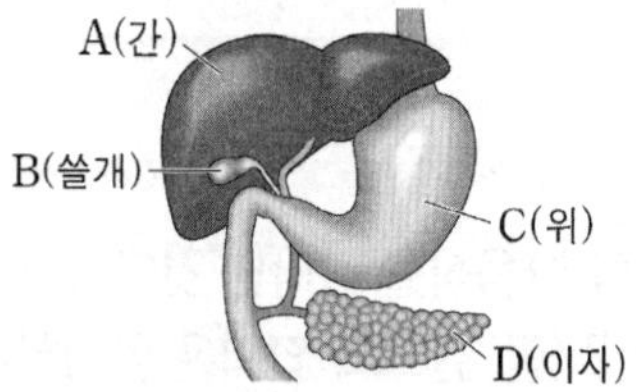

① A
② B
③ C
④ D

16. 다음 중 사람의 배설계에 속하지 않는 기관은?

① 방광 ② 심장 ③ 콩팥 ④ 오줌관

17. 그림과 같이 순종의 황색 완두와 순종의 녹색 완두를 교배하였다. 이때 자손 1대에서 얻은 100개의 완두 중 황색 완두의 개수는? (단, 돌연변이는 없다.)

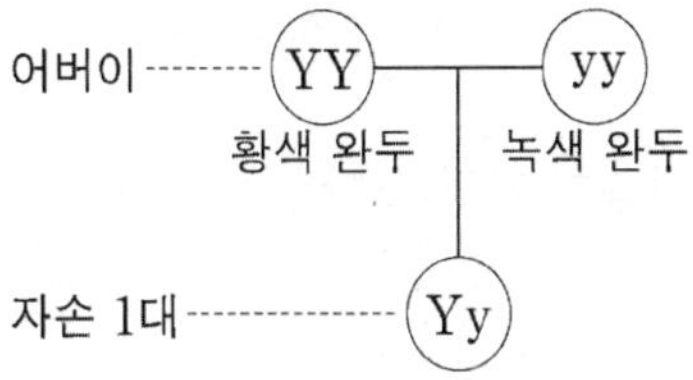

① 25개
② 50개
③ 75개
④ 100개

18. 단세포 생물인 짚신벌레 1마리가 한 번의 체세포 분열을 마쳤다. 이때 짚신벌레의 개체 수는?

① 2마리 ② 4마리 ③ 6마리 ④ 8마리

19. 그림은 등속 운동을 하는 물체의 시간에 따른 속력을 나타낸 것이다. 이 물체가 0~4초 동안 이동한 거리는?

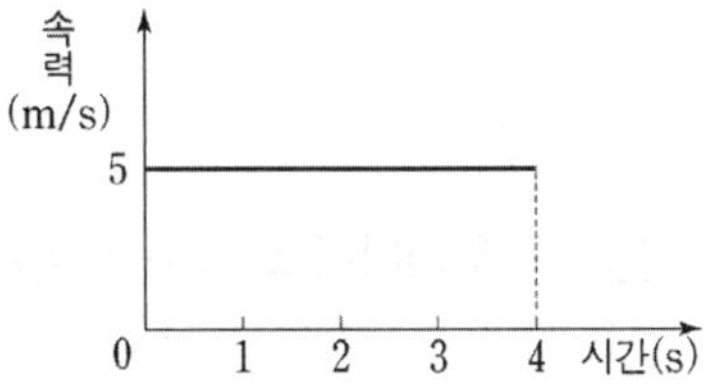

① 5m
② 10m
③ 20m
④ 40m

20. 그림과 같이 광물에 묽은 염산을 떨어뜨려 거품이 발생하는 것으로 알 수 있는 광물의 특성은?

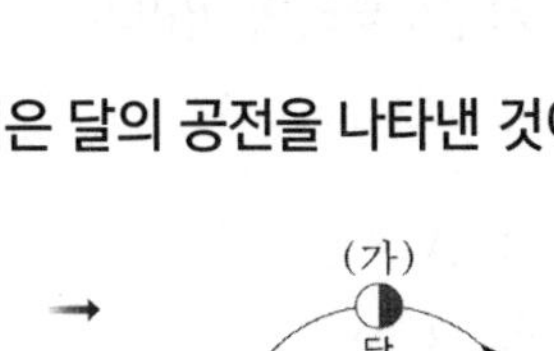

① 광택
② 굳기
③ 자성
④ 염산 반응

21. 그림은 달의 공전을 나타낸 것이다. A 위치에서 관측할 때 (가)~(라) 중 보름달의 위치는?

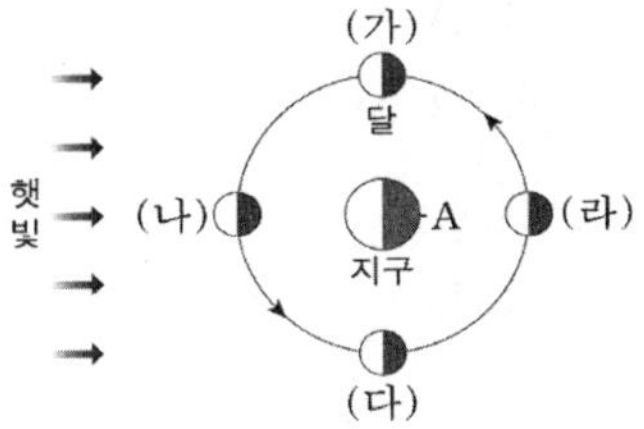

① (가)
② (나)
③ (다)
④ (라)

22. 다음 설명에 해당하는 태양계의 행성은?

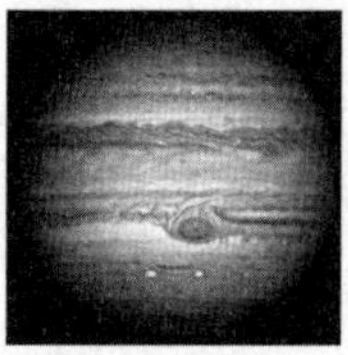

- 목성형 행성이다.
- 대적점이 있다.
- 태양계 행성 중 반지름이 가장 크다.

① 수성　② 금성　③ 목성　④ 토성

23. 그림은 해수의 층상 구조를 나타낸 것이다. A~D의 해수에 대한 설명으로 옳은 것은?

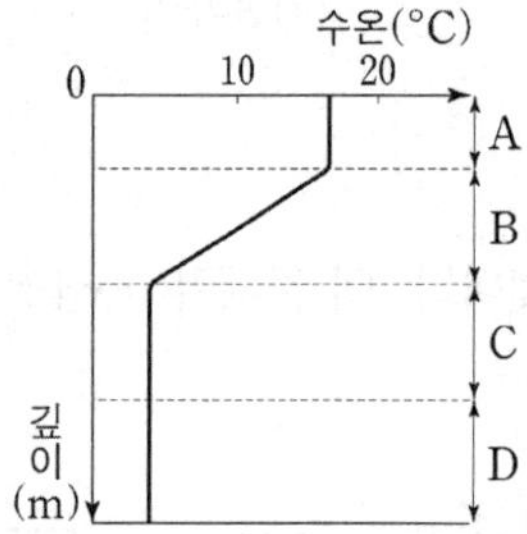

① A는 바람에 의해 혼합된다.
② B는 위아래로 잘 섞인다.
③ C의 수온이 가장 높다.
④ D에 도달하는 태양 에너지가 가장 많다.

24. 그림의 A~D는 우리나라 주변의 기단을 나타낸 것이다. 다음 중 우리나라의 한여름 날씨에 주로 영향을 주는 고온 다습한 기단은?

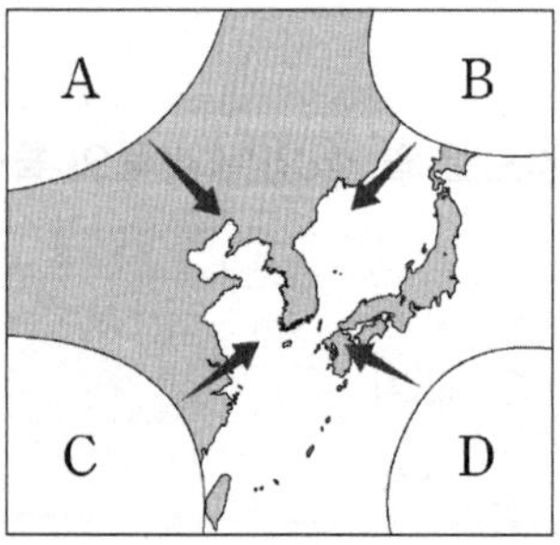

① A
② B
③ C
④ D

25. 표는 별 A~D의 겉보기 등급과 절대 등급을 나타낸 것이다. 지구로부터의 거리가 10pc에 있는 별은?

구분	겉보기 등급	절대 등급
A	1.0	-1.0
B	1.0	-2.0
C	1.0	1.0
D	1.0	2.0

① A
② B
③ C
④ D

2023년도 제1회 중학교 졸업학력 검정고시

도 덕

중졸

1. 다음에서 설명하는 개념은?

인간으로서 마땅히 지켜야 할 도리를 의미한다.

① 도덕　② 도구　③ 욕구　④ 혐오

2. 세대 간 갈등 해결을 위해 필요한 자세가 아닌 것은?

① 공감　② 비난　③ 격려　④ 소통

3. 다음에서 설명하는 개념은?

전 세계의 교류가 일상화되어 정치, 경제, 사회, 문화 등 여러 분야에서 서로 연결되는 현상

① 세계화
② 이질화
③ 분업화
④ 개인화

4. 다음에서 설명하는 도덕 원리 검사 방법은?

◦ 입장을 바꿔서 도덕 원리를 적용해 보는 것이다. ◦ "친구를 괴롭혀도 괜찮다."라고 주장하는 학생에게 "그럼, 다른 친구가 너를 괴롭혀도 괜찮겠니?"라고 역할을 바꿔 묻는 방법이다.

① 사실 관계 검사　② 정보 원천 검사　③ 역할 교환 검사　④ 반증 사례 검사

5. 과학 기술의 발달로 인한 문제점은?

① 교통수단의 발달로 이동 시간이 줄었다.
② 통신 기술의 발달로 연락이 편리해졌다.
③ 의료 기술의 발달로 건강이 증진되었다.
④ 촬영 장비의 발달로 불법 촬영이 증가했다.

6. ㉠에 들어갈 용어로 알맞은 것은?

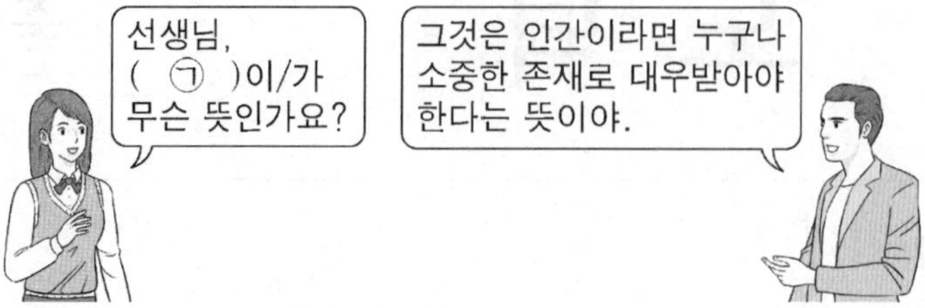

① 진로 탐색
② 인종 차별
③ 인간 존엄성
④ 집단 이기주의

7. 부패 방지를 위한 노력으로 적절하지 <u>않은</u> 것은?

① 뇌물 수수를 허용한다.
② 청렴 교육을 실시한다.
③ 공익 신고자를 보호한다.
④ 부패에 대한 처벌을 강화한다.

8. ㉠에 들어갈 검색어로 옳은 것은?

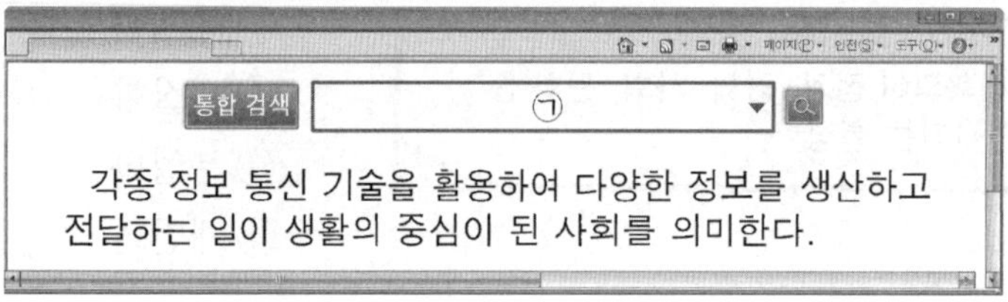

① 농업 사회
② 중세 사회
③ 산업화 사회
④ 정보화 사회

9. 진정한 친구의 모습으로 알맞은 것은?

① 뒤에서 친구를 험담한다.
② 친구에게 무례하게 대한다.
③ 친구를 믿어 주고 배려한다.
④ 친구의 나쁜 행동을 방관한다.

10. 교사의 질문에 대한 대답으로 적절하지 <u>않은</u> 것은?

① 만나면 먼저 반갑게 인사해요.
② 무거운 짐을 들고 있을 때 도와줘요.
③ 밤늦은 시간에 시끄럽게 노래를 불러요.
④ 어려운 상황에 놓인 이웃을 위해 봉사해요.

11. 폭력이 비도덕적인 이유는?

① 타인에게 고통을 주기 때문이다.
② 인간의 존엄성을 보장하기 때문이다.
③ 안전한 사회를 만들 수 있기 때문이다.
④ 타인의 자유를 존중할 수 있기 때문이다.

12. 평화적 갈등 해결 방법으로 옳지 <u>않은</u> 것은?

① 협상　　② 조정　　③ 폭력　　④ 중재

13. ㉠에 들어갈 용어로 옳은 것은?

> 정의로운 사회란 공정한 사회 규칙이나 제도를 마련하여 사회 구성원을 (㉠) 없이 대우하는 사회를 뜻한다.

① 배려　　② 존중　　③ 차별　　④ 책임

14. 다음에서 설명하는 용어로 옳은 것은?

> ◦ 부모에 대한 자녀의 도리
> ◦ 부모를 공경하고 사랑하는 것

① 효도　　② 절약　　③ 청결　　④ 우애

15. ㉠에 들어갈 용어로 옳은 것은?

> **탐구 주제: (㉠) 실천 방법 찾기**
> 발표 내용
> • 1모둠: 길거리의 꽃을 함부로 꺾지 않는다.
> • 2모둠: 타인의 생명을 하찮게 여기는 말을 하지 않는다.
> • 3모둠: 자신을 사랑하고 자신의 몸이 다치지 않도록 조심한다.

① 환경오염
② 고정관념
③ 유언비어
④ 생명 존중

16. 공정한 경쟁이 필요한 이유로 옳은 것을 <보기>에서 고른 것은?

<보기>

ㄱ. 개인과 사회 전체의 발전을 위해
ㄴ. 안정된 사회 질서를 무너뜨리기 위해
ㄷ. 서로 신뢰할 수 있는 사회를 만들기 위해
ㄹ. 부유한 사람에게 더 유리한 기회를 주기 위해

① ㄱ, ㄴ　② ㄱ, ㄷ　③ ㄴ, ㄹ　④ ㄷ, ㄹ

17. ㉠에 공통으로 들어갈 용어로 적절한 것은?

발표 주제: 생태 중심주의

인간도 (㉠)의 일부분입니다. (㉠)은/는 모든 생명체가 서로 영향을 주고받으며 함께 살아가는 거대한 생태계입니다.

① 기계
② 학문
③ 기술
④ 자연

18. 통일 한국의 바람직한 모습으로 적절한 것은?

① 세계 평화를 위협해야 한다.
② 국민의 인권을 보장해야 한다.
③ 보편적 가치를 무시해야 한다.
④ 문화적으로 폐쇄된 국가여야 한다.

19. 환경 친화적 소비 생활의 모습으로 적절하지 않은 것은?

① 물건 과대 포장하기
② 먹을 만큼만 주문하기
③ 친환경 마크 제품 구매하기
④ 일회용 컵 대신 개인 컵 사용하기

20. ㉠에 공통으로 들어갈 용어로 적절한 것은?

(㉠)(이)란 자신의 생각과 의지대로 살아갈 수 있는 권리이다. 국가는 (㉠)을/를 보장해야 한다. 국민들은 직업이나 종교 등 삶의 방식을 스스로 선택할 수 있어야 한다.

① 명상　② 자유　③ 지식　④ 방관

21. **다음 대화 중 양심에 대한 설명으로 옳지 않은 것은?**

① 학생 1　② 학생 2　③ 학생 3　④ 학생 4

22. **삶의 목적을 설정해야 하는 이유로 옳지 않은 것은?**

① 자신의 삶을 의미 있게 살기 위해
② 자신의 행동에 대한 책임을 지지 않기 위해
③ 삶 속에서 부딪히는 어려움을 극복해 내기 위해
④ 외부의 유혹에도 흔들리지 않는 삶을 살기 위해

23. **다음 강연자가 설명하는 사회는?**

① 독재 사회
② 다문화 사회
③ 이기주의 사회
④ 물질주의 사회

24. **다음에서 설명하는 개념은?**

도덕적으로 옳다고 여기는 것을 굳게 믿고, 그것을 실천하려는 의지

① 이기심　② 무관심　③ 비도덕성　④ 도덕적 신념

25. **㉠에 들어갈 용어로 가장 적절한 것은?**

㉠
- 현재보다 더 나은 미래를 바라고 믿는 마음
- 뜻하는 일이 잘 이루어질 것이라는 긍정적인 생각

① 고통
② 한계
③ 분노
④ 희망

2023년도 제2회
중학교 졸업자격 검정고시

C·O·N·T·E·N·T·S

2023년도 제2회 중학교 졸업학력 검정고시

국 어

중졸

---

1. 다음 대화에서 ㉠에 들어갈 말로 적절하지 <u>않은</u> 것은?

① 너무 떨릴 때는 심호흡을 해 봐.
② 말할 내용을 반복해서 연습해 봐.
③ 동아리에 가입하는 방법을 찾아봐.
④ 말할 때 참고할 수 있는 메모를 준비해 봐.

2. 다음 면담을 원활하게 진행하기 위해 보완할 점으로 적절한 것은?

간호사가 장래 희망인 나는 진로 정보를 얻기 위해 동네 병원의 간호사님께 미리 연락드려 방문 날짜와 시간을 정한 후, 병원을 방문하여 면담을 하였다. 간호사님께서 나에게 필요한 말씀을 알아서 해 주실 거라 생각해서 별다른 준비를 하지 않았다. 그런데 내 예상과는 달리 면담이 원활하게 진행되지 않았고, 결국 간호사님의 나이, 사는 곳 등 엉뚱한 질문만 하고 말았다.

① 면담 대상자를 미리 정한다.
② 면담 일정을 사전에 협의한다.
③ 적절한 면담 장소를 선정한다.
④ 면담 목적에 맞는 질문을 준비한다.

3. **다음 규정을 참고할 때 표기와 발음이 일치하는 것은?**

> ■ 표준 발음법 ■
>
> 【제8항】 받침소리로는 'ㄱ, ㄴ, ㄷ, ㄹ, ㅁ, ㅂ, ㅇ'의 7개 자음만 발음한다.
>
> 【제9항】 받침 'ㄲ, ㅋ', 'ㅅ, ㅆ, ㅈ, ㅊ, ㅌ', 'ㅍ'은 어말 또는 자음 앞에서 각각 대표음 [ㄱ, ㄷ, ㅂ]으로 발음한다.

① 꽃　② 밖　③ 입　④ 팥

4. **다음에서 설명하는 품사에 해당하는 것은?**

> ◦ 사람이나 사물의 이름을 대신 나타낸다.
> ◦ 상황에 따라 가리키는 대상이 달라진다.

① 너　② 나무　③ 예쁘다　④ 어머니

5. **밑줄 친 부분의 문장 성분이 ㉠과 같은 것은?**

> 아기가 ㉠ 방긋방긋 웃는다.

① 물이 얼음이 되었다.　② 친구가 빨리 달린다.
③ 동생이 새 신발을 샀다.　④ 밤하늘에 별이 반짝거린다.

6. **㉠~㉣ 중 한글 맞춤법에 맞게 쓴 것은?**

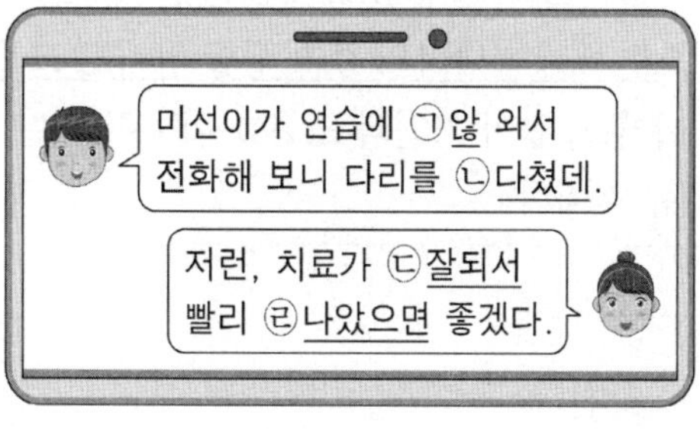

① ㉠
② ㉡
③ ㉢
④ ㉣

7. **다음에 해당하는 단어로 적절한 것은?**

우리말에 본디부터 있던 말 또는 그것에 기초하여 새로 만들어진 말

① 구름 ② 육지 ③ 체온계 ④ 바이올린

8. **㉠에 해당하는 예로 적절한 것은?**

세종대왕은 발음 기관의 모양을 본떠 만든 자음 기본자에 획을 더하여 다른 자음자를 만들었다. 이러한 가획의 원리로 창제된 글자에는 [㉠]이 있다.

① ㄴ ② ㅆ ③ ㅇ ④ ㅋ

9. **다음 개요에서 ㉠에 들어갈 세부 내용으로 가장 적절한 것은?**

처음	늘 함께 있지만 정작 잘 모르는 머리카락
중간	1. 머리카락의 정의 2. 머리카락의 구조 3. 머리카락의 기능 ………… ㉠
끝	우리 몸에 꼭 필요한 머리카락

① 개인에 따라 성장 속도가 다름.
② 모양에 따라 직모, 파상모, 축모로 나뉨.
③ 두피 온도를 유지할 수 있게 도움을 줌.
④ 모수질, 모피질, 모표피로 구성되어 있음.

10. **㉠~㉣에 대한 고쳐쓰기 방안으로 적절하지 않은 것은?**

㉠ 한옥의 재료는 나무, 흙, 돌 같은 자연에서 얻은 재료로 자연과 어울리게 지은 집이다. 옛 사람들은 집을 지을 때 함부로 산을 깎거나 물길을 막지 않았고 집을 짓는 재료를 지나치게 ㉡ 다듬지 않았다. ㉢ 서구 문화가 들어오면서 우리나라의 주거 생활 양식도 크게 바뀌었다. 집을 살아 있는 자연의 한 부분으로 여기고, 집이 자연과 조화를 이루어야 한다는 ㉣ 조상들에 생각이 한옥에 고스란히 담겨 있는 것이다.

① ㉠ : 문장 호응을 고려하여 '한옥은'으로 고친다.
② ㉡ : 의미가 분명히 드러나도록 '다듬어지지'로 고친다.
③ ㉢ : 글의 흐름에서 벗어난 내용이므로 삭제한다.
④ ㉣ : 조사의 쓰임에 맞도록 '조상들의'로 바꾼다.

[11~13] 다음 글을 읽고 물음에 답하시오.

"느 집엔 이거 없지."
하고 생색 있는 큰소리를 하고는 제가 준 것을 남이 알면은 큰일 날 테니 여기서 얼른 먹어 버리란다. 그리고 또 하는 소리가

"너 봄 ㉠ 감자가 맛있단다."

"난 감자 안 먹는다, 니나 먹어라."

나는 고개도 돌리려고 않고 일하던 손으로 그 감자를 도로 어깨 너머로 쑥 밀어 버렸다.

그랬더니 그래도 가는 기색이 없고 뿐만 아니라 쌔근쌔근 하고 심상치 않게 숨소리가 점점 거칠어진다. 이건 또 뭐야, 싶어서 그때에야 비로소 돌아다보니 나는 참으로 놀랐다. 우리가 이 동리에 들어온 것은 근 삼 년째 되어 오지만 여지껏 가무잡잡한 점순이의 얼굴이 이렇게까지 홍당무처럼 새빨개진 법이 없었다. ㉮ 게다가 눈에 독을 올리고 한참 나를 요렇게 쏘아보더니 나중에는 눈물까지 어리는 것이 아니냐. 그리고 바구니를 다시 집어 들더니 이를 꼭 악물고는 엎어질 듯 자빠질 듯 논둑으로 힝하게[1] 달아나는 것이다.

어쩌다 동리 어른이

"너 얼른 ㉡ 시집을 가야지?"

하고 웃으면

"염려 마세유. 갈 때 되면 어련히 갈라구……."

이렇게 천연덕스리 받는 점순이였다. 본시 부끄럼을 타는 계집애도 아니거니와 또한 분하다고 눈에 눈물을 보일 얼병이[2]도 아니다. 분하면 차라리 나의 등어리를 ㉢ 바구니로 한번 모지게 후려 쌔리고 달아날지언정.

그런데 고약한 그 꼴을 하고 가더니 그 뒤로는 나를 보면 잡아먹으려고 기를 복복 쓰는 것이다.

설혹 주는 감자를 안 받아먹은 것이 실례라 하면 주면 그냥 주었지 "느 집엔 이거 없지."는 다 뭐냐. 그렇잖아도 즈이는 마름[3]이고 우리는 그 손에서 배재[4]를 얻어 ㉣ 땅을 부치므로 일상 굽신거린다. 우리가 이 마을에 처음 들어와 집이 없어서 곤란으로 지날 제 집터를 빌리고 그 위에 집을 또 짓도록 마련해 준 것도 점순네의 호의였다. 그리고 우리 어머니 아버지도 농사 때 양식이 딸리면 점순네한테 가서 부지런히 꾸어다 먹으면서 인품 그런 집은 다시 없으리라고 침이 마르도록 칭찬하고 하는 것이다. 그러면서도 열일곱씩이나 된 것들이 수군수군하고 붙어 다니면 동리의 소문이 사납다고 주의를 시켜 준 것도 또 어머니였다. 왜냐하면 내가 점순이하고 일을 저질렀다가는 점순네가 노할 것이고 그러면 우리는 땅도 떨어지고 집도 내쫓기고 하지 않으면 안 되는 까닭이었다.

- 김유정, 『동백꽃』 -

1) 힝하게 : 지체하지 않고 매우 빨리 가는 모양
2) 얼병이 : 다부지지 못하여 어수룩하고 얼빠져 보이는 사람
3) 마름 : 지주를 대리하여 소작권을 관리하는 사람
4) 배재 : 땅을 소작할 수 있는 권리

11. 윗글의 서술자에 대한 설명으로 가장 적절한 것은?

① 서술자가 작품 밖에 위치한다.
② 주인공이 직접 자신의 경험을 이야기한다.
③ 등장인물이 다른 인물의 속마음을 알려 준다.
④ 전지적 서술자가 인물의 심리와 상황을 제시한다.

12. ㉮에 나타난 '점순'의 심리 상태로 적절한 것은?

① 기쁨 ② 분함 ③ 고마움 ④ 지루함

13. ㉠~㉣ 중 다음 설명에 해당하는 것은?

◦ '나'에 대한 '점순'의 애정과 관심 ◦ '나'와 '점순'이 갈등하게 되는 계기

① ㉠ ② ㉡ ③ ㉢ ④ ㉣

[14~16] 다음 글을 읽고 물음에 답하시오.

㉠ <u>내</u> 고장 칠월은
청포도가 익어 가는 시절

이 마을 전설이 주저리주저리 열리고
먼 데 하늘이 꿈꾸며 알알이 들어와 박혀

하늘 밑 푸른 바다가 ㉡ <u>가슴</u>을 열고
흰 돛단배가 곱게 밀려서 오면

㉢ <u>내가 바라는 손님</u>은 고달픈 몸으로
청포(靑袍)를 입고 찾아온다고 했으니

내 그를 맞아 이 포도를 따 먹으면
㉣ <u>두 손</u>은 함뿍 적셔도 좋으련

아이야 우리 식탁엔 은쟁반에 ┐
하이얀 모시 수건을 마련해 두렴 ┘ [A]

- 이육사, 『청포도』 -

14. 윗글에 대한 설명으로 가장 적절한 것은?

① 계절의 변화에 따라 시상을 전개하고 있다.
② 모순된 표현을 통해 주제를 강조하고 있다.
③ 문답 구조를 반복하여 운율을 형성하고 있다.
④ 색채 대비를 통해 시적 분위기를 조성하고 있다.

15. ㉠~㉣ 중 함축적 의미가 밑줄 친 부분과 가장 유사한 것은?

이 시는 일제 강점기에 발표되었다. 당시 시대 상황을 고려할 때, <u>조국 광복</u>을 기다리는 마음을 노래한 시라고 볼 수 있다.

① ㉠ ② ㉡ ③ ㉢ ④ ㉣

16. [A]에 드러난 화자의 태도로 가장 적절한 것은?

① 두려움 ② 부끄러움
③ 만족스러움 ④ 정성스러움

[17~19] 다음 글을 읽고 물음에 답하시오.

하루는 길동이 부하들을 모아 놓고 의논했다.
"함경 감사가 탐관오리 짓을 하며 기름을 짜듯 착취를 일삼으니 백성이 견딜 수 없는 상태라고 한다. 더 이상 그대로 두고 지켜볼 수 없으니, 너희들은 나의 지휘대로 움직여라."
길동은 부하들에게 계책을 일러 주고 각자 따로 움직여서 아무 날 밤에 아무 곳에서 만나기로 기약했다. ㉠ <u>그러고는 그날 밤이 되자 성의 남문 밖에 불을 질렀다</u>.

[중간 줄거리] 백성들이 모두 나와 불길을 잡을 때 길동의 무리는 돈과 곡식, 무기를 훔쳐 달아났다.

함경 감사는 홍길동이 감영[1]을 털었음을 깨닫고 군사를 모아 뒤를 쫓기 시작했다. ㉡ <u>길동은 날이 샐 즈음에 부하들과 함께 둔갑법[2]과 축지법을 써서 소굴로 돌아왔다</u>. 함경 감영의 돈과 곡식을 많이 훔쳤으니, 행여 길에서 잡힐 수도 있다고 염려해서였다.

㉢ 하루는 길동이 여러 부하를 모아 놓고 의논했다.

"우리가 합천 해인사의 재물을 빼앗고, 함경 감영의 돈과 곡식을 훔쳐 냈다는 소문이 널리 퍼졌다. ㉣ 게다가 감영 곳곳에 내 이름을 붙이고는 찾고 있으니 오래지 않아 잡힐 듯하다. 이에 ㉮ 대비책을 준비했으니, 너희는 내 재주를 지켜보아라."

말을 마치자마자 길동은 풀로 허수아비 일곱을 만들더니, 주문을 외우고 혼백을 불어넣었다. 그러자 일곱 명의 길동이 새로 생겨나서 한곳에 모이더니 한꺼번에 뽐내며 크게 소리를 치고 야단스럽게 지껄이는 것이 아닌가. 부하들이 아무리 살펴보아도 누가 진짜 길동인지 알 수가 없었다. 여덟 길동이 조선 팔도에 하나씩 흩어져서 각각 부하 수백 명씩을 거느리고 다니니, 그 중 어디에 진짜 길동이 있는지 모를 지경이었다.

- 허균, 『홍길동전』-

1) 감영 : 조선 시대에 관찰사가 직무를 보던 관아
2) 둔갑법 : 마음대로 자기 몸을 감추거나 다른 것으로 변하게 하는 술법

17. 윗글에 나타난 사회적 모습으로 가장 적절한 것은?

① 주변국과의 교류가 활발했다.
② 신분 차별이 없는 평등한 사회였다.
③ 탐관오리의 횡포로 백성들이 살기 어려웠다.
④ 물자가 풍족하여 남의 재물을 탐하지 않았다.

18. ㉠~㉣ 중 다음 설명에 해당하는 것은?

고전 소설에서는 현실 세계에서 일어날 수 없는, 신비롭고 기이한 일들이 일어나기도 한다.

① ㉠　② ㉡　③ ㉢　④ ㉣

19. ㉮의 내용으로 적절한 것은?

① 함경 감영으로 가서 죄를 자백함.
② 백성들에게 돈과 곡식을 나누어 줌.
③ 군사들에게 들키지 않게 밤에만 다님.
④ 가짜 길동들을 만들어 자신을 찾지 못하게 함.

[20~22] 다음 글을 읽고 물음에 답하시오.

> 우리 몸의 소화 과정에는 기계적 소화와 화학적 소화가 있다. 먼저, 기계적 소화는 물리적인 운동을 통해 음식물을 잘게 부수는 과정을 말한다. 사과를 먹는 과정을 예로 들어 보자.
>
> 사과를 한 입 베어 문다. → 잘게 부서진 사과 조각들을 혀로 이리저리 섞으면서 부수는 걸 돕는다. → 잘게 부서진 사과 조각을 꿀꺽 삼킨다. → 사과 조각은 위를 거쳐 소장과 대장으로 내려가고, 장은 아래위로 움직이면서 사과 조각을 다진다. 이러한 일련의 작용을 바로 [㉠] 소화라 한다.
>
> 이와 반대로 ㉡ <u>화학적 소화란 우리 몸속의 소화 효소를 이용해 물질의 성분을 바꾸는 것을 말한다</u>. 소화 효소는 소화 기관에서 분비되어 음식물의 소화를 돕는 효소인데, 입에서는 침, 위에서는 펩신, 이자에서는 트립신 등이 분비된다. 이러한 소화 효소들이 밖에서 들어온 음식물을 화학적으로 분해하고, 몸의 각 기관에 골고루 보내는 것이다.
>
> \- 남종영, 『설탕 중독, 노예가 되어 버린 혀』 -

20. 윗글을 읽고 나눈 대화에서 '언니'의 조언으로 적절하지 <u>않은</u> 것은?

> 동생 : 효소, 이자, 펩신 등 생소한 단어가 많아서 글을 이해하기 어려운데 어떻게 하지?
> 언니 : ______________________

① 사실과 의견을 구분하며 읽어 봐.
② 참고 자료를 읽으며 배경지식을 넓혀 봐.
③ 인터넷이나 도서관에서 모르는 것을 찾아봐.
④ 단어의 의미를 추측해 본 뒤 사전에서 확인해 봐.

21. ㉠에 들어갈 말로 가장 적절한 것은?

① 기계적 ② 부분적 ③ 전체적 ④ 화학적

22. ㉡과 유사한 설명 방법이 사용된 것은?

① 피지가 피부 밖으로 배출되지 못하면 먼지와 함께 굳어 모공 안에 쌓이게 된다.
② 생물은 식물과 동물로 나뉘고, 동물은 다시 절지동물, 연체동물, 척추동물로 나뉜다.
③ 갯벌이란 밀물과 썰물이 드나드는 곳에 펼쳐진 모래 점토질의 평탄한 땅을 말한다.
④ 남극은 거대한 얼음 대륙으로 이루어져 있는 반면, 북극은 거대한 얼음 바다로 되어 있다.

[23~25] 다음 글을 읽고 물음에 답하시오.

> 야간 경관 조명을 시의 정책으로 적극적으로 추진하여 성공한 대표적인 사례가 프랑스 리옹이다. 1989년 당선된 미셸 느와르 시장은 선거 ㉠ <u>공약</u>대로 5년간 매년 시 재정의 5%를 야간 경관 조성 사업에 투자하여 150개 건물과 다리에 조명 기기를 설치함으로써 도시 전체를 커다란 조명 예술 작품으로 바꿔 놓았다. 이 계획은 컨벤션 산업과 연계되어 리옹을 세계적인 관광 도시와 국제회의 도시로 ㉡ <u>부상</u>시키는 데 큰 역할을 하였고, 리옹은 '빛의 도시', '밤이 아름다운 도시'라는 명성을 갖게 되었다.
>
> 도시의 야간 조명은 단순히 어둠을 밝히기 위한 수단이 아니라 감성을 자극할 수 있어야 한다. 또한, 조명을 무조건 밝고 화려하게 한다고 좋은 것은 아니다. 요란한 색채의 조명을 서로 경쟁하듯이 밝게만 한다면 마치 테마파크와 같은 장면이 연출될 것이며 깊이 없고 ㉢ <u>산만한</u> 경관이 만들어질 것이다. 강조할 곳, 연출이 필요한 부분에는 과감하게 조명 시설을 설치하고, 도시 전체적으로는 인공조명을 최소한으로 줄이는 등 적극적이면서 동시에 ㉣ <u>절제</u>된 조명 계획이 적용되어야 한다. 우리나라 도시도 야간 조명을 이용하여 도시 전체를 하나의 예술 작품으로 만들어 나가는 노력이 필요하다.
>
> - 이진숙, 『밤이 아름다운 도시』 -

23. 윗글의 서술상 특징으로 가장 적절한 것은?

① 시각 자료를 활용하였다.
② 관련된 속담을 사용하였다.
③ 구체적 사례를 제시하였다.
④ 전문가의 의견을 인용하였다.

24. 윗글에서 글쓴이가 말하고자 하는 바로 가장 적절한 것은?

① 조명은 어둠을 밝히기 위한 수단일 뿐이다.
② 도시 경관 사업에 들어가는 예산을 줄여야 한다.
③ 야간 조명은 밝고 화려한 색채를 사용해야 한다.
④ 조명을 이용하여 도시를 가꾸는 노력이 필요하다.

25. ㉠~㉣의 사전적 의미로 적절하지 <u>않은</u> 것은?

① ㉠ : 개인적 다짐이나 목표
② ㉡ : 어떤 대상이 더 좋은 위치로 올라섬.
③ ㉢ : 어수선하여 질서나 통일성이 없음.
④ ㉣ : 정도에 넘지 않게 알맞게 조절하여 제한함.

2023년도 제2회 중학교 졸업학력 검정고시

수 학

중졸

1. 다음은 28을 소인수분해하는 과정을 나타낸 것이다. 28을 소인수분해한 것은?

$$\begin{array}{r|l} 2 & 28 \\ \hline 2 & 14 \\ \hline & 7 \end{array}$$

① 2×7　② $2^2 \times 7$
③ 2×7^2　④ $2^2 \times 7^2$

2. $(-2) \times (+3)$을 계산하면?

① -6　② -1　③ 1　④ 6

3. $a = -3$일 때, $4 + a$의 값은?

① 1　② 2　③ 3　④ 4

4. 일차방정식 $1 - 2x = -5$의 해는?

① 1　② 2　③ 3　④ 4

5. 다음 좌표평면 위의 네 점 A, B, C, D의 좌표를 나타낸 것으로 옳은 것은?

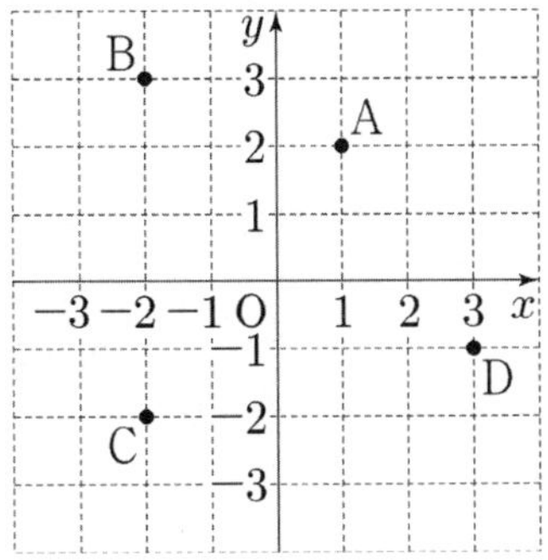

① A(2, 1)
② B(−2, −2)
③ C(−2, 2)
④ D(3, −1)

6. 그림과 같이 원 O에서 $\widehat{AB}=6\text{cm}$, $\widehat{CD}=12\text{cm}$이고 $\angle COD=80°$일 때, $\angle x$의 크기는?

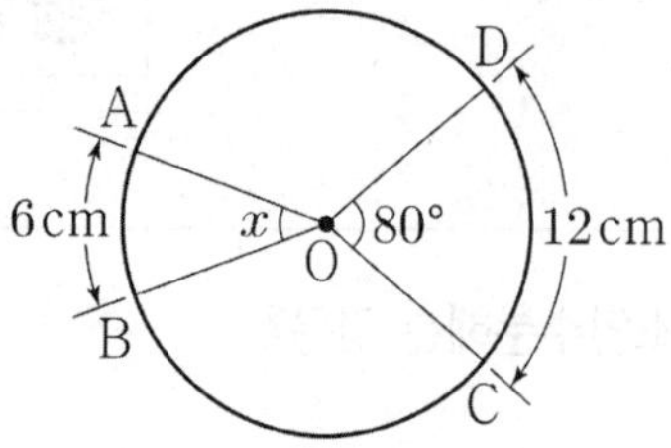

① 40°
② 50°
③ 60°
④ 70°

7. 다음은 20가지 과자의 10g당 나트륨 함량을 조사하여 나타낸 도수분포표이다. 10g당 나트륨 함량이 70mg이상인 과자의 수는?

나트륨 함량(mg)	과자의 수(가지)
10이상 ~ 30미만	2
30 ~ 50	5
50 ~ 70	9
70 ~ 90	3
90 ~ 110	1
합계	20

① 3
② 4
③ 12
④ 13

8. 분수 $\dfrac{x}{2^2\times3\times5}$를 유한소수로 나타낼 수 있을 때, x의 값이 될 수 있는 가장 작은 자연수는?

① 1 ② 2 ③ 3 ④ 4

9. $(2a)^3$을 간단히 한 것은?

① $2a^3$ ② $4a^3$ ③ $6a^3$ ④ $8a^3$

10. 연립방정식 $\begin{cases} x + y = 6 \\ x = 2y \end{cases}$ 의 해는?

① $x = 1, y = 0$　　② $x = 2, y = 1$
③ $x = 3, y = 3$　　④ $x = 4, y = 2$

11. 그림은 일차함수 $y = x - 3$의 그래프이다. 이 그래프의 y절편은?

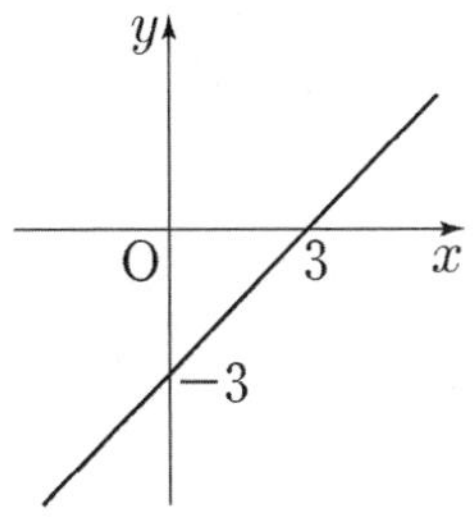

① -3
② -1
③ 1
④ 3

12. 그림과 같이 삼각형 ABC에서 $\angle A = 100°$, $\angle B = 40°$이고 $\overline{AB} = 7$일 때, x의 값은?

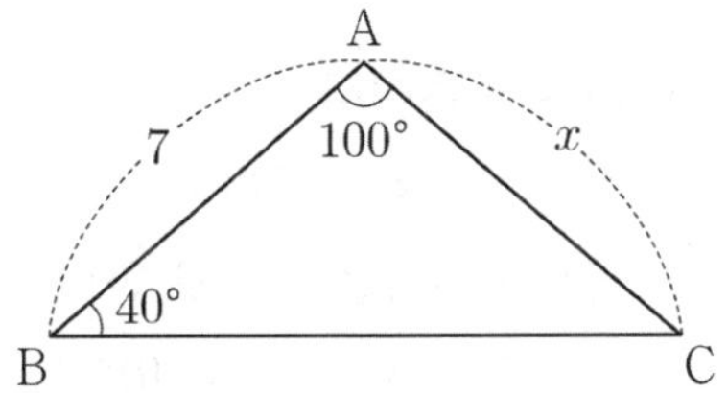

① 5
② 6
③ 7
④ 8

13. 그림과 같이 $\overline{AC} = 24$, $\overline{BC} = 30$인 삼각형 ABC에서 변 BC에 평행한 직선이 두 변 AB, AC와 만나는 점을 각각 D, E라고 하자. $\overline{AE} = 8$일 때, x의 값은?

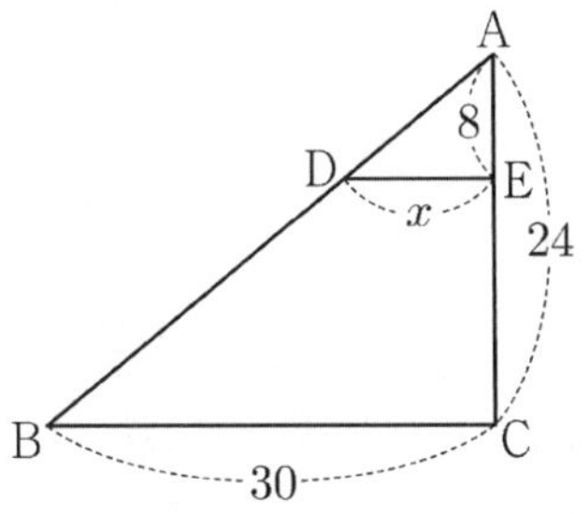

① 8
② 9
③ 10
④ 11

14. 서로 다른 두 개의 주사위를 동시에 던질 때, 나오는 두 눈의 수의 합이 4가 되는 경우의 수는?

① 1
② 3
③ 5
④ 7

15. $\sqrt{(-5)^2}$ 의 값은?

① -10 ② -5 ③ 5 ④ 10

16. 이차방정식 $(x-1)(x+4)=0$의 한 근이 -4이다. 다른 한 근은?

① 1 ② 2 ③ 3 ④ 4

17. 이차함수 $y=\frac{1}{2}x^2$ 의 그래프에 대한 설명으로 옳은 것은?

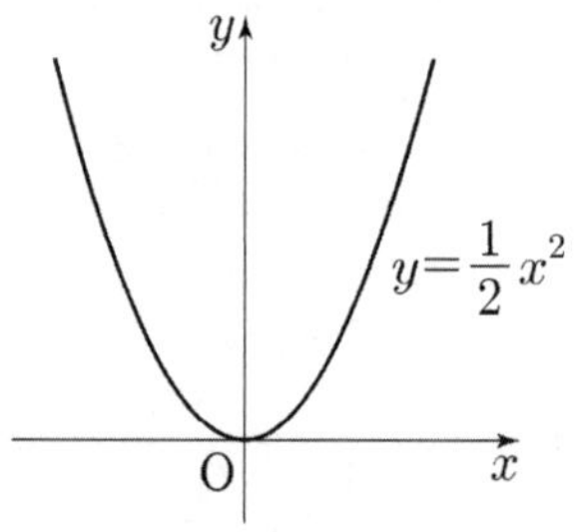

① 위로 볼록이다.
② 점 (1, 1)을 지난다.
③ 직선 $x=1$을 축으로 한다.
④ 꼭짓점의 좌표는 (0, 0)이다.

18. 직각삼각형 ABC에서 $\overline{AB}=17$, $\overline{BC}=15$, $\overline{AC}=8$ 일 때, $\sin B$의 값은?

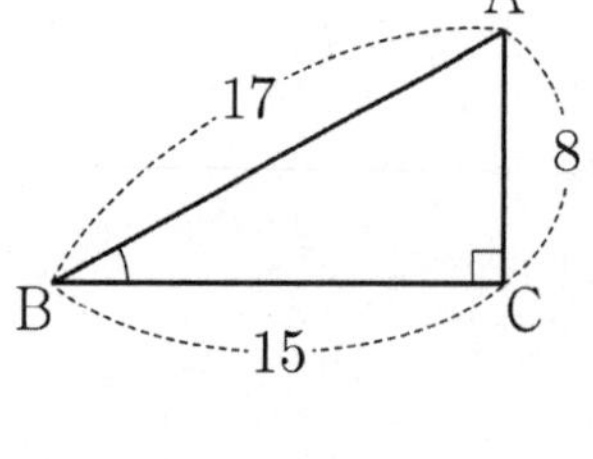

① $\frac{8}{15}$
② $\frac{8}{17}$
③ $\frac{15}{8}$
④ $\frac{15}{17}$

19. 그림에서 두 점 A, B는 점 P에서 원 O에 그은 두 접선의 접점이다. $\angle PAB = 65°$일 때, $\angle ABP$의 크기는?

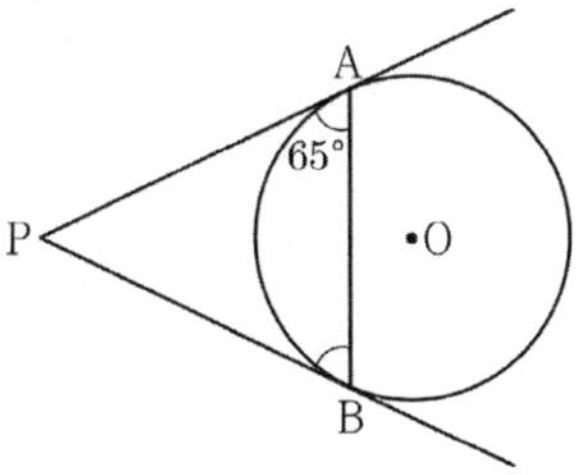

① 55°
② 60°
③ 65°
④ 70°

20. 다음 자료는 학생 8명의 운동화 크기를 조사하여 나타낸 것이다. 이 자료의 최빈값은?

(단위 : mm)

230	270	265	250
250	250	230	265

① 230mm ② 250mm ③ 265mm ④ 270mm

2023년도 제2회 중학교 졸업학력 검정고시

영 어

중졸

---

1. 다음 밑줄 친 단어의 뜻으로 가장 적절한 것은?

> I love my friends. They're very <u>special</u> to me.

① 엄격한　　② 용감한　　③ 특별한　　④ 현명한

2. 다음 중 두 단어의 의미 관계가 나머지 셋과 <u>다른</u> 것은?

① fast － slow　　② large － big
③ late － early　　④ long － short

[3~4] 다음 빈칸에 들어갈 말로 가장 적절한 것을 고르시오.

3.

> There _______ a big tree in front of my house.

① be　　② is　　③ are　　④ were

4.

> She didn't eat dessert _______ she was too full.

① to　　② by　　③ from　　④ because

[5~6] 다음 대화의 빈칸에 들어갈 말로 가장 적절한 것을 고르시오.

5.

A : __________ do you think of my new skirt?
B : It looks good on you.

① Who ② What ③ Where ④ Which

6.

A : I can't walk. I broke my leg yesterday.
B : ____________________________.

① Yes, I am ② Nice to meet you
③ You're welcome ④ I'm sorry to hear that

7. 다음 빈칸에 공통으로 들어갈 말로 가장 적절한 것은?

- It's __________ outside. You should wear a coat.
- He said he had a sore throat. Did he catch a __________?

① cold ② soft ③ tall ④ well

8. 다음 대화에서 A가 찾아가려는 곳의 위치로 옳은 것은?

A : Excuse me, how can I get to City Hall?
B : Go straight one block and turn right. You'll find it on your left.
A : Thank you.

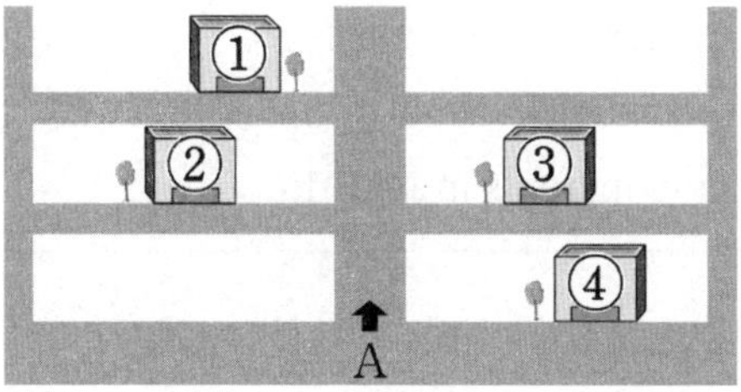

9. 그림으로 보아 빈칸에 들어갈 말로 가장 적절한 것은?

A : What is the boy doing?

B : He is ______ a bike.

① riding ② eating ③ singing ④ cooking

10. 다음 대화가 끝난 후 두 사람이 함께 갈 장소는?

A : Where are you going, Minsu?
B : I'm going to the school gym to play basketball.
A : Really? Can I join you?
B : Sure. Let's go together.

① 체육관 ② 보건실 ③ 미술실 ④ 도서관

11. 다음 대화의 빈칸에 들어갈 말로 가장 적절한 것은?

A : You look so happy today. What's up?
B : ______________________.
A : Oh, where did you find your dog?
B : He was in the park near my house.

① I failed the test
② I'm a Canadian
③ I found my missing dog
④ I don't like vegetables

12. 다음 대화의 주제로 가장 적절한 것은?

A : Boram, what's your plan for this vacation?
B : I plan to take guitar lessons. How about you?
A : I'm going to visit my grandparents in Jeju-do.

① 친구 관계 ② 방학 계획 ③ 생일 선물 ④ 운동 추천

13. 다음 홍보문을 보고 알 수 <u>없는</u> 것은?

Robot Making Class

◦ **Date** : August 25th, 2023
◦ **Place** : Science Room
◦ **Activities** : You will make a robot and learn how to control it.

① 수업 날짜
② 수업 장소
③ 수업료
④ 수업 활동

14. 다음 방송의 목적으로 가장 적절한 것은?

Hello, students. Tomorrow is Sports Day. Please remember to wear comfortable clothes and shoes. Keep the rules to play safely and fairly. Stay with your classmates during the events. Have fun!

① 지역 특산물 소개
② 체육 대회 유의 사항 설명
③ 백화점 행사 홍보
④ 학교 식당 공사 일정 안내

15. 다음 대화에서 A가 Nepal로 여행 가고 싶은 이유는?

A : I want to travel to Nepal someday.
B : What makes you want to go there?
A : I want to climb the wonderful mountains.

① 멋진 산을 오르고 싶어서
② 은하수 사진을 찍고 싶어서
③ 외국인 친구를 사귀고 싶어서
④ 새로운 문화를 경험하고 싶어서

16. White Winter Festival에 관한 다음 글의 내용과 일치하지 <u>않는</u> 것은?

The White Winter Festival starts in the last week of January and goes on for five days. People can enjoy ice fishing. There is also a snowman building contest. Musicians play live music at night.

① 1월 마지막 주에 시작한다.
② 얼음낚시를 즐길 수 있다.
③ 눈사람 만들기 대회가 있다.
④ 음악가들이 오전에 공연을 한다.

17. 다음 글에서 Elena에 대해 언급된 내용이 아닌 것은?

> I'm Elena from France. I want to be a fashion designer someday. I tried on a *hanbok* when I visited Korea in 2020. I loved the style of *hanbok*. My dream is to make such beautiful clothes in the future.

① 출신 국가 ② 장래 희망
③ 한국 방문 연도 ④ 반려동물

18. 다음 글에서 Susan이 제안한 것으로 가장 적절한 것은?

> Susan and I walked home together yesterday. We saw that the walls around the school looked ugly. We wanted to make them pretty and colorful. Susan suggested that we paint pictures on the walls.

① 벽에 그림 그리기 ② 밝게 인사하기
③ 청바지 재활용하기 ④ 선생님 찾아뵙기

19. 그래프로 보아 빈칸에 들어갈 말로 가장 적절한 것은?

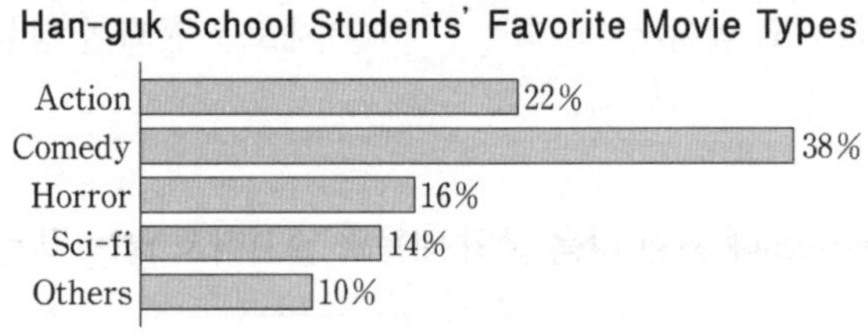

> Han-guk School students like ____________ movies the most.

① action ② comedy ③ horror ④ sci-fi

20. 다음 글의 흐름으로 보아 어울리지 않는 문장은?

Jiho's father runs a small restaurant. ① He makes amazing spaghetti. ② Jiho wants to learn how to cook it. ③ So, he's going to practice cooking spaghetti with his father this week. ④ Burgers are his favorite food. He hopes to make delicious spaghetti like his father.

21. 밑줄 친 them이 가리키는 것으로 가장 적절한 것은?

I read the news about newly designed buses. It says people can get on these buses more easily. The buses have no steps and have very low floors. Even a person in a wheelchair can use them without any help.

① books ② buses ③ people ④ windows

22. 캠핑 시 주의해야 할 사항으로 언급되지 않은 것은?

- Don't put up a tent right next to the river.
- Don't feed wild animals.
- Don't leave your trash behind.

① 강 바로 옆에 텐트 치지 않기
② 야생 동물에게 먹이 주지 않기
③ 쓰레기 남겨 두지 않기
④ 텐트 안에서 요리하지 않기

23. 다음 글의 주제로 가장 적절한 것은?

Are you feeling down? Here are some tips to help you feel better. First, go outdoors. Getting lots of sunlight makes you feel happy. Another thing you can do is exercise. You can forget about worries while working out.

① 수면과 건강의 관계 ② 다양한 호르몬의 역할
③ 지구 온난화의 원인 ④ 기분이 나아지게 하는 방법

24. 다음 글을 쓴 목적으로 가장 적절한 것은?

Hello, Mr. Brown. The school concert is coming. My music club members are preparing for the concert. We need a place to practice together. Can we please use your classroom this week?

① 과제를 확인하기 위해서
② 봉사 활동에 지원하기 위해서
③ 교실 사용을 허락받기 위해서
④ 마을 축제에 초대하기 위해서

25. 다음 글의 바로 뒤에 이어질 내용으로 가장 적절한 것은?

Visiting markets is a good way to learn about the culture of a country. You can meet people, learn history, and taste local food. I'd like to introduce some famous markets around the world.

① 다양한 조리 방법 제안
② 용돈 관리의 중요성 강조
③ 세계의 유명한 시장들 소개
④ 외국어를 배워야 하는 이유 설명

2023년도 제2회 중학교 졸업학력 검정고시

사 회

중졸

---

1. ㉠에 들어갈 기후로 옳은 것은?

> ◦ 단원 : 온대 기후 지역의 생활 모습
> ◦ 주제 : (㉠)의 특징
> ◦ 학습 내용
> – 분포 지역 : 이탈리아, 그리스, 미국 캘리포니아 연안 등
> – 주민 생활 : 수목 농업(여름), 곡물 농업(겨울)

① 고산 기후　　② 스텝 기후
③ 지중해성 기후　　④ 열대 우림 기후

2. 다음 설명에 해당하는 문화 지역으로 가장 적절한 것은?

> ◦ 북반구의 툰드라 지역을 중심으로 분포한다.
> ◦ 순록 유목과 사냥을 바탕으로 생활하는 지역이 있다.

① 건조 문화 지역　　② 인도 문화 지역
③ 북극 문화 지역　　④ 아프리카 문화 지역

3. ㉠, ㉡에 들어갈 지역을 지도의 A~D에서 고른 것은?

> ◦ (㉠) : 한라산, 성산 일출봉, 거문오름 용암동굴계가 유네스코 세계 자연 유산에 등재되었다.
> ◦ (㉡) : 우리나라에서 가장 동쪽에 위치한 섬으로, 동도와 서도 및 여러 개의 바위섬으로 이루어져 있다.

	㉠	㉡
①	A	B
②	A	C
③	B	D
④	C	D

4. ㉠, ㉡에 들어갈 내용으로 옳은 것은?

◦ (㉠) 발전 : 강한 바람이 지속적으로 부는 곳에서 바람의 힘을 이용해 전기를 생산한다.
◦ (㉡) 발전 : 밀물과 썰물 때의 바다 높이 차이를 이용하여 전기를 생산한다.

	㉠	㉡		㉠	㉡
①	풍력	조력	②	풍력	지열
③	지열	조력	④	지열	풍력

5. 다음 설명에 해당하는 것은?

특정한 장소를 상품으로 인식하고, 그 장소의 이미지를 개발하는 지역화 전략이다.

① 역도시화 ② 장소 마케팅 ③ 임금 피크제 ④ 자유 무역 협정

6. 밑줄 친 ㉠에 해당하는 지형으로 옳은 것은?

○○에게,
나는 노르웨이에 여행을 왔어. 오늘 다녀온 곳은 ㉠빙하의 침식으로 생긴 골짜기에 바닷물이 들어오면서 형성된 만이야. 경치가 좋아서 여행 온 관광객이 많아.

① 고원
② 사막
③ 산호초
④ 피오르

7. 다음 설명에 해당하는 것은?

기업이 성장하며 기업의 본사, 연구소, 공장 등이 각각의 기능을 수행하는 데 적합한 지역을 찾아 지리적으로 분산되는 것이다.

① 이촌 향도 ② 공간적 분업 ③ 인구 공동화 ④ 지리적 표시제

8. **㉠에 들어갈 내용으로 가장 적절한 것은?**

> (㉠)은/는 주로 석탄을 사용하는 화력 발전소와 노후 경유차의 운행 등으로 발생하며 호흡기에 나쁜 영향을 미칠 수 있다.

① 도시 홍수　② 미세 먼지　③ 지진 해일　④ 열대 저기압

9. **다음 설명에 해당하는 사회화 기관은?**

> ◦ 사회화를 목적으로 만든 공식적인 기관이다.
> ◦ 사회생활에 필요한 지식과 규범, 가치 등을 체계적으로 교육한다.

① 가정　② 직장　③ 학교　④ 대중 매체

10. **다음 학생이 지닌 문화 이해의 태도는?**

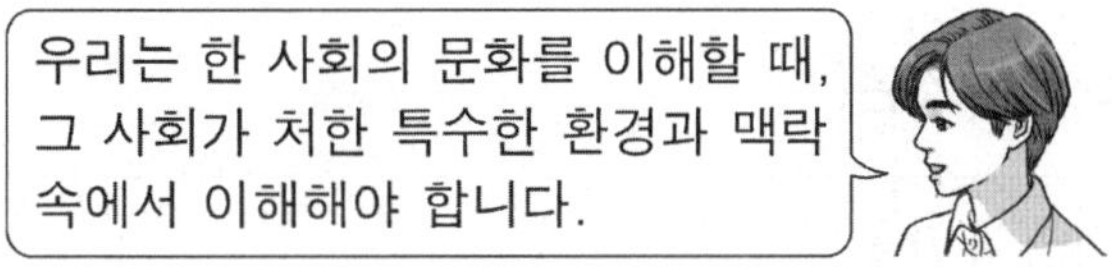

① 문화 사대주의　② 문화 상대주의
③ 문화 제국주의　④ 자문화 중심주의

11. **다음 설명에 해당하는 정치 참여 주체는?**

> ◦ 의미 : 사회 문제를 해결하고 집단의 특수 이익이 아닌 공익을 실현하기 위하여 시민들이 자발적으로 만든 집단
> ◦ 기능 : 정부 활동 감시 및 여론 형성, 시민의 정치 참여 유도 등

① 개인　② 기업
③ 이익 집단　④ 시민 단체

12. ㉠에 들어갈 내용으로 가장 적절한 것은?

우리나라는 (㉠)을/를 위해 선거구 법정주의와 선거 공영제를 시행하고, 선거 관리 위원회를 두고 있다.

① 공정한 선거 운영
② 합리적 자산 관리
③ 효과적 민간 외교
④ 국제 거래 활성화

13. ㉠에 들어갈 내용으로 옳은 것은?

◦ 우리나라의 (㉠)은/는 국가의 대표이자 동시에 행정부 수반으로서의 권한을 갖는다. ◦ 국민의 선거를 통해 선출된 우리나라의 (㉠)은/는 국회에서 의결된 법률안을 거부할 수 있다.

① 장관
② 대통령
③ 국무총리
④ 국회의원

14. 다음의 권한을 가진 기관으로 옳은 것은?

◦ 주로 3심 사건의 최종적인 재판을 담당한다. ◦ 명령 · 규칙 또는 처분이 헌법이나 법률에 위반되는지 여부를 최종적으로 심사할 권한을 가진다.

① 감사원
② 대법원
③ 가정 법원
④ 지방 의회

15. 다음 내용에 해당하는 개념으로 옳은 것은?

◦ 시장에서 수요와 공급의 상호 작용에 의해 형성된다. ◦ 생산자와 소비자의 활동을 어떻게 조절할지 알려 주는 신호등 역할을 한다.

① 기대 수명
② 무역 장벽
③ 생애 주기
④ 시장 가격

16. ㉠에 들어갈 내용으로 옳은 것은?

(㉠)은/는 한 나라의 생산 규모나 국민 전체의 소득을 파악하기에 유용하지만, 소득 분배 수준이나 빈부 격차의 정도를 파악하기 힘들다는 한계를 가지고 있어요.

① 실업률
② 물가 지수
③ 인구 밀도
④ 국내 총생산

17. 다음 유물이 처음 제작된 시대는?

역사 유물 카드

○명칭: 주먹도끼
○발견 지역: 경기 연천 전곡리
○용도: 사냥, 나무 손질, 고기 자르기 등

① 구석기 시대
② 신석기 시대
③ 청동기 시대
④ 철기 시대

18. 밑줄 친 '그'에 해당하는 고구려의 왕은?

> 그는 백제를 공격하여 한강 이북 지역을 차지하였으며, 신라에 침입한 왜를 물리쳤다. 또한 '영락'이라는 연호를 사용하고 스스로 '태왕'이라 칭하였다.

① 인종 ② 현종 ③ 지증왕 ④ 광개토 대왕

19. ㉠에 들어갈 인물로 옳은 것은?

① 원효 ② 만적 ③ 강감찬 ④ 조광조

20. 고려 광종의 정책으로 옳은 것을 <보기>에서 고른 것은?

<보기>

ㄱ. 서원 정리　　　　ㄴ. 과거제 실시
ㄷ. 훈민정음 반포　　ㄹ. 노비안검법 시행

① ㄱ, ㄴ　　② ㄱ, ㄷ　　③ ㄴ, ㄹ　　④ ㄷ, ㄹ

21. 다음 설명에 해당하는 조선의 정치 세력은?

- 훈구 세력의 비리를 비판함.
- 성종 때 본격적으로 중앙 정계에 진출함.
- 무오, 갑자, 기묘, 을사사화 등을 겪음.

① 사림　　② 개화파　　③ 권문세족　　④ 진골 귀족

22. ㉠에 들어갈 전쟁으로 옳은 것은?

질문　[　㉠　]에 대해 알려 주세요.

답변　청은 군사를 이끌고 조선을 침략하였습니다. 인조는 남한산성으로 들어가 항전하였지만, 청에 항복하였습니다. 소현 세자를 비롯한 많은 백성들이 청으로 끌려갔습니다.

① 병자호란　　② 신미양요　　③ 임진왜란　　④ 살수 대첩

23. 다음 설명에 해당하는 사건은?

1894년 고부에서 농민들이 부당한 세금 징수에 항의하며 봉기하였다. 농민군은 전라도 일대를 장악하고 전주성을 점령하였다. 외세가 개입하자 농민군은 정부와 전주 화약을 맺고 집강소를 설치하였다.

① 3 · 1 운동　　② 국채 보상 운동
③ 서경 천도 운동　　④ 동학 농민 운동

24. 다음 정책을 시행한 조선의 왕은?

◦ 화성 건설	◦ 규장각 설치	◦ 대전통편 편찬

① 세조　② 정조　③ 장수왕　④ 진흥왕

25. 다음 설명에 해당하는 사건은?

> 1987년 박종철이 경찰의 고문으로 사망하는 사건이 발생하였다. 이에 국민들은 진상 규명을 요구하였으나 정부가 거부하였다. 그러자 국민들은 정권 퇴진과 대통령 직선제 개헌을 요구하며 전국적으로 시위를 벌였다.

① 북벌론　② 6월 민주 항쟁
③ 애국 계몽 운동　④ 광주 학생 항일 운동

2023년도 제2회 중학교 졸업학력 검정고시

과 학

중졸

1. 그림과 같이 지구 위의 어느 위치에서 공을 놓더라도 공은 지구 중심 방향으로 떨어진다. 이 현상을 나타나게 하는 힘은?

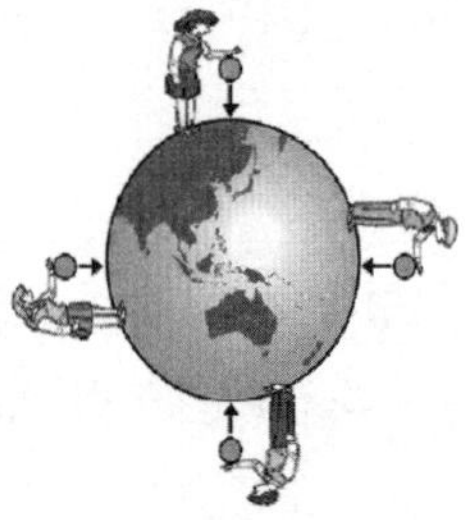

① 부력
② 중력
③ 마찰력
④ 탄성력

2. 그림과 같이 흰색 종이 위에 빨간색, 초록색, 파란색 빛을 비추었을 때 합성되어 보이는 색 ㉠은?

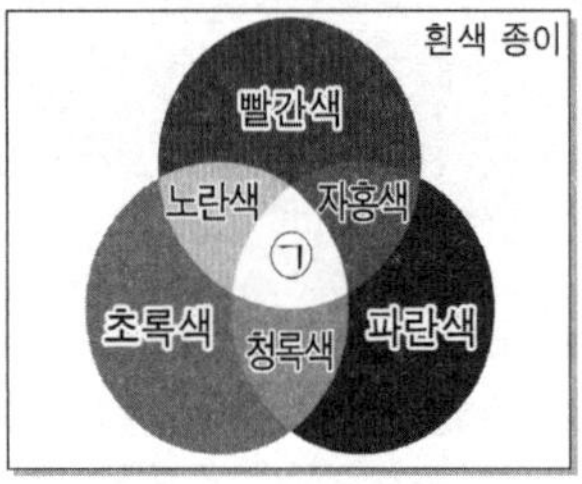

① 흰색
② 남색
③ 보라색
④ 주황색

3. 그림은 니크롬선에 걸어 준 전압에 따른 전류의 세기를 나타낸 것이다. 이 니크롬선의 저항은?

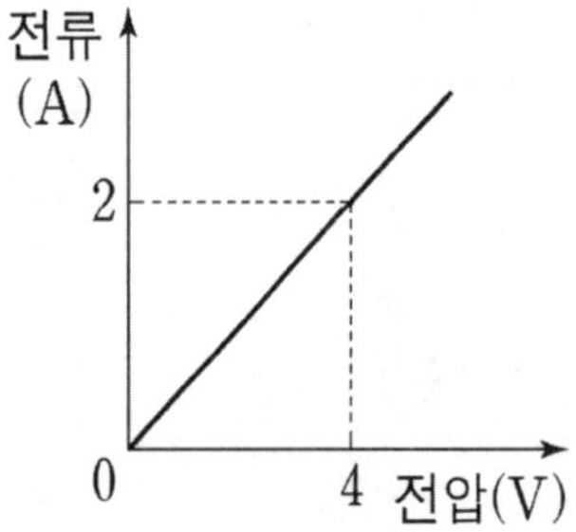

① 1Ω
② 2Ω
③ 3Ω
④ 5Ω

4. 표는 여러 가지 물질의 비열을 나타낸 것이다. 각 물질 1kg에 같은 열량을 가했을 때 온도 변화가 가장 큰 물질은?

물질	철	콩기름	에탄올	물
비열(kcal/(kg · ℃))	0.11	0.47	0.57	1.00

① 철　② 콩기름　③ 에탄올　④ 물

5. 그림은 레일을 따라 운동하는 쇠구슬의 모습을 나타낸 것이다. 레일 위의 지점 A~D 중 쇠구슬의 운동 에너지가 가장 큰 곳은? (단, 공기 저항과 마찰은 무시한다.)

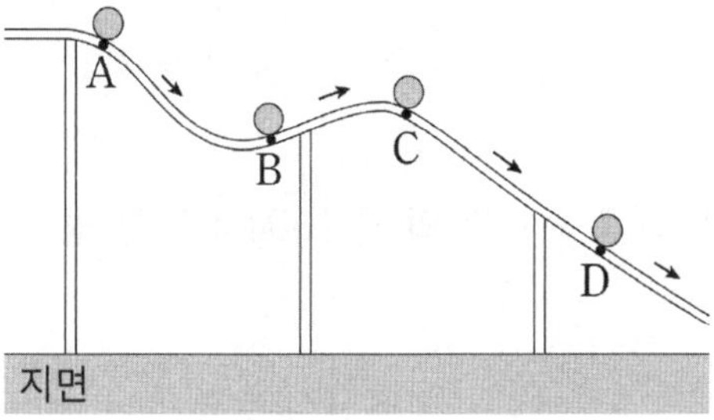

① A
② B
③ C
④ D

6. 표는 물체가 일정한 속력으로 움직이는 동안 시간에 따른 출발점으로부터의 이동 거리를 나타낸 것이다. 이 물체의 속력은?

시간(s)	0	1	2	3	4
이동 거리(m)	0	1	2	3	4

① 1m/s　② 5m/s　③ 10m/s　④ 20m/s

7. 그림과 같이 용기에 들어 있는 기체의 온도를 25℃에서 90℃로 높였을 때 기체의 부피 변화와 기체 입자의 운동 변화로 옳은 것은? (단, 외부 압력은 일정하고 기체의 출입은 없다.)

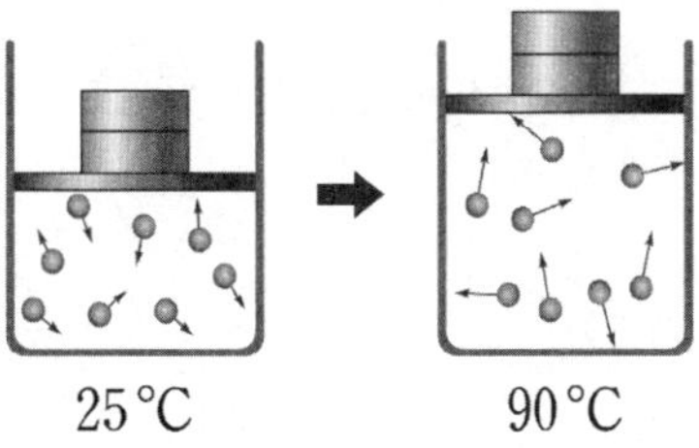

	부피	입자 운동
①	감소	빨라진다
②	감소	느려진다
③	증가	빨라진다
④	증가	느려진다

8. 표는 1기압에서 물을 가열하면서 온도를 5분 간격으로 측정하여 기록한 것이다. 물의 끓는점은?

시간(분)	0	5	10	15	20	25	30
온도(℃)	25	51	78	95	100	100	100

① 25℃ ② 51℃ ③ 78℃ ④ 100℃

9. 다음 설명에 해당하는 원소는?

- 불꽃 반응 색은 노란색이다.
- 염화 나트륨과 질산 나트륨에 공통으로 포함된 원소이다.

① 구리 ② 칼륨 ③ 나트륨 ④ 스트론튬

10. 그림은 여러 가지 고체 물질의 용해도 곡선이다. 다음 중 40℃의 물 100g에 가장 많이 녹을 수 있는 물질은?

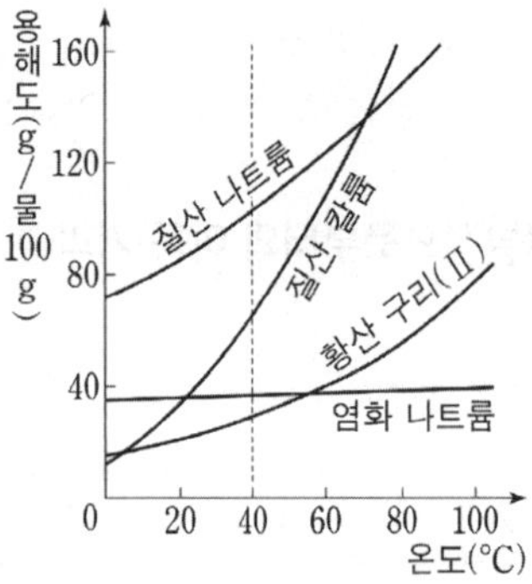

① 질산 나트륨
② 질산 칼륨
③ 황산 구리(Ⅱ)
④ 염화 나트륨

11. 그림과 같이 구리 8g이 모두 산소와 반응하여 산화 구리(Ⅱ) 10g이 생성되었다. 이때 반응한 산소의 질량 ㉠은?

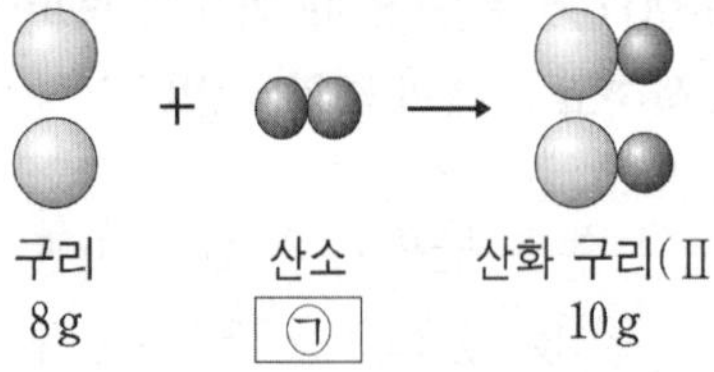

① 1g
② 2g
③ 3g
④ 4g

12. 다음 중 동물계에 속하는 생물이 <u>아닌</u> 것은?

① 나비 ② 참새 ③ 개구리 ④ 해바라기

13. 그림은 질소(N_2) 기체와 수소(H_2) 기체가 반응하여 암모니아(NH_3) 기체를 생성하는 반응의 부피 모형과 화학 반응식을 나타낸 것이다. ㉠에 알맞은 숫자는? (단, 온도와 압력은 일정하다.)

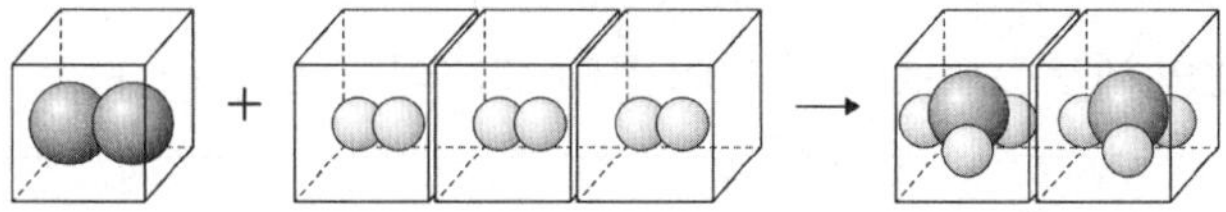

N_2 + $3H_2$ → ㉠ NH_3

① 1 ② 2 ③ 5 ④ 10

14. 그림은 식물의 잎에서 일어나는 광합성 과정을 나타낸 것이다. 광합성 결과 생성된 물질 ㉠은?

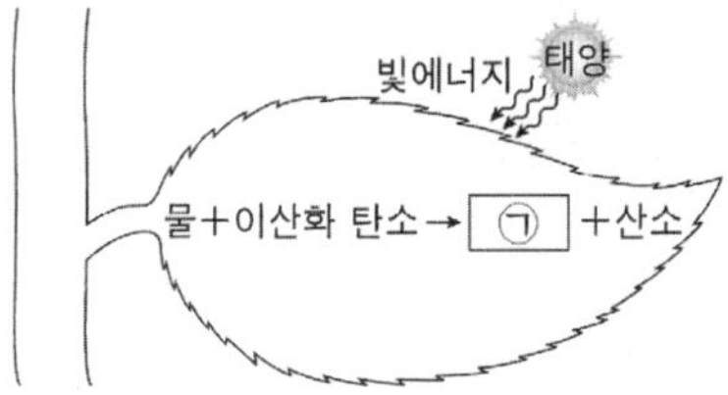

① 포도당
② 무기염류
③ 바이타민
④ 아미노산

15. 그림은 동물의 구성 단계를 나타낸 것이다. 이 중 연관된 기능을 하는 기관들이 모여 특정한 역할을 하는 단계는?

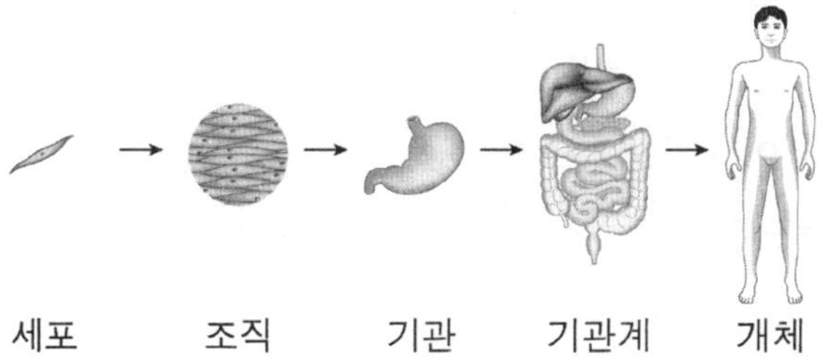

① 세포 ② 조직 ③ 기관계 ④ 개체

16. 그림은 녹말이 포도당으로 분해되는 과정을 나타낸 것이다. 이와 같이 음식물 속의 크기가 큰 영양소가 세포 안으로 흡수될 수 있도록 크기가 작은 영양소로 분해되는 과정은?

① 배설 ② 순환 ③ 소화 ④ 호흡

17. 다음 설명에 해당하는 혈관은?

> ◦ 온몸에 그물처럼 퍼져 있는 매우 가느다란 혈관이다.
> ◦ 혈관 벽이 한 겹의 세포층으로 되어 있어 물질 교환이 잘 일어난다.

① 대동맥　② 대정맥　③ 폐동맥　④ 모세 혈관

18. 그림은 사람 눈의 구조를 나타낸 것이다. A~D 중 시각 세포가 있으며 상이 맺히는 곳은?

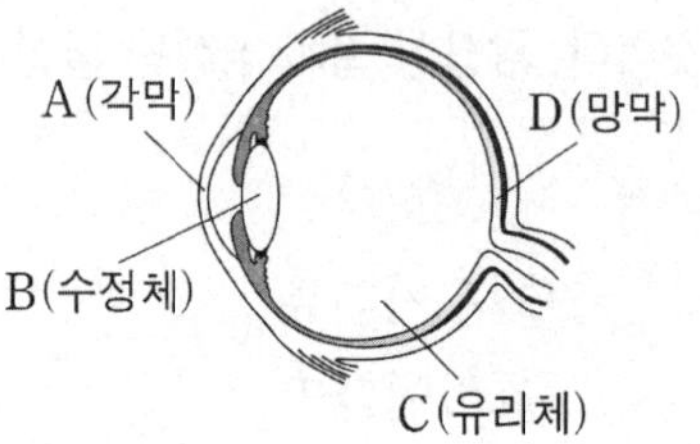

① A
② B
③ C
④ D

19. 그림과 같이 순종인 둥근 완두(RR)와 순종인 주름진 완두 (㉠)를 교배하여 자손 1대를 얻었다. 이때 유전자형 ㉠은? (단, 돌연변이는 없다.)

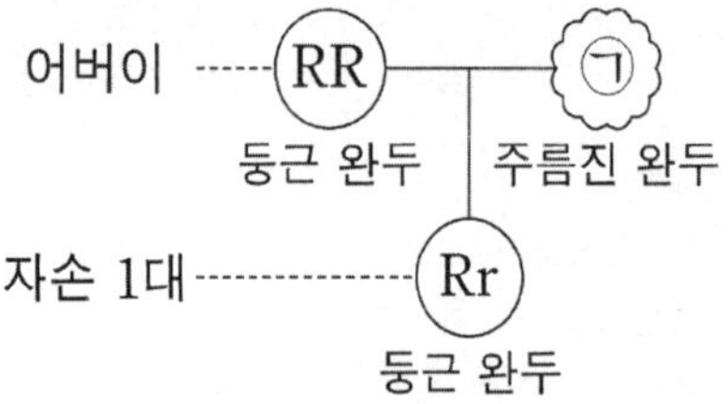

① RR
② Rr
③ rr
④ r

20. 다음 중 지구를 둘러싸고 있는 대기이며 여러 가지 기체로 이루어져 있는 지구계의 구성 요소는?

① 기권　② 수권　③ 지권　④ 생물권

21. 다음 설명에 해당하는 광물의 특성은?

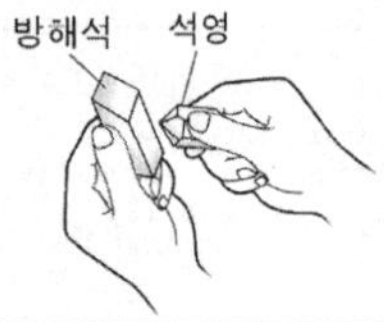

> ◦ 광물의 단단한 정도이다.
> ◦ 석영과 방해석을 서로 긁으면 방해석에 긁힌 자국이 남는다.

① 색　② 굳기　③ 자성　④ 염산 반응

22. 그림과 같이 지구가 태양 주위를 1년에 한 바퀴씩 도는 운동은?

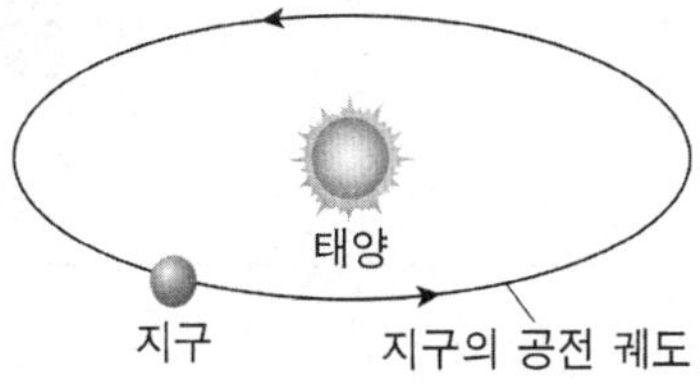

① 일식
② 월식
③ 지구의 공전
④ 지구의 자전

23. 다음 중 밀물과 썰물에 의해 해수면의 높이가 주기적으로 높아졌다 낮아졌다 하는 현상은?

① 장마 ② 조석 ③ 지진 ④ 태풍

24. 표는 우리나라에 영향을 주는 기단의 성질을 나타낸 것이다. 기단 A~D 중 춥고 건조한 겨울 날씨에 주로 영향을 주는 것은?

기단	A	B	C	D
성질	온난 건조	저온 다습	고온 다습	한랭 건조

① A ② B ③ C ④ D

25. 그림은 지구에서 관측한 별의 연주 시차를 나타낸 것이다. 별 A~D 중 지구에서 가장 가까운 것은? (단, 초(″)는 연주 시차의 단위이다.)

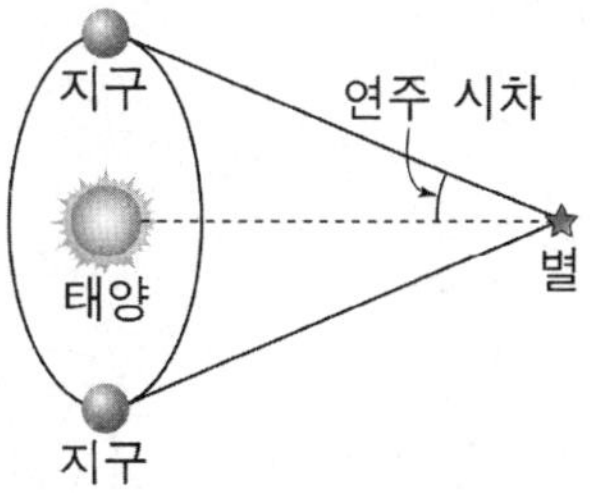

별	연주 시차
A	0.13″
B	0.19″
C	0.38″
D	0.77″

① A ② B ③ C ④ D

2023년도 제2회 중학교 졸업학력 검정고시

도 덕

중졸

1. **이웃 간 갈등 해결을 위한 올바른 자세는?**

① 불신　② 양보　③ 강요　④ 협박

2. **다음에서 설명하는 개념은?**

> ◦ 한 번 잃으면 소생할 수 없기에 소중한 것
> ◦ 사람이 살아서 숨 쉬고 활동할 수 있게 하는 힘

① 해킹　② 절망　③ 생명　④ 중독

3. **㉠에 들어갈 대답으로 적절한 것은?**

① 같은 잘못을 반복하기 위해서야.
② 인간은 이미 완벽한 존재이기 때문이야.
③ 마음의 건강은 중요하지 않기 때문이야.
④ 반성을 통해 더 나은 사람이 될 수 있기 때문이야.

4. **다음 사례에 해당하는 국제 사회의 문제는?**

> 지구 한편에서는 수많은 사람들이 먹을 것이 없어 죽어 가고 있다. 오랫동안 굶주린 아이들은 영양실조에 걸려 건강이 위태롭다.

① 대기 오염　② 빈곤과 기아　③ 오존층 파괴　④ 사이버 폭력

5. ㉠에 들어갈 적절한 용어는?

부모

(㉠)
부모가 자식에게
아낌없이 베푸는 사랑

(**효도**)
부모를 사랑하고
정성껏 잘 섬기는 도리

자식

① 소외
② 경쟁
③ 무시
④ 자애

6. 올바른 도덕적 신념으로 적절한 것을 <보기>에서 고른 것은?

<보기>

ㄱ. 어려운 사람을 도와야 한다.
ㄴ. 자신의 행동에 책임을 져야 한다.
ㄷ. 나보다 약한 사람을 때려도 된다.
ㄹ. 피부색에 따라 사람을 차별해도 된다.

① ㄱ, ㄴ ② ㄱ, ㄷ ③ ㄴ, ㄹ ④ ㄷ, ㄹ

7. 진정한 우정을 맺는 방법으로 가장 적절한 것은?

① 친구와 서로 배려하는 마음을 지닌다.
② 친구와 다투면 다시는 만나지 않는다.
③ 친밀한 사이일수록 예의를 지키지 않는다.
④ 경쟁에서 친구를 이기기 위해 반칙을 한다.

8. 다음 대화 중 인권에 대한 설명으로 옳지 <u>않은</u> 것은?

① 학생 1 ② 학생 2 ③ 학생 3 ④ 학생 4

9. **바람직한 이성 교제의 자세로 적절하지 <u>않은</u> 것은?**

① 서로의 인격을 존중한다.
② 책임감 있는 태도를 가진다.
③ 성별이 다르다는 이유로 차별한다.
④ 상대의 입장을 배려하여 행동한다.

10. **다문화 사회에서의 올바른 태도를 <보기>에서 고른 것은?**

<보기>

ㄱ. 우리 문화만을 최고로 여긴다.
ㄴ. 타 문화를 무조건적으로 수용한다.
ㄷ. 보편 규범에 근거하여 문화를 성찰한다.
ㄹ. 인권을 침해하는 문화는 비판적으로 검토한다.

① ㄱ, ㄴ　　② ㄱ, ㄷ　　③ ㄴ, ㄹ　　④ ㄷ, ㄹ

11. **㉠에 들어갈 검색어로 옳은 것은?**

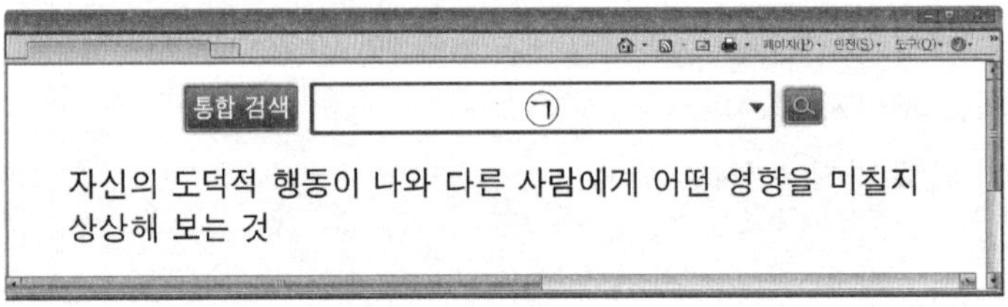

① 고정 관념
② 권력 남용
③ 도덕적 상상력
④ 지역 이기주의

12. **사회적 약자의 권리를 보장하기 위한 방법으로 적절한 것은?**

① 사회적 약자의 의견을 무시한다.
② 사회적 약자를 이유 없이 차별한다.
③ 사회적 약자에 대한 부정적인 편견을 가진다.
④ 사회적 약자의 생활을 지원할 수 있는 제도를 마련한다.

13. ㉠에 들어갈 대답으로 적절한 것은?

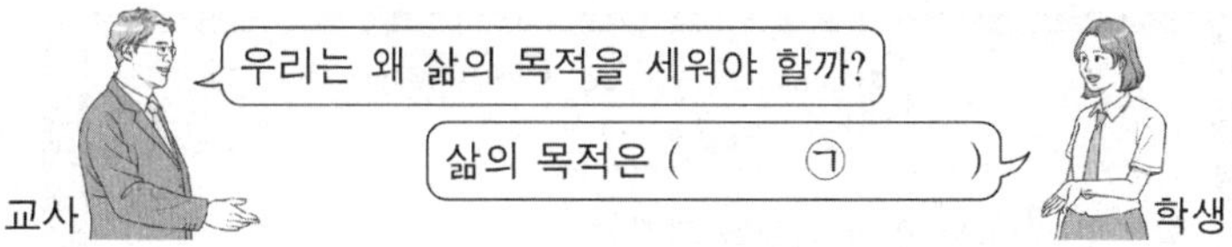

① 자신에게 좌절감을 주기 때문입니다.
② 어려운 일을 극복하는 힘이 되기 때문입니다.
③ 행복을 달성하는 데 방해가 되기 때문입니다.
④ 수동적인 삶의 태도를 갖도록 하기 때문입니다.

14. 마음의 고통을 유발하는 원인이 아닌 것은?

① 욕심 ② 집착 ③ 걱정 ④ 행복

15. 다음 설명에 해당하는 것은?

두 가지 이상의 목표나 동기, 감정 등이 서로 충돌하고 대립하는 상태를 의미함.

① 화해 ② 협력 ③ 갈등 ④ 평화

16. ㉠에 들어갈 용어로 가장 적절한 것은?

학생 : 선생님, 친구의 휴대 전화를 몰래 숨긴 것이 (㉠) 인가요? 저는 그냥 장난이었어요. 선생님 : 그 친구의 기분을 생각해 보았니?

① 폭력 ② 칭찬 ③ 경청 ④ 응원

17. 다음에서 설명하는 올바른 갈등 해결의 방법은?

◦ 제삼자가 개입하여 갈등을 해결함. ◦ 갈등의 당사자들은 제삼자의 해결책을 따라야 함.

① 조롱 ② 중재 ③ 비난 ④ 회피

18. 교사의 질문에 바르게 답한 학생은?

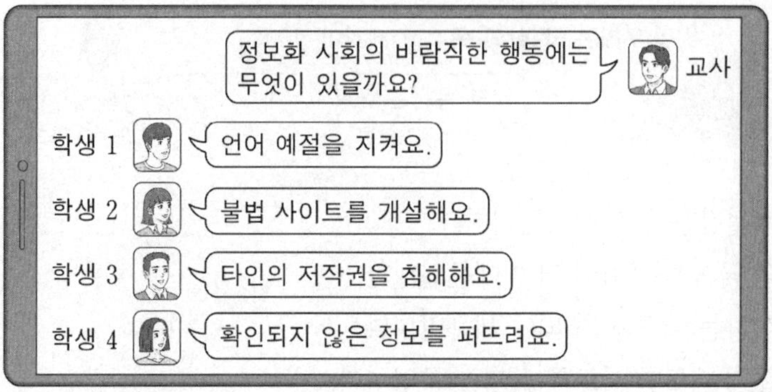

① 학생 1 ② 학생 2 ③ 학생 3 ④ 학생 4

19. 바람직한 애국심을 실천하는 자세로 적절한 것은?

① 자기 나라를 맹목적으로 추종한다.
② 국민으로서 권리와 의무를 실천한다.
③ 법을 어기고 사회 질서를 어지럽힌다.
④ 다른 나라의 문화를 무조건 헐뜯는다.

20. 다음에서 설명하는 개념은?

• 의미: 공정한 절차를 무시하고 부당한 방법으로 자기 이익을 챙기는 행위
• 사례: 학연, 지연이 있는 사람에게 뇌물이나 친분, 권력 등을 악용하여 부당한 이익을 얻는 일

① 부패
② 사랑
③ 인권
④ 예절

21. 평화 통일을 이루기 위한 자세로 적절하지 <u>않은</u> 것은?

① 화해와 공동 번영을 추구한다.
② 통일을 향한 공감대를 형성한다.
③ 상대방을 적대적 대상으로만 바라본다.
④ 상호 간 협력을 통해 신뢰를 회복한다.

22. 다음 대화에서 알 수 있는 정의로운 국가가 추구해야 할 가치는?

① 차별
② 복지
③ 억압
④ 혼란

23. 과학 기술의 활용으로 인한 문제점을 <보기>에서 고른 것은?

<보기>

ㄱ. 디지털 범죄가 일어난다.
ㄴ. 환경 파괴 문제를 가속화한다.
ㄷ. 인류의 건강 증진에 이바지한다.
ㄹ. 멀리 있는 사람과 대화가 가능하다.

① ㄱ, ㄴ ② ㄱ, ㄷ ③ ㄴ, ㄹ ④ ㄷ, ㄹ

24. 도덕 추론 과정에서 ㉠에 들어갈 용어는?

∘ 도덕 원리 : 절도는 옳지 않다.
⬇
∘ (㉠) 판단 : 남의 물건을 허락 없이 가져가는 것은 절도이다.
⬇
∘ 도덕 판단 : 남의 물건을 허락 없이 가져가는 것은 옳지 않다.

① 연대 ② 유희 ③ 사실 ④ 양성

25. 환경친화적 소비 생활의 실천 사례에 해당하는 것은?

① 과소비와 충동구매를 생활화하기
② 물품을 구매할 때 장바구니 사용하기
③ 가까운 거리를 이동할 때 자동차 타기
④ 다회용기 대신 일회용 종이컵 사용하기

2024년도 제1회
중학교 졸업자격 검정고시

C·O·N·T·E·N·T·S

2024년도 제1회 중학교 졸업학력 검정고시

국 어

중졸

1. 다음 대화에서 '민재'의 말하기 의도로 가장 적절한 것은?

① 상대방의 잘못된 점을 지적하기
② 상대방의 감정에 공감하며 위로하기
③ 상대방의 좋은 점을 말하며 칭찬하기
④ 타당한 근거를 들어서 상대방을 설득하기

2. 다음 면담의 질문 내용으로 적절하지 않은 것은?

면담 대상 : 커피 전문가
면담 목적 : 커피 전문가라는 직업에 대한 정보 얻기
질문 내용 : ____________________

① 커피 전문가의 전망은 어떠한가요?
② 커피 전문가가 하는 일은 무엇인가요?
③ 커피 전문가가 되려면 어떻게 해야 하나요?
④ 커피 전문가는 어떤 운동을 가장 좋아하나요?

3. 다음 규정에 맞게 발음하지 않은 것은?

■ 표준 발음법 제14항 ■
겹받침이 모음으로 시작된 조사나 어미, 접미사와 결합되는 경우에는 뒤엣것만을 뒤 음절 첫소리로 옮겨 발음한다. (이 경우, 'ㅅ'은 된소리로 발음함.)

① 값이 [갑씨] ② 넓은 [널븐] ③ 읊어 [을퍼] ④ 흙은 [흐근]

4. 다음에서 설명하는 모음이 들어 있는 단어는?

이중 모음이란 소리를 낼 때 입술의 모양이나 혀의 위치가 달라지는 모음을 말한다.

① 강진 ② 부산 ③ 영월 ④ 전주

5. **다음 단어의 공통된 특성으로 적절한 것은?**

바다　　사탕　　엄마　　연필

① 수량이나 순서를 나타낸다.
② 대상의 동작이나 작용을 나타낸다.
③ 사람이나 사물의 이름을 나타낸다.
④ 대상의 성질이나 상태를 나타낸다.

6. **다음을 참고할 때 밑줄 친 단어의 기본형으로 적절한 것은?**

국어사전에서 동사와 형용사를 찾을 때는 활용할 때 변하지 않는 부분인 어간에 '-다'를 붙인 기본형으로 찾아야 한다. **(예)** 달리니, 달리는, 달렸다 → 달리다

① 담장에 작은 참새가 앉았다. → 작다
② 여기에 서니 독도가 보인다. → 섰다
③ 도서관에는 많은 책이 있다. → 많았다
④ 여름에 먹는 냉면은 맛있다. → 먹는다

7. **밑줄 친 부분의 문장 성분이 ㉠과 같은 것은?**

내 동생은 ㉠ 연구원이 되었다.

① 바람이 세차게 분다.
② 봄꽃이 활짝 피었다.
③ 민서는 연예인이 아니다.
④ 아기가 아장아장 걷는다.

8. **밑줄 친 부분이 '한글 맞춤법'에 맞게 표기된 것은?**

① 편지에 우표를 부치지 않고 보냈다.
② 감기가 다 낳아서 병원에서 퇴원했다.
③ 이번 학교 축제에는 반드시 참여할 거야.
④ 나는 친구가 낸 수수께끼의 정답을 마쳤다.

9. 다음 개요에서 통일성에 어긋나는 부분은?

제목	동물이 행복한 동물원은 없다.
서론	• 좁은 우리 안에 갇힌 동물을 본 경험 ……………… ㉠
본론	• 동물원은 동물이 살기에 부적합한 환경임. ……… ㉡ – 동물원 돌고래들의 짧은 평균 수명 • 동물원에서 동물은 극심한 스트레스를 받음. …… ㉢ – 스트레스로 인한 코끼리들의 이상 행동 • 동물원은 야생 동물을 보호하는 기능을 함. ……. ㉣ – 사육사들의 따뜻한 돌봄을 받는 반달가슴곰
결론	동물의 행복을 위해서 동물원을 없애야 함.

① ㉠　② ㉡　③ ㉢　④ ㉣

10. ㉠~㉣에 대한 고쳐쓰기 방안으로 적절하지 않은 것은?

수많은 생물들이 ㉠ 습지를 보금자리로 삼아 살고 있다. ㉡ 결코 습지가 사라진다면 이곳에 사는 생물들도 사라질 것이다. 그런데 우리나라의 습지가 급속히 사라지고 있다. ㉢ 습지는 가뭄과 홍수를 예방해 주는 역할도 한다. 서해안 갯벌의 경우 간척 사업 등으로 인해 이미 갯벌의 1/3이 사라졌다. 우리가 습지를 보존하지 못하면 우리나라 습지에 사는 생물들을 ㉣ 영원이 다시 보지 못하게 될지도 모른다.

① ㉠ : 조사의 쓰임을 고려하여 '습지의'로 바꾼다.
② ㉡ : 문장의 호응이 맞지 않으므로 '만일'로 고친다.
③ ㉢ : 글의 흐름에서 벗어난 내용이므로 삭제한다.
④ ㉣ : 한글 맞춤법에 어긋나므로 '영원히'로 고친다.

[11~13] 다음 글을 읽고 물음에 답하시오.

[앞부분 줄거리] 숙모의 심부름을 간 문기는 고깃집에서 거스름돈보다 더 많은 돈을 받는다. 그 사실을 안 수만이는 돈을 쓰자고 문기를 유혹하여 사고 싶었던 물건들을 함께 산다. 그러나 양심의 가책을 느낀 문기는 남은 돈은 고깃집 마당에 던지고 샀던 물건들은 버린다. 하지만 수만이가 이것을 믿지 않고 문기에게 돈을 계속 요구하며 괴롭히자 문기는 숙모의 돈을 훔쳐서 수만이에게 준다. 이후 이웃집 점순이가 숙모의 돈을 훔쳤다는 죄를 뒤집어쓴다.

그날 밤이었다. 아랫방 들창 밑에 훌쩍훌쩍 우는 어린아이 울음소리가 났다. 아랫집 심부름하는 아이 점순이 음성이었다. 숙모가 직접 그 집에 가서 무슨 말을 한 것은 아니로되 자연 그 말이 한 입 걸러 두 집 걸러 그 집에까지 들어갔고, 그리고 그 집주인 여자는 점순이를 때려 쫓아낸 것이다. 먼저는 동네 아이들이 모여 지껄지껄하더니 차차 하나 가고 둘 가고 훌쩍훌쩍 우는 그 소리만 남는다. 방 안의 문기는 그 밤을 뜬눈으로 새웠다.

이튿날 아침이다. 문기는 밥을 두어 술 뜨다가는 고만둔다. 뭐 그 돈을 갚기 위한 그것이 아니다. 도무지 입맛이 나지 않았다. 학교엘 갔다. 첫 시간은 수신 시간[1], 그리고 공교로이[2] 제목이 '정직'이다. 선생님은 뒷짐을 지고 교단 위를 왔다 갔다 하며 거짓이라는 것이 얼마나 악한 것이고 정직이 얼마나 귀하고 중한 것인가를 누누이 말씀한다. 그럴 때마다 문기는 가슴이 뜨끔뜨끔해진다. 문기는 자기 한 사람에게만 들리기 위한 정직이요 수신 시간인 듯싶었다. 그만치 선생님은 제 속을 다 들여다보고 하는 말인 듯싶었다.

운동장에서 문기는 풀[3]이 없다. 사람 없는 교실 뒤 버드 나무 옆 그런 데만 찾아다니며 고개를 숙이고 깊은 생각에 잠기거나 팔짱을 찌르고 왔다 갔다 하기도 한다. 그러다 누가 등을 치면 소스라쳐 깜짝깜짝 놀란다.

언제나 다름없이 하늘은 맑고 푸르건만 문기는 어쩐지 그 하늘조차 쳐다보기가 두려워졌다. 자기는 감히 떳떳한 얼굴로 그 하늘을 쳐다볼 만한 사람이 못 된다 싶었다.

언제나 다름없이 여러 아이들은 넓은 운동장에서 마음대로 뛰고 마음대로 지껄이고 마음대로 즐기건만 문기 한 사람만은 어둠과 같이 컴컴하고 무거운 마음에 잠겨 고개를 들지 못한다. 무엇보다도 문기는 전일처럼 맑은 하늘 아래서 아무 거리낌 없이 즐길 수 있는 마음이 갖고 싶다. 떳떳이 하늘을 쳐다볼 수 있는, 떳떳이 남을 대할 수 있는 마음이 갖고 싶었다.

- 현덕, 『하늘은 맑건만』 -

1) 수신 시간 : 일제 강점기의 도덕 시간
2) 공교로이 : 생각하지 않았거나 뜻하지 않게 우연히
3) 풀 : 세찬 기세나 활발한 기운

11. 윗글의 서술자에 대한 설명으로 적절한 것은?

① 서술자인 '나'가 자신이 겪은 사건을 서술하고 있다.
② 서술자가 사건의 전개와 배경의 변화에 따라 바뀌고 있다.
③ 서술자가 사건과 등장인물의 심리를 직접적으로 설명하고 있다.
④ 서술자인 '나'가 주변 인물의 사건을 간접적으로 전달하고 있다.

12. 윗글을 읽은 학생의 반응으로 가장 적절한 것은?

① 친구와의 약속을 지키려고 노력해야겠어.
② 정직하고 떳떳하게 사는 태도가 중요하지.
③ 성실하게 수업에 참여하는 자세가 필요해.
④ 하늘을 쳐다볼 수 있는 여유를 가져야겠어.

13. 윗글에서 알 수 있는 내용으로 가장 적절한 것은?

① 문기는 자신의 행동이 정당하다고 생각했다.
② 점순이는 아랫집에서 심부름을 하며 살았다.
③ 선생님은 문기의 잘못을 이미 알고 '정직'을 주제로 수업했다.
④ 숙모는 직접 아랫집에 가서 주인 여자에게 점순이가 돈을 훔쳤다고 말했다.

[14~16] 다음 글을 읽고 물음에 답하시오.

눈을 가만 감으면 ㉠ <u>굽이 잦은 풀밭 길</u>이,
개울물 돌돌돌 길섶[1]으로 흘러가고,
백양 숲 사립을 가린 초집들도 보이구요.

송아지 몰고 오며 바라보던 진달래도
저녁노을처럼 산을 둘러 퍼질 것을,
어마씨[2] 그리운 솜씨에 향그러운 꽃지짐.

어질고 고운 그들 멧남새[3]도 캐어 오리.
집집 끼니마다 봄을 씹고 사는 마을.
감았던 그 눈을 뜨면 마음 도로 애젓하오[4].

- 김상옥, 『사향(思鄕)[5]』 -

1) 길섶 : 길의 가장자리. 흔히 풀이 나 있는 곳을 가리킨다.
2) 어마씨 : 어머니
3) 멧남새 : 산나물
4) 애젓하오 : 애틋하오. 섭섭하고 애가 타는 듯하오.
5) 사향(思鄕) : 고향을 생각함.

14. 윗글에서 시적 화자가 떠올린 고향의 모습으로 적절하지 <u>않은</u> 것은?

① 고깃배가 나란히 들어선 항구
② 온 산을 둘러 피어 있는 진달래
③ 어머니의 맛있고 향긋한 꽃지짐
④ 산나물을 캐서 돌아오는 사람들

15. 윗글에서 느낄 수 있는 시적 화자의 주된 정서는?

① 그리움 ② 두려움 ③ 부러움 ④ 지겨움

16. ㉠과 같은 감각적 이미지가 쓰인 것은?

① 구수한 청국장 냄새
② 하늘에 울리는 종소리
③ 달콤한 사랑의 추억
④ 노랗게 물든 황금 들판

[17~19] 다음 글을 읽고 물음에 답하시오.

놀부는 더욱 화를 내며 나무란다.

"이놈아, 들어 보아라. 쌀이 아무리 많다고 해도 너를 주려고 섬[1]을 헐며, 벼가 많다고 하여 너 주려고 노적[2]을 헐며, 돈이 많이 있다 한들 너 주자고 돈궤미를 헐며, 곡식 가루나 주고 싶어도 너 주자고 큰독에 가득한 걸 떠내며, 옷가지나 주려 한들 너 주자고 행랑채에 있는 아랫것들을 벗기며, 찬밥을 주려 한들 너 주자고 마루 아래 청삽사리를 굶기며, 술지게미나 주려 한들 새끼 낳은 돼지를 굶기며, 콩이나 한 섬 주려 한들 농사지을 황소가 네 필인데 너를 주고 소를 굶기겠느냐. 염치없고 생각 없는 놈이로다."

"아무리 그렇더라도 죽는 동생 한 번만 살려 주십시오."

(중략)

흥부 아내의 말이 변하여 울음이 되니 흥부가 말없이 듣고 있다가 자리에서 일어섰다.

"여보 마누라, 울지 말아요. 내가 오늘 읍내를 나갔다 오리다."

"읍내는 무엇 하러요?"

"양식을 좀 꾸어서라도 얻어 와야 저 자식들을 먹이지."

"여보 영감, 그 모양에 곡식 먹고 도망한다고 안 줄 테니 가 보아야 소용없는 일입니다."

"가장이 나서는데 그게 무슨 소리! 어찌 될지는 가 봐야 아는 일이지 장 안에서 도포[3]나 꺼내 와요."

"아이고, 우리 집에 무슨 장이 있단 말이오?"

"어허, 닭장은 장이 아닌가? 가서 내 갓도 챙겨 나와요."

"갓은 또 어디에 있답니까?"

"뒤뜰 굴뚝 속에 가 봐요."

"세상에 갓을 어찌 굴뚝 속에 두었단 말입니까?"

"그런 게 아니라 지난번 국상[4] 뒤에 어느 친구한테 흰 갓 하나를 얻었는데 우리 형편에 칠해 쓸 수도 없고 연기에 그을려 쓰려고 굴뚝 속에 넣어 둔 지 벌써 오래요."

[A] 흥부가 그렇게 저렇게 의관을 갖추는데 모양이 볼만 했다.

헌 망건을 꺼내 쓸 때 물렛줄로 줄을 삼고 박 조각으로 관자 달아서 상투를 매어 쓰고, 갓 테 떨어진 파립은 노끈을 총총 매어 갓끈 삼아 달아 쓰고, 다 떨어진 고의적삼 살점이 울긋불긋, 발바닥은 뻥 뚫리고 목만 남은 헌 버선에 짚 대님이 희한하다.

- 작자 미상, 『흥부전』-

1) 섬 : 곡식 등을 담기 위하여 짚으로 엮어 만든 그릇
2) 노적 : 곡식 등을 한데에 수북이 쌓음.
3) 도포 : 예전에 통상예복으로 입던 남자의 겉옷. 소매가 넓고 등 뒤에는 딴 폭을 댄다.
4) 국상 : 국민 전체가 상중에 상복을 입던 왕실의 초상

17. '놀부'와 비슷한 성격의 인물로 가장 적절한 것은?

① 일회용품 줄이기를 실천하는 사람
② 돈은 많으면서 남을 전혀 돕지 않는 사람
③ 파도에 밀려서 온 쓰레기를 청소하는 사람
④ 혼자 사는 노인을 방문하여 말벗이 되어 주는 사람

18. '흥부'에 대한 설명으로 적절하지 <u>않은</u> 것은?

① 가족의 생계에 대해 전혀 관심이 없다.
② 자식을 먹이기 위해 읍내로 가려고 한다.
③ 아내의 판단과 충고를 받아들이지 않는다.
④ 양식을 빌리러 가기 어려울 정도로 행색이 초라하다.

19. [A]에 대한 설명으로 적절한 것은?

① 사건을 요약적으로 제시한다.
② 배경을 통해 사건을 암시한다.
③ 인물 사이의 갈등을 강조한다.
④ 인물의 모습을 해학적으로 표현한다.

[20~22] 다음 글을 읽고 물음에 답하시오.

㉠ <u>세금은 그것을 납부하는 방식에 따라 직접세와 간접세로 나눌 수 있다</u>. 직접세는 세금을 내야 하는 의무가 있는 사람과 실제로 그 세금을 내야 하는 사람이 일치하는 세금으로 소득세, 법인세, 재산세, 상속세 등이 직접세에 해당한다.

조금 더 자세히 살펴보면, 직접세는 소득이나 재산에 따라 누진적으로 적용되는 경우가 많다. 즉 소득이 많은 사람은 세율이 높아 세금을 많이 내고 소득이 적은 사람은 세율이 낮아 세금을 적게 내는 식이다. 그렇기 때문에 직접세는 소득 격차를 줄이고 소득을 재분배하는 효과가 있다. (㉡) 직접세를 걷는 입장에서는 모든 사람의 소득이나 재산을 일일이 조사하여 그에 따라 세금을 거두어야 한다는 번거로움이 있다.

간접세는 세금을 내야 하는 의무가 있는 사람과 실제로 그 세금을 내는 사람이 다른 세금이다. 부가 가치세를 비롯하여 개별 소비세, 인지세 등이 간접세에 해당한다.

간접세는 소득이나 재산에 상관없이 모두에게 똑같이 적용된다. 예를 들어 음료수를 사 마실 때, 소득이 많은 사람이든 소득이 적은 사람이든 동일한 음료수를 산다면 모두 똑같은 세금을 내고 있는 셈이다. 그렇기 때문에 간접세를 걷는 입장에서는 편리하게 세금을 걷을 수 있다. 하지만 간접세는 같은 액수의 세금이라도 소득이 적은 사람에게는 소득에 비해 내야 할 세금의 비율이 높아지기 때문에 소득이 적은 사람일수록 세금에 대한 부담감이 커진다는 문제점이 있다.

- 조준현, 『중학생인 나도 세금을 내고 있다고?』 -

20. 윗글의 내용과 일치하지 않는 것은?

① 직접세는 소득 격차 감소와 소득 재분배의 효과가 있다.
② 직접세는 간접세보다 세금을 걷는 입장에서 걷기 편하다.
③ 간접세는 소득이나 재산에 상관없이 모두에게 똑같이 적용된다.
④ 간접세는 소득이 적은 사람일수록 세금에 대한 부담이 크다.

21. ㉠과 같은 설명 방법이 사용된 것은?

① 김 교수는 "백색 소음이 집중력을 높인다."라고 말했다.
② 원통형 기둥은 위아래 지름이 일정한 기둥을 뜻한다.
③ 소설은 길이에 따라 단편, 중편, 장편 소설로 나눈다.
④ 젖산은 약한 산성이어서 유해균 증식을 억제할 수 있다.

22. ㉡에 들어갈 말로 적절한 것은?

① 그러나
② 따라서
③ 그렇다면
④ 왜냐하면

[23~25] 다음 글을 읽고 물음에 답하시오.

근래에는 아직 초등학교에도 입학하지 않은 어린아이들이 부모와 똑같은, 혹은 더 많은 양의 소금을 섭취하고 있다고 한다. 이는 대단히 ㉠ 심각한 문제이다. 아이들은 어른들보다 혈액량이 적어 똑같은 양의 소금을 섭취하더라도 혈액 속 염화 나트륨의 비율이 어른들보다 훨씬 높아지기 때문이다.

이뿐만 아니라 어릴 때부터 소금을 많이 먹으면 혀가 ㉡ 둔감해져 점점 더 짜고 자극적인 맛을 찾게 된다. 짠맛은 중추를 자극한다. 만약 계속해서 소금을 과하게 섭취한다면 아이들은 이런 쾌감을 유지하기 위해 배가 고프지 않더라도 음식을 계속 먹는 '음식 중독'에 걸릴 수 있다. 결국 폭식증이나 비만에 시달리게 되는 것이다.

문제는 여기서 그치지 않는다. 영국의 한 대학 연구팀에서 4세에서 18세까지 아동 및 청소년 1,688명을 일주일간 관찰한 결과, 짜게 먹는 아이일수록 음료를 많이 마신다는 사실을 ㉢ 발견했다. 소금이 체세포의 수분을 빼앗아 그만큼 갈증이 나기 때문이다. 그런데 대부분의 아이들은 갈증을 달래기 위해 건강에 좋은 음료가 아니라, 단맛이 강한 탄산음료를 찾는다. 탄산음료 속에 녹아 있는 탄수화물은 비만을 더욱 ㉣ 부추길 수 있다.

소금은 분명 맛있는 유혹이지만, 너무 많이 섭취하면 우리의 세포를 죽이고 건강을 위협한다. 건강을 생각한다면 지금이라도 당장 소금 섭취를 줄여야 한다.

- 클라우스 오버바일, 『소금의 덫』 -

23. 윗글을 읽는 방법으로 가장 적절한 것은?

① 주장과 근거를 파악한다.
② 상징적 의미를 추론한다.
③ 경험과 깨달음을 구분한다.
④ 갈등의 해결 과정을 분석한다.

24. 윗글에서 글쓴이가 말하고자 하는 바로 가장 적절한 것은?

① 탄산음료는 갈증 해소에 도움이 된다.
② 건강을 위해 소금 섭취를 줄여야 한다.
③ 음식 중독은 사회적으로 심각한 문제이다.
④ 자녀를 위해 부모들이 직접 요리를 해야 한다.

25. ㉠~㉣의 사전적 의미로 적절하지 않은 것은?

① ㉠ : 상태나 정도가 매우 깊고 중대하다.
② ㉡ : 감정이나 감각이 무뎌지다.
③ ㉢ : 아직 알려지지 않은 사실 따위를 찾아내다.
④ ㉣ : 남의 의견을 판단 없이 믿고 따르다.

2024년도 제1회 중학교 졸업학력 검정고시

수 학

중졸

1. 다음은 24를 소인수분해하는 과정을 나타낸 것이다. 24를 소인수분해한 것은?

$$\begin{array}{r|l} ② & 24 \\ \hline ② & 12 \\ \hline ② & 6 \\ \hline & ③ \end{array}$$

① 2×3　② 2×3^2
③ $2^3 \times 3$　④ $2^3 \times 3^2$

2. 다음 수를 작은 수부터 차례대로 나열할 때, 세 번째 수는?

$-\frac{2}{3}$	4	3	-5	11

① -5　② $-\frac{2}{3}$　③ 3　④ 4

3. 그림은 가로의 길이가 4cm, 세로의 길이가 $a$cm인 직사각형이다. 이 직사각형의 넓이를 문자를 사용한 식으로 바르게 나타낸 것은?

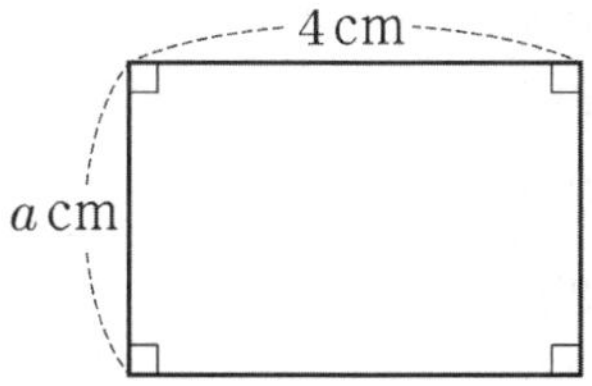

① $(2 + a)\text{cm}^2$
② $(4 + a)\text{cm}^2$
③ $(2 \times a)\text{cm}^2$
④ $(4 \times a)\text{cm}^2$

4. $a = 5$일 때, $2a + 3$의 값은?

① 11　② 13　③ 15　④ 17

5. 다음 좌표평면 위에 있는 점 A의 좌표는?

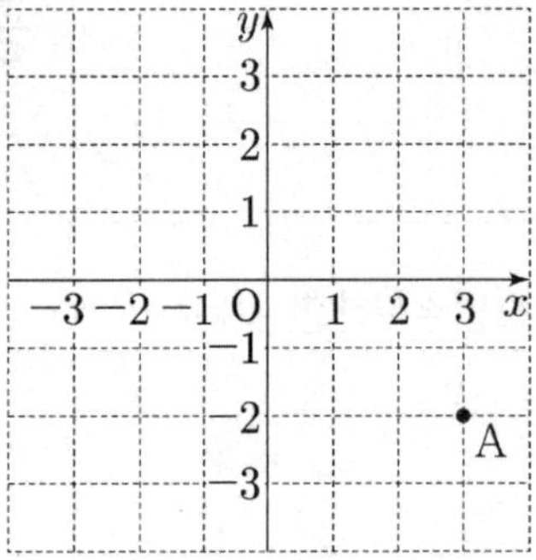

① A(3, −2)
② A(2, 3)
③ A(−3, 2)
④ A(−3, −2)

6. 그림과 같이 평행한 두 직선 l, m이 다른 한 직선 n과 만날 때, $\angle x$의 크기는?

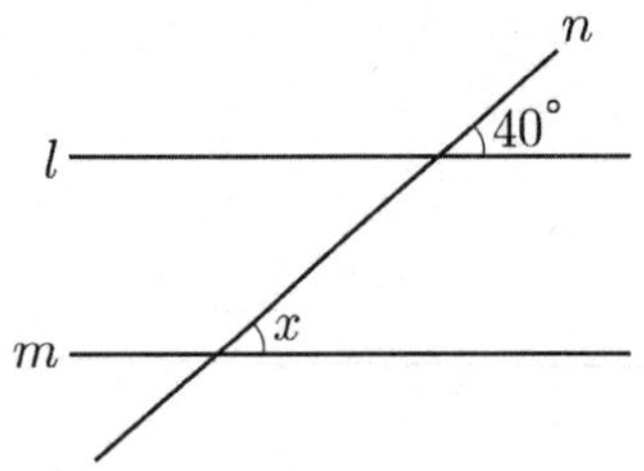

① 40°
② 60°
③ 80°
④ 100°

7. 다음은 어느 반 학생 30명의 하루 수면 시간을 조사하여 나타낸 도수분포표이다. 하루 수면 시간이 6시간 미만인 학생 수는?

수면 시간(시간)	도수(명)
4이상 ~ 5미만	5
5 ~ 6	3
6 ~ 7	4
7 ~ 8	15
8 ~ 9	3
합계	30

① 5명
② 6명
③ 7명
④ 8명

8. 순환소수 $0.\dot{2}$를 기약분수로 나타낸 것은?

① $\frac{1}{9}$　② $\frac{2}{9}$　③ $\frac{1}{3}$　④ $\frac{4}{9}$

9. $2a \times 3a^2$을 간단히 한 것은?

① $2a$ ② $3a^2$ ③ $5a^3$ ④ $6a^3$

10. 일차부등식 $20x \geq 40$을 풀면?

① $x > 2$ ② $x \geq 2$ ③ $x \leq 2$ ④ $x < 2$

11. 그림은 일차함수 $y = -\frac{3}{2}x + 3$ 의 그래프이다. 이 일차함수의 그래프의 y절편은?

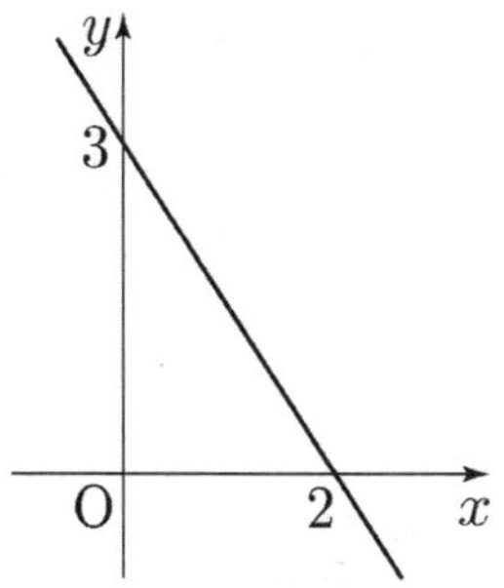

① -3
② 2
③ 3
④ 6

12. 그림과 같이 $\overline{AB} = \overline{AC}$ 인 이등변삼각형 ABC에서 $\angle A$의 이등분선과 변 BC의 교점을 D라고 하자. $\overline{BD} = 4\text{cm}$ 일 때, $\overline{BC}$ 의 길이는?

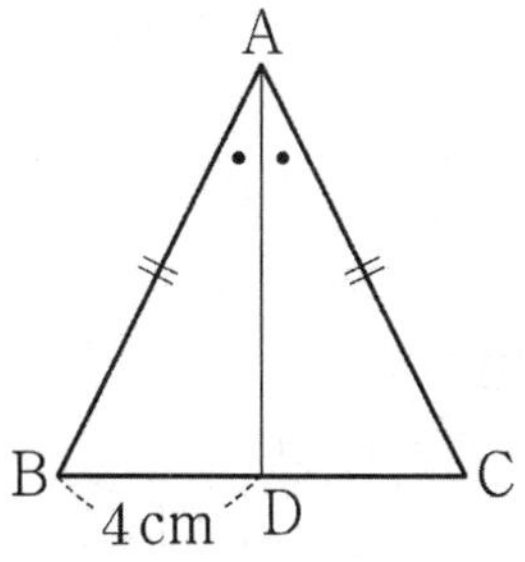

① 7cm
② 8cm
③ 9cm
④ 10cm

13. 그림에서 $\triangle ABC \backsim \triangle DEF$일 때, $\overline{DE}$ 의 길이는?

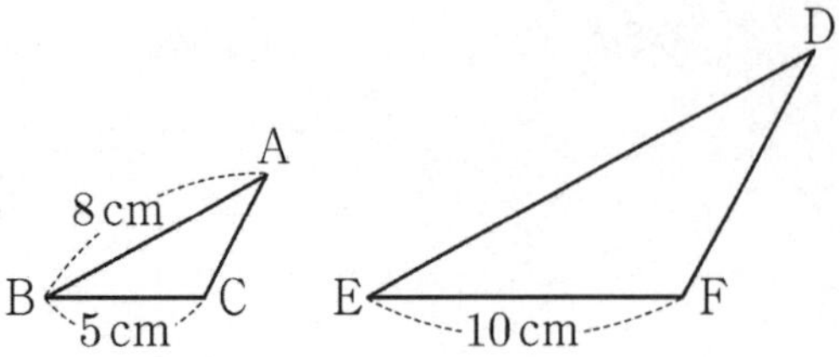

① 12cm
② 14cm
③ 16cm
④ 18cm

14. 그림과 같이 주머니 속에 모양과 크기가 같은 흰 공 3개, 검은 공 5개가 들어 있다. 이 주머니에서 임의로 한 개의 공을 꺼낼 때, 흰 공이 나올 확률은?

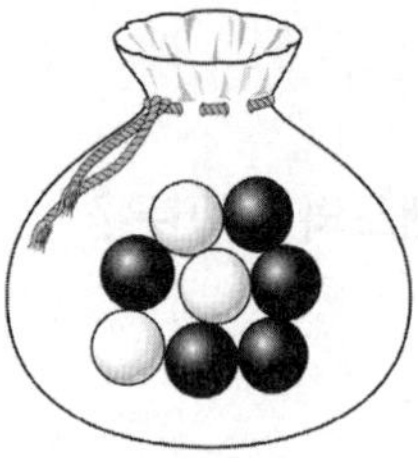

① $\frac{3}{8}$
② $\frac{1}{2}$
③ $\frac{5}{8}$
④ $\frac{3}{4}$

15. $2\sqrt{5}+3\sqrt{5}$를 간단히 한 것은?

① $5\sqrt{5}$　② $6\sqrt{5}$　③ $7\sqrt{5}$　④ $8\sqrt{5}$

16. 이차방정식 $(x-7)^2=0$의 근은?

① 4　② 5　③ 6　④ 7

17. 이차함수 $y=\frac{1}{4}x^2$ 의 그래프에 대한 설명으로 옳은 것은?

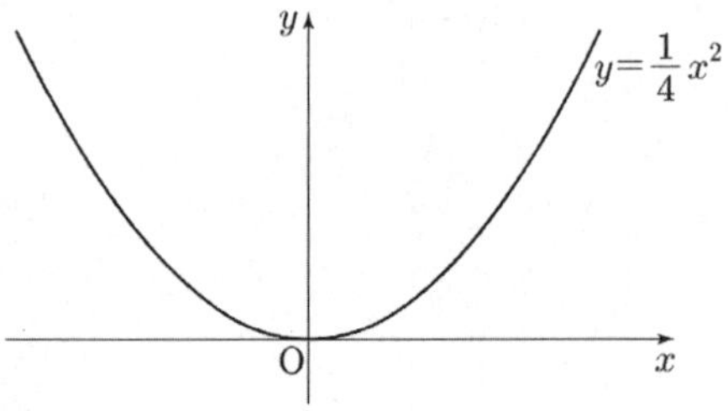

① 위로 볼록하다.
② y축을 축으로 한다.
③ 점 $(-1,\ 2)$를 지난다.
④ 꼭짓점의 좌표는 $\left(\frac{1}{4},\ 0\right)$이다.

18. 그림과 같이 직각삼각형 ABC에서 $\overline{AB}=13$, $\overline{BC}=12$, $\overline{CA}=5$일 때, $\cos B$의 값은?

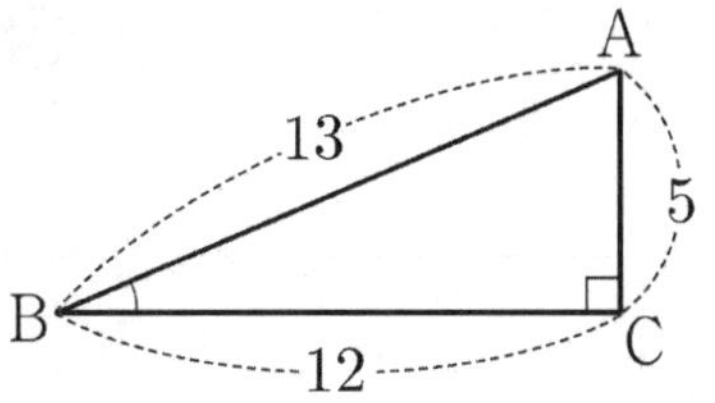

① $\frac{5}{13}$
② $\frac{5}{12}$
③ $\frac{12}{13}$
④ $\frac{12}{5}$

19. 그림과 같이 원 O의 중심에서 두 현 AB, CD에 내린 수선의 발을 각각 M, N이라고 하자.
$\overline{AB}=\overline{CD}=8\text{cm}$, $\overline{OM}=5\text{cm}$ 일 때, $\overline{ON}$ 의 길이는?

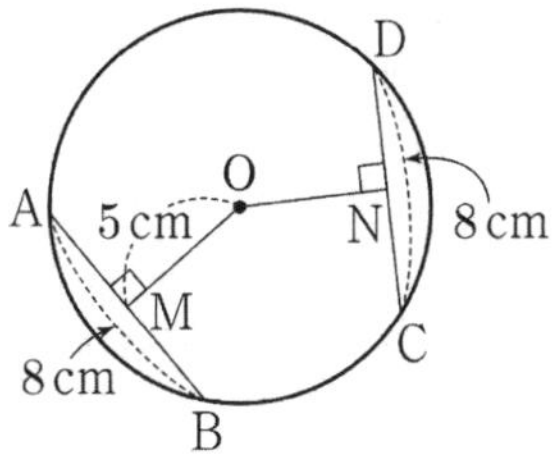

① 5cm
② 6cm
③ 7cm
④ 8cm

20. 자료는 학생 5명의 수학 점수를 조사하여 나타낸 것이다. 이 자료의 중앙값은?

(단위 : 점)

80 75 85 95 90

① 75 ② 80 ③ 85 ④ 90

2024년도 제1회 중학교 졸업학력 검정고시

영 어

중졸

1. 밑줄 친 단어의 뜻으로 가장 적절한 것은?

Everyone thinks that ice cream is <u>delicious</u>.

① 쉬운 ② 가능한 ③ 맛있는 ④ 흥미로운

2. 다음 중 두 단어의 의미 관계가 나머지 셋과 <u>다른</u> 것은?

① big – small ② dry – wet
③ old – young ④ tall – high

[3~4] 다음 빈칸에 들어갈 말로 가장 적절한 것을 고르시오.

3.

A lot of students ________ standing in line.

① am ② is ③ was ④ were

4.

How ________ does it take to go to the train station?

① long ② many ③ often ④ tall

[5~6] 다음 대화의 빈칸에 들어갈 말로 가장 적절한 것을 고르시오.

5.

A : ________ do you usually get up?
B : I usually get up at seven.

① How ② What ③ When ④ Which

6.

A : Can you ride a bike?
B : ________________.

① Yes, I can ② No, I don't ③ Yes, you can ④ No, I'm not

7. 다음 빈칸에 공통으로 들어갈 말로 가장 적절한 것은?

- I play the piano in my _______ time.
- You can have this candy for _______.

① busy ② close ③ free ④ hard

8. 다음은 가족이 주말에 할 일이다. Tom이 할 일은?

Father	Mother	Tom	Emma
water the plants	clean the windows	do the laundry	bake cookies

① 식물 물 주기
② 창문 닦기
③ 빨래하기
④ 쿠키 굽기

9. 그림으로 보아 빈칸에 들어갈 말로 가장 적절한 것은?

A : What is the girl doing?
B : She is ________________.

① reading a book ② drawing a picture
③ listening to music ④ playing basketball

10. 다음 대화가 끝난 후 두 사람이 함께 갈 장소는?

A : I'm worried about my leg. I can't walk easily.
B : Why don't you see a doctor?
A : I think I should. Can you go with me now?
B : Sure.

① 병원 ② 서점 ③ 문구점 ④ 우체국

11. 다음 대화의 빈칸에 들어갈 말로 가장 적절한 것은?

A : How's the weather outside?
B : It's raining. ______________________?
A : No, I don't. I have to buy one.

① What time is it
② How have you been
③ Where did you get it
④ Do you have an umbrella

12. 다음 대화의 주제로 가장 적절한 것은?

A : We need to change the meeting time. It's too early.
B : I agree. What about 10 a.m.?
A : That's much better.

① 회의 시간 변경
② 회의 장소 변경
③ 회의 주제 변경
④ 회의 참가자 변경

13. 다음 홍보문을 보고 알 수 없는 것은?

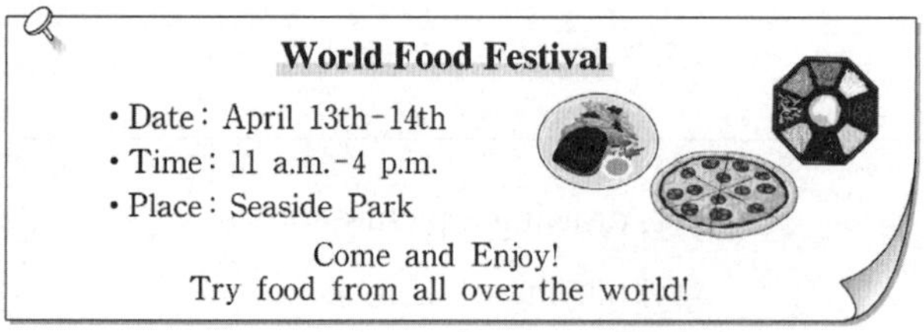

① 행사 날짜
② 행사 시간
③ 행사 장소
④ 행사 참가비

14. 다음 방송의 목적으로 가장 적절한 것은?

> Hello, everyone. I have something to tell you about tomorrow's lunch menu. The original menu was spaghetti, cake, and orange juice. However, we'll serve milk instead of orange juice. Sorry about the change.

① 기부금 모금
② 학교 규칙 안내
③ 새로운 요리사 소개
④ 점심 메뉴 변경 공지

15. 다음 대화에서 B가 수영장에 가지 <u>못하는</u> 이유는?

> A : Steve and I are going to the swimming pool this Saturday. Do you want to join us?
> B : Sorry, but I'm taking a trip with my family this weekend.
> A : Okay. Maybe next time.

① 수학 시험이 있어서
② 가족 여행을 가야 해서
③ 치과 예약이 있어서
④ 축구 경기를 해야 해서

16. 다음 Moai에 대한 설명과 일치하지 <u>않는</u> 것은?

> Have you ever heard of the Moai? They are on Easter Island. They are tall, human-shaped stones. Most of them are about four meters tall, and the tallest one is around 20 meters tall. They mainly face towards the village, and some are looking out to sea.

① 이스터섬에 있다.
② 사람 모양의 돌이다.
③ 대부분 높이가 약 20미터이다.
④ 주로 마을 쪽을 보고 있다.

17. 다음 글에서 City Flea Market에 대해 언급된 내용이 <u>아닌</u> 것은?

> City Flea Market is a great place for many shoppers. It is open every Saturday. It is in front of the History Museum. You can buy clothes, shoes, books, and toys at low prices in this market.

① 열리는 요일
② 열리는 장소
③ 주차 정보
④ 판매 품목

18. 다음 글에서 Jimin이 제안한 것으로 가장 적절한 것은?

> My big problem at school is getting poor grades on tests. I never do well on them. So, I asked Jimin for advice. Jimin suggested making a study group. He told me that studying with friends could help me do better on tests.

① 친구들과 함께 공부하기
② 조용한 공부 장소 찾기
③ 시험공부 계획 세우기
④ 선생님께 질문하기

19. 다음 그래프로 보아 빈칸에 들어갈 말로 가장 적절한 것은?

Our Classmates' Interests

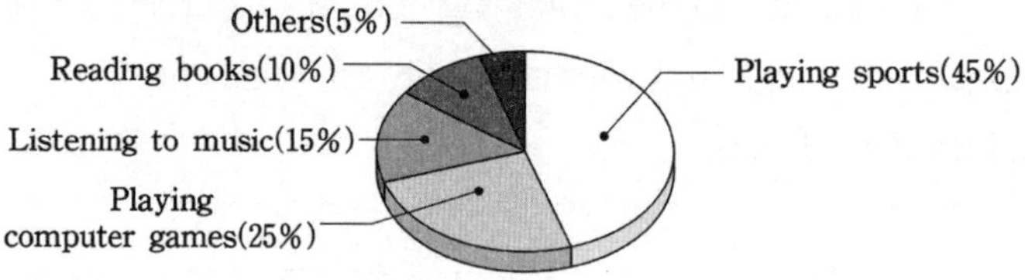

> More than forty percent of the students in our class are interested in ______________.

① playing sports
② playing computer games
③ listening to music
④ reading books

20. 다음 글의 흐름으로 보아 어울리지 않는 문장은?

> Last year, I went to a mountain. ① I took a cable car to the middle of the mountain. ② My father bought a new car. ③ Then, I hiked to the top. ④ At the top, I found that the trees were red and yellow. It was amazing and exciting to see beautiful autumn leaves.

21. 밑줄 친 It이 가리키는 것으로 가장 적절한 것은?

> Do you like walking? How many steps do you walk in a day? Walking can offer lots of health benefits to people of all ages. It may help prevent certain diseases, so you can live a long life. It also doesn't require any special equipment and can be done anywhere.

① Equipment
② Life
③ Stress
④ Walking

22. 도서관 이용 시 주의해야 할 사항으로 언급되지 않은 것은?

Library Rules :
- Return books on time.
- Do not make loud noises.
- Do not eat any food.

① 제시간에 책 반납하기
② 시끄럽게 하지 않기
③ 음식 먹지 않기
④ 책에 낙서하지 않기

23. 다음 글의 주제로 가장 적절한 것은?

Do you know what to do when there is a fire? You should shout, "Fire!" You need to cover your face with a wet towel. You have to stay low and get out. Remember to use the stairs, not the elevator. Also, you need to call 119 as soon as possible.

① 건강한 식생활 방법
② 지진의 원인과 대처법
③ 화재 발생 시 행동 요령
④ 전자 제품 사용 시 유의점

24. 다음 글을 쓴 목적으로 가장 적절한 것은?

My name is John Brown. I'd like to report a problem on Main Street. This morning I saw that the traffic lights were broken. I'm afraid this might cause an accident. Please come and check right away.

① 사과하려고 ② 신고하려고 ③ 축하하려고 ④ 홍보하려고

25. 다음 글의 바로 뒤에 이어질 내용으로 가장 적절한 것은?

Yoga is a mind and body practice that can build strength and balance. It may also help manage pain and reduce stress. There are a lot of types of yoga. Let's take a look at the various types of yoga.

① 요가의 좋은 점
② 다양한 요가의 유형
③ 요가가 시작된 나라
④ 요가할 때 주의할 점

2024년도 제1회 중학교 졸업학력 검정고시

사 회

중졸

1. ㉠에 들어갈 자원으로 가장 적절한 것은?

> **○○신문** ○○○○년 ○○월 ○○일
>
> **첨단 산업에 필수적인 (㉠)**
>
> 원자 번호 21번 스칸듐(Sc), 39번 이트륨(Y), 57~71번까지 총 17개의 원소 그룹을 말한다. 스마트폰, 전기차 배터리 등을 만드는 데 없어서는 안 될 중요한 자원이 되었지만 생산 지역이 한정되어 있고 생산량도 매우 적다.

① 석탄
② 철광석
③ 희토류
④ 천연가스

2. 다음에서 설명하는 것으로 가장 적절한 것은?

- 한 장소를 상징하는 대표적인 건축물이나 조형물 등을 말한다.
- 주변 경관 중에서 눈에 가장 잘 띄기 때문에 사람들이 자신의 위치를 파악하는 데 도움을 준다.

① 위도　② 랜드마크
③ 행정 구역　④ 날짜 변경선

3. 다음에서 설명하는 문화 지역으로 가장 적절한 것은?

- 북부 아프리카, 서남아시아, 중앙아시아 일대에 나타난다.
- 주로 이슬람교를 믿으며, 유목과 관개 농업을 볼 수 있다.

① 건조 문화 지역　② 북극 문화 지역
③ 유럽 문화 지역　④ 오세아니아 문화 지역

4. ㉠에 들어갈 기후로 가장 적절한 것은?

① 건조 기후
② 고산 기후
③ 열대 기후
④ 한대 기후

5. 다음에서 설명하는 섬으로 옳은 것은?

◦ 우리나라에서 가장 동쪽에 위치한 영토이다.
◦ 섬 전체가 천연기념물로 지정되어 있다.

① 독도 ② 마라도 ③ 울릉도 ④ 제주도

6. 다음에서 설명하는 농업으로 옳은 것은?

◦ 열대 기후 지역에서 선진국의 자본과 기술, 원주민의 노동력을 결합하여 상품 작물을 대규모로 재배한다.
◦ 주요 작물로는 천연고무, 카카오, 바나나 등이 있다.

① 낙농업 ② 수목 농업 ③ 혼합 농업 ④ 플랜테이션

7. ㉠에 들어갈 자연재해로 가장 적절한 것은?

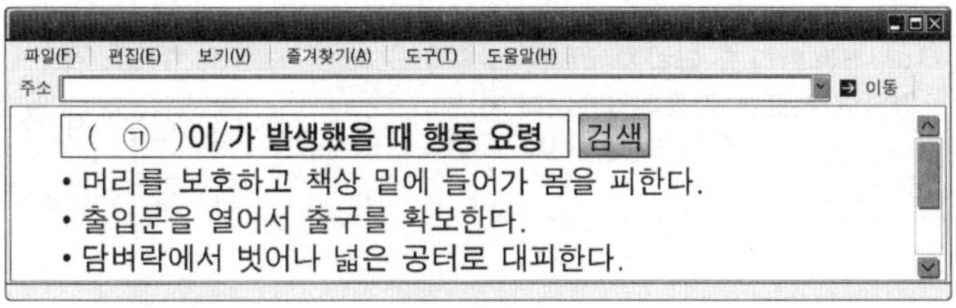

① 가뭄
② 지진
③ 폭설
④ 홍수

8. ㉠에 들어갈 지형으로 옳은 것은?

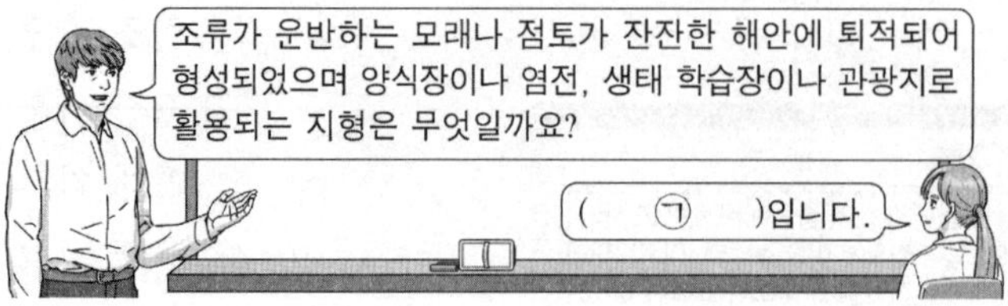

① 갯벌
② 고원
③ 피오르
④ 용암 동굴

9. ㉠에 들어갈 내용으로 옳은 것은?

◦ 서로 다른 두 나라 화폐의 교환 비율을 (㉠)이라고 한다. ◦ (㉠)은 외국 화폐 1단위와 교환되는 자국 화폐의 가격으로 표시한다.

① 환율　② 실업률
③ 경제 성장률　④ 물가 상승률

10. 다음 설명에 해당하는 문화의 속성은?

◦ 한번 만들어진 문화는 고정되는 것이 아니라 시간이 흐름에 따라 끊임없이 변화한다. ◦ 휴대 전화가 급속하게 보급되면서 공중전화가 점차 사라져 가고 있는 것을 그 예로 들 수 있다.

① 변동성　② 수익성　③ 일회성　④ 희소성

11. 다음 퀴즈에 대한 정답으로 옳은 것은?

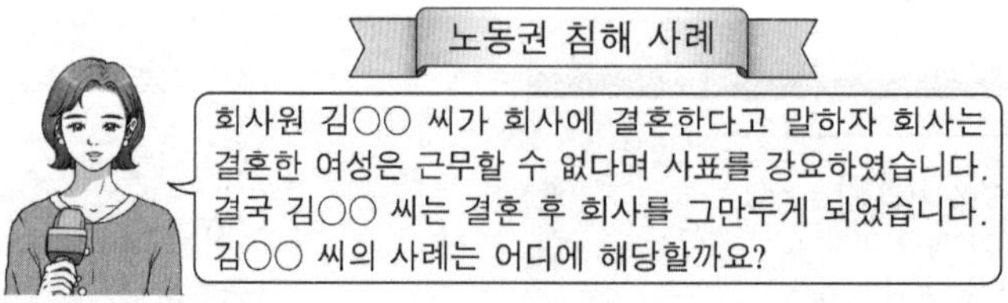

① 권력 분립
② 부당 해고
③ 임금 체불
④ 국민 투표

12. 다음 설명에 해당하는 것은?

> ◦ 선거구를 미리 법률로 획정하는 것이다.
> ◦ 특정 정당이나 특정 후보에게 유리하도록 임의로 선거구를 변경하는 것을 막아 선거가 공정하게 치러지도록 보장한다.

① 심급 제도　② 지역화 전략
③ 사법부의 독립　④ 선거구 법정주의

13. 다음에서 설명하는 정치 주체는?

> ◦ 정치 과정에 참여하는 국가 기관이다.
> ◦ 국회에서 제정한 법률에 근거하여 구체적인 정책을 수립하고 이를 실행에 옮긴다.

① 언론　② 정당　③ 정부　④ 이익 집단

14. 다음 심판을 담당하는 기관은?

> 위헌 법률 심판, 헌법 소원 심판, 탄핵 심판, 권한 쟁의 심판, 정당 해산 심판

① 국회　② 지방 법원　③ 헌법 재판소　④ 선거 관리 위원회

15. 다음에서 설명하는 것은?

> ◦ 개인이나 단체가 소유한, 경제적 가치가 있는 실물 자산이다.
> ◦ 아파트나 빌딩 등과 같이 움직여 옮길 수 없는 자산이다.

① 예금　② 적금　③ 현금　④ 부동산

16. 표는 아이스크림의 가격에 따른 수요량과 공급량을 나타낸 것이다. 이를 통해 알 수 있는 균형 가격은?

가격(원)	1,000	1,500	2,000	2,500	3,000
수요량(개)	300	250	200	150	100
공급량(개)	100	150	200	250	300

① 1,000원
② 1,500원
③ 2,000원
④ 2,500원

17. **다음 유적이 처음으로 만들어진 시대는?**

- 명칭 : 탁자식 고인돌
- 용도 : 주로 지배자의 무덤으로 사용

① 구석기 시대 ② 신석기 시대
③ 청동기 시대 ④ 철기 시대

18. **㉠에 들어갈 내용으로 옳은 것은?**

<조선 후기 ㉠ 의 등장>

- 주요 인물 : 정약용, 박지원, 박제가 등
- 특징 : 현실 문제를 해결하기 위해 토지 제도 개혁, 상공업 발전 등을 주장함.

① 불교 ② 도교 ③ 실학 ④ 풍수지리설

19. **다음 퀴즈의 정답으로 옳은 것은?**

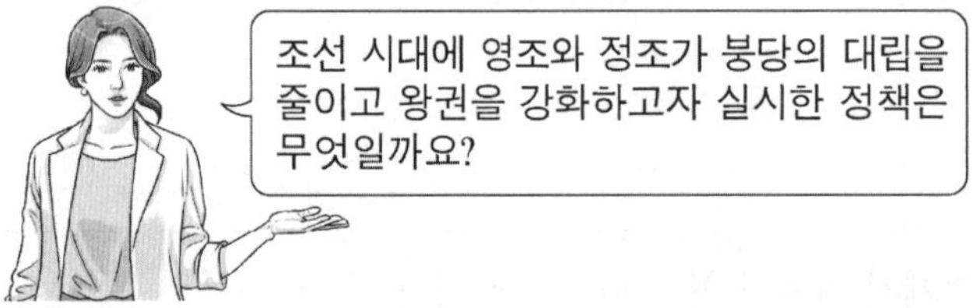

① 호패법
② 탕평책
③ 과전법
④ 위화도 회군

20. **㉠에 들어갈 왕은?**

<통일 신라 시대 ㉠ 의 정책>

- 교육 제도 : 국학 설치
- 지방 제도 : 9주 5소경 설치
- 토지 제도 : 관료전 지급, 녹읍 폐지

① 세조 ② 신문왕 ③ 유형원 ④ 흥선 대원군

21. **다음 설명에 해당하는 내용으로 옳은 것은?**

> 청과의 전쟁에 패한 후 청에게 복수하여야 한다는 움직임이 일어났다. 이를 주도한 효종은 성곽과 무기를 정비하고 군대를 양성하여 청을 정벌하고자 하였다.

① 북벌 운동　② 화랑도 조직

③ 별무반 편성　④ 광주 학생 항일 운동

22. **㉠에 들어갈 내용으로 가장 적절한 것은?**

> 〈신라의 [㉠] 과정〉
> 신라와 당의 동맹 ⟶ 백제의 멸망 ⟶ 고구려의 멸망 ⟶ 신라와 당의 전쟁에서 신라 승리

① 삼국 통일

② 신분제 폐지

③ 금속 활자 발명

④ 임진왜란 승리

23. **㉠에 해당하는 나라는?**

> <학습 주제 : [㉠] 이/가 몽골의 침입에 맞서 싸우다.>
> ◦ 강화도 천도　◦ 삼별초의 항쟁　◦ 팔만대장경 완성

① 가야　② 발해　③ 고려　④ 조선

24. **다음 정책을 추진한 정부는?**

> ◦ 한 · 일 국교 정상화　◦ 베트남 파병
> ◦ 새마을 운동　◦ 유신 헌법 선포

① 김대중 정부　② 김영삼 정부　③ 노태우 정부　④ 박정희 정부

25. **㉠에 들어갈 답변으로 옳은 것은?**

① 병자호란

② 과거제 시행

③ 서경 천도 운동

④ 일본군 '위안부' 동원

2024년도 제1회 중학교 졸업학력 검정고시

과 학

중졸

---

1. 다음 설명에 해당하는 힘은?

- 액체나 기체 속에서 물체를 밀어 올리는 힘이다.
- 힘의 크기는 액체나 기체에 잠긴 물체의 부피가 클수록 크다.

① 부력　② 중력　③ 마찰력　④ 탄성력

2. 그림은 레이저 빛이 평면거울에 입사하여 반사되는 모습을 나타낸 것이다. 반사각의 크기가 60° 일 때, 입사각의 크기는?

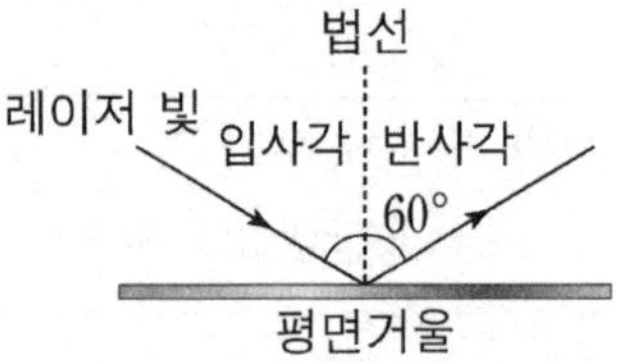

① 40°
② 50°
③ 60°
④ 70°

3. 그림과 같이 (+)대전체를 알루미늄 막대에 가까이 하였을 때, 알루미늄 막대의 양 끝 ㉠과 ㉡에 유도되는 전하의 종류가 옳게 짝지어진 것은?

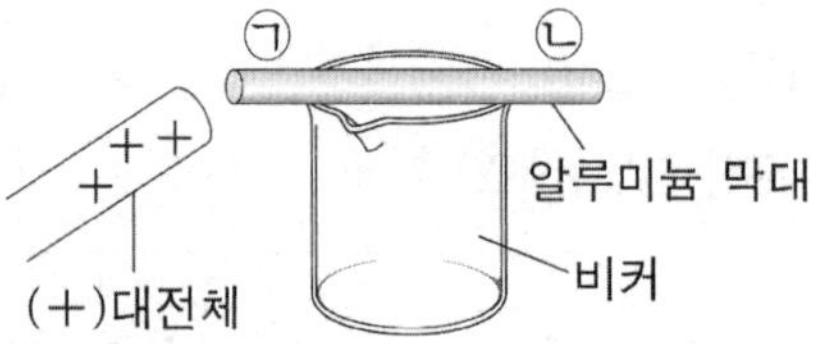

	㉠	㉡
①	(+)	(+)
②	(+)	(−)
③	(−)	(−)
④	(−)	(+)

4. 그림은 전류가 흐르는 도선 위에 놓인 나침반의 모습을 나타낸 것이다. 전류가 흐르는 방향을 반대로 하였을 때 나침반의 모습은? (단, 전류에 의한 자기장만 고려한다.)

① 

② 

③ 

④ 

5. 그래프는 일정한 속력으로 운동하는 물체의 시간에 따른 이동 거리를 나타낸 것이다. 이 물체의 속력은?

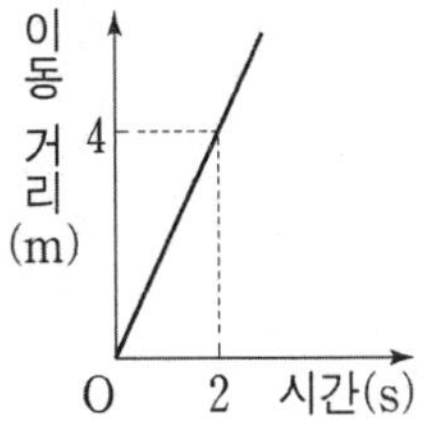

① 2m/s
② 4m/s
③ 6m/s
④ 8m/s

6. 그림은 질량이 같은 물체 A~D의 위치를 나타낸 것이다. A~D 중 중력에 의한 위치 에너지가 가장 큰 것은? (단, 물체의 중력에 의한 위치 에너지는 지면을 기준으로 한다.)

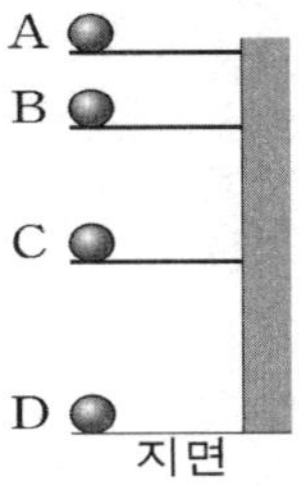

① A
② B
③ C
④ D

7. 다음 ㉠에 해당하는 현상은?

향수병 마개를 연 채로 놓아두면 향수 입자는 사방으로 퍼진다. 이처럼 물질을 이루는 입자가 스스로 운동하여 퍼져 나가는 현상을 [㉠](이)라고 한다.

① 융해　② 응결　③ 응고　④ 확산

8. 그림은 물질의 상태 변화를 나타낸 것이다. A~D 중 기화에 해당하는 것은?

① A
② B
③ C
④ D

9. 그림은 암모니아(NH_3)의 분자 모형을 나타낸 것이다. 암모니아 분자 1개를 구성하는 수소 원자(H)의 개수는?

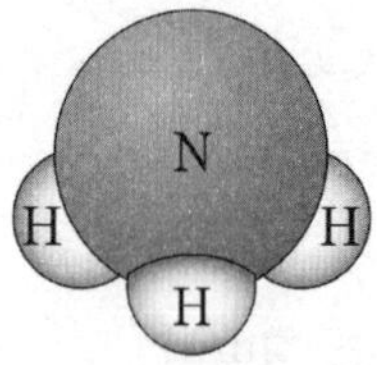

① 1개
② 2개
③ 3개
④ 4개

10. 그림은 서로 섞이지 않는 액체 A~D를 컵에 넣고 일정 시간이 지난 뒤의 모습을 나타낸 것이다. A~D 중 밀도가 가장 큰 것은?

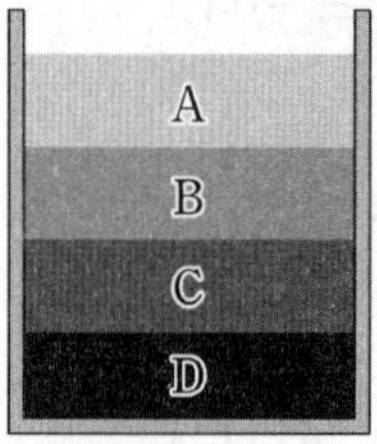

① A
② B
③ C
④ D

11. 다음은 과산화 수소를 분해하여 물과 산소가 생성되는 반응의 화학 반응식이다. ㉠에 해당하는 것은?

$2H_2O_2 \rightarrow 2$ ㉠ $+ O_2$

① N_2 ② H_2O ③ CO_2 ④ NH_3

12. 그래프는 마그네슘을 연소시켜 산화 마그네슘이 생성될 때 마그네슘과 산화 마그네슘의 질량 관계를 나타낸 것이다. 마그네슘 3g을 모두 연소시켰을 때 생성된 산화 마그네슘의 질량은?

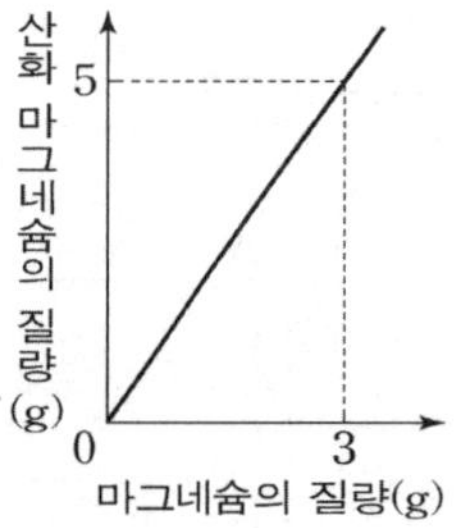

① 2g
② 3g
③ 4g
④ 5g

13. 다음은 무궁화에 대한 설명이다. 이 생물이 속하는 계는?

- 광합성을 하여 스스로 양분을 만든다.
- 뿌리, 줄기, 잎, 꽃이 발달한 다세포 생물이다.

① 균계 ② 동물계 ③ 식물계 ④ 원생생물계

14. 다음은 생물의 호흡 과정이다. ㉠에 해당하는 것은?

포도당 + 산소 → ㉠ + 물 + 에너지

① 산소 ② 질소 ③ 헬륨 ④ 이산화 탄소

15. 사람의 소화계에 속하지 <u>않는</u> 기관은?

① 간 ② 위 ③ 폐 ④ 소장

16. 다음 ㉠에 해당하는 것은?

사람 심장의 심방과 심실 사이, 심실과 동맥 사이에는 혈액이 거꾸로 흐르지 않고 한 방향으로만 흐르게 하는 ㉠ 이/가 존재한다.

① 융털 ② 판막 ③ 폐포 ④ 혈구

17. 다음 설명에 해당하는 것은?

- 내분비샘에서 만들어져 혈액을 따라 이동한다.
- 혈당량을 조절하는 인슐린, 글루카곤이 그 예이다.

① 물 ② 호르몬 ③ 무기 염류 ④ 바이타민

18. 그림은 어떤 동물 세포 1개의 생식세포 형성 과정을 나타낸 것이다. 이와 같은 과정으로 만들어지는 것은?

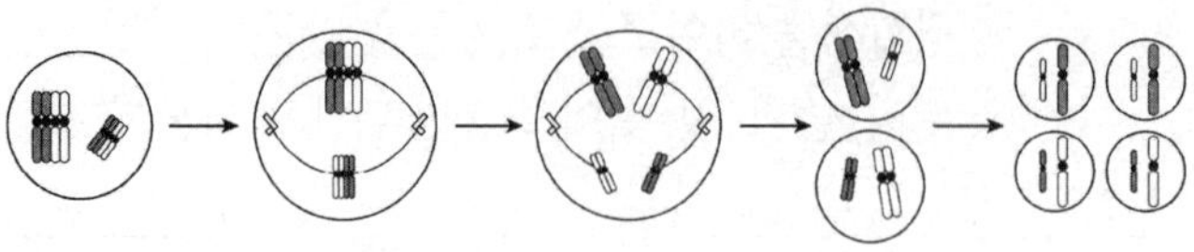

① 정자
② 간 세포
③ 심장 세포
④ 이자 세포

19. 그림은 어느 집안의 ABO식 혈액형 가계도를 유전자형으로 나타낸 것이다. ㉠에 해당하는 유전자형은? (단, 돌연변이는 없다.)

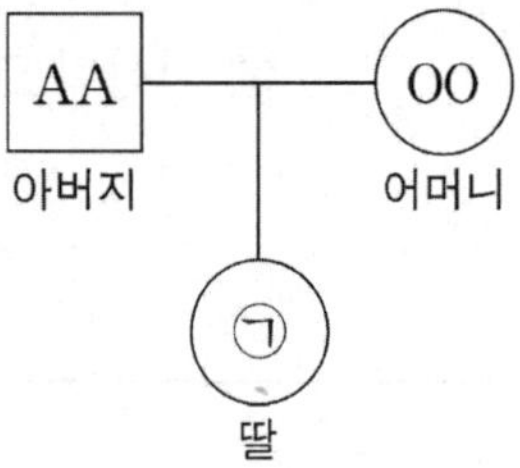

① AO
② BO
③ BB
④ AB

20. 지진이 발생할 때 생긴 진동을 분석하여 지구 내부 구조를 연구하는 방법은?

① 화석 연구
② 오존층 연구
③ 지진파 연구
④ 태양풍 연구

21. 다음 설명에 해당하는 암석의 종류는?

∘ 열과 압력을 받아 성질이 변한 암석이다. ∘ 알갱이들이 재배열되어 줄무늬가 나타나기도 한다.

① 변성암
② 심성암
③ 퇴적암
④ 화산암

22. 다음은 월식에 대한 설명이다. 월식이 일어날 수 있는 달의 위치는?

월식은 달이 지구 주위를 공전하는 동안 지구의 그림자 속으로 들어가 어둡게 보이는 현상이다.

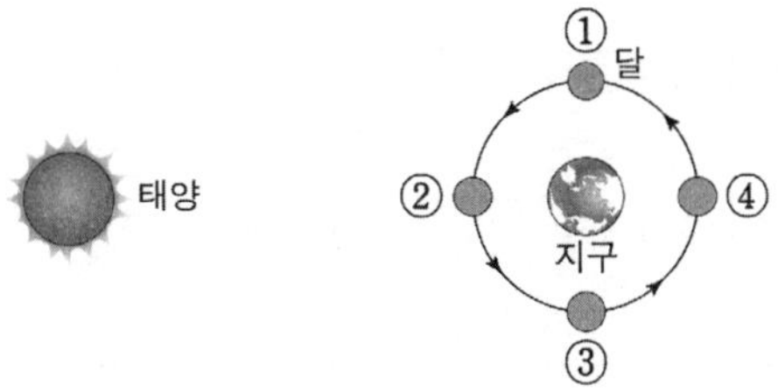

23. 그림과 같이 태양계 행성을 물리적 특성에 따라 분류할 때 지구형 행성에 해당하지 <u>않는</u> 행성은?

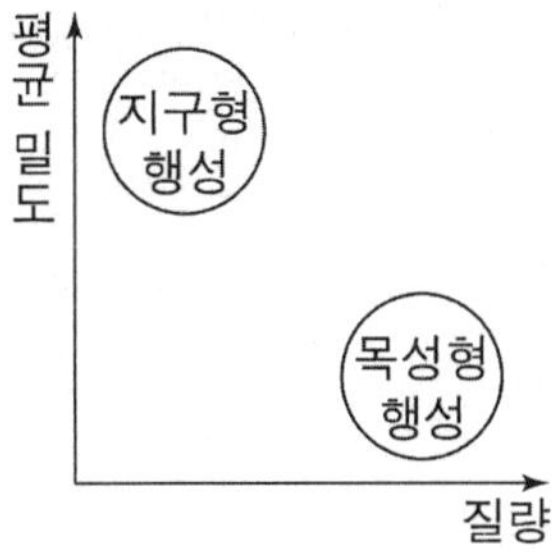

① 금성
② 수성
③ 목성
④ 화성

24. 다음 설명에 해당하는 전선은?

- 따뜻한 기단이 찬 기단 위로 타고 올라갈 때 만들어진다.
- 전선 통과 후 기온이 상승한다.

① 온난 전선　② 정체 전선　③ 폐색 전선　④ 한랭 전선

25. 그림은 지구에서 6개월 간격으로 별을 관측한 연주 시차를 나타낸 것이다. 연주 시차가 발생하는 원인은?

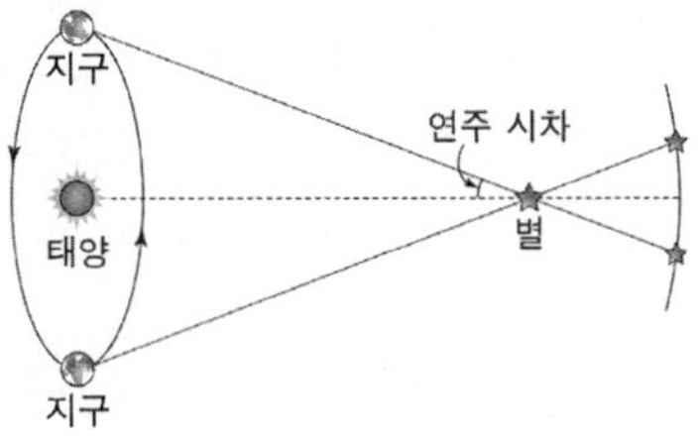

① 별의 공전
② 지구의 공전
③ 지구의 자전
④ 태양의 자전

2024년도 제1회 중학교 졸업학력 검정고시

도 덕

중졸

1. **다음에서 설명하는 인간의 특성은?**

> 사람은 혼자서는 살아가기 어려우므로 다른 사람과 도움을 주고받으며 더불어 살아가고자 한다.

① 배타적 존재　② 사회적 존재　③ 맹목적 존재　④ 충동적 존재

2. **다음 중 도덕 원리에 해당하는 것은?**

① 정직해야 한다.
② 장미꽃은 아름답다.
③ 해는 동쪽에서 뜬다.
④ 서울은 대한민국의 수도이다.

3. **다음 퀴즈에 대한 정답으로 옳은 것은?**

① 분노
② 자비
③ 준법
④ 쾌락

4. **이웃 간의 갈등을 해결하기 위한 적절한 자세를 <보기>에서 고른 것은?**

<보기>

ㄱ. 양보　ㄴ. 배려　ㄷ. 이기심　ㄹ. 사생활 침해

① ㄱ, ㄴ　② ㄱ, ㄹ　③ ㄴ, ㄷ　④ ㄷ, ㄹ

5. ㉠에 들어갈 내용으로 적절하지 않은 것은?

주제: 자아
- 의미: 자신의 참된 모습
- 개인적 자아: (　　　㉠　　　)

① 소망
② 능력
③ 가치관
④ 사회적 관습

6. 다음에서 설명하는 지구 공동체의 도덕 문제는?

도 덕 신 문 20○○년 ○월 ○일

산업 혁명 이후 대량 생산과 대량 소비를 하는 시대가 열리면서 자연의 파괴가 시작되었다. 공장의 매연과 자동차의 배기가스로 대기가 오염되고, 공장 폐수와 생활 하수로 물이 오염되고 있다.

① 환경 문제
② 종교 문제
③ 인종 차별
④ 아동 학대

7. 다음 학생이 추구하는 가치 중 성격이 다른 것은?

① 사랑
② 용돈
③ 감사
④ 진리

8. 다음과 관련된 문제를 해결하기 위해 필요한 덕목은?

스마트폰에 너무 많은 시간을 빼앗겨 학교생활까지 지장을 받을 뿐만 아니라 중독으로 이어지는 경우도 있다.

① 방관　　② 자애　　③ 절제　　④ 정직

9. 어느 학생의 서술형 평가 답안이다. 밑줄 친 ㉠~㉣ 중 옳지 않은 것은?

문제: 봉사 활동에 참여하는 바람직한 자세를 서술하시오.

〈학생 답안〉
㉠ 자기의 이익보다는 공익을 추구해야 하고, ㉡ 보수나 대가를 바라지 않아야 한다. 그리고 ㉢ 다른 사람의 명령에 따라 억지로 참여해야 하며, ㉣ 일회성으로 끝나지 않고 꾸준히 참여해야 한다.

① ㉠
② ㉡
③ ㉢
④ ㉣

10. 진정한 우정을 맺기 위한 방법으로 적절한 것은?

① 학생 1
② 학생 2
③ 학생 3
④ 학생 4

11. 다음에서 설명하는 인권의 특징은?

모든 사람은 인종, 피부색, 언어, 종교 등과 관계없이 누구나 동등하게 권리를 누려야 한다.

① 보편성 ② 일회성 ③ 폐쇄성 ④ 폭력성

12. 다음과 관련하여 도덕적 실천 의지를 기르기 위한 노력으로 적절하지 않은 것은?

어려움에 처한 사람을 도와야 한다는 것을 알면서도 그냥 지나친다.

① 공감 ② 관심 ③ 독단 ④ 용기

13. ㉠에 들어갈 가치로 적절하지 않은 것은?

① 평등
② 혐오
③ 공정
④ 복지

14. 통일을 해야 하는 이유를 <보기>에서 고른 것은?

<보기>

ㄱ. 분단 비용 지출을 늘리기 위해서
ㄴ. 이산가족의 고통을 해소하기 위해서
ㄷ. 군사적 긴장 관계를 심화시키기 위해서
ㄹ. 문화적 · 역사적 동질성을 회복하기 위해서

① ㄱ, ㄴ ② ㄱ, ㄷ ③ ㄴ, ㄹ ④ ㄷ, ㄹ

15. 다음에서 문화를 바라보는 관점은?

① 문화 상대주의
② 문화 절대주의
③ 문화 이기주의
④ 자문화 중심주의

16. ㉠에 들어갈 내용으로 적절하지 <u>않은</u> 것은?

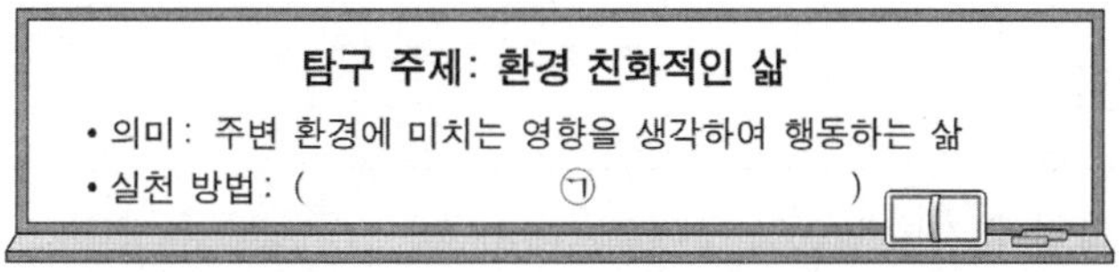

① 과대 포장 안 하기
② 일회용품 애용하기
③ 장바구니 사용하기
④ 대중교통 이용하기

17. 그림에서 전달하려는 내용과 관련된 용어는?

① 익명성
② 가치 전도
③ 시민 불복종
④ 회복 탄력성

18. 다음에 해당하는 사상가는?

> 인간의 본성상 자연스럽게 어울려 가족을 이루고, 마을을 이루며, 마을이 커지면서 국가가 형성되었다는 자연발생설을 주장함.

① 칸트　② 롤스　③ 슈바이처　④ 아리스토텔레스

19. 생태 중심주의 자연관을 <보기>에서 고른 것은?

<보기>

ㄱ. 자연의 무분별한 개발을 강조한다.
ㄴ. 자연을 그 자체로 소중하다고 본다.
ㄷ. 생태계 전체에 대한 배려를 강조한다.
ㄹ. 인간은 자연을 지배할 권리를 지닌 존재라고 본다.

① ㄱ, ㄴ　② ㄱ, ㄹ　③ ㄴ, ㄷ　④ ㄷ, ㄹ

20. **다음에서 언어폭력에만 '√'를 표시한 학생은?**

행위 \ 학생	A	B	C	D
• 꼬집거나 고의로 밀친다.	√	√		√
• 외모를 비하하는 별명을 부른다.	√		√	√
• 거짓 소문으로 상대방을 괴롭힌다.		√	√	√

① A
② B
③ C
④ D

21. **다음에서 설명하는 시민의 자질은?**

> 국가의 정책과 법을 만드는 과정에 자발적으로 참여함.

① 주인 의식　② 피해 의식　③ 특권 의식　④ 경쟁 의식

22. **다음에 해당하는 세대 간 소통을 위한 방법은?**

> 부모와 자녀는 서로를 이해하기 위해 상대방의 처지에서 생각해 보려고 노력해야 한다.

① 청렴　② 차별　③ 자아도취　④ 역지사지

23. **교사의 질문에 대한 대답으로 적절한 것은?**

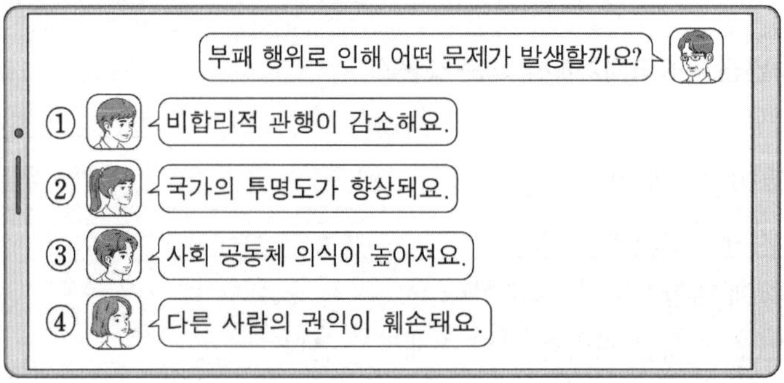

24. 과학 기술의 바람직한 활용 방안으로 적절하지 않은 것은?

① 인류 전체의 복지 증진에 기여해야 한다.
② 미래 세대에 대한 책임 의식을 가져야 한다.
③ 어떠한 경우에도 유용성만을 추구해야 한다.
④ 인간의 존엄성과 인권 향상을 위해 노력해야 한다.

25. 마음의 평화를 얻기 위한 자세로 적절한 것은?

① 증오심을 표출한다.
② 긍정적 마음을 갖는다.
③ 비관적 태도를 지닌다.
④ 타인의 실수를 용서하지 않는다.

2024년도 제2회
중학교 졸업자격 검정고시

C·O·N·T·E·N·T·S

2024년도 제2회 중학교 졸업학력 검정고시

국 어

중졸

1. 다음 대화에서 ㉠에 담긴 '민재'의 말하기 의도로 가장 적절한 것은?

> 민재 : 지후야, 내일 축구 경기 잊지 않았지?
> 지후 : 나는 첫 출전이라 팀에 방해가 되는 건 아닌지 걱정이야. 실수라도 하면 어쩌지?
> 민재 : ㉠ <u>지난번에 연습할 때 엄청 잘했잖아. 긴장하지 말고 평소 실력을 발휘하면 잘할 수 있을 거야</u>!
> 지후 : 고마워, 내일 열심히 하자!

① 감사　② 격려　③ 사과　④ 양보

2. 다음은 학생의 일기이다. 일기를 쓴 '나'가 보완해야 할 점으로 가장 적절한 것은?

> **○○의 일기**
>
> 나는 오늘 국어 시간에 토론에 참여했다. 토론은 '급식 자율 배식'에 관한 주제로 진행되었다. 평소 말하기에는 자신이 있었기 때문에 별다른 준비를 하지 않았다. 하지만 막상 토론을 해 보니, 상대방의 주장에 반박할 타당한 근거가 떠오르지 않아 당황스러웠다. 우물쭈물하다가 토론이 끝나 버려 매우 아쉬웠다.

① 토론의 절차와 규칙을 준수한다.
② 상대방을 존중하는 언어를 사용한다.
③ 자신의 감정을 앞세워 상대방을 비판하지 않는다.
④ 상대방의 주장에 반박할 타당한 근거를 미리 마련한다.

3. 다음과 관련 있는 언어의 특성으로 가장 적절한 것은?

> '버스'를 '가방'으로, '사람'을 '토끼'로, '책상'을 '비행기'로 바꾸어 말한다면 다른 사람들이 잘 알아들을 수 없을 것이다.

① 언어는 시간의 흐름에 따라 끊임없이 변화한다.
② 언어의 의미와 말소리 사이에는 필연적인 관계가 없다.
③ 언어는 같은 언어를 사용하는 사람들 사이의 약속이다.
④ 언어를 사용하여 새로운 단어나 문장을 끊임없이 만들어 낼 수 있다.

4. **밑줄 친 부분이 '한글 맞춤법'에 맞게 표기된 것은?**

① <u>된장찌게</u> 가격이 너무 올랐어.
② 이따 수업 <u>맞히고</u> 도서관에 가자.
③ 오늘은 <u>웬지</u> 그림을 그리고 싶어.
④ 남은 짐들은 모두 집으로 <u>부쳤어</u>.

5. **다음 설명에 해당하는 자음은?**

'잇몸소리'는 혀끝과 윗잇몸이 닿아서 나는 소리이다.

① ㄱ ② ㅁ ③ ㅈ ④ ㅌ

6. **다음 규정에 맞게 발음하지 <u>않은</u> 것은?**

■ 표준 발음법 ■ 【제11항】 겹받침 'ㄺ, ㄻ, ㄿ' 은 어말 또는 자음 앞에서 각각 [ㄱ, ㅁ, ㅂ] 으로 발음한다. 다만, 용언의 어간 말음 'ㄺ'은 'ㄱ' 앞에서 [ㄹ]로 발음한다.

① 굵고[굴:꼬] ② 맑게[막께] ③ 읊고[읍꼬] ④ 젊지[점:찌]

7. **밑줄 친 단어의 품사가 ㉠과 같은 것은?**

그곳의 경치는 ㉠ <u>아름답다</u>.

① 밥이 <u>정말</u> 맛있다.
② 새로 산 신발이 나에게 <u>작다</u>.
③ 사진을 보니 <u>옛</u> 추억이 생각난다.
④ 학생들이 <u>운동장</u>에서 축구를 한다.

8. **다음 설명에 해당하는 예로 적절하지 <u>않은</u> 것은?**

주어와 서술어의 관계가 두 번 이상 나타나는 문장을 '겹문장'이라고 한다.

① 토끼가 들판에서 풀을 뜯는다.
② 바람이 불고 나무가 흔들린다.
③ 나는 겨울이 오기를 기다린다.
④ 비가 와서 우리는 소풍을 연기했다.

9. 다음 개요의 ㉠에 들어갈 내용으로 가장 적절한 것은?

처음	웃음에 대한 사람들의 경험
중간	1. 웃음의 신체적 효과 가. 폐 기능을 개선할 수 있다. 나. 근육의 긴장을 풀 수 있다. 2. 웃음의 정신적 효과 가. 불안감을 해소할 수 있다. 나. 행복감과 편안함을 얻을 수 있다. 3. 웃음의 사회적 효과 가. [㉠] 나. 공동체의 분위기를 긍정적으로 만들 수 있다.
끝	웃음의 중요성

① 면역력을 강화할 수 있다.
② 스트레스를 해소할 수 있다.
③ 심장 건강을 증진할 수 있다.
④ 타인과의 유대감을 강화할 수 있다.

10. ㉠~㉣에 대한 고쳐쓰기 방안으로 적절하지 <u>않은</u> 것은?

> 지금까지 내가 겪은 많은 일 가운데 가장 기억에 남는 일은 축구부 활동을 ㉠ <u>했다</u>. 나는 초등학교 3학년 때 축구부 감독님께 ㉡ <u>발각</u>되어서 축구부에 들어갔다. ㉢ <u>이번 월드컵에서 우리나라 축구 대표 팀이 좋은 성과를 거두었다</u>. 그런데 초등학교 5학년 때 축구부가 해체되었고, 다시 축구를 하려면 전학을 가서 기숙사 생활을 해야 했다. ㉣ <u>왜냐하면</u> 나는 축구를 그만두게 되었다.

① ㉠ : 문장의 호응을 고려하여 '할 것이다'로 바꾼다.
② ㉡ : 문맥에 어울리지 않으므로 '발탁'으로 바꾼다.
③ ㉢ : 글의 흐름에서 벗어난 내용이므로 삭제한다.
④ ㉣ : 문장이 자연스럽게 연결되도록 '결국'으로 바꾼다.

[11~13] 다음 글을 읽고 물음에 답하시오.

> "아부지!"
> 부르는 소리가 들렸다. 만도는 깜짝 놀라며 얼른 뒤를 돌아 보았다. 그 순간 만도의 두 눈은 무섭도록 크게 떠지고, 입은 딱 벌어졌다. 틀림없는 아들이었으나, 옛날과 같은 진수는 아니었다. 양쪽 겨드랑이에 지팡이를 끼고 서 있는데, 스쳐 가는 바람결에 한쪽 바짓가랑이가 펄럭거리는 것이 아닌가. 만도는 눈앞이 노래지는 것을 어찌지 못했다. 한참 동안 그저 멍멍하기만 하다 코허리가 찡해지면서 두 눈에 뜨거운 것이 핑 도는 것이었다.

"에라이, 이놈아!"
만도의 입술에서 모질게 튀어나온 첫마디였다. 떨리는 목소리였다. 고등어를 든 손이 불끈 주먹을 쥐고 있었다.
"이기 무슨 꼴이고, 이기?"
"아부지!"
"이놈아, 이놈아……."
만도의 들창코가 크게 벌름거리다가 훌쩍 물코를 들이마셨다. 진수의 두 눈에서는 어느 결에 눈물이 꾀죄죄하게 흘러내리고 있었다. 만도는 모든 게 진수의 잘못이기나 한 듯 험한 얼굴로,
"가자, 어서!"
무뚝뚝한 한마디를 던지고는 성큼성큼 앞장을 서 가는 것이었다.

(중략)

개천 둑에 이르렀다. 외나무다리가 놓여 있는 그 시냇물이다. 진수는 슬그머니 걱정이 되었다. 물은 그렇게 깊은 것 같지 않지만, 밑바닥이 모래흙이어서 지팡이를 짚고 건너가기가 만만할 것 같지 않기 때문이다. 외나무다리 위로는 도저히 건너갈 재주가 없고……. 진수는 하는 수 없이 둑에 퍼지고 앉아서 바짓가랑이를 걷어 올리기 시작했다. 만도는 잠시 멀뚱히 서서 아들의 하는 양을 내려다보고 있다가,
"진수야, 그만두고 자아, 업자."
하는 것이었다.
"업고 건너면 일이 다 되는 거 아니가. 자아, 이거 받아라."
고등어 묶음을 진수 앞으로 민다.
"……."
진수는 퍽 난처해하면서, 못 이기는 듯이 그것을 받아 들었다. 만도는 등어리[1]를 아들 앞에 갖다 대고 하나밖에 없는 팔을 뒤로 버쩍 내밀며,
"자아, 어서!"
진수는 지팡이와 고등어를 각각 한 손에 쥐고, 아버지의 등어리로 가서 슬그머니 업혔다. 만도는 팔뚝을 뒤로 돌리면서 아들의 하나뿐인 다리를 꼭 안았다. 그리고,
"팔로 내 목을 감아야 될 끼다."
했다. 진수는 무척 황송한 듯 한쪽 눈을 찍 감으면서, 고등어와 지팡이를 든 두 팔로 아버지의 굵은 목줄기[2]를 부둥켜안았다. 만도는 아랫배에 힘을 주며, '끙!' 하고 일어났다. 아랫도리가 약간 후들거렸으나, 걸어갈 만은 했다. 외나무다리 위로 조심조심 발을 내디디며 만도는 속으로,
'이제 새파랗게 젊은 놈이 벌써 이게 무슨 꼴이고? 세상을 잘못 만나서 진수 니 신세도 참 똥이다, 똥!'
이런 소리를 주워섬겼고[3], 아버지의 등에 업힌 진수는 곧장 미안스러운 얼굴을 하며,
'나꺼정 이렇게 되다니 아부지도 참 복도 더럽게 없지. 차라리 내가 죽어 버렸더라면 나았을 낀데…….'

하고 중얼거렸다.

㉠ 만도는 아직 술기가 약간 있었으나, 용케 몸을 가누며 아들을 업고 외나무다리를 조심조심 건너가는 것이었다. 눈앞에 우뚝 솟은 용머리재가 이 광경을 가만히 내려다보고 있었다.

- 하근찬, 『수난이대』 -

1) 등어리 : '등'의 방언.
2) 목줄기 : '목덜미'의 방언.
3) 주워섬기다 : 들은 대로 본 대로 이러저러한 말을 아무렇게나 늘어놓다.

11. 윗글에 나타난 인물들의 심리 상태로 적절하지 않은 것은?

① 만도는 처음에 진수의 모습을 보고 매우 놀란다.
② 진수는 만도가 자신을 업는 것에 대해 미안해한다.
③ 만도는 현재 진수의 상황에 대해 안타까워하고 있다.
④ 진수는 자신을 외면하는 만도에게 증오심을 느끼고 있다.

12. 윗글에서 알 수 있는 내용으로 적절하지 않은 것은?

① 만도는 진수의 아버지이다.
② 진수는 외나무다리를 보고 난감해한다.
③ 진수는 지팡이를 내려놓고 만도의 등에 업혔다.
④ 만도는 한쪽 팔이 없고, 진수는 한쪽 다리가 없다.

13. 윗글의 내용을 고려할 때, ㉠에 대한 설명으로 가장 적절한 것은?

① 만도와 진수의 대립 양상을 드러낸다.
② 현실을 회피하려는 만도의 심정을 강조한다.
③ 등장인물이 난관을 극복해 나가는 모습을 보여 준다.
④ 현재 상황에 대한 인물들의 냉소적인 태도를 암시한다.

[14~16] 다음 글을 읽고 물음에 답하시오.

> 먼 훗날 당신이 찾으시면
> 그때에 내 말이 '잊었노라'
>
> 당신이 속으로 나무라면
> '무척 그리다가 잊었노라'
>
> 그래도 당신이 나무라면
> '믿기지 않아서 잊었노라'
>
> 오늘도 어제도 아니 잊고
> 먼 훗날 그때에 '잊었노라'
>
> - 김소월, 『먼 후일』-

14. 윗글에 대한 설명으로 가장 적절한 것은?

① 의인화한 소재들을 나열하고 있다.
② 시적 상황을 가정하여 표현하고 있다.
③ 의문문의 형식을 사용하여 표현하고 있다.
④ 화자의 감정을 자연물에 이입시키고 있다.

15. 윗글에서 운율을 형성하는 요소로 적절하지 <u>않은</u> 것은?

① 각 행을 세 마디로 끊어 읽을 수 있다.
② 각 연을 동일한 글자로 시작하고 있다.
③ 동일한 시어를 반복적으로 사용하고 있다.
④ 유사한 문장 구조가 여러 번 나타나고 있다.

16. 윗글에 나타난 화자의 주된 정서로 가장 적절한 것은?

① 임에 대한 그리움
② 이웃에 대한 연민
③ 이상향에 대한 동경
④ 자신에 대한 부끄러움

[17~19] 다음 글을 읽고 물음에 답하시오.

북곽 선생이 소스라치게 놀라 달아나는데, 혹 사람들이 ㉠ 자기를 알아볼까 겁을 먹고는 한 다리를 목에 걸어 귀신 춤을 추고 귀신 웃음소리를 내었다. 문을 박차고 달아나다가 그만 들판의 움 속에 빠졌는데, 그 안에는 똥이 그득 차 있었다. 겨우 버둥거리며 붙잡고 나와 머리를 내밀고 살펴보니 이번엔 범이 앞길을 막고 떡 버티고 서 있다. 범이 얼굴을 찌푸리며 구역질을 하고, 코를 가리고 머리를 돌리면서 한숨을 쉬며,

"㉡ 선비, 어이구. 지독한 냄새로다."

하였다. 북곽 선생은 머리를 조아리고 엉금엉금 기어서 앞으로 나가 세 번 절하고 꿇어앉아 머리를 들며,

"범 님의 덕이야말로 참으로 지극합니다. 군자들은 범의 빠른 변화를 본받고, 제왕은 범의 걸음걸이를 배우며, 사람의 자제들은 범의 효성을 본받고, 장수들은 범의 위엄을 취합니다. 범의 이름은 신령한 용과 함께 나란하여, 구름은 용을 따르고 바람은 범을 따릅니다. 인간 세상의 천한 사람이 감히 범 님의 영향 아래에 있습니다."

하니 범이 호통을 치며,

"가까이 오지도 마라. ㉢내 일찍이 들으매 선비 유 자는 아첨 유 자로 통한다더니 과연 그렇구나. 네가 평소에는 천하의 나쁜 이름이란 이름은 모두 끌어모아다가 함부로 우리 범에게 덮어씌우더니, 이제 사정이 급해지니까 면전에서 낯간지러운 아첨을 하는구나. 그래, 누가 네 말을 곧이듣겠느냐?"

(중략)

북곽 선생은 자리를 옮겨 엎드리고 엉거주춤 절을 두 번 하고는 머리를 거듭 조아리며,

"옛글에 이르기를, '비록 악한 사람이라도 목욕재계[1]하면 하느님도 섬길 수 있다.'라고 했으니, ㉣ 이 천한 신하, 감히 범 님의 다스림을 받고자 합니다."

하고는 숨을 죽이고 가만히 들어 보나, 오래도록 범의 분부가 없었다. 두렵기도 하고 황송하기도 하여 손을 맞잡고 머리를 조아리며 우러러 살펴보니, 날이 밝았고 범은 이미 가 버렸다.

[A]
아침에 김을 매러 가는 농부가 있어서,
"북곽 선생께서 어찌하여 이른 아침부터 들판에 절을 하고 계십니까?"
하고 물으니 북곽 선생은,
"내가 『시경』[2]에 있는 말을 들었으니, '하늘이 높다 이르지만 감히 등을 굽히지 않을 수 없고 땅이 두텁다 이르지만 살금살금 걷지 않을 수 없네.' 하였다네."
라며 대꾸했다.

- 박지원, 『호질』 -

1) 목욕재계 : 부정(不淨)을 타지 않도록 깨끗이 목욕하고 몸가짐을 가다듬는 일.
2) 『시경』 : 오경(五經)의 하나. 중국 최고(最古)의 시집으로, 주나라 초부터 춘추 시대까지의 시 311편을 수록함.

17. 윗글의 내용으로 적절하지 않은 것은?

① 북곽 선생은 귀신 춤을 추며 달아났다.
② 북곽 선생의 몸에서는 지독한 냄새가 풍겼다.
③ 범은 북곽 선생의 말을 곧이곧대로 받아들였다.
④ 범은 북곽 선생에게 인사도 없이 사라져 버렸다.

18. [A]에 드러난 '북곽 선생'의 태도로 가장 적절한 것은?

① 허세를 부리고 있다. ② 농부를 칭찬하고 있다.
③ 잘못을 자책하고 있다. ④ 범에게 고마워하고 있다.

19. ㉠~㉣ 중 가리키는 대상이 나머지와 다른 것은?

① ㉠ ② ㉡ ③ ㉢ ④ ㉣

[20~22] 다음 글을 읽고 물음에 답하시오.

[A] 해양 쓰레기의 60에서 80퍼센트는 플라스틱이 차지하고 있다. 플라스틱 쓰레기는 바다를 떠다니다가 잘게 부서져 새와 바다거북, 돌고래와 같은 동물들에게 해를 끼치고 있다. (㉠) 흉물스럽게 버려진 플라스틱 쓰레기는 자연 경관을 해쳐 관광 산업에도 피해를 주며, 선박의 안전도 위협한다. 그뿐만 아니라, 사람의 눈에 잘 보이지 않는 미세 플라스틱은 물고기의 내장이나 싱싱한 굴 속에도 유입되어 우리의 식탁에 오른다. 결국은 우리의 건강까지 위협하는 것이다.

지질 시대에 만들어진 석유는 지구가 매우 오랜 기간에 걸쳐 만들어 낸 소중한 자원이다. 하지만 우리는 이 소중한 석유를 겨우 10분가량 사용할 플라스틱으로 만들었다가, 다시 수백 년 동안 분해되지 않는 쓰레기로 만들고 있다. 길바닥에 나뒹구는 쓰레기로, 바다를 떠다니는 해양 쓰레기로, 매립장에 가득 쌓인 쓰레기로 말이다. 지금까지 사람들이 만들어 낸 모든 플라스틱 쓰레기는 썩지 않고 이 지구 어딘가에 존재하고 있다. 그런데도 계속해서 플라스틱을 이렇게 편하게 쓰고 쉽게 버려도 될까? 손이 닿는 곳이면 어디에나 있는 플라스틱을 전혀 사용하지 않고 생활하기는 어렵겠지만, 줄일 수 있다면 줄여 보자. 특히 짧은 시간 사용하고 버리는 일회용 플라스틱 제품은 더더욱 선택하지 말자.

- 박경화, 『플라스틱은 전혀 분해되지 않았다』 -

20. 윗글에서 알 수 있는 글쓴이의 핵심 주장으로 가장 적절한 것은?

① 일회용품을 많이 사용하자.
② 국내외의 해양 생물을 보호하자.
③ 플라스틱의 생산을 전면 금지하자.
④ 플라스틱 사용을 줄이려고 노력하자.

21. 다음은 윗글의 [A]를 정리한 내용이다. ㉮에 들어갈 수 <u>없는</u> 것은?

• **플라스틱 쓰레기로 인한 다양한 문제점** - 플라스틱 쓰레기는 [㉮]

① 쉽게 분해되어 토양을 오염시킨다.
② 자연 경관을 해쳐 관광 산업에 피해를 준다.
③ 바다거북, 돌고래와 같은 동물들에게 해를 끼친다.
④ 해산물에 유입되어 식탁에 올라 인간의 건강을 위협한다.

22. ㉠에 들어갈 말로 가장 적절한 것은?

① 결코 ② 또한 ③ 그렇지만 ④ 왜냐하면

[23~25] 다음 글을 읽고 물음에 답하시오.

소리를 들으면 모양이나 색깔을 보는 사람들이 있어요. 바로 공감각자들이지요. 공감각이란 어떤 하나의 감각이 다른 영역의 감각을 일으키는 것을 말해요.

영국 화가 데이비드 호크니의 그림 <풍덩>을 감상하면 공감각을 이해할 수 있습니다. 호크니는 수영장에서 다이빙할 때 들리는 '풍덩' 소리를 그림에 표현했거든요. 귀로 듣는 '풍덩' 소리를 어떻게 눈으로 보게 했을까요? 색채와 기법, 구도 등 여러 요소로 조화를 이루어 그것을 가능하게 했지요.

먼저 (㉠)을/를 살펴볼까요? 수영장의 파란색 물과 다이빙 보드의 노란색이 무척 선명하게 보이는군요. 유화 물감 대신 아크릴 물감을 사용했기 때문이지요. 아크릴 물감은 유화 물감보다 빨리 마르고 색채도 더 선명하고 강렬합니다.

다음은 기법입니다. 물보라가 ㉡ <u>일어나는</u> 부분만 붓으로 흰색을 거칠게 칠하고 다른 부분은 롤러를 사용해 파란색으로 매끈하게 칠했네요. 선명한 아크릴 물감, 거칠고 매끈한 붓질의 대비가 다이빙할 때의 '풍덩' 소리와 물보라를 강조하고 있지요.

끝으로 구도인데요. 캘리포니아의 집, 수영장의 수평선, 다이빙 보드의 대각선이 야자수 줄기의 수직선과 대비를 이루네요. 거실 유리창에는 맞은편 건물이 비치고요. 한낮의 눈부신 햇살과 무더위, 정적을 나타낸 것이지요.

- 이명옥, 『그림에서 들려오는 소리』 -

23. 윗글에서 알 수 있는 데이비드 호크니의 그림 <풍덩>에 대한 설명으로 적절한 것은?

① 파도가 치는 소리를 그림에 표현했다.
② 유화 물감을 사용하여 색을 선명하게 표현했다.
③ 롤러를 사용해 물보라를 노란색으로 매끈하게 칠했다.
④ 수영장의 수평선이 야자수 줄기의 수직선과 대비를 이룬다.

24. ㉠에 들어갈 단어로 적절한 것은?

① 색채 ② 소리 ③ 질감 ④ 향기

25. 밑줄 친 부분이 ㉡과 같은 의미로 쓰인 것은?

① 나는 오늘 아침 일찍 <u>일어났다</u>.
② 물에 세제를 풀자 거품이 <u>일어났다</u>.
③ 민수가 외출하기 위해 자리에서 <u>일어났다</u>.
④ 그는 감기에 걸렸지만 금방 털고 <u>일어났다</u>.

2024년도 제2회 중학교 졸업학력 검정고시

수 학

중졸

---

1. 다음은 84를 소인수분해하는 과정을 나타낸 것이다. 84를 소인수분해한 것은?

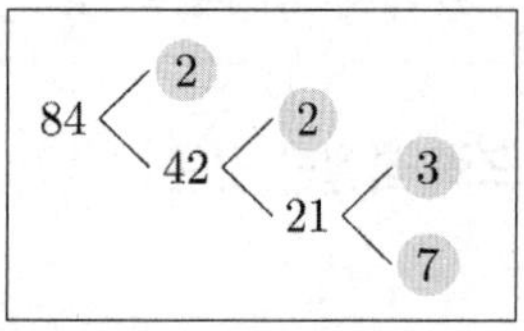

① 3×7　② $2 \times 3 \times 7$

③ $2^2 \times 3 \times 7$　④ $2^3 \times 3 \times 7$

2. 다음 중 수의 대소 관계가 옳은 것은?

① $-4 > -3$　② $-\frac{1}{2} < \frac{5}{2}$

③ $0 > (-3)^2$　④ $5 < 4$

3. 그림은 밑변의 길이가 6cm, 높이가 $a$cm인 직각삼각형이다. 이 직각삼각형의 넓이를 문자를 사용하여 나타낸 식으로 옳은 것은?

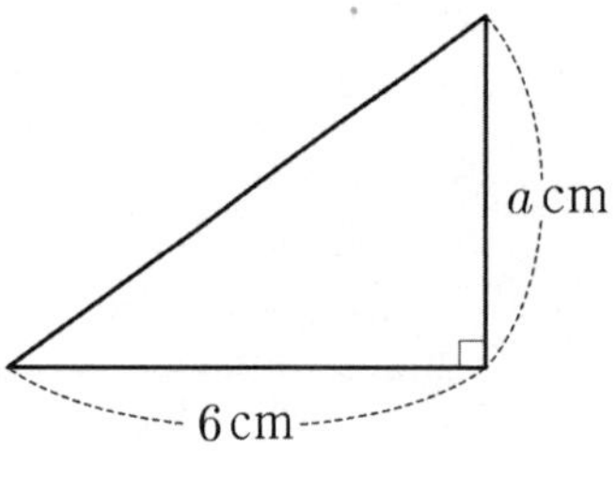

① $\frac{(6+a)}{2}\text{cm}^2$

② $\frac{(6\times a)}{2}\text{cm}^2$

③ $(6+a)\text{cm}^2$

④ $(6\times a)\text{cm}^2$

4. 일차방정식 $3x - 5 = 3 + x$의 해는?

① 1　② 2　③ 3　④ 4

5. 다음은 어느 학생이 집에서부터 5km 떨어진 도서관까지 자전거를 타고 가는 동안 시간에 따른 이동 거리를 나타낸 그래프이다. 이 학생이 집을 출발한 후 10분 동안 이동한 거리는?

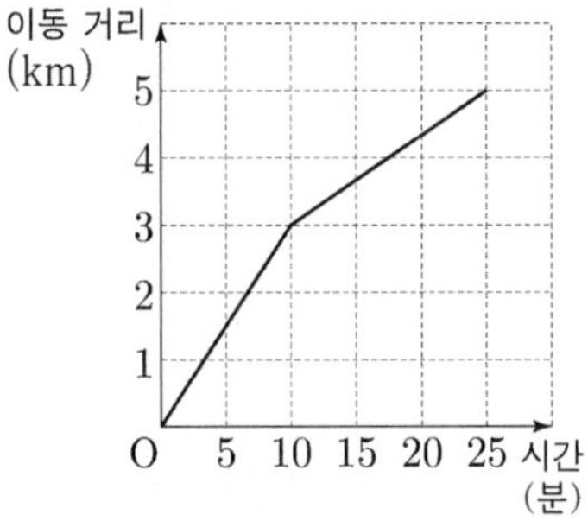

① 1km
② 2km
③ 3km
④ 4km

6. 그림과 같이 평행한 두 직선 l, m이 다른 한 직선 n과 만날 때, $\angle x$의 크기는?

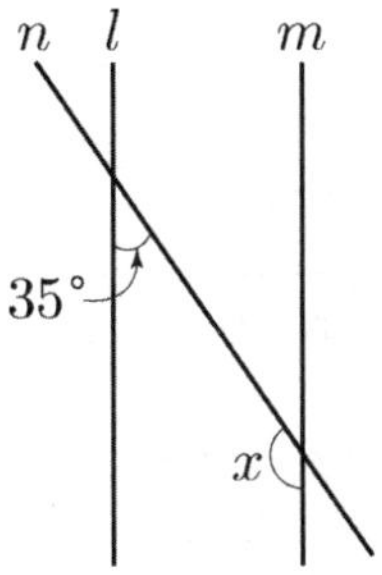

① 135°
② 140°
③ 145°
④ 150°

7. 다음은 어느 반 학생 25명의 통학 시간을 조사하여 나타낸 히스토그램이다. 통학 시간이 30분 미만인 학생 수는?

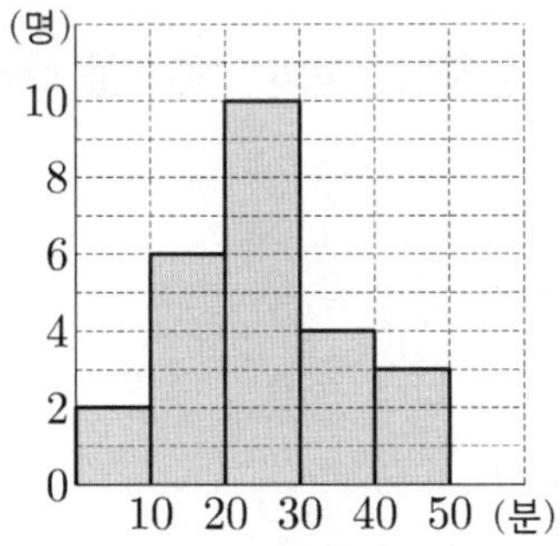

① 18명
② 19명
③ 20명
④ 21명

8. 분수 $\dfrac{x}{2^2 \times 7}$를 유한소수로 나타낼 수 있을 때, x의 값이 될 수 있는 가장 작은 자연수는?

① 1 ② 3 ③ 5 ④ 7

9. $(2x^3)^2$을 간단히 한 것은?

① $2x^5$ ② $2x^6$ ③ $4x^5$ ④ $4x^6$

10. $(5a - 2b) + (2a + 3b)$를 간단히 한 것은?

① $7a - b$ ② $7a + b$ ③ $8a - b$ ④ $8a + b$

11. 일차부등식 $5x - 20 \geq 0$의 해를 수직선 위에 나타낸 것은?

①
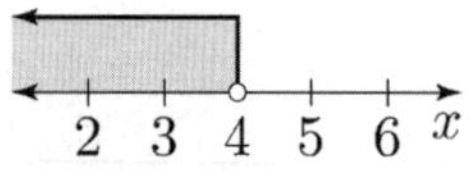

②
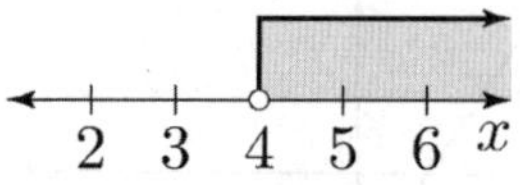

③
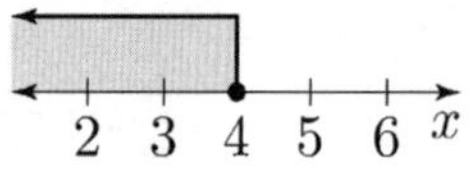

④
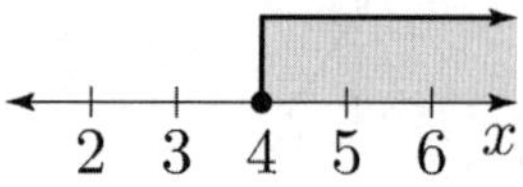

12. 그림은 연립방정식 $\begin{cases} x + y = 3 \\ 3x - y = 1 \end{cases}$의 해를 구하기 위하여 두 일차방정식의 그래프를 좌표평면 위에 나타낸 것이다. 이 연립방정식의 해는?

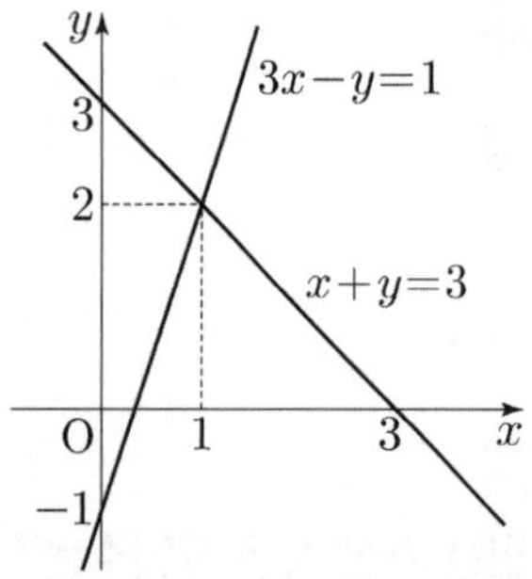

① $x = 0,\ y = 3$
② $x = 1,\ y = 0$
③ $x = 1,\ y = 2$
④ $x = 2,\ y = 1$

13. 그림과 같이 삼각형 ABC에서 변 BC에 평행한 직선이 두 변 AB, AC와 만나는 점을 각각 D, E라고 하자. $\overline{AC} = 15\text{cm}$, $\overline{AD} = 4\text{cm}$, $\overline{AE} = 6\text{cm}$ 일 때, x의 값은?

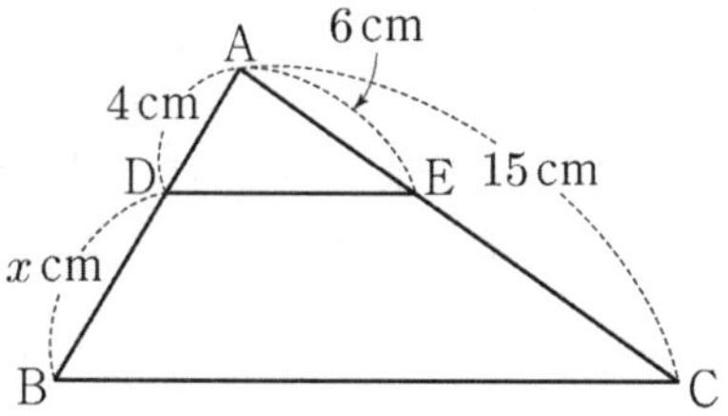

① 6
② 7
③ 8
④ 9

14. 그림과 같이 1에서 10까지의 자연수가 각각 적힌 공 10개가 들어 있는 주머니가 있다. 이 주머니에서 공 한 개를 꺼낼 때, 4의 배수 또는 6의 배수가 나오는 경우의 수는?

① 1
② 2
③ 3
④ 4

15. $7\sqrt{5} - 4\sqrt{5}$ 를 간단히 한 것은?

① $3\sqrt{5}$　② $4\sqrt{5}$　③ $5\sqrt{5}$　④ $6\sqrt{5}$

16. 이차방정식 $(x - 2)(x + 5)$의 한 근이 -5일 때, 다른 한 근은?

① 1　② 2　③ 3　④ 4

17. 이차함수 $y = (x - 2)^2$의 그래프에 대한 설명으로 옳은 것은?

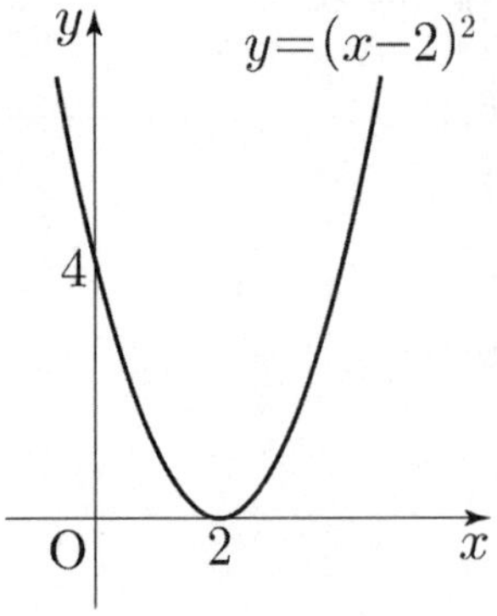

① 위로 볼록하다.
② 점 (4, 0)을 지난다.
③ 꼭짓점의 좌표는 (2, 0)이다.
④ 직선 $y = 2$를 축으로 한다.

18. 그림과 같이 직각삼각형 ABC에서 $\overline{AB} = 10$, $\overline{BC} = 6$, $\overline{CA} = 8$일 때, $\tan B$의 값은?

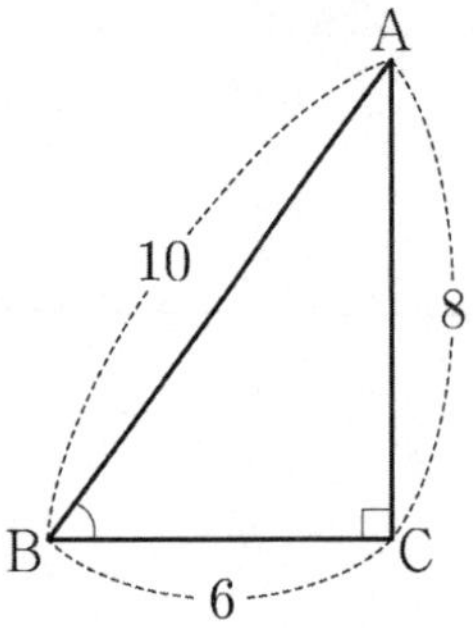

① $\frac{3}{5}$
② $\frac{3}{4}$
③ $\frac{4}{5}$
④ $\frac{4}{3}$

19. 그림과 같이 원 O 위에 서로 다른 네 점 A, B, C, D가 있다. 호 AB에 대한 원주각 $\angle ACB = 40°$일 때, $\angle ADB$의 크기는?

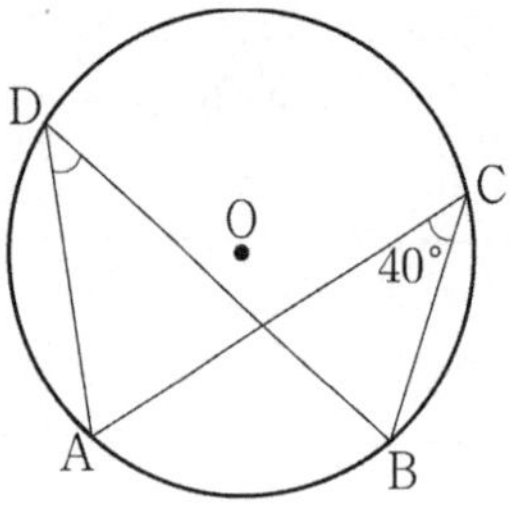

① 40°
② 45°
③ 50°
④ 55°

20. 자료는 학생 4명이 주말 동안 봉사 활동에 참여한 시간을 조사하여 나타낸 것이다. 이 자료의 평균은?

(단위 : 시간)

4	5	7	8

① 5시간 ② 6시간 ③ 7시간 ④ 8시간

2024년도 제2회 중학교 졸업학력 검정고시

영 어

중졸

---

1. 다음 밑줄 친 단어의 뜻으로 가장 적절한 것은?

I feel <u>shy</u> when I speak in front of people.

① 고마운 ② 신나는 ③ 피곤한 ④ 부끄러운

2. 다음 밑줄 친 두 단어의 의미 관계와 <u>다른</u> 것은?

Don' t make a <u>loud</u> noise in our <u>quiet</u> area.

① rich – poor ② kind – nice
③ clean – dirty ④ full – empty

[3~4] 다음 빈칸에 들어갈 말로 가장 적절한 것을 고르시오.

3.

There _______ many wonderful places in Korea.

① are ② be ③ is ④ was

4.

I called him yesterday, _______ he didn't answer.

① but ② of ③ to ④ with

[5~6] 다음 대화의 빈칸에 들어갈 말로 가장 적절한 것을 고르시오.

5.

A : ________ color do you like more, yellow or blue?
B : I prefer blue to yellow.

① How ② Where ③ Which ④ Why

6.

A : What's the matter, John? Are you okay?
B : I hurt my back when I lifted a box yesterday.
A : ____________________.

① That's too bad
② I'm afraid I can't
③ I look forward to it
④ Turn off the water

7. 다음 빈칸에 공통으로 들어갈 말로 가장 적절한 것은?

∘ Please take a ______ at this picture.
∘ He will ______ after my dog when I'm away.

① buy ② look ③ tell ④ wear

8. 다음은 Julia의 내일 일정표이다. 내일 오후 8시에 할 일은?

8:00 a.m.	12:00 p.m.	4:00 p.m.	8:00 p.m.
exercise at the gym	have lunch with Mike	go shopping with Mary	do English homework

① 체육관에서 운동하기
② Mike와 점심 먹기
③ Mary와 쇼핑하기
④ 영어 숙제 하기

9. 그림으로 보아 빈칸에 들어갈 말로 가장 적절한 것은?

A : What is the girl doing?
B : She is ________ a ball.

① buying ② kicking ③ throwing ④ washing

10. 다음 대화가 끝난 후 오후에 두 사람이 함께 할 일은?

A : Are you free this afternoon?
B : Yeah, why?
A : I was thinking we could go to the library and study together.
B : Okay. That sounds like a good plan.

① 집에서 숙제하기
② 서점에서 책 읽기
③ 학교에서 수업 듣기
④ 도서관에서 공부하기

11. 다음 대화의 빈칸에 들어갈 말로 가장 적절한 것은?

A : What should we do for Jane's birthday?
B : Let's have dinner at her favorite restaurant.
A : ____________________.

① He must be tired
② Nice to meet you
③ That's a good idea
④ It's not your fault

12. 다음 대화의 주제로 가장 적절한 것은?

A : Sam, what do you do in your free time?
B : I like watching movies. What about you?
A : I enjoy playing the guitar.

① 여가 활동
② 영화 예매
③ 음악 감상
④ 여행 계획

13. 다음 홍보문을 보고 알 수 <u>없는</u> 것은?

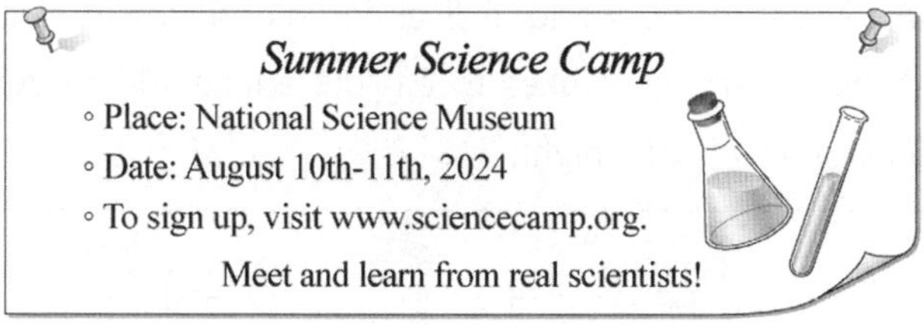

① 행사 장소
② 행사 날짜
③ 참가 인원
④ 신청 방법

14. 다음 방송의 목적으로 가장 적절한 것은?

> Good evening, ladies and gentlemen. The musical is going to start soon. Please turn off your phones. Also, please avoid taking photos during the show. We hope you have a wonderful time!

① 관람 예절 안내 ② 예매 방법 설명
③ 장소 변경 공지 ④ 출연 배우 소개

15. 다음 대화에서 A가 동아리 활동에 참여하지 못하는 이유는?

> A : I won't be able to make it to our club meeting today.
> B : Oh no, I'm sorry to hear that. Why not?
> A : I have a bad cold.

① 감기에 걸려서 ② 날씨가 너무 추워서
③ 콘서트에 가야 해서 ④ 친구와 약속이 있어서

16. 다음 Songkran에 대한 설명과 일치하지 <u>않는</u> 것은?

> Songkran, a big festival in Thailand, is held in April. This festival celebrates the traditional Thai New Year. You can enjoy a big water fight at the festival. You can also try traditional Thai food.

① 태국에서 4월에 열리는 큰 축제이다.
② 태국의 전통적인 새해맞이 행사이다.
③ 축제 기간 동안 소싸움을 즐길 수 있다.
④ 태국 전통 음식을 맛볼 수 있다.

17. 다음 글에서 Siberian tiger에 대해 언급된 내용이 <u>아닌</u> 것은?

> The Siberian tiger is the biggest cat in the world. It lives in cold places in eastern Russia. It has orange fur with black stripes. It likes to eat big animals like deer. A hungry tiger can eat almost 30 kilograms in one night.

① 서식지 ② 수명 ③ 털 무늬 ④ 먹이

18. 다음 글에서 Yumi가 제안한 것으로 가장 적절한 것은?

> These days, I often forget things that I need to do. For example, I forgot to bring my soccer uniform today. I asked Yumi for advice. She suggested making a list of things to do. It might be helpful.

① 축구 연습하기 ② 운동복 구매하기
③ 전문가와 상담하기 ④ 할 일 목록 작성하기

19. 그래프로 보아 빈칸에 들어갈 말로 가장 적절한 것은?

Our Students' Favorite Smartphone Activities

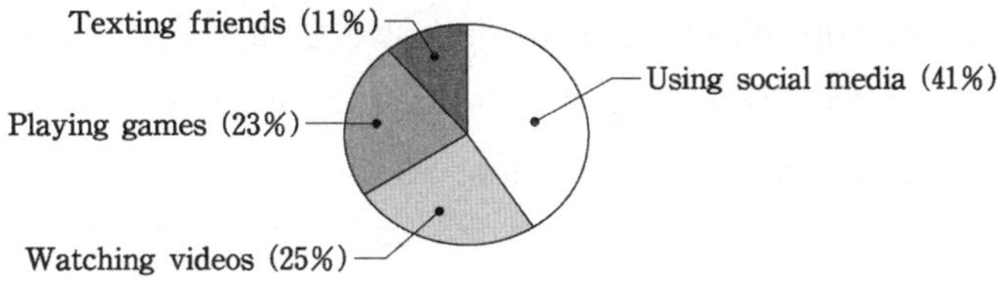

> More students at our school like ______________ than watching videos on their smartphones.

① using social media ② calling friends
③ playing games ④ texting friends

20. 다음 글의 흐름으로 보아 어울리지 <u>않는</u> 문장은?

> My favorite season is summer. ① <u>I love going to the beach and playing in the sand.</u> ② <u>Swimming in the sea feels great.</u> ③ <u>I also enjoy eating ice cream to cool down.</u> ④ <u>Earth's ice is melting fast.</u> Summer is the best time to have fun.

21. 다음 글에서 밑줄 친 <u>They</u>가 가리키는 것으로 가장 적절한 것은?

> Imagine you are on the 10th floor. Can you see ants on the street? Of course not. But eagles can. They are great hunters because of their powerful eyes. <u>They</u> can see rabbits up to 3.2 kilometers away.

① ants ② eagles ③ rabbits ④ kilometers

22. **다음 글에서 동물원 안전 수칙으로 언급되지 않은 것은?**

Zoo Safety Rules:
- Don't feed the animals.
- Don't enter any cages.
- Keep your voice down.

① 먹이 주지 않기
② 사진 찍지 않기
③ 우리에 들어가지 않기
④ 목소리 낮춰 말하기

23. **다음 글의 주제로 가장 적절한 것은?**

I'll share some tips on how I reduce my stress. First, I go outside for a walk. When I get some fresh air, I feel better. I also listen to my favorite music. It helps me relax. I hope these tips can help you feel less stressed.

① 올바른 걷기 자세
② 대기 오염의 심각성
③ 클래식 음악의 역사
④ 스트레스를 줄이는 방법

24. **다음 글을 쓴 목적으로 가장 적절한 것은?**

I ordered a black cap from your website on July 3rd. But the cap I got is brown, not black. I'm sending the wrong cap back to you. Please return my money when you receive the brown cap.

① 주문하려고
② 교환하려고
③ 환불을 요청하려고
④ 분실 신고 하려고

25. **다음 글의 바로 뒤에 이어질 내용으로 가장 적절한 것은?**

We can learn many useful things by reading. Reading good books helps us build thinking skills and understand others' feelings. What kinds of books should we read, then? Here is how to choose the right books.

① 다양한 독서 방법
② 잘못된 의사소통 사례
③ 창의적인 사람의 특징
④ 적절한 책을 고르는 방법

2024년도 제2회 중학교 졸업학력 검정고시

사 회

중졸

---

1. ㉠에 들어갈 내용으로 옳은 것은?

> ∘ 주제 : (㉠) 차이에 따른 인간 생활
> ∘ 사례 : 미국의 실리콘 밸리와 인도는 약 12시간의 시차가 나는데, 이러한 지리적 특성이 인도의 정보 기술 산업 발달에 큰 몫을 하였다. 양쪽의 밤낮이 반대가 되어 작업을 끊임 없이 할 수 있기 때문이다.

① 경도 ② 기온 ③ 해류 ④ 강수량

2. 밑줄 친 ㉠에 해당하는 기후는?

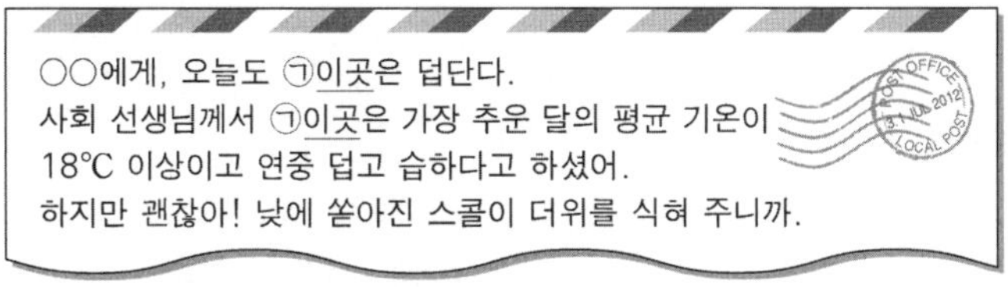

① 냉대 기후
② 한대 기후
③ 지중해성 기후
④ 열대 우림 기후

3. 지도에 표시된 (가) 지역에 대한 설명으로 적절하지 <u>않은</u> 것은?

① 용암 동굴인 만장굴이 있다.
② 화강암 산지인 설악산이 있다.
③ 작은 화산체인 오름이 분포한다.
④ 화산 지형인 성산 일출봉이 있다.

4. ㉠에 들어갈 내용으로 가장 적절한 것은?

> ∘ 건조 기후 지역은 강수량보다 증발량이 많아 (㉠)이/가 부족한 현상이 나타난다.
> ∘ 국제 하천 주변의 일부 국가들은 용수 확보를 위해 (㉠)을/를 둘러싼 갈등을 겪고 있다.

① 슬럼 ② 해식애 ③ 현무암 ④ 물 자원

5. **다음에서 설명하는 것은?**

> 국경을 넘어 제품 기획과 생산, 판매 활동을 하는 기업으로 두 개 이상의 국가에 자회사, 영업소, 생산 공장을 운영함.

① 노동조합　② 민주주의
③ 석회동굴　④ 다국적 기업

6. **㉠에 들어갈 검색어로 옳은 것은?**

> ㉠ [검색]
> 검색 결과　행정 기관과 기업의 본사가 밀집되어 있음.
> 접근성이 좋고 주간에 유동 인구가 많음.
> 중심 업무 지구가 형성됨.

① 도심
② 비무장 지대
③ 개발 제한 구역
④ 세계 자연 유산

7. **다음에서 설명하는 환경 문제는?**

> 대기 중에 온실가스의 양이 많아지면서 온실 효과가 과도하게 나타나 지구의 평균 기온이 높아지는 현상

① 인구 공동화　② 전자 쓰레기
③ 지구 온난화　④ 해양 쓰레기

8. **다음에서 설명하는 지역화 전략은?**

> ◦ 사례 : 보성 녹차, 성주 참외, 의성 마늘 등
> ◦ 의미 : 특정 상품을 생산지의 기후와 지형, 토양 등 지역의 자연환경과 독특한 재배 방법으로 생산하고 품질이 우수했을 때 원산지의 지명을 상표권으로 인정하는 제도

① 인플레이션　② 생태 발자국
③ 지리적 표시제　④ 기후 변화 협약

9. **다음에서 설명하는 개념은?**

> ◦ 의미 : 지위나 사회 환경의 변화로 다시 새로운 지식과 기술, 생활 양식 등을 배우는 것
> ◦ 사례 : 직장이 바뀌어서 새로운 지식과 기술을 익히는 것, 우리나라에 이민 온 외국인이 한국 문화를 배우는 것

① 재사회화 ② 귀속 지위
③ 역할 갈등 ④ 지방 자치 제도

10. **다음에서 강조하는 문화의 속성은?**

> 문화는 선천적으로 타고나는 것이 아니라 후천적으로 배우는 것이다. 한국 사람이 한국어로 말할 수 있는 것은 후천적으로 한국어를 배웠기 때문이다.

① 수익성 ② 안전성 ③ 학습성 ④ 희소성

11. **㉠에 들어갈 내용으로 옳은 것은?**

> 국회는 국민이 직접 뽑은 대표들로 구성된 국민의 대표 기관이며, (㉠)을 제정·개정한다.

① 관습 ② 도덕 ③ 법률 ④ 종교 규범

12. **민주 선거의 기본 원칙으로 옳지 <u>않은</u> 것은?**

① 비밀 선거 ② 제한 선거 ③ 직접 선거 ④ 평등 선거

13. **다음에서 설명하는 것은?**

> ◦ 급을 달리하는 법원에서 여러 번 재판을 받을 수 있도록 하는 제도이다.
> ◦ 우리나라에서는 일반적으로 하나의 사건에 대해 세 번까지 재판을 받을 수 있다.

① 심급 제도 ② 선거 공영제
③ 선거구 법정주의 ④ 국민 참여 재판 제도

14. 표는 라면의 가격에 따른 수요량과 공급량을 나타낸 것이다. 라면의 균형 가격과 균형 거래량은?

가격(원)	1,000	2,000	3,000	4,000
수요량(개)	250	200	150	100
공급량(개)	50	100	150	200

	균형 가격	균형 거래량		균형 가격	균형 거래량
①	1,000원	250개	②	2,000원	100개
③	3,000원	150개	④	4,000원	200개

15. 다음에서 설명하는 것은?

> 일을 할 수 있는 능력이 있고 일을 하고자 하는 마음도 있지만 일자리가 없어서 일을 하지 못하는 상태

① 신용　② 실업　③ 환율　④ 물가 지수

16. '노동 3권' 중 ㉠에 들어갈 내용으로 옳은 것은?

> **헌법 제33조** ① 근로자는 근로 조건의 향상을 위하여 자주적인 단결권 · 단체 교섭권 및 [㉠]을 가진다.

① 자유권
② 평등권
③ 국민 투표권
④ 단체 행동권

17. 다음 유물을 처음으로 제작한 시대의 생활 모습으로 옳지 <u>않은</u> 것은?

〈주먹도끼〉

① 사냥을 하였다.
② 동굴에서 살았다.
③ 뗀석기를 사용하였다.
④ 철제 농기구를 제작하였다.

18. ㉠에 들어갈 내용으로 옳은 것은?

〈학습 주제 : (㉠)의 전개〉
ㅇ 시기 : 조선 순조, 헌종, 철종 3대 60여 년
ㅇ 정치 : 일부 유력 가문이 외척의 지위를 이용하여 정치 권력을 독점함.
ㅇ 사회 : 삼정의 문란이 심화됨.

① 골품제
② 세도 정치
③ 제가 회의
④ 병참 기지화 정책

19. ㉠에 해당하는 나라는?

* (㉠)의 역사

고이왕: 주변의 마한 소국 병합 → 무령왕: 22담로 설치 → 성왕: 사비 천도

① 고려
② 백제
③ 옥저
④ 고조선

20. ㉠에 해당하는 인물은?

(㉠)은/는 옛 고구려 장군 출신으로 고구려 유민과 말갈인 일부를 이끌고 지린성 동모산 근처에 도읍을 정하고 발해를 건국하였다.

① 원효 ② 대조영 ③ 정약용 ④ 흥선 대원군

21. 다음에서 설명하는 역사서는?

고려 인종의 명을 받아 김부식이 유교적 입장에서 편찬한 역사서로, 주로 신라, 고구려, 백제에 대한 역사를 기록하고 있다.

① 천마도 ② 농사직설 ③ 삼국사기 ④ 대동여지도

22. ㉠에 들어갈 내용으로 옳은 것은?

<조선 시대 세종의 업적>
ㅇ 국방 : 4군 6진 개척
ㅇ 문화 : 자격루 제작, 훈민정음 창제
ㅇ 정치 : 경연의 활성화, (㉠)

① 집현전 설치
② 화랑도 조직
③ 유신 헌법 제정
④ 한국 광복군 창설

23. ㉠에 해당하는 지역은?

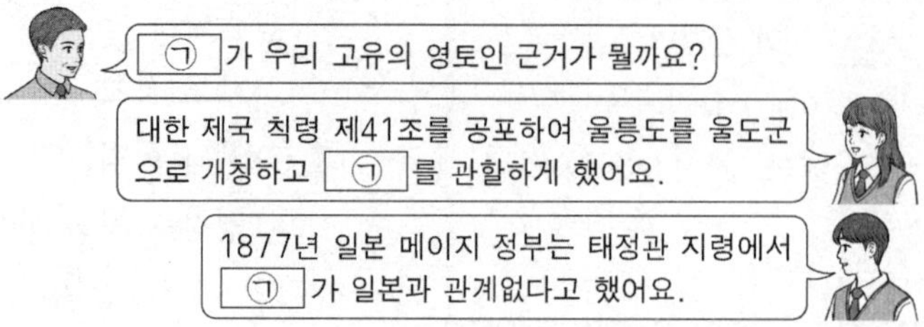

① 독도
② 강화도
③ 거문도
④ 제주도

24. ㉠에 해당하는 인물은?

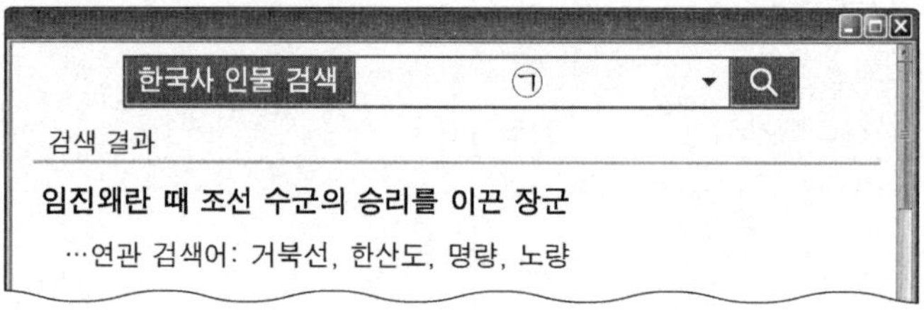

① 강감찬
② 김유신
③ 윤봉길
④ 이순신

25. 다음에서 설명하는 사건은?

- 배경 : 3 · 15 부정 선거(1960년)
- 과정 : 학생과 시민들이 전국적인 시위를 전개함.
- 결과 : 이승만이 대통령직에서 물러남.

① 3 · 1 운동
② 4 · 19 혁명
③ 6 · 25 전쟁
④ 광주 학생 항일 운동

2024년도 제2회 중학교 졸업학력 검정고시

과 학

중졸

1. 그림과 같이 수평면에서 물체를 끌어당겨 움직일 때 접촉면에서 물체의 운동 방향과 반대 방향으로 작용하는 힘 A는?

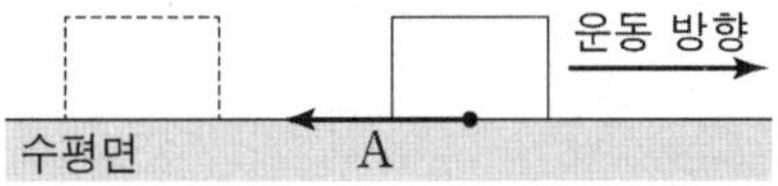

① 부력
② 중력
③ 마찰력
④ 탄성력

2. 그림은 횡파의 모습을 나타낸 것이다. ㉠에 해당하는 것은?

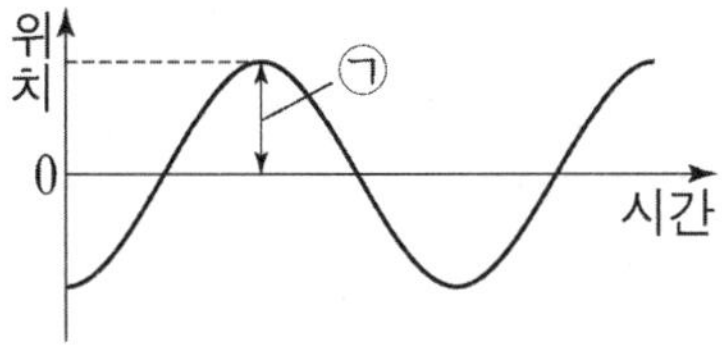

① 주기
② 진폭
③ 파장
④ 진동수

3. 표는 니크롬선에 걸리는 전압을 2V씩 높이면서 측정한 전류의 세기를 나타낸 것이다. 이 니크롬선의 저항은? (단, 니크롬선을 제외한 모든 저항은 무시한다.)

전압(V)	2	4	6
전류(A)	1	2	3

① 0.5Ω ② 1Ω ③ 2Ω ④ 4Ω

4. 다음 설명에 해당하는 열의 이동 방법은?

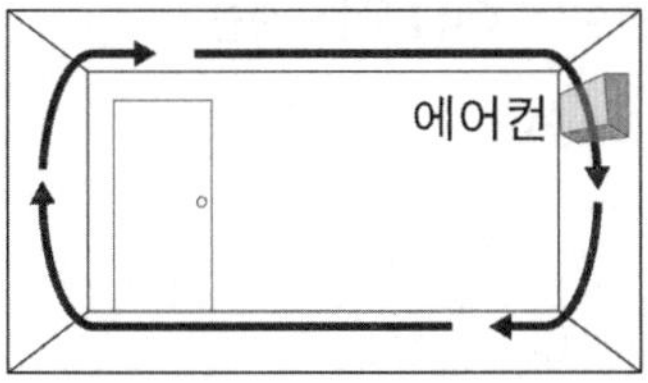

- 에어컨을 켜니 방 전체가 시원해진다.
- 액체나 기체 입자가 직접 이동하여 열을 전달한다.

① 단열 ② 대류 ③ 복사 ④ 전도

5. 무게가 20N인 물체를 지면으로부터 5m 높이까지 일정한 속력으로 들어 올렸을 때 중력에 대하여 한 일의 양은? (단, 공기의 저항은 무시한다.)

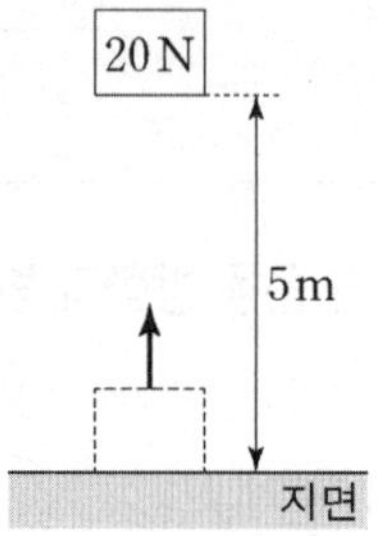

① 25J
② 50J
③ 75J
④ 100J

6. 다음 설명에서 ㉠에 공통으로 해당하는 것은?

◦ 물체의 위치 에너지와 운동 에너지의 합을 [㉠] 에너지라고 한다.
◦ 공기의 저항이 없으면 자유 낙하하는 물체의 [㉠] 에너지는 일정하다.

① 빛 ② 열 ③ 전기 ④ 역학적

7. 그림과 같이 피스톤을 눌러 기체의 부피를 변화시켰을 때 주사기 속 기체의 압력과 입자 사이의 거리 변화로 옳은 것은? (단, 온도는 일정하고 기체의 출입은 없다.)

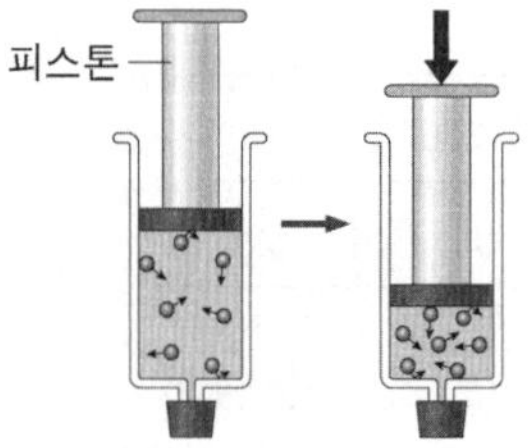

	압력	입자 사이의 거리
①	감소	변화 없음
②	감소	증가
③	증가	변화 없음
④	증가	감소

8. 그림의 상태 변화 A~D 중 쇳물이 식어 단단한 철이 되는 현상에 해당하는 것은?

① A
② B
③ C
④ D

9. 다음 설명에서 ㉠에 공통으로 해당하는 것은?

> ◦ [㉠]은/는 물질을 이루는 기본 성분이다.
> ◦ 일부 금속 [㉠]은/는 특정한 불꽃 반응 색을 나타낸다.

① 원소 ② 분자 ③ 혼합물 ④ 화합물

10. 표는 물질 A~D의 질량과 부피를 나타낸 것이다. 밀도가 가장 큰 것은?

물질	A	B	C	D
질량(g)	10	20	30	50
부피(mL)	10	10	20	20

① A
② B
③ C
④ D

11. 다음 화학 반응식에서 수소 분자 3개와 질소 분자 1개가 모두 반응할 때 생성되는 암모니아 분자의 개수는?

$$3H_2 + N_2 \longrightarrow 2NH_3$$

① 2개 ② 3개 ③ 4개 ④ 5개

12. 표는 구리가 연소할 때 반응한 구리와 생성된 산화 구리(Ⅱ)의 질량을 나타낸 것이다. ㉠에 해당하는 것은?

구리(g)	4	8	12
산화 구리(Ⅱ)(g)	5	㉠	15

① 8 ② 10 ③ 12 ④ 14

13. 다음은 식물의 광합성 과정이다. ㉠에 해당하는 것은?

> [㉠] + 물 —빛에너지→ 포도당 + 산소

① 녹말 ② 수소 ③ 질소 ④ 이산화 탄소

14. 다음 설명에 해당하는 생물계는?

다른 생물로부터 양분을 얻는 생물 무리로, 버섯과 곰팡이가 포함된다.

① 균계　② 동물계　③ 식물계　④ 원핵생물계

15. 생물을 구성하는 단계 중 ㉠에 공통으로 해당하는 것은?

- ㉠ 은/는 생명체를 구성하는 기본 단위이다.
- 모양과 기능이 비슷한 ㉠ 이/가 모여 조직을 이룬다.

① 세포　② 기관　③ 기관계　④ 개체

16. 그림의 A~D 중 다음 설명에 해당하는 것은?

- 좌우 두 개의 반구로 이루어져 있다.
- 기억, 추리, 판단, 학습 등의 정신 활동을 담당한다.

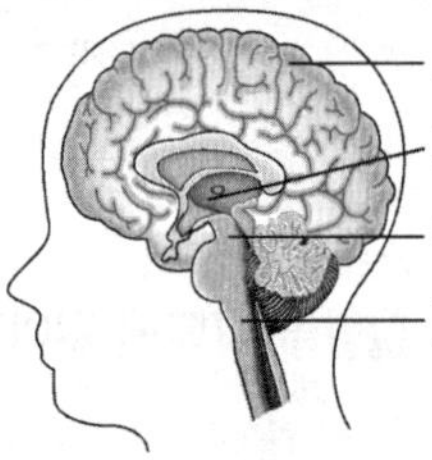

① A
② B
③ C
④ D

17. 다음 설명에서 ㉠에 해당하는 것은?

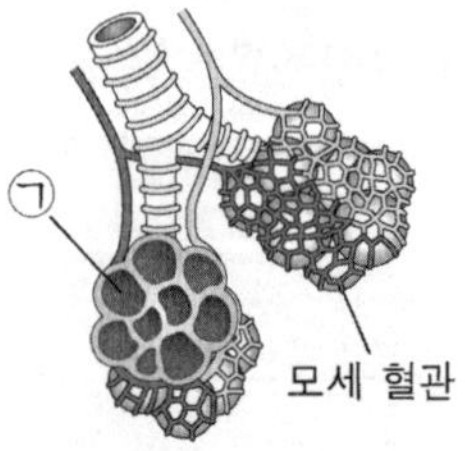

㉠ 은/는 폐를 구성하는 얇은 공기 주머니로 모세 혈관이 표면을 둘러싸고 있다.

① 융털　② 이자　③ 폐포　④ 네프론

18. 그림은 체세포 분열 과정의 일부를 나타낸 것이다. 전기 단계에서 세포 1개 당 염색체 수가 4개 일 때, 1개의 딸세포 A의 염색체 수는? (단, 돌연변이는 없다.)

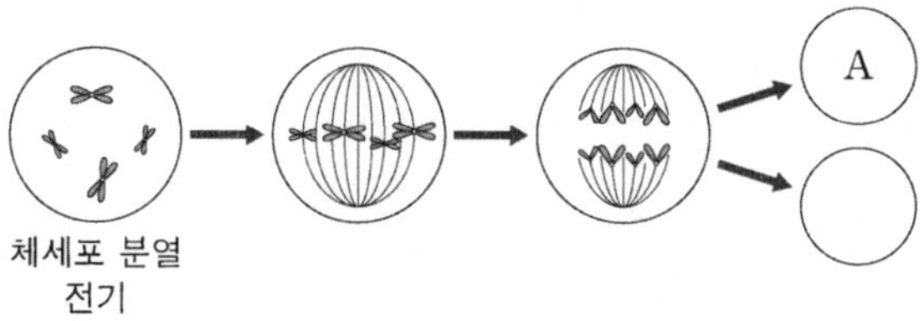

① 1개
② 2개
③ 4개
④ 8개

19. 그림은 어느 집안의 특정 형질에 대한 유전자형을 가계도로 나타낸 것이다. ㉠에 해당하는 유전 자형은? (단, 돌연변이는 없다.)

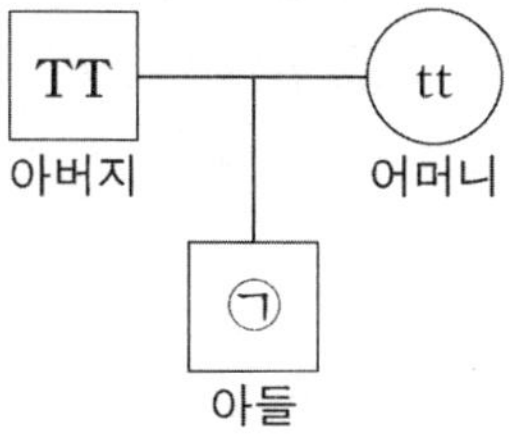

① TT
② Tt
③ tt
④ TTtt

20. 다음은 지권의 층상 구조에 대한 설명이다. ㉠에 해당하는 것은?

> ㉠ 은 지구 내부 구조에서 가장 두꺼운 층이고 지구 전체 부피의 약 80%를 차지하고 있다.

① 지각 ② 맨틀 ③ 외핵 ④ 내핵

21. 다음 현상이 나타나는 원인은?

> 어느 날 밤 우리나라 북쪽 하늘을 2시간 동안 관찰하였더니 북극성을 중심으로 북두칠성이 시계 반대 방향으로 30° 정도 이동하였다.

① 달의 공전 ② 달의 자전
③ 지구의 공전 ④ 지구의 자전

22. 다음 설명에 해당하는 태양계의 행성은?

> ◦ 과거에 물이 흘렀던 흔적이 있다.
> ◦ 얼음과 드라이아이스로 된 극관이 있다.

① 금성 ② 화성 ③ 목성 ④ 토성

23. 그림은 염분이 35.0 psu인 해수 1000g에 녹아 있는 염류의 양을 나타낸 것이다. ㉠에 해당하는 염류는?

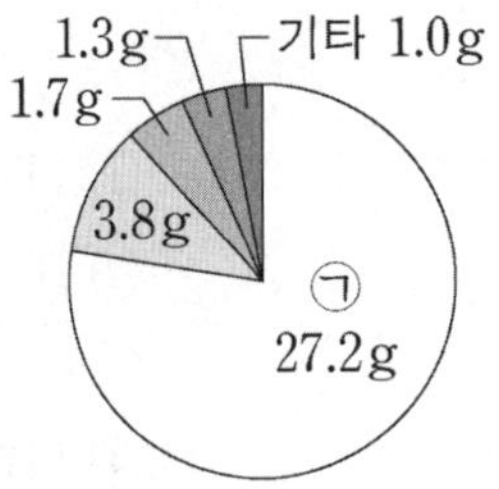

① 황산 칼슘
② 염화 나트륨
③ 염화 마그네슘
④ 황산 마그네슘

24. 그림은 기온에 따른 포화 수증기량 곡선을 나타낸 것이다. 공기 A~D 중 포화 상태인 것을 모두 고른 것은?

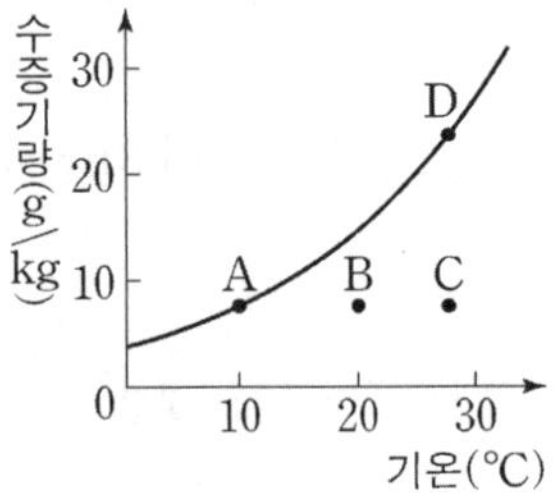

① A, B
② A, D
③ B, C
④ C, D

25. 표는 별 A~D의 겉보기 등급과 절대 등급을 나타낸 것이다. 지구에서 맨눈으로 보았을 때 가장 밝게 보이는 별은?

별	A	B	C	D
겉보기 등급	-2.0	-1.0	1.0	2.0
절대 등급	1.0	2.0	-2.0	-1.0

① A
② B
③ C
④ D

2024년도 제2회 중학교 졸업학력 검정고시

도 덕

중졸

---

1. ㉠에 들어갈 용어로 가장 적절한 것은?

> (　㉠　)은/는 옳고 그름을 판단할 수 있는 기준을 제공하고, 옳은 일을 자발적으로 실천할 수 있도록 돕는다.

① 강요　　② 도덕　　③ 본능　　④ 욕망

2. 다음 대화에서 교사가 사용한 도덕 원리 검사 방법은?

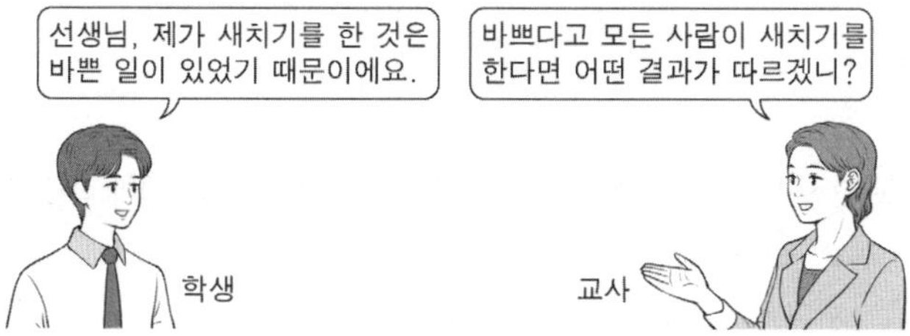

① 사실 관계 검사
② 정보 원천 검사
③ 증거 확인 검사
④ 보편화 결과 검사

3. 행복한 삶을 위한 좋은 습관을 <보기>에서 고른 것은?

<보기>

ㄱ. 시간을 낭비한다.
ㄴ. 독서를 생활화한다.
ㄷ. 사소한 일에도 금방 화를 낸다.
ㄹ. 건강을 위해 꾸준히 운동을 한다.

① ㄱ, ㄴ　　② ㄱ, ㄷ　　③ ㄴ, ㄹ　　④ ㄷ, ㄹ

4. 다음에서 인권의 특징에만 '√'를 표시한 학생은?

특징 ＼ 학생	A	B	C	D
• 인간이라면 누구나 누려야 하는 권리	✓	✓		✓
• 누구도 절대 침해해서는 안 되는 권리	✓		✓	✓
• 인종, 성별에 따라 차별할 수 있는 권리		✓	✓	✓

① A
② B
③ C
④ D

5. ㉠에 들어갈 대답으로 적절하지 <u>않은</u> 것은?

① 사회에 도움을 줄 수 있어야 해.
② 그 자체로 의미 있고 옳은 것이어야 해.
③ 돈을 많이 벌 수 있다면 법을 어겨도 돼.
④ 다른 사람에게 고통과 피해를 주지 않아야 해.

6. 다음에서 설명하는 폭력의 유형은?

수치심을 느끼게 하는 사진, 동영상을 인터넷이나 사회 관계망 서비스(SNS)에 퍼뜨리는 행위

① 절도　　② 약물 중독　　③ 신체 폭력　　④ 사이버 폭력

7. 도덕 추론 과정에서 ㉠에 들어갈 용어는?

도덕 원리		사실 판단		(㉠)
법을 어기는 행동은 옳지 않다.	➡	무임승차는 법을 어기는 행동이다.	➡	무임승차는 옳지 않다.

① 가치 갈등
② 고정 관념
③ 도덕 판단
④ 이해 조정

8. 다음 퀴즈에 대한 정답으로 옳은 것은?

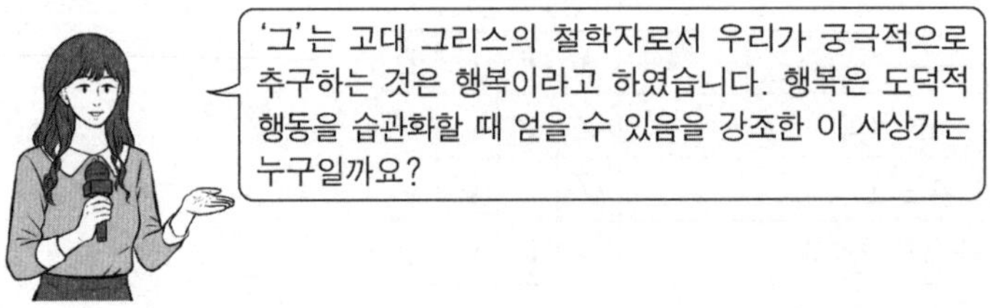

① 순자
② 로크
③ 슈바이처
④ 아리스토텔레스

9. **다음에서 설명하는 개념은?**

친구 사이에서 느끼는 따뜻하고 친밀한 정서적 유대감

① 효
② 우정
③ 경로
④ 자애

10. **㉠에 들어갈 내용으로 적절하지 <u>않은</u> 것은?**

탐구 주제: 세계 시민
- 의미: 지구촌의 문제에 관심을 가지고, 이를 해결하기 위해 적극적으로 노력하는 사람
- 세계 시민이 갖추어야 할 도덕적 가치: (㉠)

① 인류애
② 연대 의식
③ 차별 의식
④ 평화 의식

11. **이웃과의 관계에서 필요한 도덕적 자세를 <보기>에서 고른 것은?**

<보기>

ㄱ. 서로 대화하고 소통한다.
ㄴ. 서로 양보하는 자세를 갖는다.
ㄷ. 갈등이 생기면 자신의 이익만을 내세운다.
ㄹ. 상호 간에 관심을 갖고 사생활을 침해한다.

① ㄱ, ㄴ ② ㄱ, ㄹ ③ ㄴ, ㄷ ④ ㄷ, ㄹ

12. **정보 통신 매체 활용을 위한 덕목으로 적절하지 <u>않은</u> 것은?**

① 절제 ② 존중 ③ 책임 ④ 해악

13. **(가)에 들어갈 인물은?**

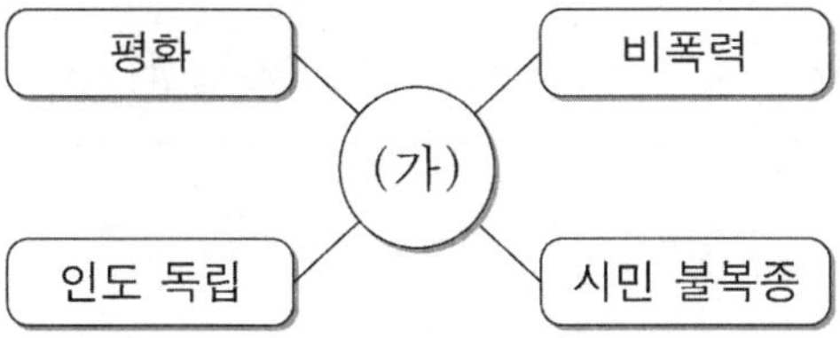

① 간디
② 공자
③ 노자
④ 칸트

14. **다문화 사회에서의 바람직한 태도로 적절한 것은?**

① 우리 문화만을 고집한다.
② 인류의 보편적 가치를 추구한다.
③ 다른 문화에 대해 편견을 갖는다.
④ 문화가 다르다는 이유로 차별한다.

15. **㉠에 들어갈 내용으로 적절하지 <u>않은</u> 것은?**

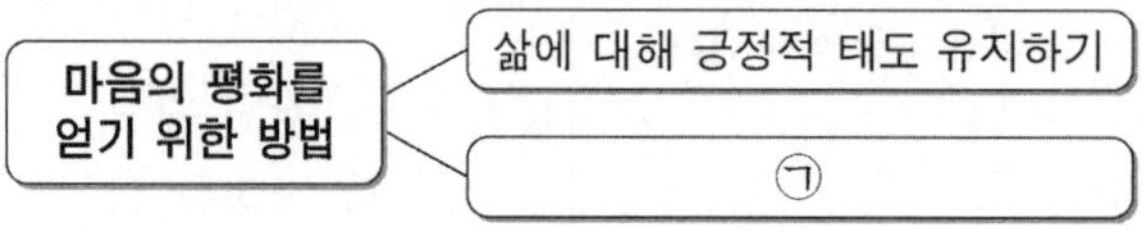

① 미움과 원한 표출하기
② 용서와 사랑 실천하기
③ 감정과 욕구 조절하기
④ 몸과 마음 건강하게 하기

16. **교사의 질문에 적절한 대답을 한 학생은?**

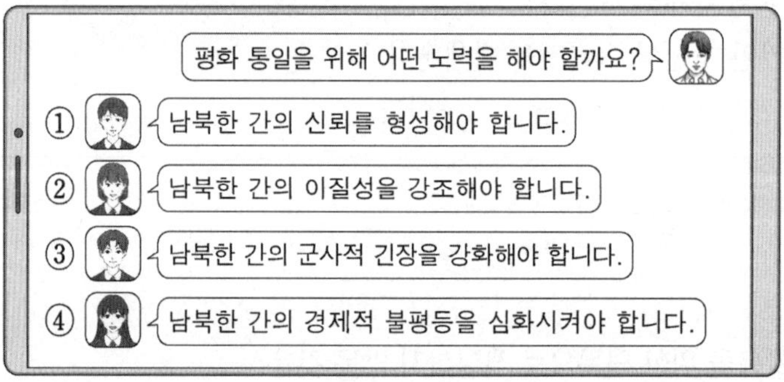

17. **평화적 갈등 해결 방법을 <보기>에서 고른 것은?**

<보기>

ㄱ. 중재　　ㄴ. 방관　　ㄷ. 회피　　ㄹ. 협상

① ㄱ, ㄴ　　② ㄱ, ㄹ　　③ ㄴ, ㄷ　　④ ㄷ, ㄹ

18. **다음은 서술형 평가 문제와 학생 답안이다. 밑줄 친 ㉠~㉣ 중 적절하지 <u>않은</u> 것은?**

> 문제: 과학 기술의 바람직한 활용 방안을 서술하시오.
>
> 〈학생 답안〉
>
> 과학 기술을 활용할 때는 ㉠ 인간 존엄성과 인권 향상에 기여해야 하며, ㉡ 무분별한 과학 지상주의를 지양해야 한다. 또한 ㉢ 인간의 복지를 증진하는 방향인지 숙고하며, ㉣ 미래 세대는 제외하고 현재 세대에 미치는 영향만을 고려해야 한다.

① ㉠
② ㉡
③ ㉢
④ ㉣

19. **다음에서 설명하는 용어는?**

① 배려
② 청렴
③ 부패
④ 소외

20. **통일 한국이 추구해야 할 가치에 해당하지 <u>않는</u> 것은?**

① 독재 ② 민주 ③ 자주 ④ 정의

21. **다음에 해당하는 국제 사회의 문제는?**

> 세계 각국은 지구 온난화 방지를 위해 온실가스 배출량을 제한하고, 해로운 쓰레기가 국제적으로 이동하는 것을 규제하는 협약을 체결했다.

① 빈부 격차 ② 성 상품화 ③ 종교 갈등 ④ 환경 파괴

22. **(가)에 들어갈 내용으로 적절한 것은?**

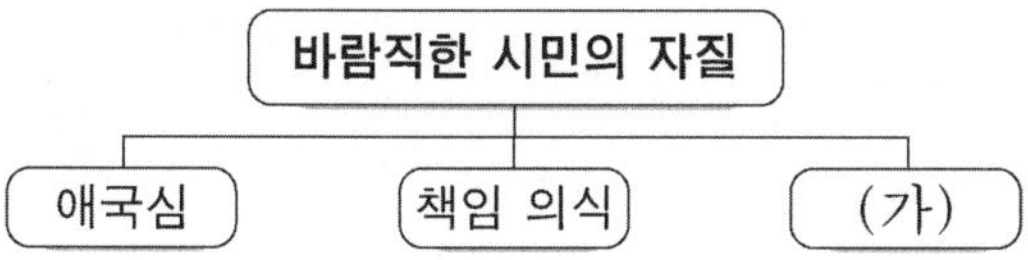

① 무관심
② 혐오감
③ 참여 의식
④ 특권 의식

23. 도덕적 성찰의 방법으로 적절하지 않은 것은?

① 학생 1 ② 학생 2 ③ 학생 3 ④ 학생 4

24. 바람직한 국가의 역할로 옳은 것만을 <보기>에서 모두 고른 것은?

<보기>

ㄱ. 공정한 법과 제도 마련
ㄴ. 국민의 생명과 재산 보호
ㄷ. 사회적 차별과 갈등 조장
ㄹ. 인간다운 삶을 위한 복지 제도 운영

① ㄱ, ㄴ ② ㄴ, ㄷ ③ ㄷ, ㄹ ④ ㄱ, ㄴ, ㄹ

25. 환경 친화적 삶을 위한 실천 태도로 적절하지 않은 것은?

① 일회용품 사용 줄이기
② 식사 후 음식 많이 남기기
③ 가까운 거리를 이동할 때 걷기
④ 사용하지 않는 전기 플러그 뽑아 두기

정답 및 해설

C·O·N·T·E·N·T·S

2021년 2회

국어 2021년 2회

01. ④	02. ①	03. ③	04. ④	05. ③
06. ②	07. ②	08. ①	09. ①	10. ③
11. ①	12. ③	13. ④	14. ①	15. ④
16. ②	17. ②	18. ③	19. ①	20. ④
21. ④	22. ②	23. ②	24. ③	25. ①

1. 대화에서 상대방이 연주회를 앞두고 불안하고 속상한 마음을 토로하고 있으므로 상대를 위로하고 안심시키는 말이 적절하다.

2. 밑줄 친 부분에 들어갈 말을 추리하기 위해서는 앞의 말에 주목해야 하는데, 무인 방범 카메라가 학생들의 일거수일투족을 촬영하게 되는 점을 지적하였으므로 사생활 침해를 반대의 이유로 들고 있음을 짐작할 수 있다.

3. <보기>의 표준 발음법 규정에 따르면 받침 'ㅅ'은 'ㄷ'으로 발음한다고 명시되어 있다. 그러므로 ③번의 '옷'은 [옫]으로 발음한다.

4. 밑줄 친 단어들은 꾸며주는 구실을 한다. 꾸며주는 단어 중 체언(명사, 대명사, 수사)을 꾸며주는 단어는 관형사이고, 용언(동사, 형용사)을 꾸며주는 단어는 부사이다.
①의 '어느'는 '집'을 꾸며주는 관형사이다.
②의 '모든'은 '학생'을 꾸며주는 관형사이다.
③의 '첫'은 '마음'을 꾸며주는 관형사이다.
④의 '매우'는 '흥미로웠다'를 꾸며주는 부사이다.

5. 요리사들이 재료 손질법에 관해 사용하는 전문어라고 할 수 있다.

6. 보어는 서술어 '되다, 아니다' 앞에 필수적으로 쓰이는 성분으로 '무엇이'에 해당하는 말이다.
①은 주어이다. ③은 부사어이다. ④는 목적어이다.

7. ② 'ㄲ'은 'ㄱ'을 나란히 쓴 병서자이다.
① 'ㅋ'은 'ㄱ'의 가획자이다.
③ 'ㄷ'은 'ㄴ'의 가획자이다.
④ 'ㅈ'은 'ㅅ'의 가획자이다.

8. 실태란 있는 그대로의 상태를 뜻한다. ①은 지진 피해의 실태라고 할 수 없다.

9. '울며 겨자 먹기'는 싫은 일을 억지로 마지못하여 하는 것을 이르는 말이다.

10. ③은 주어가 '건축물'이므로 '건축물이 아름다움을 드러내고 있어서'가 적절하다. 그러므로 수정할 필요가 없다.

11. 이 소설은 1인칭 관찰자 시점이다. 그러므로 '나'의 시각을 통해 이야기를 전개하고 있다.

12. 어머니의 말을 살펴보면 노새가 사람을 다치게 하고 물건들을 박살을 내서 경찰이 다녀갔음을 알 수 있다.

13. 이 소설은 아버지를 '노새'에 비유하여 산업화와 도시화에 적응하지 못해 고단하고 힘든 삶을 살아가는 모습을 보여주고 있다.

14. 이 시에 묻고 답하는 형식은 없다.
② 나는 나룻배에 비유하고 있다.
③ 처음과 끝이 같은 수미상관의 형식이다.
④ '~ㅂ니다'의 종결어미를 반복하고 있다.

15. 시대적 상황과 관련하여 볼 때 이 시에서 '당신'은 '조국'으로 해석할 수 있다. 그러므로 ㉣은 조국의 주권을 되찾을 것이라는 확신을 담은 표현이라 할 수 있다.

16. '나'는 '당신'에 대해 희생과 헌신의 태도이며 인내하면서 당신을 기다리고 있다.

17. 본문의 마지막 대목에서 어사또가 지은 시를 받아 본 운봉이 속으로 '아뿔사! 일 났다.'라고 하는 대

목에서 운봉이 어사또가 지은 시가 호화로운 생일 잔치를 비판하고 있는 시임을 알아차리고 있음을 알 수 있다.

18. ㉠, ㉡, ㉣은 어사또를 가리키는 말이다. ㉢은 변 사또를 가리키는 말이다.

19. 어사또가 쓴 시에서 '술'은 '피'에, 안주는 '백성의 기름'에 비유하고 있다.

20. ① 습도가 높으면 정전기가 잘 생기지 않는다.
② 정전기는 마찰에 의해 잘 생긴다.
③ 랩이 그릇에 잘 달라붙는 것도 정전기 때문이다.
④ 털가죽 종류는 전자를 잃기 쉽다.

21. ㉠에 사용된 설명 방법은 용어의 의미를 풀이한 '정의'이다. ①은 분석이다. ②는 예시이다. ③은 원인과 결과(인과)이다.

22. ㉡의 '생기다'는 '어떤 일이 일어나다'의 뜻으로, ②의 '무지개가 생기다'와 유사한 의미이다.

23. 본문에 첫 번째 단계와 두 번째 단계를 차례로 제시하고 있으므로 석빙고의 얼음 저장 과정을 단계별로 설명하고 있다.

24. 석빙고의 날개벽 역할은 겨울에 부는 찬 바람이 날개벽에 부딪혀 소용돌이로 변해 석빙고 내부 깊숙이 들어가게 한다.

25. ㉠ 유지 : 어떤 상태를 지탱하여 나가거나 이어 감

수학 2021년 2회

01. ③	02. ④	03. ①	04. ①	05. ②
06. ③	07. ①	08. ②	09. ④	10. ①
11. ①	12. ③	13. ②	14. ④	15. ②
16. ③	17. ④	18. ④	19. ①	20. ③

1. $40 = 2^3 \times 5$이므로 지수 $a = 3$이다.

2. $a = 2$일 때, $5a - 1 = 5 \times 2 - 1 = 9$가 정답이다.

3. $3x - 2 = 4$에서 $3x = 6$이므로 $x = 2$가 방정식의 해이다.

4. y가 x에 정비례 한다는 의미는 $y = ax$에서 $a = \frac{y}{x}$가 일정함을 의미한다.
따라서
$\frac{1}{4} = \frac{2}{8} = \frac{3}{12} = \frac{4}{㉠} = \frac{5}{20}$가 성립한다.
따라서 ㉠ $= 16$이다.

5. $\angle 40^\circ + \angle a = 180^\circ$이므로 $a = 140^\circ$이다.

6. 그림 모양으로 회전하게 되면 둘레는 원모양이다. 밑면(바닥면, 뚜껑면을 모두 밑면이라 부른다.)의 모양 모두 원이므로 원기둥이다.

7. 도수분포표에서 6시간 미만인 학생 수는 모두 $1 + 4 = 5$명이다.

8. $\frac{1}{3} = 0.33333\cdots$이다. 따라서 순환마디는 3이다.

9. $x^4 \times x^3 \div x^2 = x^{4+3-2} = x^5$이다.

10. $2x - 2 \leq 4$를 정리하면 $2x \leq 6$이고, $x \leq 3$이다.

11. $f(x) = 3x$에서 $f(-2) = 3 \times (-2) = -6$이다.

12. 이등변삼각형은 두 변의 길이가 같으며, 두 밑각의 크기가 같다. 따라서 각 A가 80°이므로 남은 두 밑각의 합은 100°이다. 따라서 $100^\circ \div 2 = 50^\circ$이며, $\angle x = 50^\circ$이다.

13. 삼각형의 중점연결 문제이다. 선분 $MN = \frac{1}{2}$ 선분BC이다. 따라서 $12\text{cm} \div 2 = 6\text{cm}$이다.

14. 집에서 학교를 거쳐 도서관으로 가는 것이므로 동

시에 발생하는 곱의 법칙이다. 따라서 집에서 학교까지 3가지 경우, 학교에서 도서관까지 3가지 경우이므로 $3 \times 3 = 9$가지이다.

15. $3\sqrt{2} = \sqrt{9} \times \sqrt{2} = \sqrt{18}$ 이므로 $\sqrt{a} = \sqrt{18}$ 이다. $a = 18$이다.

16. $x^2 + 2x + 1 = (x+1)(x+1) = (x+1)^2$ 이다.

17. $(x-2)(x+3) = 0$의 근을 구하면 $x - 2 = 0$ 또는 $x + 3 = 0$ 이다. 따라서, $x = 2$ 또는 $x = -3$ 이 이차방정식의 서로 다른 두 근이 된다. 문제에서 한 근이 -3이라 했으므로 다른 한 근은 2가 된다.

18. ① 아래로 볼록이다. ② 점 (1, 2)를 지난다.
③ $x = 0$(y축)을 축으로 한다.

19. ① 원의 중심에서 현(선분 AB) 까지 수선의 발(직각이 되게 선을 긋는 것)을 내리면 현은 수직 이등분된다. 따라서 $\overline{AM} = \overline{MB} = 2$cm 이므로
$\overline{AB} = 4$cm 이다.

20. ③ 중앙값은 자료의 값을 작은 수부터 큰 수까지 차례대로 나열했을 때, 정 중앙에 위치한 값이다. 따라서 작은 수대로 나열하면 1, 2, 3, 4, 6이므로 중앙값은 3이다.

영어 2021년 2회

01. ③	02. ②	03. ①	04. ③	05. ②
06. ①	07. ④	08. ②	09. ④	10. ④
11. ①	12. ②	13. ④	14. ②	15. ①
16. ③	17. ②	18. ③	19. ①	20. ①
21. ④	22. ③	23. ③	24. ④	25. ③

1. popular - 인기 있는
해석 Tom은 TV로 인기있는 한국 드라마를 보고 있다.

2. win (이기다) - lose (지다) : 반의어
① 묻다 - 답하다(반의어) ② 시작하다 - 시작하다(동의어) ③ 열다 - 닫다(반의어) ④ 잊다 - 기억하다(반의어)
해석 나는 누가 이길지 질지를 모른다.

3. 조동사 will 다음에는 동사원형이 와야 한다.
해석 내일 인터뷰를 위해 그는 여기에 있을 것이다.

4. 프랑스산이 아니므로, No~의 답변이 맞다. be 동사로 물었으므로 be 동사로 답해야 한다.
A : 이 소금은 프랑스산인가요?
B : ___________. 한국산입니다.

5. say hello : 인사하다
A : 안경을 끼고 있는 남자는 누구인가요?
B : 새로운 선생님입니다. 인사합시다.
① 오다 ② 말하다 ③ 가져가다 ④ 걷다

6. 무슨 일이야?- What happened?
② 날씨 어때? ③ 너 누구랑 가니? ④ 너는 어디 머무르고 있니?
해석 A : 너 슬퍼보인다. _____________?
B : 가장 좋아하는 시계가 고장났다.

7. ride a bike : 자전거 타다
give 사람 a ride : 태워주다
① 비용이 들다;비용 ② 떨어지다; 가을 ③ 살다 ④ 타다; 타기, 놀이기구

8. 해석 목요일 : 설거지하기
금요일 : 쿠키만들기
토요일 : 방 청소하기
일요일 : 쓰레기버리기

9. 소녀는 나무를 심고 있다.
① 울다 ② 그리다 ③ 먹다 ④ 심다

10. ① 별로 ② 안됐다 ③ 천만에 ④ 그 말을 들으니 다행이다.
해석 A : 존, 핸드폰 찾았니?
B : 응. 제인이 찾아주었어.
A : 잘됐다.

11. 해석 A : 영화 the higher 봤니?
B : 아니, 무엇에 관한 것이니?
A : 비행기 조종에 관한 내용이야.

12. ① 공연날짜 - 8월 15일 ② 가수 이름 언급 없음 ③ 공연 장소 - Grand Park ④ 티켓 가격 - 티켓당 30달러

13. 해석 환영합니다. 방문객 여러분! 산을 올라갈 때, 몇 가지만 기억해 주세요. 먼저, 야생동물을 조심해야 해요. 둘째, 어두워지기 전에 내려와야 해요. 마지막으로 쓰레기 챙기세요. 등산 즐기세요!

14. 해석 A : 보라야, 이번 주말에 파티에 가자.
B : 미안하지만, 나는 갈 수 없어. 가족 여행을 가거든.

15. ① 박물관 안에 위치한다 → 박물관 옆에 위치한다.
해석 Natural History 박물관 옆에서, 당신은 Star 벼룩시장을 발견할 수 있습니다. 매주 토요일 오전 9시부터 오후 6시까지 엽니다. 당신은 옷, 신발, 그리고 장난감을 낮은 가격에 살 수 있습니다. 웹페이지에서 더 많은 정보를 확인할 수 있습니다.

16. 케이크를 원하니?
(C) 괜찮습니다. 저는 살 빼고 있습니다.
(A) 그러면, 마실 것을 줄까?
(B) 커피요.

17. 활동 내용 : read English book and talk about them.
활동 요일 : Wednesday
신청 장소 : English classroom
해석 새로운 멤버를 찾고 있습니다.
영어 독서 클럽
영어책을 읽고 수요일 방과 후에 그것들에 대해 토론해요.
등록하기 위해서, 영어 교실로 오세요.

18. 문어가 똑똑하다는 글이므로, 사람들이 수영하는 것을 좋아한다는 것은 무관한 문장이다.
해석 문어는 매우 똑똑하다. ⓐ 문어는 보호를 위해 코코넛 껍질을 사용한다. ⓑ 숨기에 좋은 장소를 찾지 못하면, 문어는 코코넛 껍질 아래에 숨는다. ⓒ 많은 사람들이 바다에서 수영하는 것을 좋아한다. ⓓ 일부 문어는 심지어 나중을 위해 코코넛 껍질을 남겨둔다.

19. haka를 들어 본 적 있나요? 그것은 뉴질랜드의 유명한 춤입니다. 이 춤은 전투 전에 마오리에 의해 춰졌습니다. 그들은 적에게 그들의 강함을 보여주기 위해 이 춤을 사용했습니다.

20. Hankuk 학교 학생들은 ___을 가장 좋아합니다. 숫자가 가장 높은 것을 고르면, badminton이다.
① 배드민턴 ② 야구 ③ 농구 ④ 축구

21. ④ 일일 방문객 수는 언급되지 않았다.
해석 중앙 도서관은 시청 맞은 편에 위치해 있다. 약 400,000만권의 책을 보유하고 있다. 2013년도에 문을 열었다. 그때 이 후로 많은 사람들이 이 박물관에 방문하고 있다.

22. 대명사 They는 바로 앞 명사인 레몬을 가리킨다.
해석 채소와 과일을 먹는 것은 건강에 좋다. 만약 당신이 건강한 피부를 가지고 싶다면, 레몬을 먹어보아라. 그것들(레몬)은 많은 비타민 C를 함유하고 있다. 만약 당신이 건강한 심장을 가지고 싶다면, 더 많은 토마토를 먹어라.
① 사과 ② 당근 ③ 레몬 ④ 토마토

23. <온라인 매너>
① 나쁜 언어 사용하지 마라. - Don't use bad language.
② 무례한 글 남기지 마라. - Don't leave rude comments.
③ 개인 정보 유출하지 마라. - Don't post false information.
④ 언급 없음

24. 베트남 전통 모자의 다양한 용도에 관한 글이다.
해석 베트남 사람들은 그들의 전통모자, non las(논

라)를 좋아한다. 왜냐하면, 그것은 다양한 용도를 가지고 있기 때문이다. 여름에 그것은 태양으로터 피부를 보호해준다. 비가 올 때, 사람들은 우산처럼 사용한다. 그것은 또한 바구니로 사용될 수도 있다.

25. 과도한 스마트폰 사용으로 인한 문제점이 언급될 것이다.

해석 오늘날 스마트폰 없이 사는 것은 어렵다. 그러나, 스마트폰을 너무 많이 사용하는 것은 여러 문제를 야기할 수 있다. 더 자세히 말해보자.

사회 2021년 2회

01. ④	02. ②	03. ①	04. ④	05. ②
06. ③	07. ①	08. ④	09. ③	10. ③
11. ②	12. ③	13. ④	14. ②	15. ①
16. ③	17. ①	18. ④	19. ④	20. ②
21. ①	22. ③	23. ②	24. ①	25. ③

1. ① 위도의 기준 ② 북위 23°27의 위도선, 태양이 천정을 통과하는 위선이면서 북반구에서 열대와 온대를 구분하는 경계선 ③ 본초 자오선의 정반대에 있는 경도 180° 선을 말한다.

2. 건조기후 지역의 초원을 스텝이라고 한다. ③ 가장 더운 달의 평균 기온이 10°C 미만으로 여름철 땅의 표면이 녹으면서 습지에 풀과 이끼류가 자란다. ④ 가장 추운 달의 평균 기온이 18°C 이상으로 연중 기온이 높고 강수량이 많다.

3. ② 빙하 지형, 노르웨이의 해안선 ③ 해안 침식 지형, 파도에 의해 생긴 바위 기둥 ④ 해식애(해안 절벽) 밑에 파도에 의해 생긴 동굴

4. 문화 전파로 외부에서 새로운 문화가 들어오면서 기존 문화가 변하는 현상을 문화 변용이라고 한다. ① 가족, 또래집단 ② 선천적으로 갖게 되는 지위 ③ 한 개인이 가지는 둘 이상의 지위에 따른 역할들이 충돌하는 것

5. 전체 인구에서 65세 이상의 인구가 차지하는 비중이 높아지는 현상을 고령화라고 한다.

6. ④ 이촌 향도 현상은 인구가 촌락에서 도시로 이동하는 것으로 주로 개발도상국의 인구 이동 특징에 해당된다.

7. 쌀은 주로 아시아의 고온다습한 환경에서 생산되고 소비되는 식량 자원이다.

8. 다국적 기업의 본사와 연구소는 주로 선진국에, 생산 공장은 개발도상국에 입지하는 것을 공간적 분업이라고 한다. ② 공정 무역은 개발도상국 생산자에게 정당한 가격을 지불하여 생산자에게 무역의 혜택이 돌아가도록 하는 윤리적 소비이다.

9. 헌법 제1조 2항은 국민 주권의 원리를 명시하고 있다.

10. 문화 상대주의는 문화 간의 우열을 가리지 않고, 다양성을 존중한다.

11. 정당은 정치에 참여하는 비공식적 주체이다. 여론 형성, 정책안 마련, 선거에 후보자 추천 등의 역할을 한다.

12. ② 인간다운 생활을 위해 국민이 국가에 요구할 수 있는 권리, 교육권, 근로권, 환경권, 사회보장권 등이 있다. ④ 국민이 국가에 대하여 일정한 청구를 할 수 있는 권리, 다른 기본권을 보장하기 위한 수단이 되는 기본권이다.

13. 분배는 생산 활동에 참여하여 대가를 받는 것으로 임금, 지대, 이자가 분배 활동에 해당한다.

14. 균형 거래량은 균형 가격에서 거래되는 수량으로 표에서는 수요량과 공급량이 일치하는 2,000원에서 균형 거래량 300개가 형성된다. ① 균형 가격은 2,000원 ③ 가격이 1,000원일 때, 초과 수요가 발생 ④ 가격이 3,000원일 때 초과 공급이 발생

15. ② 센카쿠 열도 분쟁, 남중국해 분쟁 ④ 온실 가

스 발생으로 지구 온난화 현상 초래

16. ① 하급법원의 판결에 이의가 있을 시 상급 법원에 여러 번 재판을 받을 수 있도록 하는 제도 ② 특정 정당 및 특정 후보가 선거구를 유리하게 변경하는 것을 막기 위해 선거구를 법률로 정하는 것을 선거구 법정주의 혹은 게리멘더링 방지라고 한다. ④ 일정한 나이 이상의 국민이면 누구나 선거권을 주는 제도

17. 뗀석기에 포함되는 것으로 구석기 시대의 도구이다.

18. ① 흥선대원군 ② 고려 광종 ③ 성종 때 완성되어 반포

19. ① 통일 신라, 불교의 대중화(아미타 신앙) ② 통일 신라, 왕오천축국전

20. ① 허준 ③ 김정호 ④ 안견

21. ㄷ. 고려의 귀족 문화에 해당한다.

22. ① 고구려 장수왕의 정책 ② 삼별초의 대몽 항쟁 ④ 신라와 백제의 동맹

23. ① 방납의 폐단을 해결하기 위해 광해군이 시행 ③ 고려, 광종 ④ 고려, 몽골 침략 때 제작

24. 국채 보상 운동은 대구에서 시작되어 전국으로 확산된 경제적 구국 운동이다.

25. 인천 상륙 작전에 성공하여 서울을 수복하고 압록강 유역까지 진격하였으나 중국군의 개입으로 후퇴하게 되었다.

과학 2021년 2회

01. ①	02. ③	03. ①	04. ②	05. ③
06. ④	07. ③	08. ①	09. ②	10. ④
11. ③	12. ④	13. ①	14. ①	15. ③
16. ③	17. ④	18. ②	19. ②	20. ④
21. ②	22. ②	23. ④	24. ④	25. ①

1. 물이 물체를 밀어 올리는 힘(띄우는 힘)을 부력이라 한다.

오답정리 ② 마찰력- 물체의 운동을 방해하는 힘
③ 자기력- 자석과 자석, 금속과 자석 사이에 작용하는 힘
④ 탄성력- 물체가 원래 상태로 되돌아가려는 힘

2. 일정한 속력으로 운동하는 물체는 속력이 증가하거나 감소하지 않고 일정하게 유지되어야 한다.

3. 전압, 전류, 저항의 관계를 나타낸 법칙을 옴의 법칙이라 한다. 전압, 전류, 저항은 $V = IR$ (전압 = 전류 × 저항)의 관계를 갖는다. 따라서, 공식에 따르면 전압이 2V이고, 전류가 2A이면 저항은 1Ω이 된다.

4. 위치 에너지와 운동 에너지의 합을 역학적 에너지라 한다. 공기 저항을 무시할 때, 역학적 에너지는 항상 일정하게 유지된다. 따라서, 지점 A, B, C에서 역학적 에너지가 모두 100J이므로, D에서도 100J이 되기 위해서는 운동 에너지가 75J이므로 위치 에너지가 25J이어야 한다.

5. 직진하는 빛이 거울이나 물체에 닿으면 진행 방향이 바뀌는 현상을 빛의 반사라 한다. 이때, 입사각과 반사각의 크기는 항상 같다. 법선을 기준으로 봤을 때, 입사각이 50°이므로, 반사각도 법선에서 50°가 더해진 140°가 되어야 한다.

6. 같은 전하로 대전된 풍선은 척력이 작용하여 서로 밀어내고, 다른 전하로 대전된 풍선은 인력이 작용하여 서로 끌어당긴다.

7. 보일의 법칙은 압력에 따른 기체의 부피 변화를

나타낸 법칙이다. 압력이 커질수록 기체의 부피는 감소한다. 즉, 압력×부피의 값은 일정하다. 압력×부피=40이므로, 4기압일 때 부피는 10mL이다.

8. 액체가 기체로 상태가 변하는 현상을 기화라 한다.
오답정리 ② 승화 - 고체가 기체로 또는 기체가 고체로 상태가 변하는 현상
③ 융해 - 고체가 액체로 상태가 변하는 현상
④ 응고 - 액체가 고체로 상태가 변하는 현상

9. 물(H_2O) 분자 1개에는 수소 원자(H) 2개, 산소 원자(O) 1개가 있다.

10. 원자가 전자를 잃으면 양이온이 되고, 얻으면 음이온이 된다. 따라서, 베릴륨(Be) 원자가 전자 2개를 잃으면 Be^{2+}이 된다.

11. 어는점은 액체가 고체로 상태 변화가 일어나기 시작할 때의 온도로, 이때 모든 에너지를 상태 변화에 쓰기 때문에 온도는 일정하게 유지된다.

12. 화학 반응이 일어날 때 반응물의 총질량과 생성물의 총질량은 같다. 이를 질량 보존의 법칙이라 한다. 주어진 식에서 반응물의 총질량이 5g(4g+1g)이므로, 생성물인 산화 구리(Ⅱ)의 질량은 5g이 된다.

13. 생물의 단위는 종 < 속 < 과 < 목 < 강 < 문 < 계로 분류할 수 있다. 가장 큰 분류 단위는 계이고, 계에서 종으로 갈수록 생물이 점점 더 세부적으로 나누어진다. 이때, 자연 상태에서 짝짓기하여 생식 능력이 있는 자손을 낳을 수 있는 생물 무리를 종이라 한다.

14. 생물은 원핵생물계, 원생생물계, 식물계, 균계, 동물계의 5가지 계로 분류할 수 있다. 이때 버섯은 곰팡이와 같이 균계에 속한다.

15. 식물이 이산화탄소와 물, 빛에너지를 가지고 스스로 양분(포도당)을 만드는 과정을 광합성이라 한다.

16. 우리 몸의 순환계(심장, 혈관, 혈액 등)에서는 영양소나 산소 등의 물질이 온몸을 순환할 수 있도록 한다.

17. 뉴런에는 감각 뉴런, 연합 뉴런, 운동 뉴런이 있다. 감각 뉴런은 감각 기관에서 받아들인 자극을 연합 뉴런으로 전달하는 역할을 한다.

18. 정자와 난자가 결합하는 것을 수정이라 한다. 수정을 통해 수정란이 만들어진다.

19. 순종의 키 큰 완두(TT)와 순종의 키 작은 완두(tt)를 교배하여 잡종 1대에서 얻을 수 있는 유전자형은 Tt이다. 부모에게서 유전자를 하나씩 물려받아 유전자가 쌍을 이루게 된다.

20. 철과 니켈 등의 무거운 물질로 이루어져 있고, 지구의 가장 중심에 위치하며 고체 상태로 추정되는 지구 내부 구조 A는 내핵이다.
오답정리 ③ 외핵 - 지진파 S파가 통과하지 못해 액체 상태로 추정된다.

21. 우리나라에서 남동 계절풍의 영향을 받아 덥고 습한 날씨가 나타나는 계절은 여름이다.

22. 지구의 수권에서 가장 많은 양을 차지하는 것은 해수(=바닷물)이다. 수권의 약 97%를 차지한다.

23. 태양의 표면(광구)에 쌀알을 뿌려놓은 것 같은 무늬는 쌀알무늬이다.
오답정리 ① 채층 - 광구 바로 위에 보이는 얇고 붉은 가스층
② 홍염 - 태양 표면에서 고온의 가스 불기둥이 솟아오르는 현상
③ 흑점 - 광구에 나타나는 검은 점, 주변보다 온도가 낮다.

24. 지구에서 가장 어둡게 보이는 별은 지구에서 가장 멀리 떨어진 별(D)이다.

25. 연주 시차는, 지구에서 6개월 간격으로 별을 관측하여 측정한 시차의 1/2을 말한다. 연주 시차는 지

구가 공전하기 때문에 나타나며, 지구에서 가까이 있는 별일수록 연주 시차가 크다. 따라서, 지구에서 가장 가까이 있는 별 A가 연주 시차가 가장 크다.

도덕				2021년 2회
01. ①	02. ③	03. ①	04. ③	05. ④
06. ③	07. ④	08. ②	09. ①	10. ②
11. ①	12. ②	13. ②	14. ③	15. ④
16. ③	17. ④	18. ③	19. ②	20. ④
21. ③	22. ④	23. ①	24. ④	25. ①

1. 도덕이란 사람으로서 마땅히 지켜야 할 도리이자 보편적 사회 규범이다. 도덕이 필요한 이유는 올바른 삶을 살아가는 기준이 되고, 살기 좋은 사회를 만드는 기준이 된다. 또한 다른 사람들과 더불어 행복한 삶을 살 수 있게 해 준다.

2. <보기>에서 설명하는 것은 도덕적 민감성이다. 도덕적 민감성은 도덕적 상상력을 발휘하기 위한 조건으로 어떤 상황을 도덕적 문제로 받아들일 수 있는 마음의 상태이다.

3. 법을 지켜야 하는 이유는 국가의 질서 유지 및 발전에 도움을 주고, 나와 주변의 피해 발생을 예방하기 위해서이다.

4. ① 돈, ② 음식, ④ 스마트폰은 물질적 가치에 해당한다.

5. 이성 친구와 바람직한 관계를 형성하기 위해서는 존중과 이해, 기본적인 예절 준수, 균형과 조화의 추구 등이 필요하다.

6. <보기>에서 설명하는 것은 형제자매가 서로 우애를 실천하는 방법이다.

7. 부패란 공정하지 못한 방법을 통해 자신의 이익을 추구하는 행위로서, 탈세 행위, 뇌물 수수, 권력 남용 등이 부패에 해당한다.

8. <보기>의 (가)는 사랑이다. 사랑이란 어떤 사람이나 존재를 몹시 아끼고 귀중히 여기는 마음이다.

9. <보기>의 대화에서 공통으로 나타나는 삶의 자세는 자신의 한계를 극복하기 위해 도전하는 자세이다.

10. <보기>는 이웃 간의 갈등의 예들이다. 이웃 간의 갈등을 해결하기 위해서는 배려가 필요하다. 배려는 이웃의 입장을 먼저 생각하며 그 사람의 어려움을 도와주고 보살펴 주려고 마음을 써야함을 말한다.

11. <보기>에서 설명하는 인간이라면 누구나 가지는 기본적인 권리는 인권이다.

12. <보기>에서 설명하는 오랫동안 반복하는 과정에서 몸에 익은 행동 방식을 의미하는 것은 습관이다.

13. 남북한의 분단국가로서 겪는 문제점이 아닌 것은 ② 세계 평화에 기여이다. 분단은 세계 평화에 방해물이다.

14. <보기>에서 설명하는 용어는 인도주의이다. 인도주의는 사람의 평등한 인격과 그 존엄성을 제일 중요하게 여겨서, 인간애를 바탕으로 인종, 민족, 국적, 종교 등의 차이를 초월한 인류 전체의 복지를 이상으로 하는 주의이다.

15. 갈등을 일으키는 원인으로 옳지 않은 것은 ④ 공감과 경청의 자세이다. 공감과 경청은 갈등을 해결하는 자세에 해당한다.

16. ㉠에 들어갈 용어는 역지사지이다. 역지사지란 입장 바꿔 상대방의 처지에서 생각해 본다는 뜻으로 갈등 해결의 자세이다.

17. ② 문화 상대주의는 문화적 차이를 인정하고 존중하는 태도이다. 문화 사대주의는 특정 문화를 동경하고 숭배하여 자문화를 낮게 평가하는 태도이다.

18. <보기>의 여학생이 사용하는 도덕 원리 검사 방법은 ③ 보편화 결과 검사이다. 보편화 결과 검사는 모든 사람이 같은 도덕 원리를 채택하였을 때 발생할 수 있는 결과를 수용할 수 있는지 생각해 보는 것이다.

19. 친구가 듣기 싫어하는 별명을 부르거나 외모를 비하하는 말로 친구를 괴롭히는 폭력은 언어 폭력에 해당한다.

20. <보기>에서 설명하는 것은 시민 불복종이다. 시민 불복종이란 기본권을 침해하는 국가의 권력 행사를 합법적인 방법으로 막을 수 없을 때 국민이 가지는 불복종의 권리이다.

21. 마음의 평화를 얻기 위해서는 지나친 욕심을 버리고 절제하는 자세, 자신의 모습을 있는 그대로 바라보고 긍정하는 자세, 다른 사람의 실수나 잘못을 용서하는 자세 등이 필요하다.

22. ㄱ. 풍요롭고 편리한 삶, ㄴ. 건강 증진과 생명 연장은 과학 기술의 긍정적 영향에 해당한다.

23. 사회적 약자를 배려하기 위해서는 사회적 약자에 대한 편견을 버리고 공감과 배려의 자세가 필요하고 사회적으로는 사회적 약자의 삶을 위해 제도적 장치가 마련되어야 한다.

24. 정보 통신 매체는 다른 사람을 존중하는 마음을 가지고 바른 언어를 사용해야 하고, 컴퓨터나 핸드폰 등을 적절히 사용하고, 꼭 필요한 자료만 활용하며, 다른 사람과 대화를 하거나 댓글을 달 때는 감정을 조절해야 한다. 또한 정보는 막대한 영향을 미치기 때문에 정보 통신 매체를 사용할 때는 항상 신중해야 한다.

25. 친환경적인 소비란 생태계가 지속될 수 있게 하는 소비 생활이다. 환경 친화적 소비 생활의 실천 사례로는 자신의 소비가 사회와 환경에 미치는 영향을 고려하는 윤리적 소비, 환경에 미치는 영향을 최소화하는 녹색 소비 등이 있다.

2022년 1회

국어 2022년 1회

01. ②	02. ②	03. ③	04. ②	05. ①
06. ②	07. ③	08. ①	09. ①	10. ③
11. ③	12. ②	13. ④	14. ①	15. ④
16. ②	17. ①	18. ①	19. ④	20. ④
21. ④	22. ④	23. ①	24. ②	25. ③

1. ② <보기>의 대화는 학교 화단이 허전하다는 문제에 대한 해결책을 찾는 토의이다.

2. ② 책을 혼자 들 수 없어서 도움을 요청하기 위해 시간이 있는 지를 묻고 있다.

3. ③ 희망은 'ㅎ'이라는 자음을 첫소리로 가지고 있는 음절이기 때문에 [히망]이 바른 발음이다.

4. ② 이번 시험에는 반드시 합격할 것이다.
① 겨울이 가면 반드시 봄이 온다.
③ 비가 오는 날이면 반드시 허리가 쑤신다.
④ 큰 지진 뒤에는 반드시 피해가 일어난다.

5. ① '아이가 눈이 작아서 귀엽다.'의 '눈이 작아서'는 원래의 뜻인 눈 크기가 작다는 뜻이므로 관용 표현이 아니다.

6. ② 'ㅗ, ㅜ, ㅚ, ㅟ'는 원순 모음이다.
'ㅏ, ㅐ, ㅓ, ㅔ, ㅡ, ㅣ'는 평순 모음이다.

7. ③ '새'는 옷(체언 : 명사)을 꾸며주는 관형사이다. 나머지는 용언을 꾸며주는 부사이다.

8. ① 국화가(주어) 피었다(서술어)의 관계를 맺는 홑문장이다.
② '민호가 다가왔다'속에 '소리도 없다'가 안겨있는 겹문장이다.
③ '나는 노래하다' 와 '영희는 춤춘다'의 겹문장
④ '비가 그치다'와 '지수는 외출했다' 의 겹문장

9. ① 즉석식품의 문제점을 근거로 제시하고 있으므로 이에 맞는 주장은 '즉석식품의 과도한 섭취는 건강에 해롭다.'가 적절하다.

10. ③ <보기>는 축제 방문자를 대상으로 만족도와 세부사항을 묻는 설문 조사 결과 보고서이다. 그러므로 축제의 문제점과 발전 방안을 찾기 위함을 목적으로 했음을 알 수 있다.

11. ③ 소설의 결말에 나는 휠체어를 탄 위층 여자를 보고 부끄러움으로 얼굴이 붉어진다.

12. ② 선물로 준비한 것은 실내용 슬리퍼이다.

13. ④ ㉣의 소리는 "누구세요?"라고 묻는 소리이다. 나머지는 위층에서 들리는 소음이다.

14. ① 1연은 과거의 '나'이고 2연은 현재의 '나'이다. 그러므로 어른이 된 화자가 어린 시절을 회상한 것으로 볼 수 있다.

15. ④ 혼자서 엄마를 기다리던 어린 '나'가 느꼈을 정서로 부끄러움은 어울리지 않는다.

16. ② 나는 <u>찬밥</u>처럼 방에 담겨

17. ① ㉠ 척 부인은 자이다.
㉡은 가위이다.
㉢은 얼굴이 붉으락푸르락하는 실이다.
㉣은 낯가죽이 두꺼운 골무이다.

18. ① 규중의 일곱 벗은 옷을 만드는 데 쓰이는 자, 가위, 바늘, 실, 골무, 인두, 다리미이다.

19. ④ 청홍흑백 각시는 실이고 세요는 바늘이다. 그러므로 바늘귀에 꿰인 실이 바늘의 뒤를 따라가는 것을 의미한다.

20. ④ ㉠ 다음에 이어지는 글을 보면 여름밤에 잠을 못 자게 하는 것이 매미 울음소리임을 알 수 있다.

21. ④ [A]에 세계적으로 유명한 과학 잡지 「네이처」에 실린 글을 인용하였다.

22. ④ ㉡의 '걸리는'은 시간이 소요됨을 의미한다.
① 병이 들다.
② 달려 있다.
③ 어딘가에 끼이거나 박히다.
④ 시간이 소요되다.

23. ① 본문 첫줄에 '남극이 훨씬 춥다'고 설명하고 있다.

24. ② 이 글은 남극과 북극의 기후를 설명하고 있다.

25. ③ 서술어가 '때문이다'이므로 '왜냐하면'이 어울린다.

수학 2022년 1회

01. ②	02. ①	03. ④	04. ②	05. ②
06. ②	07. ③	08. ④	09. ④	10. ③
11. ①	12. ②	13. ③	14. ④	15. ④
16. ①	17. ①	18. ③	19. ③	20. ①

1. ②
56을 소인수분해하면
$56 = 2 \times 2 \times 2 \times 7 = 2^3 \times 7$

2. ①
-2는 0보다 작은 수이므로 $-2 < 0$이다.

3. ④
$x = 3, y = -1$일 때,
$2x + y = 2 \times 3 + (-1) = 5$

4. ②
직사각형은 마주보는 변의 길이가 같으므로 $(7 + 7) + (x + x) = 24$이다.
따라서 $2x = 24 - 14 = 10$이고, $x = 5$이다.

5. ②
동위각을 이용하면
$x + 120^\circ = 180^\circ$이므로 $x = 60^\circ$이다.

6. ②
호의 길이와 중심각의 크기는 정비례한다. $30^\circ \times 3 = 90^\circ$이므로 호의 길이 또한 $x \times 3 = 12$이다. 따라서 $x = 4$이다.

7. ③
스마트폰을 3시간 이상 사용하는 청소년의 수는 3~4 : 12명, 4~5 : 8명이므로 $12 + 8 = 20$명이다.

8. ④
$0.\dot{4} = \frac{4-0}{9}$이다. 실제 4를 9로 나누면 0.44444⋯이다.

9. ④
$a \times a^2 \times a^3 = a^{1+2+3} = a^6$

10. ③
연립방정식 $\begin{cases} x + y = 1 \\ 2x - y = 2 \end{cases}$에서 위 두 식을 더하면 $3x = 3$이고, $x = 1$이다. 식 $x + y = 1$에 $x = 1$을 대입하면 $1 + y = 1$이므로 $y = 0$이다.
따라서 $x = 1, y = 0$

11. ①
$y = ax$의 그래프를 y축으로 2만큼 평행이동시키면 $y = ax + 2$가 된다. 문제에서 $y = -2x + 2$의 그래프와 일치한다 했으므로 $a = -2$가 된다.

12. ②
평행사변형은 마주보는 변의 길이가 똑같으며, 대각의 크기가 서로 같다.
따라서 $x = 5, y = 120$이다.

13. ③
두 삼각형이 닮음이므로 각각 대응변의 길이도 닮음이다. 대응변의 길이가 4 : 6이므로 길이의 비율은 2 : 3이다.

14. ④
주사위 한 개는 1부터 6까지 총 여섯 가지 경우가 발생한다. 그리고 3이상의 눈금은 3, 4, 5, 6 이렇게 네 가지가 발생한다. 따라서 $\frac{4}{6} = \frac{2}{3}$이다.

15. ④
무리수의 덧셈과 뺄셈은 근호 안의 수가 같을시에 근호 밖의 수로 계산한다. 따라서 $3\sqrt{2} + \sqrt{2} = 4\sqrt{2}$

16. ①
이차방정식 $(x-1)(x-3) = 0$에서 $x - 1 = 0$ 또는 $x - 3 = 0$이므로 해는 $x = 1$ 또는 $x = 3$ 이다.
따라서 다른 한 근은 3이다.

17. ①
주어진 그래프의 모양을 위로볼록한 모양이라고 한다. 다른 보기를 옳게 고쳐보면
② y축에 대칭이다.
③ $(1, -2)$를 지난다.
④ 꼭짓점의 좌표는 $(0, 0)$이다.

18. ③
$\cos B = \frac{\text{밑변}}{\text{빗변}} = \frac{4}{5}$

19. ③
중심각은 원주각의 두 배이다.
따라서 원의 둘레의 각인 원주각이 35°이므로 중심각 $\angle AOB = 70^\circ$이다.

20. ①
② 양의 상관관계이다. ③, ④는 상관관계가 없다.

영어				2022년 1회
01. ①	02. ②	03. ②	04. ④	05. ④
06. ①	07. ③	08. ③	09. ②	10. ③
11. ②	12. ②	13. ③	14. ④	15. ④
16. ③	17. ②	18. ④	19. ④	20. ①
21. ①	22. ④	23. ③	24. ①	25. ②

1. ①
나는 이 영화가 지루하다고 들었다. 그래서, 나는 그것을 보기를 원하지 않는다.

2. ②
① 사다 : 팔다 ② 말하다 : 말하다 ③ 밀다 : 당기다
④ 시작하다 : 끝내다
②는 유의어, 나머지는 반의어

3. ②
· 이것은 내가 가장 좋아하는 노래들 중 하나이다.
단수 주어 this와 함께 쓰는 be동사는 is이다.
favorite 가장 좋아하는

4. ④
A : 실례합니다, 이 책은 얼마입니까?
B : 5달러입니다.
가격을 물을 때는 how much~?를 쓴다.

5. ④
A : 설거지를 해 줄 수 있나요?
B : 미안합니다만, 시간이 없어요. 나중에 할게요.
wash the dishes 설거지 하다
① 가다 ② 전화하다, 부르다 ③ 듣다 ④ 씻다

6. ①
A : 나는 이 자켓이 마음에 듭니다.
B : 왜 좋아하나요?
A : 색이 맘에 들어요.
② 그들은 매우 피곤해 보인다.
③ 그것에 대해 걱정하지 마.
④ 나는 잡지책을 읽고 있다.

7. ③
· 여기에 주차할 수 없다.
· 소풍으로 그 공원에 가자.
① 날다 ② 요리하다; 요리사 ③ 주차하다; 공원
④ 보다; 손목시계

8. ③

화요일	수요일	목요일	금요일
자전거 타기	수영하러 가기	피자 만들기	축구 하기

9. ②
A : 소년은 무엇을 하고 있나요?
B : 그는 바이올린을 연주하고 있어요.
① 운전하다 ② 연주하다 ③ 읽다 ④ 걷다

10. ③
A : 오늘 배드민턴 치는 거 어때?
B : 물론이지. 어디서 만날까?
A : 학교 운동장은 어때?
B : 좋아. 세 시에 거기서 보자.
why don't we ~? 하는 게 어때?

11. ②
A : 엄마, 저 영화보러 갈 수 있나요?
B : 누구랑 함께 가니?
A : 소라와 함께 갈 거예요.
① 세 시에. ③ 우리는 The Plant를 볼 거예요. ④ 극장 앞에서 만날 거예요.
in front of ~앞에

12. ②
A : 무슨 계절을 좋아하니?
B : 나는 해변을 갈 수 있어서 여름을 좋아해.
A : 나는 스키를 좋아해, 그래서 겨울을 좋아해.
season 계절

13. ③
예술가들로부터 배우다
· 장소 : 현대 미술 박물관
· 날짜 : 2022년 5월 7일
· 활동 : 예술가와 함께 그림 그리기
참가비는 언급되지 않았다.

14. ④
좋은 오후입니다. 시내 도서관에 오신 것을 환영합니다. 우리는 오늘 특별한 행사를 가집니다. 줄리아

스미스가 그녀의 새로운 책 'Harry Botter'에 대해 두 시에 메인홀에서 이야기할 것입니다. 만약 당신이 팬이라면, 이 행사를 놓치지 마세요.
도서관에서 여는 특별행사에 대한 글이다.
special 특별한
miss 놓치다

15. ④
A : 안녕, 주디. 너는 걱정하는 것처럼 보여. 무슨 일이야?
B : 나는 영어로 연설을 해야 해. 너무 긴장이 돼.
A : 걱정하지마. 너는 잘 할거야.
worried 걱정하는
give a speech 연설하다
nervous 긴장하는

16. ③
해마(seahorse)는 여러 면에서 매우 흥미롭다. 물고기 종류이지만, 말처럼 생겼다. 그것은 서서 수영을 한다. 물속에서 천천히 움직인다. 위험에 처했을 때, 색을 바꿀 수 있다.
seahorse 해마
interesting 재미있는
slowly 천천히
in danger 위험에 처한
change 바꾸다

17. ②
세호야, 어디 가는 중이니?
(A) 도서관에. 나는 책을 반납해야 해.
(C) 책이 무거워 보인다. 도움이 필요하니?
(B) 응, 그래줄래? 고마워
return 반납하다
heavy 무거운

18. ④
어제, 민수는 버스를 탔다. 그는 요금을 지불하기 위해 리더기에 카드를 댔다. 그러나, 카드에 충분한 돈이 없다고 기계가 말을 했다. 그래서 그는 버스에서 내려야 했다. 매우 당황했다.
machine 기계
enough 충분한
embarrassed 당황한

19. ④
50% 이상의 학생들이 그들의 주된 스트레스 원인으로 학업을 선택했다.
① 가족 ② 친구 ③ 미래
more than ~이상
cause 원인

20. ①
프란츠 리스트에 대해 들어본 적 있나요? 그는 1811년 헝가리에서 태어났다. 그의 아버지는 첼로를 연주했다. 그래서 리스트는 음악에 관심이 있었다. 리스트는 7살에 피아노 연주하는 것을 시작했다. 그는 나중에 훌륭한 피아니스트, 작곡가 그리고 교사가 되었다.
composer 작곡가

21. ①
사하라 사막은 매우 뜨거운 장소이다. 그곳에서 동물이 살아남기는 어렵다. 그러나 개미는 이 환경에서 살 수 있다. 어떻게 그것들은 그럴 수 있나? 그것들의 몸은 태양으로부터의 열을 반사할 수 있기 때문이다.
① 개미 ② 곰 ③ 여우 ④ 사자
desert 사막
survive 살아남다
environment 환경
reflect 반사하다

22. ④
· 달리지 마시오
· 음식을 먹지 마시오.
· 수영장에 다이빙하지 마시오.

23. ③
스마트폰을 사용하는 데에 많은 좋은 점이 있다. 첫번째, 나는 어디에서든 친구들과 연락할 수 있다. 또한, 내가 필요한 정보를 쉽게 얻을 수 있다. 이것은 숙제를 할 때 유용하다.

get in touch 연락하다
easily 쉽게
information 정보
useful 유용한

24. ①
안녕하세요. 브라운 박사님. 저는 문제가 있습니다. 나는 필요하지 않은 물건을 계속 삽니다. 그래서 저는 많은 불필요한 것을 가지고 있습니다. 저는 정말이 나쁜 습관을 깨고 싶습니다. 무엇을 해야 할까요?
problem 문제
unnecessary 불필요한
habit 습관

25. ②
왜 사람들은 춤을 출까? 그들은 감정을 표현하고 다른 사람에게 행복을 주고 스스로 즐기기 위해서 춤을 춘다. 이제, 전 세계의 다른 종류의 춤을 살펴보자.
express 표현하다
feeling 감정
happiness 행복

사회 2022년 1회

01. ④	02. ③	03. ④	04. ①	05. ②
06. ②	07. ③	08. ①	09. ③	10. ①
11. ④	12. ④	13. ①	14. ②	15. ③
16. ②	17. ②	18. ④	19. ②	20. ④
21. ①	22. ③	23. ②	24. ①	25. ④

1. ① 시차 : 세계 표준시를 기준으로 하여 정한 세계 각 지역의 시간 차이
② 표준시 : 각 국가나 지방에서 사용하는 통일된 표준 시각
③ 랜드마크 : 그 지역의 대표적인 장소, 건물

2. ① 고산 기후 : 적도 부근의 해발고도가 높은 지역에서 나타남
② 툰드라 기후 : 가장 더운 달의 평균 기온이 10°C 미만으로 북극해 주변, 남극해 주변의 섬, 북아메리카 대륙의 북부, 그린란드 주변에서 나타남
④ 열대 우림 기후 : 연중 기온이 높고 강수량이 많아 덥고 습함, 아프리카 콩고 분지, 남아메리카 적도 지역 등에 분포함

3. ① 갯벌 : 해안의 퇴적 지형, 밀물 때는 바다, 썰물 때는 땅이 되는 지형
② 모래사장 : 하천에서 공급되는 모래가 해안선을 따라 퇴적된 지형
③ 석회 동굴 : 석회암 지역에서 빗물이나 지하수에 의한 용식작용으로 지하에 생긴 동굴

4. ② 황사 : 중국 대륙의 사막이나 황토 지대에 있는 가는 모래가 강한 바람으로 인해 우리나라에 날아옴
③ 폭염 : 매우 심한 더위
④ 가뭄 : 오랫동안 비가 내리지 않아 메마른 날씨

5. ③ 석탄 : 산업 혁명의 원동력, 제철 공업이나 화력 발전 시 연료로 사용

6. ① 공정 무역 : 선진국의 소비자가 개발 도상국의 생산자에게 정당한 가격을 지불하여 생산자에게 무역의 이익이 돌아가도록 하는 것
③ 혼합 농업 : 곡물 재배 + 가축 사육 + 사료 작물 재배
④ 플랜테이션 : 열대 기후 + 선진국의 자본과 기술 + 원주민의 노동력이 결합되어 상품작물을 재배

7. 개발 제한 구역 : 도시의 무분별한 팽창을 방지하고 도시의 녹지 공간 확보를 위해 설정

8. · 영해 : 영토 주변의 바다
· 영공 : 영토와 영해의 수직 상공
· 영토 : 한 국가에 속한 육지의 범위

9. ① 외집단 : 이질감과 적대감을 느끼는 집단 ② 재사회화 : 변화하는 환경에 적응하기 위해 새로운 지식과 생활양식 등을 학습하는 과정

10. 공유성은 한 사회의 구성원이 공통적으로 가지는 생활양식으로 타인의 행동을 예측할 수 있고 그 행동의 의미가 무엇인지도 파악할 수 있게 함

11.

지방 의회	지방 자치 단체장
- 의결 기관 - 조례 제정 - 예산안 심의·의결	- 집행 기관 - 규칙 제정

12. 정부 형태는 대통령제와 의원 내각제로 구분됨. 대통령제는 입법부와 행정부가 엄격히 분리되어 대통령을 중심으로 국정을 운영하고 의원 내각제는 입법부와 행정부가 밀접한 관계를 맺고 총리를 중심으로 국정을 운영함

13. ② 평등권 : 성별, 종교, 인종과 같은 조건에 의해 차별받지 않을 권리
③ 참정권 : 국가 기관의 형성과 국가의 정치적 의사 형성 과정에 참여할 수 있는 권리
④ 사회권 : 인간다운 생활을 위해 국민이 국가에 요구할 수 있는 권리

14. ① 감사원 : 행정부의 최고 감사 기관
③ 헌법 재판소 : 헌법 수호 기관이자 국가 권력을 통제하며 국민의 기본권을 보장하는 기관
④ 국가 인권 위원회 : 인간의 존엄과 가치를 구현하고 민주적 기본질서 확립을 위한 인권 전담 독립 기관

15. ① 수요 : 어떤 상품을 사고자하는 욕구
② 실업 : 일할 의사와 능력이 있지만 일자리를 구하지 못한 상태
④ 물가 지수 : 물가가 얼마나 오르고 내렸는지를 측정하기 위해 수치로 나타낸 것

16. 인플레이션 발생 시 가계는 지나친 임금 인상 자제, 합리적 소비, 과소비를 억제하려는 노력이 필요하고 기업은 효율적 경영, 생산성 향상을 위한 노력이 요구됨

17. ① 구석기 : 뗀석기, 이동 생활(동굴, 막집)
③ 청동기 : 벼농사 시작, 계급 발생, 미송리식 토기, 비파형 동검, 고인돌

18. ① 내물왕(신라) : 김씨 왕위 독점 세습, 마립간 칭호 사용
② 신문왕(통일신라) : 국학 설립, 녹읍 폐지
③ 근초고왕(백제) : 마한 정복, 평양성 공격

19. 발해는 고구려 장군 출신 대조영이 고구려인과 말갈인을 이끌고 지린성의 동모산을 중심으로 건국함. 선왕 때엔 고구려의 옛 땅을 대부분 회복하면서 최대 전성기로 '해동성국'으로 불림

20. 전민변정도감 설치 : 권문세족이 불법으로 빼앗은 토지를 본래의 주인에게 돌려주고, 억울하게 노비가 된 자를 양민으로 해방시킴
② 경복궁 중건 : 흥선대원군
③ 훈민정음 창제 : 세종

21. ② 임진왜란 : 조선과 일본과의 전쟁, 이순신과 의병의 활약, 명의 지원군으로 승리
③ 살수 대첩 : 고구려와 수와의 전쟁, 을지문덕
④ 봉오동 전투 : 홍범도가 이끄는 대한 독립군이 일본군을 격파

22. 조선 후기 상공업의 발달, 농업 생산력 향상, 서당 교육의 확대 등으로 서민 의식이 성장하면서 서민 문화가 발달하게 됨.

23. ① 3 · 1 운동 : 일제의 강압적인 식민 정책에 항거하여 일어난 민족 독립 운동
③ 홍경래의 난 : 평안도 지역에 대한 차별 대우, 세도 정치에 대한 반발
④ 만민 공동회 : 독립협회에서 개최한 민중 집회

24. ② 진대법 : 봄에 곡식을 빌려준 후, 가을에 추수하여 갚게 한 제도
③ 호패법 : 조선 시대 신분증명서
④ 유신 헌법 : 1972년 10월 대통령 특별 선언에 따라 대한민국 헌정 사상 7차로 개정된 헌법

25. ① 6 · 10 만세 운동 : 순종의 장례일인 1926년 6월 10일에 일어난 만세 운동
② 국채 보상 운동 : 일본에 진 빚 1300만원을 갚기 위해 전개된 국권 회복 운동
③ 동학 농민 운동 : 전봉준이 중심이 되어 일으킨 반봉건 · 반외세 운동

과학				2022년 1회
01. ①	02. ④	03. ④	04. ②	05. ③
06. ②	07. ④	08. ②	09. ③	10. ①
11. ②	12. ③	13. ④	14. ①	15. ④
16. ②	17. ④	18. ③	19. ②	20. ③
21. ①	22. ①	23. ③	24. ④	25. ②

1. 고무줄, 용수철 등에 작용하는 탄성력의 방향은 가한 힘 방향의 반대 방향으로 작용하므로 ①이 정답이다.

2. 거울에서 빛의 입사각과 반사각은 같으므로 입사각이 70°이면 반사각도 70°이다.

3. 온도가 서로 다른 두 물체를 접촉시키면 고온의 물체는 열을 잃어 온도가 감소하고, 저온의 물체는 열을 얻어 온도가 올라가 결국은 두 물체의 온도가 같아진다. 이 때를 열평형 상태라 하며, 그림의 열평형 도달 시간은 8분이다.

4. 소비 전력이 20W인 전구를 4시간 사용했으므로 전력량은 80Wh이다.

5. 전류계의 단자가 최대 5A에 연결되었으므로, 전류의 세기는 아래 눈금인 3A이다.

6. 물체에 5N의 힘을 가해 4m 이동시켰으므로 한일의 양은 = 힘 × 이동거리 = 20J이다.

7. 플라스크를 가열하여 온도가 올라가 풍선이 커졌으므로 샤를의 법칙이 적용되고, 따라서 부피 변화 요인은 온도이다.

8. 얼음이 녹아 물이 되는 즉, 고체가 액체로의 상태 변화는 융해 B이다.

9. 중성 수소 원자가 전자 1개를 잃으면 H^+(수소이온)가 된다.

10. 과산화 수소(H_2O_2)에서 수소와 산소의 원자 수는 2 : 2 이므로 약분하면 1 : 1이 된다.

11. 원유는 증류탑에서 가열하여 분리하므로 끓는점을 이용한 분리이다.
끓여서 분리하는 또다른 예로는 물과 알콜의 분리가 있다.

13. 식물계는 광합성을 하고 뿌리, 줄기, 잎이 뚜렷함이 특징이다. 곰팡이, 버섯은 균계에 속한다.

15. 식물 잎의 뒷면에는 증산 작용을 할 때 열리고 닫히는 기공이 있는데, 기공 주변의 공변세포에 의해 조절된다.

16. 입, 식도, 위, 소장, 대장 등은 소화계에, 심장, 동맥, 정맥, 모세혈관은 순환계에, 사구체, 보먼 주머니, 콩팥, 신우, 방광은 배설계에, 기관지, 폐, 폐포 등은 호흡계에 속하는 기관계이다.

17. 달팽이 모양의 구조로 소리 자극을 감지하는 곳은 달팽이관 D이며, 기압조절 임무는 귀인두관인 C이고, A는 음파를 모으는 귀바퀴, B는 외이도이다.

18. 세포 분열 과정에서 중앙에 세포가 배열할 때는 중기이며, 이때 염색체를 관찰하기 가장 좋은 시기가 된다.

19. 순종의 보라색 완두(AA)와 순종의 흰색 완두(aa)를 교배하면 잡종 1대 자손의 유전자형은 잡종인 (Aa)가 된다.

20. 조흔판에 긁었을 때 광물 가루색을 조흔색이라

하며, 광물 구별에 사용된다.

22. 일식은 태양이 달에 가려져 보이지 않게 되는 현상으로, 태양이 완전히 가려지면 개기일식, 일부만 가려지면 부분 일식이 된다.

23. 염분은 해수 1kg에 녹아있는 염류의 양이므로, 염분이 35‰(psu)인 해수2kg에는 총 70g의 염류가 녹아있다.

24. 우리나라에 시베리아 기단은 겨울에, 북태평양 기단은 여름에, 오츠크해 기단은 초여름에, 양쯔강 기단은 봄, 가을에 영향을 주는 기단이다.

25. 주변의 별빛을 반사시켜서 밝게 보이는 성운은 반사 성운이다.

도덕				2022년 1회
01. ④	02. ①	03. ④	04. ④	05. ③
06. ③	07. ②	08. ④	09. ①	10. ②
11. ③	12. ③	13. ①	14. ④	15. ③
16. ①	17. ②	18. ②	19. ①	20. ③
21. ④	22. ②	23. ②	24. ①	25. ③

1. ④
〈보기〉에서 설명하는 고대 그리스의 사상가는 소크라테스이다. 소크라테스는 "성찰하지 않는 삶은 가치가 없다."라고 주장하며 반성하는 삶을 강조하였다. 성찰이란 마음을 반성하고 살펴, 말과 행동에 잘못이나 부족함이 없는지 돌아보는 것이다.

2. ①
인간의 정신 활동으로 얻게 되는 가치는 정신적 가치이다. ② 물질적 가치는 사물이나 물건이 지니는 가치로서 의복, 주택, 음식 등이 있다.

3. ④
도덕적으로 살아야하는 이유는 나에게, 모두에게 이롭기 때문이고, 도덕적 의무이기 때문에, 그리고 훌륭한 삶을 위해서이다. 또한 행복한 삶을 추구하기 위해서이다. ④ 개인의 도덕성은 사회에 큰 영향을 준다.

4. ④
〈보기〉에 공통으로 들어갈 개념은 도덕적 민감성이다. 도덕적 민감성이란 특정 상황을 도덕적 문제 상황으로 민감하게 받아들이는 것이다.

5. ③
참된 우정이 필요한 이유는 정서적 안정와 행복감을 얻을 수 있고, 인격적 성장을 할 수 있다. 또한 우정은 시민 사회의 소통, 교류, 상호 협력 등으로 확대된다. 참된 우정은 ③ 따뜻한 공동체를 형성할 수 있다.

6. ③
① 자녀가 부모님을 잘 섬기는 것은 효도이다. ② 형제자매 간의 두터운 정과 사랑은 우애이다. ④ 부부간에도 예절이 필요하다.

7. ②
성(性)에 대한 바람직한 관점은 ㄱ. 성의 인격적 가치를 소중히 여겨야 하며, ㄹ. 성에 대한 균형잡힌 시각을 가져야 한다. ㄴ. 성의 쾌락적 측면만을 추구해서는 안 된다. ㄷ. 성을 상품화하는 수단으로 생각해서는 안 된다.

8. ④
습관이란 오랫동안 되풀이해 몸에 익은 채로 굳어진 개인적인 행동으로서, 관련된 행동을 쉽고 능숙하게 할 수 있도록 도와준다. 이성적 판단에 따라 욕구를 충족하는 행위를 반복해 좋은 습관을 들여야 진정한 행복에 도달할 수 있다.

9. ①
이웃과의 관계에서 필요한 도덕적 자세는 관심과 배려, 양보 등이 필요하다.

10. ②
사이버 공간은 네트워크 상의 가상의 공간을 말한

다. 사이버 공간의 가장 대표적인 특징은 익명성이다. 현실의 자신이 누구인지 밝히지 않아도 됨을 익명성이라 한다. ① 개방성은 누구에게나 개방되어 있어 자유로운 의견 제시가 가능함을 말한다.

11. ③
〈보기〉의 그림에서 제시하는 정보화 사회의 도덕 문제는 저작권 침해이다. 저작권 침해는 다른 사람의 지적 창작물을 불법으로 복제 · 거래하여 정신적 · 경제적 피해를 준다.

12. ③
학교 폭력에 대처하는 방법은 자신이 폭력을 당한 경우에 싫다는 의사를 명확하게 표현해야 하고 의사를 표현했음에도 폭력이 해결되지 않거나 의사 표현을 할 수 없는 경우에는 주변 사람들에게 적극적으로 도움을 요청해야 한다.

13. ①
인권이란 누구나 인간으로서의 존엄성을 누리기 위해 마땅히 보장받아야 할 권리이다. 인권의 특징은 보편성(누구나 누릴 권리), 천부성(태어날 때부터 누릴 권리), 불가침성(타인에게 빼앗기지 않을 권리)가 있다.

14. ④
양성평등이란 남성과 여성이 법적 · 사회적으로 성별에 따라 부당하게 차별받지 않는 것이다. ①, ②, ③은 성차별에 대한 설명이다.

15. ③
〈보기〉에서 설명하는 용어는 문화 상대주의이다. 문화 상대주의는 그 문화가 생기게 된 배경이나 원인을 그 사회의 관점에서 이해하려는 태도이다. 문화 상대주의로 인해 다른 문화를 존중할 수 있고, 문화의 다양성을 높일 수 있다.

16. ①
㉠에 들어갈 개념은 세계 시민이다. 세계 시민은 민족이나 국가와 같은 지역 공동체를 넘어 지구 공동체의 구성원으로 살아가는 사람이다.

17. ②
〈보기〉에서 설명하는 개념은 사회 정의이다. 사회 정의란 사회를 구성하고 유지하는 공정한 원리이자 덕목이다. 다른 사람과의 협력을 통해 얻은 성과를 어떻게 분배할 것인가를 두고 구성원 사이에 갈등이 일어날 수 있다. 사회 정의는 구성원 사이에 갈등을 공정하게 해결할 기준이다.

18. ②
국가는 외부의 침입으로부터 국민을 보호하고, 영토를 지키며, 사회 질서를 유지하고 국민의 안전한 생활을 보장한다. 국민들 간의 갈등을 조정하고, 서로 협력하도록 하고, 모든 국민이 최소한의 인간다운 삶을 살 수 있도록 노력해야 한다.

19. ①
〈보기〉에 해당하는 갈등 해결의 방법은 협상이다. 협상은 다른 사람의 개입없이 갈등의 당사자끼리 직접 대화해 갈등을 해결하는 방법이다. 협상의 과정에서 서로 양보하고 타협해 의견이나 이해관계를 맞추어 원만한 합의를 이끌어 낸다.

20. ③
평화 통일을 위해서는 통일에 대한 관심을 갖고 서로에 대한 이해와 존중을 바탕으로 교류와 협력이 이루어져야 한다. 교류 과정에서 서로의 안보와 평화를 해치는 행위를 하지 않도록 약속하고 실천해야 한다. ③ 북한 주민에 대한 편견을 버려야 한다.

21. ④
통일을 해야 하는 이유는 이산가족의 아픔을 해소하고, 민족의 동질성을 회복하기 위해서이다. 또한 전쟁의 위협을 제거하고 평화를 실현하고, 경제적 발전과 번영을 도모하기 위해서이다. 〈보기〉의 글은 이산가족의 고통을 담고 있다.

22. ②
갑은 인간 중심주의 자연관, 을은 생태 중심주의 자연관에 대한 설명이다. 인간 중심주의 자연관은 인간을 자연보다 우월한 존재로 보고, 자연을 지배하고 이용할 수 있다고 본다. 자연을 도구적 수단으로 보는 관점이다. 반면 생태 중심주의 자연관은 인간과 동식물, 산과 바다 같은 무생물은 모두 자연의 일부이며 그 자체로 소중하다고 본다. 자연은 본래적 가치를 지니므로 그 자체로 존중하고 보호해야 한다고 여긴다.

23. ②
과학 기술을 바람직하게 활용하기 위한 자세로는 인간의 존엄성과 인권을 존중하는 자세, 동식물의 생명과 생태계를 보전하는 자세, 미래 세대를 고려하는 자세 등이 필요하다.

24. ①
㉠에 들어갈 용어는 도덕 원리이다. 도덕 추론은 이유, 근거를 제시하여 자신의 도덕 판단이 옳다고 주장하는 것이다.

25. ③
주체적인 삶이란 ③ 주위 사람이 원하는 삶보다는 자신이 원하는 삶을 사는 것이다.

2022년 2회

국어 2022년 2회

01. ②	02. ③	03. ③	04. ①	05. ④
06. ②	07. ①	08. ②	09. ③	10. ②
11. ③	12. ②	13. ④	14. ③	15. ②
16. ④	17. ①	18. ③	19. ①	20. ①
21. ④	22. ④	23. ④	24. ①	25. ②

1. 민지의 말에 수철이가 창문을 열겠다고 했으므로 요청이다.

2. 나 전달법은 나를 주어로 하는 말하기이다. ① 누가, ② 너는, ③ 나는, ④ 너처럼이 주어로 사용되었다.

3. 예를 들어 '밥을, 선물을'을 넣을 수 있기 때문에 목적어가 답이다.

4. '꽃'은 [꼳]으로 소리가 나기 때문에 소리가 나는 대로 적은 것이 아니다.

5. '읽었다'와 '달린다'는 움직임을 나타내는 말이다.

6. 언어는 시간이 흐르면서 변한다는 내용이므로 언어의 역사성에 대한 설명이다.

7. 두 입술이 닿았다 떨어지면서 소리 나는 두입술소리들이다. ② ㄴ,ㄹ,ㅁ,ㅇ ③ ㄷ,ㅌ,ㅅ,ㅆ ④ ㅍ,ㅌ,ㅊ,ㅋ

8. 훈민정음 자음의 기본자는 'ㄱ,ㄴ,ㅁ,ㅅ,ㅇ'이다.

9. 보고서는 사실을 바탕으로 작성하는 글이다.

10. 통일성은 하나의 주제로 내용이 모아지는 것이다. 안전모를 쓰자는 내용이므로 공유자전거에 대한 내용은 이 글과 어울리지 않는다.

11. 글 속에 '나'라는 서술자가 등장하고 명선이라는 주인공을 관찰하고 있으므로 1인칭 관찰자 시점이다. 서술자가 명선이와 함께 경험한 일을 서술하고 있다.

12. '내가 벌써 귀띔을 해 줘서 어른들은 명선이가 숙부에게 버림받은 게 아니라 스스로 도망쳤다는 사실을 이미 알고 있었다.'에서 명선이는 숙부에게 버림받지 않았음을 알 수 있다.

13. 명선이를 쥐바라숭꽃이라는 들꽃으로 상징적으로 표현하고 있다.

14. '내, 숲, 고개, 마을' 등의 시어를 반복하며 운율을 형성하고 있다.

15. '내를 건너서 숲으로 / 고개를 넘어서 마을로'에서 '내'와 '고개', '숲'과 '마을'이 각각 동일한 의미로 쓰였다.

16. 화자가 향하는 곳이 어디인지를 보여주는 부분이다.

17. 심청이가 아버지를 위해 자신을 희생하는 내용으로 전통적인 효 사상을 볼 수 있다.

18. 심청이는 오늘이 배 떠나는 날임을 알고 있고 스스로 희생을 선택했으므로 '분노'의 감정은 찾아볼 수 없다.

19. '내 몸 팔린 줄을 우리 아버지가 아직 모르십니다.'를 통해서 심봉사가 딸의 상황을 모르고 있음을 알 수 있다.

20. '모두를 위한 디자인'은 모든 사람을 위한 디자인으로, 사회적 약자도 사용하는 데 불편함을 느끼지 않는 디자인이다. 계단은 노약자나 장애인에게 불편을 주는 디자인이다.

21. ㉠은 개념과 뜻을 중심으로 내용을 전개한 방법으로 정의이다.

22. 잘못 다루었을 때 원상태로 돌리기 힘든 것은 모두를 위한 디자인이 아니다.

23. ① 멸균한 육즙은 발효가 일어나지 않고 원래 맛과 모습을 유지한다. ② '미생물이 무생물로부터 자연적으로 발생하는 것이 아니라 사람처럼 생명을 지닌 고유한 존재라는 사실을 입증했습니다'에서 알 수 있다. ③ 프톨레마이오스는 우주의 중심이 지구라고 생각했고 코페르니쿠스가 여기에 대해 의심을 품었다. ④ 갈릴레이가 여러 번의 실험으로 물체는 그 무게와 관계없이 똑같은 속도로 자유낙하한다는 사실을 증명했다.

24. 권위 있는 학자들도 믿은 내용을 따르지 않고 실험을 통해 반론을 폈다는 내용이므로 앞 문장과 뒷 문장이 반대되는 관계이다.

25. 다른 학자들은 당시의 권위에 반론을 폈지만 ㉡의 아리스토텔레스의 주장은 대부분의 사람들이 별 의심 없이 받아들인 것이다.

수학 2022년 2회

01. ④	02. ①	03. ③	04. ①	05. ②
06. ④	07. ②	08. ②	09. ①	10. ③
11. ①	12. ③	13. ④	14. ③	15. ④
16. ①	17. ③	18. ②	19. ④	20. ②

1. 36을 소인수분해하면
$36 = 4 \times 9 = 2^2 \times 3^2$이 된다.

2. $(-3) + (+5) = -3 + 5 = 2$

3. 한 개에 500원 하는 막대사탕을 a개 사면
$(500 \times a)$원으로 계산한다.

4. $4x - 3 = 6 + x$에서 이항하여 정리하면
$4x - x = 6 + 3$이 되고, $3x = 9$이므로 방정식의 해는 $x = 3$이다.

5. 점 A는 2사분면 위에 있는 좌표이며, 2사분면은 x좌표가 음수, y좌표가 양수이다. 따라서 점 A는 $(-2,\ 3)$이다.

6. 부채꼴 AOB의 중심각의 크기가 부채꼴 COD의 중심각의 크기에 비해 5배가 작으므로 호의 길이와 넓이도 5배씩 작다. 따라서 부채꼴 AOB의 넓이가 5cm^2이므로 부채꼴 COD의 넓이는 25cm^2이다.

7. 히스토그램에서 40분 이상 50분 이하는 3명이고, 50분 이상 60분 이하는 2명이다. 따라서 총 5명이다.

8. 유한소수는 분모의 소인수가 2 또는 5로 되어있으면 된다. 따라서 $\frac{1}{5}$이 유한소수이다.

9. $-2x^2 \times 3x^5 = -6x^{2+5} = -6x^7$이다.

10. $2x \leq 6$을 풀면, $x \leq 3$이 된다.

11. 일차함수 $y = ax + 2$에서 x증가량이 -1만큼 증가했고, y증가량이 2만큼 증가했으므로 기울기는 $\frac{2}{-1} = -2$가 된다. 따라서, $a = -2$

12. 이등변삼각형은 두 변의 길이가 같고, 그 밑각의 크기가 각각 같으므로 각 C는 $45°$이다. 따라서 삼각형의 세 내각의 합은 $180°$이므로 $\angle x = 90°$이다.

13. $10 : \overline{FG} = 5 : 3$이므로 $5\overline{FG} = 30$이다. 따라서, $\overline{FG} = 6$이다.

14. 1~9까지 적힌 공에서 3의 배수는 3, 6, 9 세 개밖에 없다. 따라서 3가지이다.

15. 무리수의 덧셈과 뺄셈은 루트 안에 수가 같으면 루트 밖의 수로 계산한다.
따라서, $5\sqrt{3} - 3\sqrt{3} = 2\sqrt{3}$

16. $x^2 + 5x + 6 = (x + 2)(x + 3)$이다.

17. ① 아래로 볼록이다. ② 점 $(1,\ 2)$를 지난다.
$x = 1$을 대입하면 $y = 1^2 + 1 = 2$가 된다.
④ 꼭짓점의 좌표는 $(0,\ 1)$이다.

18. $\sin 42° = \frac{\text{높이}(y\text{ 축의 길이})}{\text{빗변}(\text{반지름})}$
$= \frac{0.67}{1} = 0.67$이다.

19. 원의 중심과 현까지 수선의 발은 현을 수직이등분한다. 그리고, 현 CD와 현 AB가 각각 중심까지의 거리로부터 5cm로 동일하므로 두 현의 길이는 같다. 현 CD가 16cm이므로 그 절반은 8cm이다. 따라서 $\overline{AM} = 8\text{cm}$이다.

20. 최빈값은 자주 나온 값이다. 주어진 자료에서는 8점이 3번으로 최빈값이다.

영어 2022년 2회

01. ②	02. ④	03. ③	04. ②	05. ③
06. ④	07. ②	08. ③	09. ④	10. ①
11. ②	12. ①	13. ②	14. ④	15. ②
16. ④	17. ③	18. ③	19. ①	20. ④
21. ①	22. ③	23. ①	24. ①	25. ④

1. 그는 매우 유명한 가수이고 많은 팬을 가지고 있다.

2. ① 오르다 - 떨어지다 ② 이기다 - 지다
③ 열다 - 닫다 ④ 끝내다 - 끝내다

3. 케이트는 스케이트를 잘 탄다, 그러나 그녀는 스키를 잘 타지 못한다.
해설 but(그러나)으로 연결되는 문장이므로 but 앞 뒤의 문장은 역접이 되어야 한다.

4. A : 얼마나 자주 농구를 하니?
B : 일주일에 세 번.
① 키가 큰 ② 자주 ③ 많은 ④ 예쁜
해설 B의 답변이 횟수이므로 횟수(빈도)를 물어보는 often(자주)이 정답이다.
· often 자주 · three times 세 번

5. A : 탐, 너는 무엇을 하고 있니?
B : 엄마, 저는 수학책을 찾고 있어요. 그것을 찾을 수 없어요.
A : 침대 아래를 확인하는 건 어떠니?
· look for ~을 찾다 · under ~아래에
① put 놓다, 두다 ② sleep 자다 ④ wear 입다

6. A : 제시카, 오늘 꽃축제에 가는 게 어때?
B : 물론이요, 아빠. 몇 시에 가길 원하세요?
A : 2시에 집에서 출발하자.
① 나는 모자를 살 거야.
② 그것은 좋은 꽃이다.
③ 나는 택시를 타고 있다.
· flower 꽃 · festival 축제

7. 그는 그의 아빠처럼 보인다.
너는 방학 동안 무엇을 하기를 좋아하니?

· like 동사) 좋아하다 전치사) ~처럼

8. A : 실례합니다. 우체국에 어떻게 가나요?
B : 한 블록을 직진하시고 왼쪽으로 도세요. 그것은 당신의 오른쪽에 있습니다.
A : 감사합니다.
· post office 우체국
· go straight 직진하다

9. A : 그 소년은 무엇을 하고 있니?
B : 그는 수영장에서 수영하고 있어.
① fly 날다 ② write 쓰다 ③ draw 그림 그리다
④ swim 수영하다
· pool 수영장

10. A : 저녁으로 무엇을 먹기를 원하니?
B : 햄버거 어때?
A : 음.. 나는 점심으로 그것을 먹었어. 피자 주문하는 게 어때?
B : 좋아.
· would like 원하다
· what about ~? ~하는 게 어때?
· order 주문하다

11. A : 스미스씨, 오늘 일찍 집에 가도 되나요?
B : 오, 당신은 좋아 보이지 않는군요. 무슨 일이에요?
A : 저 열이 나요.
① 천만에요 ③ 그 말을 들어 행복해요
④ 당신은 더 운동해야 해요
· fever 열 · exercise 운동하다

12. A : 자유 시간에 무엇을 하니?
B : 나는 쿠키 굽는 것을 좋아해. 너는?
A : 나는 보통 영화를 봐.
· free time 자유 시간
· bake (빵을) 굽다
· watch movies 영화를 보다
· usually 보통

13. 스타 댄스 클럽
- 우리는 매주 금요일 케이팝 춤을 연습해요.
- 우리는 5명의 새 회원이 필요해요.
+ 등록하기 위해서, 클럽 회장에게 dance@school.kr로 이메일을 보내세요.
해설 연습 요일은 언급되지 않았다.
· practice 연습하다
· sign up 등록하다, 신청하다
· president 회장

14. 좋은 아침입니다, 모두들. 공원에서 자전거 타기를 위한 몇 가지 안전 규칙을 말하겠습니다. 먼저, 당신의 머리를 보호하기 위해서 헬멧을 쓰세요. 두 번째, 사람들이 당신을 쉽게 볼 수 있도록 밤에는 밝은 색을 입으세요.
· safety 안전 · rule 규칙
· put on 입다, 착용하다 · protect 보호하다
· bright 밝은 · easily 쉽게

15. A : 너는 늦었어. 무슨 일이야?
B : 너무 미안해. 지하철을 잘못 탔어.
A : 끔찍하다. 경기가 시작하기 전에 네가 도착해서 기뻐.
· late 늦은 · wrong 잘못된
· terrible 끔찍한 · glad 기쁜

16. 오션 호텔은 해변 옆에 있습니다. 각 방은 바다 경관을 가지고 있습니다. 손님들은 호텔 식당에서 신선한 해산물을 먹을 수 있습니다. 모든 손님들을 위한 무료 보트 관광이 있습니다.
해설 무료 버스 관광이 아니라 무료 보트 관광이 있다.
· beach 해변 · fresh 신선한
· guest 손님

17. 저는 저희의 새로운 오케스트라 멤버인 소피를 소개하기를 원합니다. ⓐ 그녀는 바이올린을 연주합니다. ⓑ 그녀는 오케스트라에서 연주한 많은 경험이 있습니다. ⓒ **바이올린은 기타보다 작습니다.** ⓓ 그녀는 바이올린 대회에서 우승을 많이 했습니다. 소피를 환영해주세요.
해설 바이올린과 기타의 크기를 비교한 ⓒ는 글의 흐름과 어울리지 않는다.
· introduce 소개하다

· experience 경험
· contest 대회

18. 마이크는 그의 과학 과제를 위해 몇 권의 책을 읽어야 했다. 그래서, 그는 어제 도서관에 갔다. 그는 거기서 책을 찾았다. 그러나, 그는 도서관 카드를 집에 두고 와서 그것들을 빌릴 수 없었다.

· science 과학 · however 그러나
· because ~ 때문에

19. 무슨 종류의 음악을 학생들은 가장 좋아하나? 절반 이상의 학생들이 힙합을 좋아한다.
해설 그래프상 절반 이상을 차지하고 있는 것은 힙합(Hip-hop)이다.

· type 종류 · more than ~이상
· half 절반

20. 나는 데이비드이다. 이것은 나의 가족 사진이다. 여기 나의 여동생, 크리스틴이 있다. 그녀는 3학년이다. 그녀 옆에, 나의 부모님이 의자에 앉아 계신다. 나의 아버지는 선생님이시고 나의 어머니는 의사이시다. 우리는 행복한 가족이다.
해설 어머니의 나이는 나와 있지 않다.

· third grade 3학년 · next to ~옆에
· sit 앉다 · chair 의자

21. 여기에 눈이 피로할 때 눈을 편안하게 하는 방법이 있다. 눈을 감아라, 그리고 너의 손가락으로 부드럽게 그것들(눈)을 눌러라. 끝냈을 때, 따뜻한 수건으로 눈을 덮어라. 이것이 너의 눈을 더 편하게 만들 것이다.

· how to ~하는 방법 · relax (근육 등을) 풀다
· tired 피곤한 · press 누르다
· gently 부드럽게 · finger 손가락
· finish 끝내다 · cover 덮다
· warm 따뜻한

22. - 큰 소리로 말하지 말자.
- 휴대폰을 사용하지 말자.
- 바닥에 쓰레기를 버리지 말자.

23. 오늘날 로봇은 많은 다른 역할을 한다. 어떤 로봇은 식당에서 주문을 받는다. 다른 로봇들은 카페에서 커피를 만든다. 그것들은 공항에서 가이드로서 일한다. 그것들은 친구로서 사람들에게 말한다.
해설 식당에서 주문받거나 커피를 만드는 등 다양한 역할을 한다.

· these days 요즘 · play a role 역할을 하다
· guide 가이드 · airport 공항
· talk 말하다

24. 안녕, 샘. 나야, 크리스. 나는 우리가 오늘 축구를 할 예정이었다는 것을 알아. 그러나 지금 비가 오고 있어. 그리고 나는 오늘 밤까지 비가 멈추지 않을 것이라는 것을 들었어. 그래서, 우리 계획을 바꾸는 게 어떨까?
해설 비가 와서 축구하자는 계획을 바꾸기 위해 글을 썼다.

· until tonight 오늘 밤까지
· why don't we 동사원형~? ~하는 게 어때?
· change 바꾸다
· plan 계획하다

25. 너는 치즈를 좋아하니? 집에서 치즈를 만드는 것은 쉽고 재밌다. 그것은 30분밖에 걸리지 않는다. 그리고 너는 단지 약간의 우유와 레몬주스, 그리고 소금이 필요하다. 이제, 이 세 가지를 가지고 치즈 만드는 절차를 보자.

· easy 쉬운 · take (시간이) 걸리다
· take a look 보다 · step 단계, 절차

사회 2022년 2회

01. ③	02. ④	03. ①	04. ①	05. ①
06. ③	07. ②	08. ④	09. ④	10. ①
11. ③	12. ②	13. ④	14. ③	15. ①
16. ②	17. ③	18. ④	19. ②	20. ②
21. ③	22. ④	23. ③	24. ④	25. ④

1. 표준 경선 : 본초자오선(경도 0°)을 기준으로 그은 가상의 세로선

위선 : 적도(위도 0°)를 기준으로 그은 가상의 가로선

2. 열대 우림 기후 : 연중 기온이 높고 강수량이 많아 덥고 습함, 아프리카 콩고 분지, 남아메리카 적도 지역 등에 분포함
① 스텝 기후 : 연 강수량 500mm 미만 지역으로 유목 · 관개 시설을 이용한 가축 사육 및 밀 재배가 이루어짐
② 사막 기후 : 연 강수량 250mm 미만지역으로 오아시스 농업이 이루어짐
③ 툰드라 기후 : 가장 더운 달의 평균 기온이 10°C 미만으로 북극해 주변, 남극해 주변의 섬, 북아메리카 대륙의 북부, 그린란드 주변에서 나타남

3. ② 아프리카 문화 지역 : 종족 중심의 생활, 원시 종교, 유럽의 식민지 영향
③ 오세아니아 문화 지역 : 영어 사용, 원주민 문화가 나타남
④ 라틴 아메리카 문화 지역 : 남부 유럽의 문화가 전파, 가톨릭교, 다양한 혼혈족

4. ② 태풍 : 적도 부근 해상에서 형성되어 중위도 지역으로 이동하면서 강한 바람과 많은 비를 동반함
③ 폭설 : 많은 양의 눈이 한꺼번에 내리는 현상
④ 홍수 : 많은 비로 하천이나 호수의 물이 넘쳐 발생하는 재해

5. ② 촌락 : 사람들이 모여 사는 생활의 단위로 농업사회 공동체
③ 주변지역 : 주택, 학교, 공장 등이 입지
④ 개발 제한 구역 : 도시의 무질서한 팽창을 막고 도시의 녹지 공간을 확보하기 위해 설정

6. ① 영공 : 영토와 영해의 수직 상공
② 영토 : 한 국가에 속한 육지의 범위
④ 배타적 경제 수역 : 영해를 설정한 기선으로부터 200해리까지의 해역 중 영해를 제외한 수역

7. ① 조력 발전 : 밀물과 썰물의 차를 이용하여 전력을 생산함
③ 원자력 발전 : 핵분열 연쇄 반응을 통해서 발생한 에너지로 만든 수증기로 터빈발전기를 돌려 전기를 생산

8. ① 로키 산맥 : 북아메리카 서부를 남북으로 뻗은 대산맥
② 우랄 산맥 : 러시아 북부를 북에서 남으로 뻗어 있는 산맥
③ 안데스 산맥 : 남아메리카 서쪽에 있는 산맥

9. 교사, 대학생, 회사원은 성취 지위임
①, ②, ③은 귀속 지위에 해당되는 설명

10. 문화의 속성에는 학습성, 공유성, 축적성, 변동성, 전체성이 있음.
학습성 : 문화는 후천적 학습에 의해 습득되는 것
공유성 : 한 사회의 구성원이 공통적으로 가지는 생활양식
축적성 : 학습 능력과 상징체계 등을 이용하여 다음 세대로 전승되면서 새로운 요소가 추가되어 더욱 풍성해지는 것
변동성 : 문화는 시간의 흐름에 따라 변화함
전체성 : 문화의 각 요소들이 상호 밀접한 관련을 맺으면서 전체적으로 하나의 체계를 이룸

11. 공정한 선거를 위한 민주 선거의 기본 원칙은 보통, 평등, 비밀, 직접선거가 있음
보통 선거 : 일정한 나이 이상의 국민이면 누구나 선거권을 주는 제도
평등 선거 : 모든 사람에게 투표의 가치를 동등하게 부여
직접 선거 : 대리인을 거치지 않고 본인이 직접 투표
비밀 선거 : 유권자가 어느 후보자에게 투표했는지 알 수 없게 하는 제도

12. 공급 곡선이 A에서 B로 이동했을 때 가격은 $가격_0$에서 $가격_1$로 하락하고 균형 거래량은 $수량_0$에서 $수량_1$로 증가한다.

13. ① 심급 제도 : 하급 법원의 판결에 이의가 있을 시 상급 법원에 여러 번 재판을 받을 수 있도록 함
② 문화 사대주의 : 타 문화를 우수한 것으로 믿고

동경하거나 추종하면서 자신의 문화를 열등하다고 여기는 태도
③ 증거 재판주의 : 구체적인 증거를 통해서만 재판이 진행되어야 함

14. ① 가사 재판 : 가족이나 친족 간의 분쟁과 가정에 관한 일반적 사건을 다루는 재판
② 선거 재판 : 선거와 관련된 사건을 다루는 재판
③ 형사 재판 : 범죄의 유무와 형벌의 정도를 결정하기 위한 재판
④ 행정 재판 : 행정 기관에 의한 침해 혹은 구제 관련 재판

15. 입법권이란 국회가 가지는 법률 제정권을 의미
② 감사원 : 행정부의 최고 감사 기관
③ 대법원 : 국가 최고 법원
④ 헌법 재판소 : 헌법 수호 기관, 국가 권력 통제, 국민의 기본권 보장을 위한 기관

16. 자원의 희소성이란 인간의 욕구는 무한하지만, 이를 만족시켜줄 자원의 양이 상대적으로 부족한 현상으로 자원의 희소성은 상대적 개념임

17. 빗살무늬 토기는 신석기 시대의 유물
③ 철제 무기를 제작한 시기는 철기에 해당

18. ① 대조영 : 고구려 장군 출신으로 지린성의 동모산을 중심으로 발해를 건국
② 장수왕 : 평양 천도, 남한강 유역 진출
③ 박혁거세 : 신라를 건국

19. ① 경국대전 : 조선의 기본 법전
③ 동의보감 : 허준이 편찬한 의학서적
④ 삼강행실도 : 세종 때 만든 윤리서

20. 화랑도를 통해 인재를 양성하여 국가에 등용함을 목적으로 함
① 별무반 : 고려 윤관이 여진을 정벌하기 위해 편성한 군사
③ 삼별초 : 고려 무신 정권 때의 특수 부대
④ 훈련도감 : 조선 후기의 중앙군

21. 이성계가 건국한 나라는 조선
① 백제 : 온조 건국
② 신라 : 박혁거세 건국
④ 고구려 : 주몽 건국

22. ㉠ 척화비 건립 : 흥선대원군
㉢ 훈민정음 창제 : 세종

23. ① 병인양요 : 병인박해를 구실로 프랑스가 강화도에 침입
② 살수대첩 : 고구려와 수의 싸움
④ 6월 민주 항쟁 : 전두환 정부의 독재 정치, 대통령 직선제 개헌 요구

24. ① 청해진 : 신라 하대 장보고가 지금의 전라남도 완도에 설치한 해군·무역 기지
② 교정도감 : 고려 무신 정권의 최고 정치 기구
③ 독립협회 : 서재필을 중심으로 설립된 근대적인 사회 정치 단체

25. 4·19 혁명은 이승만과 자유당 정권의 독재 정권, 3·15 부정 선거가 발단이 되어 일어난 최초의 민주주의 혁명임

과학 2022년 2회

01. ②	02. ①	03. ③	04. ③	05. ④
06. ①	07. ③	08. ④	09. ①	10. ②
11. ②	12. ①	13. ④	14. ②	15. ③
16. ④	17. ①	18. ②	19. ④	20. ③
21. ④	22. ②	23. ①	24. ①	25. ①

1. 지구가 지구 중심 방향으로 물체를 끌어당기는 힘은 중력이며, 부력은 물이 물체를 중력의 반대방향으로 밀어내는 힘이고, 탄성력과 마찰력의 방향은 모두 힘 방향의 반대방향으로 작용하는 것이 특징이다.

2. 빨간색 공에 파란 빛을 비추면 반사 빛이 없어서 검은 색으로 보인다.

3. 전류의 방향이 반대로 흐르면 모든 것이 반대로 형성된다.

4. 열의 전달 방법에는 전도, 대류, 복사가 있으며, 열이 물질의 도움 없이 빛의 형태로 직접 이동하는 것은 복사이다.

5. 위치 에너지 = 9.8mh이므로 질량과 높이의 곱이 가장 큰 ④번이 위치 에너지가 가장 크다.

6. 물체의 운동에서 공기 저항과 마찰로 인한 손실 에너지가 없다면, 위치 에너지와 운동 에너지의 곱인 역학적 에너지는 어느 지점에서나 항상 일정하다.

8. A는 고체, B는 액체, C는 기체이며, 액체에서 기체로의 상태 변화 (가)는 기화이다.

9. 구리와 설탕은 순물질이고, 우유와 소금물은 두 가지 이상의 순물질이 섞인 혼합물이다.

11. 반응물과 생성물이 모두 기체인 반응에서 반응식 앞의 계수비가 반응 부피비가 된다.

12. 물리 변화는 물질의 상태나 모양은 변해도 물질 고유의 성질은 변하지 않는 것이고, 화학 변화는 반응 결과 전혀 새로운 물질이 생성되는 경우로 김치가 시어지는 것은 화학 변화이고, 나머지는 모두 물리 변화이다.

13. 멸종 위기종의 보호는 생물 다양성의 증가 요인이다.

14. 원생 생물계는 균계, 식물계, 동물계에 속하지 않는 나머지 생물들을 모아놓은 것으로, 김, 미역, 다시마, 아메바, 짚신벌레 등이 이에 속하며, 소나무는 식물계에 속한다.

15. 잡종 Rr과 Rr을 자가 수분하면 황색(RR, Rr, Rr)과 녹색(rr)이 3 : 1의 비율로 얻어진다.

16. 식물과 동물의 세포 호흡 결과 발생하는 기체는 이산화탄소이다.

17. 사람의 소화 기관 중에서 쓸개즙을 생성하고, 독성이 심한 암모니아를 독성이 적은 요소로 전환하는 곳은 간(A)이며, B는 위, C는 소장, D는 대장이다.

18. 생식세포 분열은 염색체수가 모세포의 절반으로 감소하는 세포분열이므로, 분열결과 딸세포의 염색체 수는 모세포(4개)의 절반인 2개가 된다.

20. 철과 마그네슘 같은 어두운 색 광물을 많이 포함하는 화산암은 현무암이고, 밝은 색 광물을 많이 포함하는 화성암은 화강암이다.

21. 태양계 행성 중 크기가 가장 크고 적도 아래에 대적점의 특징을 갖는 행성은 목성이다.

22. 태양 표면에서 주위보다 온도가 낮아 어둡게 보이는 것은 흑점이며, 채층과 코로나는 태양의 대기에서 볼 수 있는 현상이고, 플레어는 태양 표면에서의 폭발 현상이다.

23. 대기권 중에서 성층권은 위로 갈수록 온도가 상승하는 층으로 대류 현상이 없어 기층이 안정하며 비행기 항로로 이용되고, 높이 약 25km 지점에는 자외선을 차단 해주는 오존층이 존재한다.

24. 지구에 가장 가까이 있는 별은 겉보기 등급이 절대등급보다 작은 별로 A이며, 나머지는 모두 겉보기 등급이 절대등급보다 커서 A별보다 멀리 있다.

도덕 2022년 2회

01. ②	02. ③	03. ②	04. ①	05. ②
06. ①	07. ④	08. ③	09. ①	10. ④
11. ①	12. ④	13. ④	14. ③	15. ②
16. ③	17. ①	18. ③	19. ②	20. ③
21. ④	22. ②	23. ①	24. ④	25. ①

1. 〈보기〉에서 설명하는 인간의 특성은 도덕적 존재이다. 도덕적 존재란 사람은 스스로 자신의 행동을 선택하고 자신의 행동에 반성할 줄 아는 존재이다. ① 도구적 존재란 인간은 도구를 제작하고 이용할 수 있는 존재, ③ 문화적 존재란 인간은 문화를 계승하고 발전하는 존재, ④ 유희적 존재란 인간은 즐거움을 추구하는 존재이다.

2. 교사가 사용한 비판적 사고의 방법은 보편화 결과 검사이다. 보편화 결과 검사란 모든 사람이 같은 도덕 원리를 채택하였을 때 발생할 수 있는 결과를 수용할 수 있는지 생각해 보는 것이다.

3. 도덕 추론 과정은 도덕 원리 → 사실 판단 → 도덕 판단의 순서이다.

4. 도덕적 신념이란 도덕적으로 옳다고 여기는 생각에 대한 확고한 믿음과 그 믿음을 실현하려는 강한 의지로써, 도덕적인 판단을 내리고 도덕적인 행동을 실천하도록 이끌어 준다.

5. 행복한 삶을 위해서는 좋은 습관과 정서적 건강, 사회적 건강 등이 필요하다.

6. 세계 시민이란 민족이나 국가와 같은 지역 공동체를 넘어 지구 공동체의 구성원으로 살아가는 사람이다. 세계 시민으로서 가져야할 바람직한 자세는 전 지구적 차원의 세계 시민 의식을 지니고 봉사활동, 후원 등의 힘을 모아 문제를 해결하기 위해 적극적인 자세가 필요하다.

7. 바람직한 가정을 이루기 위해서는 각자의 역할과 책임에 충실하고, 가족 구성원들과 함께하는 시간을 가져야 한다. 또한 가족 구성원들끼리 충분한 의사소통도 필요하다.

8. 〈보기〉 ㉠에 들어갈 말은 배려이다. 배려는 상대방의 입장을 먼저 생각하며 그 사람의 어려움을 도와주고 보살펴 주려는 마음을 말한다.

9. 청소년기에 바람직한 이성 교제는 자신의 의사를 분명하게 표현해 오해가 생기지 않도록 존중과 이해가 필요하고, 약속 시간 잘 지키기, 상대방의 기분을 배려하여 행동이나 말조심하기 등 기본적인 예절을 준수해야 한다. 또한 이성 교제 이외에도 다양한 활동을 경험해 보는 것, 진정한 우정을 쌓는 것, 가족 간에 화목하게 지내는 것 등도 소홀히 해서는 안 된다.

10. 인권이란 누구나 인간으로서의 존엄성을 누리기 위해 마땅히 보장받아야 할 권리이다. 인권은 누구나 누려야할 권리이자 타인에게 침범받지 않을 권리이다.

11. 이웃 간의 필요한 도덕적 자세는 관심과 배려, 양보가 필요하고 기본적인 예절을 준수해야 한다. ㉠ 늦은 저녁에 음악을 크게 트는 것은 이웃에게 피해를 주는 행동이다.

12. 바람직한 시민이 가져야 할 자세는 서로의 다름을 이해하고 상대방의 처지에서 생각하고, 신이 속한 공동체나 사회의 문제에 관심을 가지고 참여해야 한다. 공익을 해치지 않는 범위 안에서 사익을 추구하려고 노력하는 자세가 필요하다. ④ 이기주의는 시민의 자세로 바람직하지 않다.

13. 다문화 사회에서는 다양한 문화를 지닌 사람들을 새로운 이웃으로 여기고, 다른 나라의 문화를 존중하며, 다양한 문화가 조화를 이룰 수 있도록 노력하는 자세가 필요하다.

14. 정보화 시대에 요구되는 도덕적 자세는 나 자신이 존중받기를 원하는 것처럼 타인을 존중해야 하고, 내 행동으로 인한 결과를 생각하여 행동하고, 결과에 대한 책임을 질 수 있어야 한다. 사이버 공간을 모든 사람에게 정보의 혜택이 고르게 돌아가는 정의로운 곳으로 만들어야 하고, 타인에게 피해를 주는 행위를 하지 않고, 피해 방지를 위해 노력해야 한다.

15. 갈등이 발생하는 이유에는 이해관계의 차이, 가치관의 차이, 잘못된 의사소통 등이 있다.

16. 〈보기〉에서 설명하는 인도의 민족 운동 지도자는 간디이다. 간디는 비폭력 불복종을 통해 영국으로부터 독립에 기여했던 인물이다.

17. 폭력에 대처하는 방법으로는 자신이 폭력을 당한 경우에는 싫다는 의사를 명확하게 표현해야 한다. 의사를 표현했음에도 폭력이 해결되지 않거나 의사 표현을 할 수 없는 경우에는 주변 사람들에게 적극적으로 도움을 요청해야 한다. 다른 사람이 폭력을 당하는 것을 목격한 경우에는 방관하지 말고 피해자를 직간접적으로 도와주어야 한다.

18. 국가의 역할에는 외부의 침입으로부터 국민을 보호하고, 영토를 지키고, 사회 질서를 유지하고 국민의 안전한 생활을 보장한다. 국민들 간의 갈등을 조정하고, 서로 협력하도록 한다. 모든 국민이 최소한의 인간다운 삶을 살 수 있도록 노력한다.

19. 〈보기〉의 ㉠ 물질적 가치는 사물이나 물건이 지니는 가치로써, 의복, 주택, 음식 등이 있다. 사랑, 우정, 평화는 정신적 가치에 해당한다.

20. 부패의 원인은 개인의 이기심, 사회의 잘못된 사회 풍토, 잘못된 사회 제도의 운용 등이 있다.

21. 통일을 해야 하는 이유는 이산가족의 아픔을 해결, 민족의 동질성을 회복, 민족의 번영과 발전에 기여, 세계 평화에 기여하기 위해서이다.

22. 인간중심주의적 자연관은 인간은 자연보다 우월한 존재로 보고, 자연을 지배하고 이용할 수 있다고 본다. 자연을 도구적 수단으로 보고 인간의 필요와 이익에 따라 자연을 사용할 수 있다고 본다. ㄴ, ㄹ은 생태중심주의적 자연관에 해당한다.

23. 환경 친화적 삶을 실천하기 위해서는 쓰레기 배출 감소, 자원의 효율적 활용, 에너지 절약, 저탄소 실천의 생활화 등이 있다.

24. 과학 기술의 발달로 인해 풍요롭고 편리한 삶을 영위하고 시간과 공간적 제약을 극복하였으며, 의료 기술의 발달로 건강이 증진되었다. 그리고 각종 매체의 발달로 지식과 문화가 확산되어 다수의 사람이 다양한 문화를 즐길 수 있게 되었다.

25. 도덕적 삶이란 무엇이 옳은지 그른지를 스스로 판단해 옳은 행동을 실천하고, 자신의 행동에 책임을 지는 삶이다.

2023년 1회

국어				2023년 1회
01. ②	02. ②	03. ④	04. ④	05. ①
06. ③	07. ④	08. ④	09. ②	10. ④
11. ③	12. ③	13. ④	14. ①	15. ①
16. ①	17. ②	18. ②	19. ③	20. ②
21. ②	22. ③	23. ③	24. ②	25. ①

1. 나윤은 강현에게 바자회에 참가하자고 설득하고 있다.

2. 공감하며 반응한 대화를 골라야 하는 문제이므로 ②가 적절하다.

3. 언어의 역사성에 대한 내용인데 ④는 언어의 자의성에 대한 예이다.

4. 단모음 'ㅣ, ㅔ, ㅐ, ㅟ, ㅚ, ㅡ, ㅓ, ㅏ, ㅜ, ㅗ'를 제외한 모음은 이중모음이다.

5. 제10항에서 'ㄼ'은 'ㄹ'로 발음한다고 했으므로 넓다[널따]로 발음해야 한다.

6. '파랗다, 예쁜, 즐겁게'는 대상의 상태나 성질을 나타내는 형용사이다.
① 명사, ② 동사, ④ 감탄사

7. '하얀'은 명사인 '꽃잎'을 꾸미기 때문에 관형어이

다. ① 부사어, ② 목적어, ③ 보어

8. ① 오십시오, ② 깨끗이, ③ 며칠

9. 효과음 : 영상에 더해지는 대사 이외의 소리

10. ④ 결코 → 결국, 마침내

11. '나'라는 인물이 등장하고 자신의 속마음을 이야기 하고 있다.

12. '아, 나는 저거보단 훨씬 괜찮게 생겼는데…….'에서 알 수 있듯이 영상 속 자신의 모습에 불만족하고 있다.

13. '나도 퀴즈 프로그램에 출연한 적이 있었거든'에서 경험한 내용임을 알 수 있고 '이해돼'라는 말에서 공감하고 있다는 것을 파악할 수 있다.

14. ① 색채 대비는 나타나지 않는다.
② ㉡, ㉢, ㉣ 부분에서 알 수 있다.
③ '~도 ~이 있다'가 반복되며 운율이 형성되고 의미를 강조한다.
④ '있다'라는 단정적인 어조가 사용됐다.

15. ㉠은 희망을 가진 사람을 의미하고 ㉡, ㉢, ㉣은 부정적 상황을 의미한다.

16. '소리 없는'과 '아우성'이 모순된다. ② 직유법, 의인법, ③ 은유법, 대구법, ④ 설의법

17. 아내의 '당신은 평생 과거도 보러 가지 않으면서'라는 말에서 과거 시험을 본 적이 없다는 것을 알 수 있다.

18. 허생의 아내는 허생에게 공장이, 장사치, 도둑질이라도 해서 돈을 벌어오라고 말하고 있다.

19. 한 사람이 비교적 적은 돈으로 나라의 경제를 혼란스럽게 했기 때문에 나라의 경제 구조를 걱정하며 안타까워하는 말이다.

20. '우리나라의 전통 발효 식품을 중심으로 발효 식품의 우수성을 자세히 알아보자.'에서 알 수 있다.

21. 발효와 부패의 차이점을 말하고 있으므로 대조이다.
① 과정 : 순서에 따라 전개
③ 예시 : 예를 들어 설명
④ 정의 : 뜻, 개념을 설명

22. 그렇다면 : 그와 같다면

23. 자신의 의견을 주장하는 글이다.

24. ㉠의 앞 부분에서 지구의 자원 소모가 빠르게 이루어지고 있다고 말하고 있다.

25. 끝 부분에 '지금부터라도 기후 변화가 중요한 문제임을 인식하고'에서 ③이 나타나고, '자원을 아껴서 사용해야 할 것이다'에서 ② 내용을 볼 수 있으며, '녹색 성장을 준비해야 할 것이다'에서 ④가 나타나 있다.

수학 2023년 1회

01. ③	02. ③	03. ③	04. ②	05. ④
06. ④	07. ④	08. ③	09. ①	10. ①
11. ③	12. ②	13. ①	14. ④	15. ②
16. ①	17. ④	18. ②	19. ②	20. ③

1. 54를 소인수분해 하면
$54 = 2 \times 27 = 2 \times 3^3$이 된다.

2. 작은 수부터 차례대로 나열하면
$-7, -1, \frac{1}{2}, 1, 3$ 이므로 넷째수는 1이다.

3. $a = 2$일 때, $3a + 1 = 3 \times 2 + 1 = 7$이다.

4. $4x - 4 = x + 2$에서 $3x = 6$이므로 $x = 2$가 된다.

5. 순서쌍 (2, -3)은 $x = 2, y = -3$이므로 4사분면의 점이다.

6. $\angle x$는 각 $60°$와 맞꼭지각이다.
따라서 $\angle x = 60°$이다.

7. 줄기가 십의 자리 수이고, 잎이 일의 자리 수이므로 윗몸 일으키기 기록이 40회 이상인 학생의 수는 총 7명이다.

8. $0.\dot{5} = \frac{5}{9}$이다. 점 한 개당 분모가 9가 된다.

9. $a^2 \times a^2 \times a^3 = a^{2+2+3} = a^7$이 된다.

10. 한 권에 700원 하는 공책 x권이므로 가격은 $700 \times x$이고, 이 가격이 3,500원 이상이므로 $700x \geq 3500$ 이 된다.

11. $y = 2x + k$에서 k는 y절편이다. 따라서 y축과의 교점이 4이므로 $k = 4$이다.

12. 이등변삼각형에서 꼭지각을 이등분하는 선은 선분 BC의 길이를 이등분한다. 따라서 5cm이다.

13. 원기둥 A의 반지름과 높이의 비율이 1 : 2이므로 닮은도형 원기둥 B의 반지름과 높이의 비율 또한 1 : 2이다. 따라서 반지름의 길이가 3cm이므로 높이는 6cm이다.

14. 전체 경우의 수는 10이고 짝수의 공은 총 5개이므로 짝수가 나올 확률은 $\frac{5}{10} = \frac{1}{2}$이다.

15. $\sqrt{8} = \sqrt{2 \times 2^2} = 2\sqrt{2}$ 이다.
따라서 $a = 2$이다.

16. $x^2 - 5x + 6 = 0$에서 $(x - 3)(x - 2) = 0$이고, $x = 3$ 또는 $x = 2$ 이다. 따라서 한 근이 2이므로 다른 한 근은 3이다.

17. ① 위로 볼록이다. ② 점 (2, 0)을 지난다. ③ 직선 $x = 1$을 축으로 한다.

18. $\tan B = \frac{\text{높이}}{\text{밑변}} = \frac{3}{4}$이다.

19. 중심각이 $80°$이므로 원주각 P는 중심각의 절반인 $40°$이다.

20. 중앙값은 작은 수부터 차례대로 나열했을 때, 정 가운데 있는 값을 말한다. 따라서 0, 1, 2, 3, 3에서 중앙값은 2이다.

영어 2023년 1회

01. ④	02. ③	03. ③	04. ③	05. ①
06. ①	07. ③	08. ②	09. ②	10. ④
11. ③	12. ①	13. ①	14. ④	15. ④
16. ②	17. ③	18. ④	19. ③	20. ②
21. ②	22. ①	23. ②	24. ①	25. ④

1. 나의 여동생은 정말로 재미있다. 그녀는 나를 많이 웃게 만든다.

2. ① 통과하다 - 실패하다 ② 앉다 - 서다
③ 말하다 - 말하다 ④ 시작하다 - 끝내다

3. 김씨는 작년에 나의 한국어 선생이셨다.
last year (작년) 시제가 과거이므로 be동사 is의 과거형 was를 써야 한다.

4. 비가 오고 있다, 그래서 나는 우산을 챙겼다.

5. A : 왜 너는 학교에 늦었니?
B : 버스를 놓쳤기 때문에.

6. A : 나는 몸이 좋지 않아. 감기에 걸린거 같아.
B : 안됐다.
② 응, 나도 좋아.
③ 천만에.
④ 도와줘서 고마워.

7. 몇몇 가게는 일요일마다 닫는다.

나의 학교는 우체국과 매우 <u>가깝다</u>.
· close 동) 닫다 형) 가까운, 친한

8. A : 실례합니다, 도서관에 어떻게 가나요?
B : 두 블록 직진하고 오른쪽으로 도세요. 당신의 왼쪽에 있을거예요.
A : 감사합니다.

9. A : 소년은 무엇을 하니?
B : 그는 사진을 찍고 있어.
· take a picture 사진을 찍다

10. A : 스포츠 날 무엇을 할 예정이니?
B : 나는 축구를 할 거야.
A : 나도. 나는 그것이 정말 기대돼.
B : 행운을 빌어. 최선을 다하자.

11. A : 학교 교복에 만족(행복)하니?
B : ______________
A : 왜 아니야?
B : 나는 색깔이 마음에 들지 않아.
① 응, 나는 정말로 그것이 좋아.
② 나는 정말로 행복해.
③ 아니, 나는 그것에 만족(행복)하지 않아.
④ 너는 너 자신의 점심을 가져와야 해.

12. A : 나의 아버지의 생일이 다가오고 있어. 무엇을 사야 할까?
B : 멋진 넥타이는 어때?
A : 좋다. 나는 그는 그것이 필요할 거라고 생각해.

13. 시립 도서관 책 캠프
날짜 : 5월 6일 (토요일), 2023
시간 : 오전 9시 - 오전 11시
장소 : 시립 도서관
활동 : 책에 대해 이야기 하기
작가 만나기
· author 작가

14. 모두 좋은 아침입니다. 화재의 경우에 대비하여 몇 가지 안전 팁을 드리겠습니다. 젖은 천으로 입을 가리세요. 또한 엘리베이터 대신에 계단을 이용하세요.
· safety 안전
· in case of ~의 경우에 대비하여
· cloth 천
· instead of 대신에

15. A : 우리는 내일 회의를 위한 시간을 바꿀 필요가 있어요. 너무 일찍이에요.
B : 동의합니다. 오전 10시 어때요?
A : 훨씬 좋습니다.

16. 여기 환경친화적인 상품이 있어요. 쿠키컵입니다. 그것은 컵 모양으로 만들어진 쿠키입니다. 컵을 사용한 이후, 그것을 버리는 대신에 먹을 수 있어요. 이렇게 함으로써, 당신은 더 적은 쓰레기를 만들 수 있어요.
· eco-friendly 친환경적인
· shape 모양
· throw away 버리다

17. 나는 학교 노래대회에서 우승하고 싶다. ⓐ 나는 노래 부르는 것을 좋아한다. ⓑ 그리고 나는 내가 좋은 목소리를 가지고 있다고 생각한다. ⓒ 나는 정말 테니스를 못친다. ⓓ 그러나, 나는 부끄러움이 많아서 많은 사람들 앞에서 노래 부를 수 없다. 어떻게 무대에서 노래 부르면서 더 편안하게 느낄 수 있을까?
· voice 목소리
· comfortable 편안한
· stage 무대

18. 지나와 나는 학교 가는 길에 작은 개를 봤다. 그 개는 다리가 부러진 것 같았다. 그리고 우리는 그것을 걱정했다. 지나는 우리가 수의사에게 데리고 갈 것을 제안했다.
· worried 걱정하는
· suggest 제안하다

19.

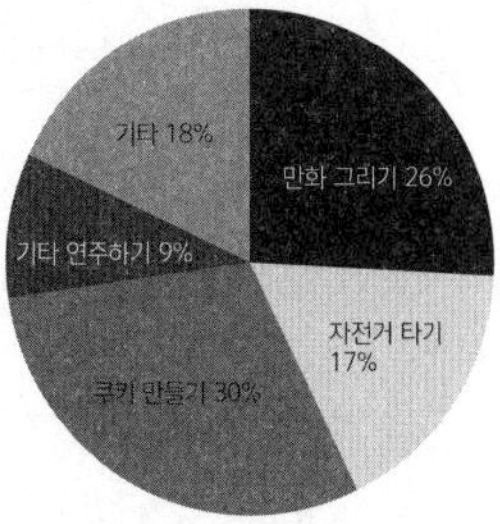

대한학교에서 학생들 사이에서 가장 인기 있는 클럽 활동은 쿠키 만들기이다.

· popular 인기 있는
· cartoon 만화

20. 저의 이름은 데이비드입니다. 저는 그림을 잘 그립니다. 저는 빈센트 반고흐와 같은 유명한 화가가 되기를 원합니다. '별이 빛나는 밤에'는 제가 가장 좋아하는 작품입니다. 저의 블로그를 방문해서 저의 작품을 확인해주세요.

· famous 유명한

21. 벌은 인간에게 도움이 된다. 먼저, 벌은 우리에게 꿀을 준다. 꿀은 참으로 놀라운 음식이다. 그것은 건강에 좋고 맛도 좋다. 둘째, 벌은 사과와 복숭아와 같은 많은 과일을 생산하는 것을 돕는다.

① 새 ② 꿀 ③ 사과 ④ 복숭아

· helpful 도움이 되는
· human 인간
· produce 생산하다

22. 교실 규칙

- 서로 도와주기
- 수업 중 필기하기
- 교과서 가져오기

· each other 서로서로
· bring 가져오다
· textbook 교과서

23. 오늘 저는 무엇이 좋은 지도자를 만드는지에 대해 말하겠습니다. 첫째, 좋은 지도자는 친근하고 말 걸기에 편합니다. 둘째, 좋은 지도자는 사람들에게 조언을 합니다. 마지막으로, 좋은 지도자는 다른 사람의 말을 주의 깊게 듣습니다.

· advice 조언
· carefully 주의 깊게

24. 지난 금요일에 당신의 집에 초대해주셔서 감사드립니다. 저는 정말 좋은 시간을 보냈고 음식이 훌륭했습니다. 불고기는 정말 맛있었습니다. 또한 떡볶이를 만드는 방법을 저에게 보여주셔서 감사드립니다.

· invite 초대하다

25. 스마트폰은 몇몇 건강 문제를 일으킬 수 있습니다. 하나는 우리가 스마트폰을 쓸 때, 눈을 자주 깜박이지 않기 때문에 눈이 건조해지는 것입니다. 또 다른 문제는 목 통증입니다. 스마트폰을 아래로 보는 것은 목 통증을 일으킵니다. 여기 이 문제들을 해결할 몇 가지 조언이 있습니다.

· cause 일으키다
· problem 문제
· blink 깜박이다
· pain 통증
· solve 해결하다

사회 2023년 1회

01. ②	02. ①	03. ④	04. ②	05. ④
06. ①	07. ④	08. ③	09. ①	10. ②
11. ③	12. ①	13. ③	14. ②	15. ③
16. ④	17. ③	18. ②	19. ④	20. ①
21. ④	22. ①	23. ①	24. ③	25. ④

1. 위도 : 적도(위도 0°)를 기준으로 그은 가상의 가로선

① 경도 : 본초자오선(경도 0°)을 기준으로 그은 가상의 세로선

③ 랜드마크 : 그 지역의 대표적인 장소, 건물

④ 도로명 주소 : 도로명을 기준으로 하여 건물이나 토지에 고유 번호를 붙인 주소

2. 건조 기후는 연 강수량 500mm미만이며, 사막 기후와 스텝 기후로 구분한다. 사막 기후는 연 강수량 250mm미만으로 오아시스 농업과 관개 수로를 이용한 관개 농업이 이루어지며, 스텝 기후는 유목, 관개 시설을 이용하여 대규모 소 방목이나 밀을 재배
② 툰드라 기후 : 가장 더운 달의 평균 기온이 10°C 미만으로 북극해 주변, 남극해 주변의 섬, 북아메리카 대륙의 북부, 그린란드 주변에서 나타남
③ 열대 우림 기후 : 연중 기온이 높고 강수량이 많아 덥고 습함
④ 서안 해양성 기후 : 연교차가 작고 연중 고른 강수량

3. 석회 동굴 : 석회암 지역에서 빗물이나 지하수에 의한 용식작용으로 지하에 생긴 동굴
① 갯벌 : 해안의 퇴적 지형, 밀물 때는 바다, 썰물 때는 땅이 되는 지형
② 오름 : 큰 화산의 사면에 형성되는 작은 화산들로 기생화산이라고도 부름
③ 주상절리 : 용암이 바다로 떨어져 식으면서 다각형의 기둥모양으로 형성

4. 자원의 특성에는 가변성, 유한성, 편재성이 있음
가변성 : 자원의 의미와 가치가 변함
유한성 : 사용할 수 있는 자원의 매장량은 한정
편재성 : 자원의 분포가 특정 지역에 집중

5. 남녀 성비는 인구의 성별 구조를 나타내는 지표로 여자 100명 당 남자의 수를 말함

6. 사회집단을 소속감을 기준으로 분류하면 내집단과 외집단으로 구분
② 외집단 : 이질감과 적대감을 느끼는 집단
③ 역할 갈등 : 한 개인이 가지는 둘 이상의 지위에 따른 역할들이 충돌하는 것
④ 역할 행동 : 자신에게 주어진 역할을 수행하는 구체적인 행동방식

7. 이익 집단은 이해관계를 같이 하는 사람들이 자신의 이익 실현을 목적으로 만든 단체로 의사 협회, 약사 협회 등이 있음

8. ① 황사 : 중국 대륙의 사막이나 황토 지대에 있는 가는 모래가 강한 바람으로 인해 우리나라에 날아옴
② 가뭄 : 오랫동안 비가 내리지 않아 메마른 날씨
④ 폭설 : 많은 양의 눈이 한꺼번에 내리는 현상

9. * 영해 : 영토 주변의 바다
* 영공 : 영토와 영해의 수직 상공
* 영토 : 한 국가에 속한 육지의 범위

10. ① 선거 : 대표자를 선출하는 과정
③ 심급 제도 : 하급법원의 판결에 이의가 있을시 상급 법원에 여러 번 재판을 받을 수 있도록 하는 제도

11. * 도심 : 도시의 중심부, 주요 관공서, 본사, 백화점 등이 집중
* 인구 공동화 현상 : 도심의 주거 기능 약화로 상주 인구 밀도가 감소하는 현상

12. 법원(사법부)은 법을 해석 · 적용 · 판단하여 분쟁을 해결하는 국가 기관

13. ① 선거 재판 : 선거와 관련된 사건을 다루는 재판
② 행정 재판 : 행정 기관에 의한 침해 혹은 구제 관련 재판
④ 형사 재판 : 범죄의 유무와 형벌의 정도를 결정하기 위한 재판

14. 수요 증가로 균형 거래량이 증가하고 균형 가격도 상승한다.

15. ① 의원 내각제 : 입법부와 행정부가 밀접한 관계를 맺고 총리를 중심으로 국정을 운영
② 주민 투표제 : 지역 주민이 지역 현안에 대해서 직접 투표로 결정하는 제도
④ 주민 소환제 : 지방자치제도의 폐단을 막기 위한 지역 주민들에 의한 통제제도

16. * 생산 : 재화와 서비스를 만들거나 가치를 높이는 것
* 분배 : 생산 활동에 참여한 대가를 받는 것

* 소비 : 재화와 서비스를 구매하여 사용하는 것

17. 청동으로 도구를 만들어 사용하던 시기는 청동기이다.
① 구석기 시대 : 뗀석기, 이동 생활(동굴, 막집)
② 신석기 시대 : 간석기, 농경과 목축의 시작, 정착 생활
④ 철기 시대 : 철제 농기구와 철제 무기 사용

18. ① 진흥왕(신라) : 화랑도 개편, 신라의 한강 차지

19. ① 사림 : 조선 중기에 성리학을 바탕으로 정치를 주도한 양반 지배층
② 진골 : 신라 시대 골품제도의 한 등급, 성골과 함께 왕족에 속함
③ 6두품 : 신라 시대 신분 중 하나로 두품층 가운데 가장 높은 등급

20. 고구려 장군 출신 대조영이 발해를 건국함. 선왕 때엔 고구려의 옛 땅을 대부분 회복하면서 최대 전성기로 '해동성국'으로 불림

21. ① 농사직설 : 조선전기 세종의 왕명에 의하여 간행한 농업서
② 동의보감 : 허준이 편찬한 의학 서적

22. ② 새마을 운동 : 새마을 정신을 바탕으로 생활 환경의 개선과 소득 증대를 도모한 지역 사회 개발 운동. 1970년에 박정희 대통령의 제창으로 시작
③ 국채 보상 운동 : 일본에 진 빚 1300만원을 갚기 위해 전개된 국권 회복운동
④ 물산 장려 운동 : 1920년대에 국산품을 사용하여 우리 민족 경제의 자립을 이루자는 운동

23. ② 유신 헌법 : 1972년 10월 박정희대통령 특별선언에 따라 대한민국 헌정 사상 7차로 개정된 헌법
③ 노비안검법 : 고려 광종 때 불법으로 노비가 된 자를 양인으로 해방시켜 주기 위하여 만든 법
④ 국가 총동원법 : 1938년 일제 강점기 시기 국가의 모든 역량을 전쟁에 집중시키기 위해 공포한 전시 통제 체제의 법령

24. ① 병자호란 : 조선과 청과의 전쟁
② 신미양요 : 미국이 1866년의 제너럴 셔먼호 사건을 빌미로 조선을 개항시키고자 강화도를 공격한 사건
④ 정묘호란 : 조선과 후금 사이의 전쟁

25. 2000년 6월 김대중 대통령과 김정일 위원장은 최초의 남북정상회담을 열고 한민족의 자주 통일과 인도적 문제, 경제 협력 등을 약속한 6 · 15 남북 공동 선언을 발표함.

과학 2023년 1회

01. ③	02. ④	03. ①	04. ②	05. ③
06. ②	07. ③	08. ①	09. ②	10. ①
11. ①	12. ②	13. ①	14. ②	15. ④
16. ②	17. ④	18. ①	19. ③	20. ④
21. ④	22. ③	23. ①	24. ④	25. ③

1. 용수철의 늘어난 길이는 용수철에 가해진 무게(힘)에 비례하므로, 1N의 추를 매달았을 때 1cm 늘어났다면, 3N의 추를 매달면 3cm가 늘어난다.

2. 진동수는 파동이 1초 동안에 진동한 횟수이므로, 동일한 3초 동안에 가장 많이 진동한 ④이 진동수가 가장 큰 파동이다.

3. 40℃의 물체와 10℃의 물체를 접촉시켜 놓았을 때, 열은 온도가 높은 40℃ 물체에서 온도가 낮은 10℃ 물체로 이동하여 3분 후에 20℃에서 두 물체의 온도가 같아지는 열평형을 이루었다.

4. 선풍기(50W)와 텔레비전(100W)을 각각 1시간 씩 사용했으므로 전력량은 전력(W) × 시간(h), 따라서 총 150W의 전기 에너지를 사용했다.

5. 물체가 자유낙하 할 때 감소한 위치 에너지(10J)는 운동 에너지로 전환되므로, B지점에서의 증가한 운동 에너지는 10J이다.

6. 보일의 법칙에 의해 피스톤에 압력을 가하면, 피스톤 안의 부피는 감소하지만 그 안에 있는 기체의 질량과 입자의 수에는 변함이 없고, 입자 간의 거리는 감소한다.

7. 찬 컵의 표면에 물방울이 맺히고, 차가운 안경 렌즈가 뿌옇게 흐려지는 것은 수증기의 액화 현상 때문이다.

8. 원자가 전자를 1개 잃으면 Li^{+}, 2개 잃으면 Ca^{2+}, 원자가 전자를 1개 얻으면 Cl^{-}, 2개 얻으면 O^{2-}이온이 된다.

9. 고체 팔미트산을 가열했으므로 첫 번째 수평구간인 B가 녹는점에 해당한다.

10. 물질이 물에 뜨거나 가라앉는 현상은 물질의 밀도와 관련이 있다.

11. $2H_2$(기체) + O_2(기체) → $2H_2O$(기체)의 반응에서, 반응물과 생성물이 모두 기체일 때 반응식 앞의 계수 비 = 2 : 1 : 2가 반응 부피비가 된다.

12. 생물의 분류 5개 중 호랑이는 동물계, 소나무는 식물계, 버섯은 균계, 아메바는 원생 생물계, 대장균은 원핵 생물계에 해당한다.

13. 광합성은 물과 이산화탄소를 원료로 식물 잎의 엽록체에서 포도당과 산소를 합성하는 반응이다.

14. 혈액의 성분 중 적혈구는 산소 운반을, 백혈구는 식균 작용을, 혈소판은 혈액 응고를, 혈장은 영양소와 노폐물의 운반과 체온 조절에 관여한다.

15. 소화 기관 중 간은 지방소화를 돕는 쓸개즙을 생성하고, 위액에는 단백질 분해 효소인 펩신이 들어 있으며, 이자액에는 3대 영양소를 모두 소화시키는 효소가 포함되어 있다.

16. 방광, 콩팥, 오줌관은 배설기관이나, 심장은 혈액 순환기관이다.

17. 순종의 황색완두(YY)와 순종의 녹색완두(yy)를 교배했을 때, 황색완두의 유전자가 우성이라면 자손 1대는 모두 황색완두(Yy)가 얻어진다.

18. 체세포 분열은 염색체의 수에 변화가 없이 모세포 1개에서 딸세포 2개가 생성되고, 감수분열은 염색체의 수가 모세포의 절반으로 감소하며, 딸세포는 4개가 얻어진다.

19. 물체가 5m/s의 속력으로 4초 동안 등속운동을 하면 이동거리는 20m가 된다.

21. 지구를 공전하는 달의 위치에 따라 지구에서 관측되는 달의 모양이 달라지는데, (가)는 하현달, (나)는 삭, (다)는 상현달, (라)는 보름달로 관측된다.

22. 태양계 행성 중 수성은 대기가 없어 운석 구덩이가 많으며, 금성은 95기압의 이산화탄소 대기로 인해 온실효과가 커서 온도가 매우 높고, 화성은 붉은색, 극관, 물이 흐른 강의 흔적 등이 관찰되고, 목성은 행성 중 크기가 가장 크고 적도 아래에 대적점이 있으며, 토성은 고리가 뚜렷한 것이 특징이다.

23. 해수의 층상 구조 중 A는 바람에 의해 해수의 혼합이 일어나는 혼합층이고, B는 수온 약층으로 깊어질수록 온도가 낮아 대류가 일어나지 않는 안정층이며, C와 D는 모두 태양 에너지가 도달하지 않아 수온이 낮은 심해층이다.

24. 우리나라에 영향을 주는 A는 한랭 건조한 시베리아 기단으로 겨울에, B는 한랭 다습한 오호츠크해 기단으로 초여름에, C는 온난 건조한 양쯔강 기단으로 봄, 가을에, D는 고온 다습한 북태평양 기단으로 여름철에 영향을 준다.

25. 별의 겉보기 등급과 절대 등급을 비교하여 별까지의 거리를 알 수 있는데, 겉보기 등급 - 절대 등급 = 0이면, 10pc 거리에 있는 별이고, 겉보기 등급 - 절대 등급 < 0이면, 10pc 안쪽에 있는 별이며, 겉보기 등급 - 절대 등급 > 0이면, 10pc 보다 먼 곳에 있는 별이다.

도덕 2023년 1회

01. ①	02. ②	03. ①	04. ③	05. ④
06. ③	07. ①	08. ④	09. ③	10. ③
11. ①	12. ③	13. ③	14. ①	15. ④
16. ②	17. ④	18. ②	19. ①	20. ②
21. ③	22. ②	23. ②	24. ④	25. ④

1. 도덕이란 사람으로서 마땅히 지켜야할 도리이자 보편적인 사회 규범이다. 도덕은 올바른 삶을 살아가는 기준이 되며 다른 사람들과 더불어 행복한 삶을 살게 해준다.

2. 세대 간의 갈등을 해결하기 위해서는 경청과 공감, 존중과 배려 등이 필요하다.

3. 세계화란 교통, 통신의 발전으로 국가 간의 교류가 활발해지면서 정치, 경제, 사회, 문화 등의 여러 분야에서 서로 긴밀하게 연결되어 있는 현상을 말한다.

4. <보기>에서 설명하는 도덕 원리 검사 방법은 역할 교환 검사 방법이다. 역할 교환 검사 방법은 입장을 바꿔 도덕 원리를 적용해보는 방법이다. 보편화 결과 검사 방법은 모든 사람이 같은 도덕 원리를 채택하였을 때 발생할 수 있는 결과를 수용할 수 있는지를 생각해보는 것이다.

5. 과학 기술의 발달로 인한 문제점은 ④이다. 불법 촬영의 증가로 사생활 침해가 발생한다. ①, ②, ③은 과학 기술의 발달로 인한 혜택이다.

6. ㉠에 들어갈 용어는 인간 존엄성이다. 인간 존엄성은 인간은 그 자체가 소중한 존재로서 대우받는 것이다.

7. 부패 방지를 위한 노력으로 적절하지 않는 것은 ①이다. 뇌물 수수를 허용하면 안 된다.

8. ㉠에 들어갈 용어는 ④ 정보화 사회이다. 정보화 사회란 정보와 지식이 중요시되는 사회이다.

9. 진정한 친구의 모습으로 알맞은 것은 ③이다. 진정한 우정을 맺기 위해서는 존중의 마음과 자세가 필요하고 믿음의 말과 행동이 있어야 한다. 또한 서로 진실된 배려가 있어야 한다.

10. 이웃 관계에서 필요한 도덕적 자세에는 관심과 배려, 양보, 기본적인 예절을 지키는 것 등이 필요하다.

11. 폭력이 비도덕적인 이유는 인간의 존엄성을 훼손하고 피해자에게 심각한 신체적, 정신적 고통을 준다. 또한 폭력은 악순환되며 사회적 혼란을 야기하기 때문이다.

12. 평화적 갈등을 해결하기 위해서는 협상, 조정과 중재, 다수결의 원칙이 필요하다.

14. 부모에 대한 자녀의 도리, 부모를 공경하고 사랑하는 도리는 효도이다. ④ 우애는 형제, 자매 간의 도리이다.

15. ㉠에 들어갈 용어는 생명 존중이다. 살아있는 생명은 소중하기 때문에 함부로 해쳐서는 안된다.

16. 공정한 경쟁이 필요한 이유는 경쟁에 참여한 사람들이 노력한 만큼 정당한 몫을 받아야 하기 때문이다. 공정한 경쟁으로 개인은 물론 사회도 발전하고 서로 신뢰할 수 있는 사회를 만들기 위해서이다.

17. ㉠에 공통적으로 들어갈 용어는 자연이다. 생태중심주의에서는 인간도 자연의 일부로서, 인간과 자연의 조화, 공존을 강조한다. 반면 인간 중심주의는 인간과 자연을 분리하여 자연은 인간을 위한 도구적 가치만을 지녔다고 본다.

18. 통일 한국은 다양성을 인정하고 서로 존중하며 배려하는 문화가 바탕을 이룬 구성원 모두가 주인이 되는 나라가 되어야 한다. 또한 인간의 존엄성, 자유, 평등, 정의, 복지 등 인류 보편적 가치를 추구해야 한다.

19. ① 물건 과대 포장하기는 환경 친화적 소비 생

활에 해당하지 않는다. 최대한 일회용품 사용을 자제한다.

20. ㉠에 공통적으로 들어갈 용어는 자유이다. 자유란 다른 사람에게 피해를 주지 않는 범위에서 자유롭게 생각하고 행동하는 것이다.

21. 양심이란 도덕적으로 옳은 것과 그른 것, 선한 것과 악한 것을 구별해 주는 마음의 작용이다. 양심은 우리가 잘못된 행동을 거부하고, 도덕적인 행동을 하도록 안내해준다. 또한 우리가 사람답게 살 수 있는 원동력이 된다.

22. 삶의 목표를 설정해야 하는 이유는 어떤 가치를 선택하는지에 따라 삶의 모습이 달라지기 때문이다. 더욱 가치 있고 바람직한 것을 선택해야 한다.

23. 강연자가 설명하는 사회는 다문화 사회이다. 다문화 사회란 한 사회 안에 여러 인종과 문화 등이 공존하는 사회이다.

24. 도덕적 신념에 대한 설명이다. 도덕적 신념은 도덕적으로 옳다고 여기는 생각에 대한 확고한 믿음과 그 믿음을 실현하려는 강한 의지이다. 도덕적 신념은 도덕적인 판단을 내리고 도덕적인 행동을 실천하도록 이끌어 준다.

25. ㉠에 들어갈 용어는 희망이다. 희망이란 아직 이루어지지 않는 무언가를 바라면서 더 나은 삶을 꿈꾸는 것이다. 희망은 삶의 의미를 찾게 해주고 어떤 어려움도 극복할 수 있는 용기를 준다. 또한 희망은 더 나은 미래를 위해 협력할 수 있게 해준다.

2023년 2회

국어 2023년 2회

01. ③	02. ④	03. ③	04. ①	05. ②
06. ④	07. ①	08. ④	09. ③	10. ②
11. ②	12. ②	13. ①	14. ④	15. ③
16. ④	17. ③	18. ②	19. ④	20. ①
21. ①	22. ③	23. ③	24. ④	25. ①

1. 여학생이 긴장해서 제대로 말을 못 할까봐 불안하다는 문제점을 이야기 했으므로 ㉠에는 이에 대한 해결책이 들어가야 한다.

2. 면담을 할 때 별다른 준비를 하지 않아서 엉뚱한 질문만 하고 왔으므로 보완할 점은 목적에 맞는 질문을 준비하는 것이다.

3. ① 꽃[꼳], ② 밖[박], ③ 입[입], ④ 팥[팓]

4. 이름을 대신 나타내는 품사는 '대명사'이다. ① 대명사, ② 명사, ③ 형용사, ④ 감탄사

5. '방긋방긋'은 '웃는다'를 꾸미는 부사어이다.
① 보어, ② 부사어, ③ 관형어, ④ 주어

6. '① 안(아니), ② 대(남의 말을 전함), ③ 돼(되어)'로 고쳐야 한다.

7. 설명하는 단어는 고유어이다. ② 한자어, ③ 한자어, ④ 외래어

8. 가획자는 'ㅋ, ㄷ, ㅌ, ㅂ, ㅍ, ㅈ, ㅊ, ㆆ, ㅎ'이다.

9. ㉠이 머리카락의 기능이므로 이에 해당하는 내용을 골라야 한다.

10. '다듬지'가 자연스럽다.

11. 이 글은 1인칭 주인공 시점이다.

12. '독을 올리고 한참 나를 요렇게 쏘아보더니'에서 분함을 느낄 수 있다.

13. 점순이의 애정을 드러내는 소재는 '감자'이다. 이를 거절하자 갈등이 시작된다.

14. 이 시에는 계절의 변화, 모순된 표현, 문답 구조가 나타나지 않았다.
푸른색과 흰색의 색채대비가 나타나 있다.

15. '내가 바라는 손님'은 화자가 기다리는 대상으로 '조국 광복'을 의미한다.

16. 은쟁반과 하이얀 모시수건은 '정성'을 의미한다.

17. '함경 감사가 탐관오리 짓을 하며 기름을 짜듯 착취를 일삼으니 백성이 견딜 수 없는 상태라고 한다'에서 알 수 있다.

18. 비현실적인 내용을 설명하고 있는 것으로 ㉡의 '둔갑법과 축지법'이 여기에 해당한다.

19. 대비책은 아래 나온 '일곱 명의 길동이 새로 생겨나서 한곳에 모이더니'에서 알 수 있듯 가짜 길동을 만들어 잡히지 않는 것이다.

20. 동생은 생소한 단어가 많아 이해하기 어려운 문제점을 가지고 있으므로 언니는 해결책을 조언해야 한다. ①은 이 문제점에 대한 해결책이 아니다.

21. 처음 부분에 소화 과정을 기계적 소화와 화학적 소화로 나누었고 마지막 문단에 화학적 소화가 나와 있으므로 두 번째 문단은 기계적 소화에 대한 내용이다.

22. ㉡은 '정의(뜻, 개념을 설명함)'의 설명 방법이 쓰였다.

23. 대표적인 사례로 프랑스의 리옹을 제시하고 있다. 시각 자료, 속담, 전문가 의견은 나타나지 않는다.

24. 이 글은 조명을 적절하게 사용하여 도시 전체를 하나의 예술작품으로 만들자는 이야기를 하고 있다.

25. ① 공약 : 정부, 정당 등이 어떤 일을 실행할 것을 국민들에게 약속함.

수학				2023년 2회
01. ②	02. ①	03. ①	04. ③	05. ④
06. ①	07. ②	08. ③	09. ④	10. ④
11. ①	12. ③	13. ③	14. ②	15. ③
16. ①	17. ④	18. ②	19. ③	20. ②

1. $28 = 2 \times 2 \times 7 = 2^2 \times 7$이다.

2. $(-2) \times (+3) = -6$

3. $a = -3$일 때, $4 + a = 4 - 3 = 1$

4. $1 - 2x = -5$에서 $-2x = -6$이므로 $x = 3$이다.

5. $A(1,\ 2)$, $B(-2,\ 3)$, $C(-2,\ -2)$이다.

6. 중심각의 크기와 호의 길이는 비례하므로 호 CD의 길이가 호 AB의 길이의 두배이므로 중심각의 크기 또한 두배이다. 따라서 각 $x = 40°$이다.

7. 표를 보면 70~90 : 3가지 이고, 90~110은 1가지이다. 따라서 $3 + 1 = 4$가지이다.

8. $\dfrac{x}{2^2 \times 3 \times 5}$를 유한소수로 나타낼 때, 분모의 소인수 3이 없어야 한다. 최소의 자연수 $x = 3$이 되어야 약분이 되기 때문에 $x = 3$이다.

9. $(2a)^3 = 2^3a^3 = 8a^3$이다.

10. $\begin{cases} x + y = 6 \\ x = 2y \end{cases}$에서 $x = 2y$를 $x + y = 6$에 대입하면 $3y = 6$이고, $y = 2$가 된다. 따라서 $x = 4$이다.

11. $y = x - 3$에서 $x = 0$을 대입하면 $y = -3$이 된다.

12. 이등변 삼각형은 두 변의 길이가 같으므로 $x = 7$이다.

13. 삼각형 ADE와 삼각형 ABC는 서로 닮음이고, 대응변이 8 : 24이므로 1 : 3이다.
따라서 $x : 30 = 1 : 3$이므로 $x = 10$이다.

14. 서로 다른 두 주사위의 합이 4가 되기 위해서는 (1, 3), (2, 2), (3, 1) 이렇게 3가지 경우뿐이다.

15. $\sqrt{(-5)^2} = \sqrt{25} = 5$

16. 이차방정식 $(x-1)(x+4) = 0$에서 두 근은 $x = 1$ 또는 $x = -4$ 이다. 따라서 다른 한 근은 $x = 1$이다.

17. $y = \frac{1}{2}x^2$의 그래프는 ① 아래로 볼록이다. ② 점 (1, 1)을 지나지 않는다. $y = \frac{1}{2} \times 1^2 = \frac{1}{2}$이다. ③ 직선 $x = 0$을 축으로 한다.

18. $\sin B = \frac{\text{높이}}{\text{빗변}} = \frac{8}{17}$이다.

19. 점 P에서 점 A까지의 길이와 점 P에서 점 B까지의 길이는 서로 같다. 따라서 삼각형 PAB는 이등변 삼각형이다. 따라서 각 A와 각 B는 서로 같다. 따라서 $\angle ABP = 65°$이다.

20. 최빈값은 자료에서 가장 많이 나타난 값이다. 따라서 250mm가 정답이다.

영어 2023년 2회

01. ③	02. ②	03. ②	04. ④	05. ②
06. ④	07. ①	08. ③	09. ①	10. ①
11. ③	12. ②	13. ③	14. ②	15. ①
16. ④	17. ④	18. ①	19. ②	20. ④
21. ②	22. ④	23. ④	24. ③	25. ③

1. 나는 내 친구들을 사랑한다. 그들은 나에게 매우 특별하다.

2. ① 빠른 - 느린 (반의어 관계)
② 커다란 - 큰 (동의어 관계)
③ 늦은 - 이른 (반의어 관계)
④ 긴 - 짧은 (반의어 관계)

3. 우리집 앞에 큰 나무가 있다.
'There be 주어'는 '주어가 있다'로 해석하는 구문으로 be동사를 뒤따르는 주어에 수일치 해야한다. 주어가 'a big tree'이므로 ② is가 적절하다.

4. 그녀는 배가 너무 불렀기 때문에 디저트를 먹지 않았다.
빈칸 이후에 절이 나왔으므로 빈칸에는 새로운 절을 이끌 수 있는 접속사(because)가 필요하다. ①, ②, ③은 전치사이므로 빈칸에 들어갈 수 없다.

5.
A : 내 새로운 치마에 대해서 어떻게 생각해?
B : 너에게 잘 어울리는 거 같아.
'What do you think of~?'는 상대방에게 의견을 물어보는 표현이다.

6.
A : 나는 걸을 수가 없어. 어제 다리가 부러졌어.
B : 그거 참 안됐구나.
A의 다리가 부러졌으므로 그에 대해서 걱정하거나 유감스러운 표현이 빈칸에 들어가야 한다.
① 응, 나도 그래.
② 만나서 반가워.
③ 천만에.

7.
* 밖은 춥다. 너는 코트를 입어야한다.
* 그는 그가 목이 아프다고 말했다. 그가 감기에 걸렸니?
cold는 '추운', catch a cold는 '감기에 걸리다'의 뜻이다.

8.
A : 실례합니다. 시청에 어떻게 갈 수 있나요?
B : 한 블록 직진 하시고 오른쪽으로 가세요. 왼쪽 편에 시청이 있을 겁니다.
A : 감사합니다.

9.
A : 소년이 무엇을 하고 있나요?
B : 그는 자전거를 타는 중입니다.

10.
A : 민수야, 어디가는 중이니?
B : 나는 농구를 하려고 학교 체육관에 가는 중이야.
A : 정말? 나도 같이 가도 될까?
B : 물론이지. 같이 가자.

11.
A : 너는 오늘 행복해 보인다. 무슨 일이야?
B : 나는 잃어버렸던 내 강아지를 찾았어.
A : 오, 네 강아지를 어디에서 찾았어?
B : 강아지는 우리 집 근처 공원에 있었어.
① 나는 시험을 망쳤어.
② 나는 캐나다 사람이야.
④ 나는 야채를 좋아하지 않아.

12.
A : 보람아, 이번 방학 계획이 뭐야?
B : 나는 기타 수업 받는 것을 계획하고 있어. 너는 어때?
A : 나는 제주도에 있는 조부모님을 방문할 예정이야.

13.
로봇 만들기 수업
날짜 : 2023년 8월 25일
장소 : 과학실
활동 : 여러분은 로봇을 만들고 조종하는 법을 배우게 됩니다.

14. 학생 여러분, 안녕하세요. 내일은 체육 대회입니다. 편안한 옷과 신발을 착용하는 것을 기억하세요. 안전하고 공정하게 경기를 하기 위해서 규칙을 지키세요. 활동하는 동안에는 반 친구들과 함께하세요. 즐거운 시간이 되세요!

15.
A : 나는 언젠가 네팔을 여행하고 싶다.
B : 왜 거기에 가고 싶니?
A : 나는 멋진 산을 오르고 싶어.

16. 하얀 겨울 축제는 1월 마지막 주에 시작하여 5일 동안 진행됩니다. 사람들은 얼음 낚시를 즐길 수 있습니다. 또한 눈사람 만들기 대회도 있습니다. 밤에는 음악가들이 라이브 연주를 합니다.

17. 저는 프랑스에서 온 엘레나입니다. 저는 언젠가 패션 디자이너가 되고 싶습니다. 저는 2020년에 한국을 방문했을 때 한복을 입어봤습니다. 저는 한복 스타일을 좋아했습니다. 제 꿈은 미래에 그러한 아름다운 옷을 만드는 것입니다.

18. 수잔과 나는 어제 함께 집으로 걸어갔습니다. 우리는 학교 주변의 벽이 보기 흉한 것을 알았습니다. 우리는 그 벽을 예쁘고 화려하게 만들고 싶었습니다. 수잔은 우리가 벽에 그림을 그려야한다고 제안했습니다.

19.
한국 학교 학생들의 좋아하는 영화 종류
액션 - 22%
코미디 - 38%
호러 - 16%
공상과학 - 14%
기타 - 10%
한국 학교 학생들은 코미디 영화를 가장 좋아한다.

20. 지호의 아버지는 작은 식당을 운영합니다. ① 그는 놀라운 스파게티를 만듭니다. ② 지호는 그것을 어떻게 요리하는지 배우기를 원합니다. ③ 그래서 그는 이번 주에 아버지와 스파게티를 요리하는 연습을 할 것입니다. ④ 햄버거는 그가 가장 좋아하는 음식입니다. 그는 아버지처럼 맛있는 스파게티를 만들기를 희망합니다.

21. 나는 새로 디자인된 버스에 대한 뉴스를 읽었습니다. 뉴스는 사람들이 이 버스에 더 쉽게 올라탈 수 있다고 말합니다. 버스에는 계단이 없고 낮은 바닥을 가지고 있습니다. 심지어 휠체어를 탄 사람도 어떤 도움 없이 버스를 사용할 수 있습니다.

① 책
③ 사람들
④ 창문

22.

* 강 옆에 텐트를 세우지 마시오.
* 야생동물에게 먹이를 주지 마시오.
* 쓰레기를 버리고 가지 마시오.

23. 기분이 울적한가요? 여기 당신이 기분이 나아지는 것을 도와줄 몇 가지 조언이 있습니다. 첫째, 밖으로 나가세요. 일광욕을 많이 하는 것은 당신이 행복을 느끼게 해줍니다. 당신이 할 수 있는 또 다른 것은 운동입니다. 운동을 하는 동안 당신은 걱정거리를 잊을 수 있습니다.

24. 브라운씨, 안녕하세요. 학교 콘서트가 다가오고 있습니다. 우리 음악 클럽 구성원들이 콘서트를 준비하고 있습니다. 우리는 함께 연습할 공간이 필요합니다. 이번 주에 저희가 브라운씨의 교실을 사용해도 될까요?

25. 시장을 방문하는 것은 한 나라의 문화에 대해서 배우는 좋은 방법입니다. 당신은 사람들을 만나고, 역사를 배우고, 지역 음식을 맛볼 수 있습니다. 저는 전세계의 유명한 시장들을 소개하고 싶습니다.

사회 2023년 2회

01. ③	02. ③	03. ③	04. ①	05. ②
06. ④	07. ②	08. ②	09. ③	10. ②
11. ④	12. ①	13. ②	14. ②	15. ④
16. ④	17. ①	18. ④	19. ①	20. ③
21. ①	22. ①	23. ④	24. ②	25. ②

1. 온대기후 중 여름철 고온 건조한 기후를 이용하는 수목농업(포도, 올리브, 오렌지 등)이 유명하고 이탈리아, 그리스, 캘리포니아 등에서 나타나는 기후는 지중해성 기후이다.

2. 북반구 툰드라 지역(한대기후)이면서 순록 유목과 사냥이 가능한 원주민(이누이트 등)이 거주하는 지역을 북극 문화 지역이라고 한다. 이 지역은 짧은 여름이 있으나 농사는 불가능하고 최근 원주민들은 관광산업에 관심을 기울이고 있다.

3. 한라산과 성산일출봉, 거문오름 용암동굴계가 유네스코 세계 자연 유산에 등재된 곳은 제주도이다. 제주도는 우리나라 남단에 위치한 섬으로 화산 지형이 유명하다. 우리나라 가장 동쪽에 위치한 섬으로 동도와 서도로 구분된 바위섬은 독도이다. 독도는 우리나라 최동단에 위치하고 있다.

4. 신재생에너지 중에서 바람의 힘을 이용해 전력을 생산하는 발전을 풍력발전이라고 하고 밀물과 썰물의 조수 간만의 차이 (바다 높이 차이)를 이용해서 전력을 생산하는 방법을 조력발전이라고 한다. 지열발전은 지하 깊은 곳 마그마의 열기를 이용하는 발전방식이다.

5. 지역발전을 위해 특정 장소의 이미지를 개발해서 상품화하는 것을 장소 마켓팅이라고 한다. 역도시화는 도시에서 농촌으로 이동하는 현상을 말하는 것이고 임금피크제는 정년퇴임 연령을 연장하는 대신에 임금을 퇴직하기 몇 년 전부터 낮추는 제도를 말한다. 자유무역협정은 국가 간 자유로운 무역을 약속하는 협정을 맺는 것을 말한다.

6. 노르웨이와 칠레가 유명하며 빙하침식으로 형성된 U자형 골짜기에 바닷물이 침수된 아름다운 지형을 '피오르'라고 한다.

7. 기업이 발전하면서 본사와 연구소, 공장 등이 세계 여러 지역으로 분산되는 현상을 공간적 분업이라고 한다. 이런 공간적 분업이 이루어지는 기업을 다국적기업이라고 한다. 이촌향도 현상은 농촌을 떠나 도시로 향하는 현상을 말한다. 인구 공동화는 도심 지역이 낮에는 사람들이 많이 있으나 밤이 되면 상당수가 도심 밖으로 나가서 도심이 텅 비는 현상을 말한다. 지리적 표시제는 지역의 이름과 특산물을 결합해서 지역의 특색을 나타내고 기억하게 하는 것으로 예를 들어 '보성 녹차', '횡성 한우' 등과 같은 것을 말한다.

8. 노후 경유차나 석탄 화력 발전소 등에서 발생하는 것으로 호흡기에 결정적으로 나쁜 영향을 미치는 오염원은 미세 먼지이다. 도시 홍수는 도시 내 하천의 범람이나 빗물 처리 능력 부족으로 홍수가 발생하는 현상을 말한다. 지진 해일은 해저에서 발생한 지진이나 화산폭발로 바닷물이 육지쪽으로 범람하는 것을 말한다. 열대 저기압은 태풍이라고 불리우는 것으로 열대지방에서 발생해서 온대지방으로 이동하는 강력한 저기압을 말한다.

9. 사회화를 목적으로 만든 공식적이고 체계적인 교육이 이루어지는 공식적인 사회화 기관으로는 학교를 들 수 있다.

10. 다른 문화의 특수한 상황과 맥락을 고려하면서 나름의 가치를 인정하며, 우열을 따지지 않는 바른 문화이해 태도를 문화 상대주의라고 한다. 문화 사대주의는 타문화의 우수성을 강조하고 자기 문화를 열등하게 여기는 태도를 말한다. 문화 제국주의는 자기 문화에 대한 자부심이 지나쳐 다른 나라에게 자기 문화를 강요하는 태도를 말한다. 자문화 중심주의는 자기문화에 대한 우수함 만을 믿고 타문화를 열등하게 보는 잘못된 태도를 말한다.

11. 시민들이 공익을 위해 자발적으로 만든 정치참여 주체는 시민 단체이다.

12. 공정한 선거를 위한 제도로는 선거의 4원칙 준수(보통/평등/직접/비밀 선거), 선거 비용의 일부를 국가가 부담하는 선거공영제, 선거 관련 사무를 공정하게 담당하는 선거관리위원회가 있다.

13. 우리나라 대통령은 행정부의 수반이면서 동시에 국가의 원수로서의 지위와 역할을 갖는다. 임기는 5년 단임이고 국민투표를 통해 선출된다. 대표적인 권한으로는 의회를 견제할 수 있는 법률안 거부권이 있고 이외에도 국무위원의 임면, 국군통수권 등이 있다.

14. 마지막 재판인 상고심을 담당하는 법원은 대법원으로 행정부의 명령이나 규칙, 처분 등이 헌법과 법률에 위반되는지 최종 심사의 권한도 가지고 있다.

15. 시장가격은 시장에서 수요와 공급의 상호 작용에 의해서 자연스럽게 형성되는 것으로 생산량의 증감이나 소비의 증감을 알려주는 신호등 역할을 한다. 일반적으로 시장가격은 수요량과 공급량이 일치하는 지점에서 형성된다. 기대수명은 0세 출생자가 앞으로 몇 살까지 살 것인가를 통계적으로 추정한 기대치를 말한다. 생애주기는 태어나서 사망할 때까지를 몇 단계로 나누어서 구분하는 것으로 유아기, 아동기, 청년기, 중장년기, 노년기 등으로 구분한다.

16. 국내 총생산(GDP)은 1년간 그 나라에서 생산된 것을 모두 합친 것으로 생산 규모나 경제 전체 규모를 파악하기는 적당하나 소득분배 수준이나 빈부격차의 정도를 파악하기 힘들다. 이외에도 중고 거래, 자급자족, 밀수, 가사 활동 등을 계산에 넣지 못한다는 한계도 존재한다.

17. 주먹도끼는 구석기 시대의 대표적인 유물이다.

18. 고구려의 광개토 대왕은 4세기 후반에 등장해 만주 지역을 대부분 정복했고 한강 이북까지 차지했다. 신라에 쳐들어온 왜구를 군사를 보내 물리쳐 주

기도 했다. 영락이라는 연호를 사용할 정도로 자신감과 자부심이 넘치는 왕이었다.

19. 통일 신라에서 불교 대중화를 가져온 대표적인 인물은 원효대사이다. 원효대사는 여러 가지 방법으로 왕실과 귀족 중심의 불교를 민중들에게 전파하는 중요한 영향을 미쳤다. 일심사상, 화쟁사상 등이 유명하다.

20. 고려 광종은 왕건의 아들로 왕권 강화를 위해 호족들이 불법적으로 소유하고 있던 노비들을 해방하는 노비안검법을 시행했고 쌍기의 건의를 받아 들여 과거제를 통해 인재를 등용했다. 서원 정리는 조선 후기 흥선대원군의 업적이고 훈민정음 반포는 조선 전기 세종대왕의 업적이다.

21. 고려말 새로운 나라 건국에는 반대하던 온건 신진사대부들의 입장을 계승한 세력을 사림이라고 한다. 이들은 조선 초에는 시골에서 조용히 공부만을 했으나 성종 이후 본격적으로 과거시험을 통해 중앙정계로 진출하게 되면서 훈구 세력(조선 건국 세력과 세조 반정 세력)과 충돌하게 된다. 일방적인 훈구세력의 4번에 걸친 탄압(사회)에도 불구하고 결국 조선의 권력을 차지하게 된다.

22. 조선 인조 때 청나라(이전 후금)의 사대 요구를 거절하게 되면서 전쟁이 발생하게 되는데 이를 병자호란이라고 한다. 결과적으로 압도적인 청의 군사력에 굴복하게 되면서 삼전도에서 굴욕적인 항복을 하게 된다. 신미양요는 조선 후기 고종 때 미국이 침략해왔던 전쟁을 말하고 임진왜란은 조선 중기 선조 때 일본이 침략해왔던 전쟁을 말한다. 살수대첩은 수나라가 고구려를 침략해 왔을 때 을지문덕 장군이 살수(청천강)에서 이를 막았던 전투를 말한다.

23. 1894년 전라도 고부에서 발생한 농민봉기는 그 세력이 커져 한때 전주성을 점령하기도 했다. 이후 외세 개입을 막기 위해 정부와 전주화약을 맺고 집강소를 설치하는 조건으로 해산하게 된다. 이를 동학 농민 운동이라고 한다. 3 · 1 운동은 1919년 독립을 요구하던 만세 운동이고, 국채 보상 운동은 1907년 일본에게 진 빚을 갚아 일본의 간섭에서 벗어나자는 운동을 말한다. 일제의 반대로 실패했다. 서경 천도 운동은 고려 인종 때 묘청과 정지상이 중심이 되어 수도를 개경에서 서경(평양)으로 옮기자는 운동을 말한다. 개경파 귀족들의 탄압으로 실패했다.

24. 수원에 화성을 건설하기도 했고 규장각을 설치해서 학문적 발전을 위해 노력했으며, 대전통편이라는 법전을 만들기도 했던 조선 후기 대표적인 성군은 정조이다. 세조는 조선 전기, 장수왕은 5세기 고구려의 왕, 진흥왕은 6세기 신라의 왕이다.

25. 1987년 박종철 군 고문치사 사건을 계기로 발생한 시위에 대해 전두환 정부가 4 · 13 호헌조치를 통해 대통령 간선제를 고집하자 학생과 직장인들을 중심으로 정권 퇴진과 대통령직선제 개헌을 요구하는 6월 민주항쟁이 발생했다. 북벌론은 병자호란 이후 효종 때 등장한 청나라를 공격하자는 주장이고, 애국계몽운동은 을사늑약 이후 실력을 키워 일제에서 벗어나자는 계몽운동이다. 광주 학생 항일 운동은 1929년 광주에서 일본 학생의 한국 여학생에 대한 희롱에서 발생한 사건이 확장되어 전국적인 시위운동으로 확산된 운동을 말한다.

과학 2023년 2회

01. ②	02. ①	03. ②	04. ①	05. ④
06. ①	07. ③	08. ④	09. ③	10. ①
11. ②	12. ④	13. ②	14. ①	15. ③
16. ③	17. ④	18. ④	19. ③	20. ①
21. ②	22. ③	23. ②	24. ④	25. ④

1. 지구상의 어디에서 물체를 놓아도 지구중심 쪽으로 낙하하는 것은 중력 때문이며, 참고로 탄성력과 마찰력은 힘 방향의 반대방향으로 작용한다.

2. 빛의 3원색인 빨, 초, 파란색이 모두 합쳐지면 백색광(흰색)이 된다.

3. 옴의 법칙에 의해 $V = IR$에서 $4 = 2 \times R$
$\therefore R = 2\Omega$이다.

4. 각 물질 1kg에 같은 열량을 가했을 때 온도 변화가 가장 큰 물질은 비열이 가장 작은 물질이므로 철이 된다.

5. 점 A~D 중 쇠구슬의 위치 에너지가 가장 큰 곳은 A이고, 운동 에너지가 가장 큰 곳은 속력이 가장 빠른 D이며, 위치 에너지와 운동 에너지의 합인 역학적 에너지는 어느 지점에서나 항상 일정하다.

6. 매 1초마다 물체가 1m씩 이동하므로 이 물체의 속력은 1m/s이다.

7. 용기에 들어 있는 기체의 온도를 25℃에서 90℃로 높이면 분자들의 운동 에너지가 증가하므로 기체 분자간 거리가 멀어져 부피가 증가한다.

8. 표를 보면, 1기압의 조건에서 물은 20초 후인 100℃에서 끓었다.

9. 불꽃 반응색이 노란색이면 나트륨(Na)이고, 청록색이면 구리(Cu), 주황색이면 칼슘(Ca) 원소이다.

10. 40℃의 물 100g에 용해도가 가장 큰 물질은 질산나트륨이다.

12. 해바라기는 광합성을 하며, 뿌리, 줄기, 잎이 뚜렷한 식물계에 속한다.

13. 반응물과 생성물이 모두 기체일 때, 기체 반응의 법칙이 성립하며, 화학 반응식의 계수비가 곧 반응 부피비 (1 : 3 : 2)가 된다.

15. 동물의 구성 체계에서 특정 기능을 수행하는 기관들이 모여 기관계를 형성되며, 참고로 식물의 구성 체계는 세포 → 조직 → 조직계 → 기관 → 개체이다.

16. 섭취한 영양소를 흡수 가능한 상태로 분해하는 것을 소화라 한다.

17. 온몸에 그물처럼 퍼져있고 한 겹의 세포층으로 이루어져, 조직과의 물질 및 가스교환의 장소는 모세혈관이다.

18. 눈의 구조에서 홍채는 동공의 크기를 조절해 빛의 양을 조절하고, 수정체는 빛을 굴절시키며, 망막은 수정체의 굴절에 의한 상이 맺는 장소이다.

19. 어버이의 유전자가 순종인 RR과 순종인 ( ) 사이에서 Rr인 1대 자손이 태어났으므로 ( )는 rr인 유전자가 된다.

21. 광물의 특성에서 광물의 단단한 정도는 굳기에 해당하고, 기타 결정형, 조흔색, 쪼개짐 등도 광물의 특성에 해당한다.

22. 지구가 태양 주위를 1년에 1회전 하는 것은 지구의 공전이며, 이로 인해 계절의 변화, 계절마다 별자리의 변화, 밤낮의 길이 변화 등이 일어난다.

24. 우리나라에 온난 건조한 기단(양쯔강 기단)은 봄, 가을에, 저온 다습한 기단(오호츠크해 기단)은 초여름에, 고온 다습한 기단(북태평양 기단)은 한여름에, 한랭 건조한 기단(시베리아기단)은 겨울에 영향을 준다.

25. 지구에 가장 가까운 별은 연주시차가 제일 큰 별이므로 D별이 된다.

도덕				2023년 2회
01. ②	02. ③	03. ④	04. ②	05. ④
06. ①	07. ①	08. ④	09. ③	10. ④
11. ③	12. ④	13. ②	14. ④	15. ③
16. ①	17. ②	18. ①	19. ②	20. ①
21. ③	22. ②	23. ①	24. ③	25. ②

1. 이웃 간 갈등 해결을 위한 올바른 자세에는 이웃에 대한 관심과 배려, 양보가 필요하고 이웃에 대한 기본예절을 지키는 자세가 필요하다.

2. 생명은 하나밖에 없고, 대체할 수 없다. 생명은 시간상으로 시작과 끝이 있다. 생명은 소중하며, 생명을 바탕으로 한 삶 역시 소중하다.

3. 성찰이란 마음을 반성하고 살펴, 말과 행동에 잘못이나 부족함이 없는지 돌아보는 것이다. 성찰은 잘못을 반성하고 스스로 정한 삶의 원칙을 다듬어 가며 지킬 수 있다. 또한 평소 깨닫지 못한 다른 사회 문제를 깊이 살피고 고쳐 나갈 수 있다.

4. 사례에서 설명하는 국제 사회 문제는 ② 빈곤과 기아이다. 국제 사회가 직면한 문제는 빈곤과 기아 이외에도 지구 환경 파괴, 문화의 다양성 훼손, 평화의 위협 등이 있다.

5. ㉠에 들어갈 적절한 용어는 자애이다. 자애는 자녀에 대한 부모의 무조건적이고 희생적인 사랑이다.

6. 도덕적 신념이란 도덕적으로 옳다고 여기는 생각에 대한 확고한 믿음과 그 믿음을 실현하려는 강한 의지이다. 도덕적 신념은 도덕적인 판단을 내리고 도덕적인 행동을 실천하도록 이끌어 준다.

7. 진정한 친구란 나와 마음을 깊게 나눌 수 있어야 하며, 선의의 경쟁을 통해 서로 성장할 수 있는 친구이다. 또한 조언을 아끼지 않으며 서로 배려하며 친구의 상황을 헤아리고 도움을 주려는 친구이다. 진정한 우정을 맺기 위해서는 존중의 마음과 자세가 필요하고 믿음의 말과 행동을 해야하며, 진실한 배려가 필요하다.

8. 인권은 인간으로서 마땅히 보장받아야 할 권리이다. 인권은 인종, 성별, 종교에 관계없이 모든 사람이 누려야 하며(보편성), 태어날 때부터 가지는 권리(천부성)이며, 어떠한 경우에도 절대로 침해할 수 없는 (불가침성) 권리이다.

9. 바람직한 이성 교제를 위해서는 상대방에 대한 존중과 이해가 필요하고, 서로에게 기본적인 예절을 지켜야한다. 또한 자신의 삶과 균형과 조화의 추구가 필요하다.

10. 다문화란 다양한 문화가 공존하는 사회이다. 다문화 사회의 갈등을 해결하기 위해서는 다름을 인정하고 문화적 차이를 존중해야 한다.

11. ㉠에 들어갈 말은 ③ 도덕적 상상력이다. 도덕적 상상력은 도덕적 문제 상황에서 자신의 행동이 나와 다른 사람에게 어떤 영향을 미칠지 상상해 볼 수 있는 능력이다. 도덕적 상상력을 발휘하기 위해서는 도덕적 민감성과 공감, 다양한 결과 예측 등이 필요하다.

12. 사회적 약자란 정치적 · 경제적 · 사회적 · 문화적으로 소외되거나 불리한 위치에 있어 어려움을 겪는 사람들이다. 사회적 약자가 생기는 이유는 편견과 차별, 경쟁적인 사회 분위기 때문이다. 사회적 약자의 권리를 보장하기 위해서는 사회적 약자에 대한 편견을 버리고 사회적 약자의 처지를 생각한다. 또한 사회적 약자가 최소한의 생계를 유지하고 능력을 발휘할 수 있는 정책을 시행해야 한다.

13. 삶의 목적이란 자신이 이루고 싶은 일이나 삶의 방향을 말한다. 삶의 목적이 없는 사람은 작은 어려움에도 쉽게 포기하지만 삶의 목적이 있는 사람은 큰 어려움 앞에서도 포기하지 않고 꾸준히 나갈 수 있다.

14. 고통은 몸과 마음이 느끼는 아픔과 괴로움이다. 고통은 자신으로 인해 발생하기도 하지만, 자신의 의지와 상관없이 생겨나기도 한다. 또한 다른 사람이나 전쟁, 자연재해, 불합리한 사회 구조 때문에 생겨나기도 한다.

15. 〈보기〉에서 설명하는 것은 갈등이다. 갈등은 어떤 선택을 하지 못하고 망설이거나 괴로워하는 마음의 상태, 또는 개인이나 집단 사이에 목표나 이해관계가 달라 서로 대립하거나 충돌하는 것이다.

16. ㉠에 들어갈 용어는 폭력이다. 폭력이란 직 · 간접적인 방법으로 타인에게 물리적 · 정신적 피해를 주는 행위이다. 신체적 폭력과 같은 직접적인 공격 행위가 아니더라도 상대방의 인격과 존엄성을 훼손하는 행위도 폭력이 될 수 있다.

17. 〈보기〉에서 설명하는 올바른 갈등 해결 방법은 ② 중재이다. 중재는 갈등의 당사자 간의 합의가 이루어지지 않을 경우 제 삼자가 개입하여 중재안을 제시하는 것이다. 제 삼자가 제시한 중재안은 반드시 수용해야 한다. 조정은 제 삼자가 조정안을 제시하지만 조정안을 반드시 수용할 필요는 없다.

18. 정보화 시대의 요구되는 도덕적 자세는 타인을 존중하고 컴퓨터나 휴대폰 등을 적절히 사용하고, 다른 사람과 대화를 하거나 댓글을 달 때는 감정을 조절해야 한다. 또한 정보는 막대한 영향을 미치기 때문에 정보 통신 매체를 사용할 때는 항상 신중해야 한다.

19. 애국심이란 나라를 사랑하는 마음이다. 잘못된 애국심은 다른 나라의 존엄성을 훼손하고 세계 평화를 위협한다. 따라서 바람직한 애국심을 지녀야 한다. 바람직한 애국심은 분별력 있게 나라를 사랑하는 마음을 지녀야하고 보편적 가치에 어긋나는 맹목적이고 배타적인 애국심을 경계해야 한다.

20. 부패는 공정하지 못한 방법을 통해 자신의 이익을 추구하는 행위이다. 부패는 개인과 사회의 도덕성을 훼손하고 서로가 불신하는 사회 분위기가 조성되어 구성원 사이의 대립과 분열을 일으킨다.

21. 평화 통일을 위해서는 서로에 대한 이해와 존중을 바탕으로 교류와 협력이 이루어져야 한다. 교류 과정에서 서로의 안보와 평화를 해치는 행위를 하지 않도록 약속하고 실천해야 한다.

22. 정의로운 복지국가란 경제적 격차로 인한 불평등을 완화하고 구성원 모두가 인간답게 살 수 있는 국가이다.

23. 과학 기술의 발전에 따른 문제점에는 생명의 존엄성을 훼손하는 문제, 인류의 평화와 안정을 위협하는 문제, 인권 및 사생활을 침해하는 문제 등이 있다. ㄷ, ㄹ은 과학 기술의 발전에 따른 긍정적인 영향이다.

24. ㉠에 들어갈 용어는 사실이다. 도덕적 추론이란 이유와 근거를 제시하여 자신의 도덕 판단이 옳다고 주장하는 것이다.

25. 환경친화적 소비 생활은 생태계가 지속될 수 있게 하는 소비 생활이다. 개발과 환경 보존은 인간이 살아가는 데 있어 모두 필요하다. 지속 가능한 발전을 위해 환경 친화적 삶의 방식을 실천해야 한다.

2024년 1회

국어				2024년 1회
01. ②	02. ④	03. ④	04. ③	05. ③
06. ①	07. ③	08. ③	09. ④	10. ①
11. ③	12. ②	13. ②	14. ①	15. ①
16. ④	17. ②	18. ①	19. ④	20. ②
21. ③	22. ①	23. ①	24. ②	25. ④

1. 민재는 상대방의 걱정에 공감하며 위로하고 있다.

2. 커피 전문가라는 직업에 대한 정보를 얻는 것과 좋아하는 운동은 어울리지 않는다.

3. ④ [흘근]이 알맞다.

4. ㅕ는 'ㅣ+ㅓ'의 이중모음이다. 단모음 10개 'ㅣ, ㅔ, ㅐ, ㅟ, ㅚ, ㅡ, ㅓ, ㅏ, ㅜ, ㅗ'를 제외한 것이 이중모음이다.

5. ① 수사, ② 동사, ③ 명사, ④ 형용사 중 ③에 해당한다.

6. '② 서다, ③ 많다, ④ 먹다'가 적절하다.

7. ㉠은 보어에 해당한다. 보어는 ③이다. ① 서술어, ② 부사어, ④ 주어

8. '① 붙이지, ② 나아서, ④ 맞혔다'가 알맞다.

9. ④는 제목과 어울리지 않는 동물원의 긍정적인 기능을 다룬다.

10. ①은 '습지를 보금자리로 삼는다.'라는 문장을 고려했을 때 어울리기 때문에 수정하지 않는다.

11. ③ '3인칭 전지적 작가 시점'에 해당하는 설명이다.

12. 주제 : 양심을 속이지 않고 정직하게 사는 삶이 소중하다.

13. 1문단에 '아랫집 심부름하는 아이 점순이'라는 구절이 나온다.

14. '② 송아지 몰고 오며 바라보던 진달래, ③ 어마씨 그리운 솜씨에 향그러운 꽃지짐, ④ 어질고 고운 그들 멧남새도 캐어 오리'에 드러난다.

15. 고향에 대한 정서를 드러낸다.

16. 시각적 이미지는 ④이다. ① 후각적 이미지 ② 청각적 이미지 ③ 미각적 이미지

17. 놀부의 인색한 성격과 비슷한 인물은 ②이다.

18. 흥부의 "양식을 좀 꾸어서라도 얻어 와야 저 자식들을 먹이지."라는 말에서 가족의 생계를 걱정하고 있다는 것을 알 수 있다.

19. 흥부의 의관을 묘사하는 장면에서 우스꽝스러운 모습으로 해학성을 보이고 있다.

20. ② 3문단 : '간접세를 걷는 입장에서는 편리하게 세금을 걷을 수 있다.'에서 알 수 있다.

21. ㉠은 설명 방법 중 종류에 따라서 가르는 '분류'에 해당한다. ① 인용, ② 정의

22. 앞과 뒤의 내용이 각각 긍정적인 효과와 부정적인 면모를 다루고 있으므로 '그러나'가 어울린다.

23. 논설문에 해당하는 읽기는 ①이 적절하다.

24. 마지막 문장 '건강을 생각한다면 지금이라도 당장 소금 섭취를 줄여야 한다'에서 말하고자 하는 주제가 확실히 드러난다.

25. ㉣ 부추기다 : 남을 이리저리 들쑤셔서 어떤 일을 하게 만들다.

수학 2024년 1회

01. ③	02. ③	03. ④	04. ②	05. ①
06. ①	07. ④	08. ②	09. ④	10. ②
11. ③	12. ②	13. ③	14. ①	15. ①
16. ④	17. ②	18. ③	19. ①	20. ③

1. 소인수분해는 소수들의 곱으로 표현하는 것을 의미한다.
$\therefore 24 = 2^3 \times 3$

2. 작은 수부터 차례대로 나열하면 다음과 같다.
$-5, \quad -\frac{2}{3}, \quad 3, \quad 4, \quad 11$
$\therefore$ (3번째 작은 수) $= 3$

3. (직사각형의 넓이) = (밑변) × (높이)임을 떠올리는 것이 중요하다.
$\therefore$ (직사각형 넓이) $= (4 \times a)\text{cm}^2$

4. $a = 5$를 $2a + 3$에 대입하면 다음과 같다.
$(2 \times 5) + 3 = 13$

5. 좌표는 (x좌표, y좌표)로 구성이 되어지므로 주어진 점 A의 좌표는 $(3, \ -2)$이다.

6. 동위각을 의미한다는 것을 떠올린다면 $x = 40°$ 이다.

7. 6시간 미만인 경우는 4시간 이상 ~ 5시간 미만과 5시간 이상 6시간 미만인 경우의 도수(명)를 모두 합하면 되므로 $5 + 3 = 8$(명)이다.

8. $0.\dot{2}$의 순환마디는 2이므로 기약분수로 나타내면 $\frac{2}{9}$이다.

9. 숫자는 숫자끼리, 문자는 문자끼리 곱한다는 것을 생각한다면

$$2a \times 3a^2 = (2 \times 3) \times a^{1+2}$$
$$= 6a^3$$

10. 언제나 최고차항의 계수가 양수가 되도록 만들어 준 후 부등식을 푸는 것이 가장 중요하다.

$20x \geq 40$

양변을 20으로 나누어주면

$x \geq 2$

$\therefore x \geq 2$

11. 직선의 방정식 $y = mx + n$에 대하여 m은 기울기, n은 y절편을 의미한다는 것을 떠올리는 것이 중요하다.

직선의 방정식 $y = -\frac{3}{2}x + 3$에서 y절편은 3이다.

12. 이등변 삼각형의 성질에 의하여 $\overline{BC} = 2\overline{BD}$ 이다.

$\therefore \overline{BC} = 2 \times 4 = 8\text{cm}$

13. $\triangle ABC$와 $\triangle DEF$는 $1 : 2$ 닮음이므로 $\overline{DE} = 2\overline{AB}$ 이다.

$\therefore \overline{DE} = 2 \times 8 = 16\text{cm}$

14. 전체 8개의 공 중 흰 공은 3개가 존재하므로 확률은 $\frac{3}{8}$이다.

15. $m\sqrt{a} + n\sqrt{a} = (m + n)\sqrt{a}$ 임을 이용하면 $2\sqrt{5} + 3\sqrt{5} = 5\sqrt{5}$ 이다.

16. 근이라는 것은 방정식을 만족하는 x값을 의미함을 떠올릴 수 있다.

$(x - 7)^2 = 0$을 만족하는 $x = 7$이다.

$\therefore x = 7$

17. 주어진 $y = \frac{1}{4}x^2$의 그래프를 해석하여 선택지를 살펴보면 다음과 같다.

① [거짓] 아래로 볼록하다.

② [참]

③ [거짓] 점 $\left(-1, \frac{1}{4}\right)$을 지난다.

④ [거짓] 꼭짓점의 좌표는 $(0, 0)$이다.

18. cos값은 직각삼각형의 빗변과 밑변에 대하여 $\frac{\text{밑변}}{\text{빗변}}$을 의미한다.

$\therefore \cos B = \frac{12}{13}$

19. 현(호)의 길이가 같다. ⇔ (중심)~현까지의 거리가 같다.

현 AB와 CD의 길이가 같으므로 $\overline{OM} = \overline{ON}$ 이다.

$\therefore \overline{OM} = \overline{ON} = 5\text{cm}$

20. 중앙값은 주어진 자료를 크기순으로 정렬했을 때, 가장 중앙에 위치한 값을 의미한다.

주어진 자료를 크기순으로 나열하면 다음과 같다.

75, 80, 85, 90, 95

따라서 중앙에 위치한 값은 85이다.

$\therefore$ (중앙값) $= 85$

영어 2024년 1회

01. ③	02. ④	03. ④	04. ①	05. ③
06. ①	07. ③	08. ③	09. ②	10. ①
11. ④	12. ①	13. ④	14. ④	15. ②
16. ③	17. ③	18. ①	19. ①	20. ②
21. ④	22. ④	23. ③	24. ②	25. ②

1. 모든 사람은 아이스크림이 맛있다고 생각한다.

2. ① 큰 - 작은
② 마른 - 젖은
③ 나이든 - 어린
④ 키가 큰 - 높은

3. 많은 학생들이 일렬로 나란히 서 있었다.

4. 지하철역까지 가는데 얼마나 오래 걸리나요?

5.
A : 언제 보통 일어나니?
B : 나는 보통 7시에 일어나

6.
A : 자전거 탈 수 있어?
B : 응, 탈 수 있어.

7.
· 나는 내 여가 시간에 피아노 연주를 해.
· 당신은 이 사탕을 무료로 먹어도 된다.

8. Father : 식물 물주기
Mother : 창문 닦기
Tom : 빨래하기
Emma : 쿠키 굽기

9.
A : 그 소녀는 뭐하는 중이니?
B : 그녀는 그림 그리는 중이야.

10.
A : 나는 내 다리가 걱정돼. 쉽게 걸을 수 없어.
B : 의사를 만나 보는게 어때?
A : 그래야한다고 생각해. 지금 같이 가줄래?
B : 물론이지.

11.
A : 바깥 날씨는 어때?
B : 비가 내려. 우산 있니?
A : 아니, 없어. 하나 사야만 해.

12.
A : 우리는 회의 시간을 바꿔야해. 너무 일러.
B : 동의해. 오전 10시 어때?
A : 그게 훨씬 낫겠어.

13. 세계 음식 축제
날짜 : 4월 13-14일
시간 : 오전 11시 - 오후 4시
장소 : Seaside 공원
와서 즐겨! 전 세계 음식을 먹어봐!

14. 모두 반갑습니다. 내일 점심 메뉴에 대해 이야기 할 것이 있어요. 원래 메뉴는 스파게티, 케이크, 그리고 오렌지 주스였습니다. 그러나, 우리는 오렌지 주스 대신 우유를 제공할 것입니다. 변경에 대해 사과드립니다.

15.
A : Steve랑 나는 이번주 토요일에 수영장에 갈 예정이야. 우리랑 함께 갈래?
B : 미안하지만, 나는 이번 주말에 가족과 여행을 갈 거야.
A : 알겠어, 다음에 같이 가자.

16. Moai에 대해 들어본 적 있는가? 그것들은 Easter 섬에 있다. 그것들은 높고, 인간 모양의 돌이다. 그것들 대부분은 약 4미터 정도이며, 가장 높은 것은 약 20미터이다. 그것들은 주로 마을쪽을 보고 있으며 몇몇은 바다를 내다보고 있다.

17. City Flea Market은 많은 쇼핑객들에게 대단한 장소이다. 그것은 매주 토요일마다 연다. 그것은 History Museum앞에 있다. 당신은 이 마켓에서 저가로 옷, 신발, 책과 장난감을 살 수 있다.

18. 학교에서 나의 큰 문제점은 시험에서 좋지 못한 성적을 받는 것이다. 나는 결코 그것들을 잘하지 않는다. 그래서 나는 지민이에게 조언을 요청했다. 지민이는 스터디 그룹 만들 것을 제안했다. 그는 나에게 친구들과 함께 공부하는 것이 내가 시험을 더 잘 보도록 도움이 될 수 있다고 말해주었다.

19. 학급 친구들의 흥미
운동하기(45%)
컴퓨터 게임하기(25%)
음악 듣기(15%)
책 읽기(10%)
기타(5%)
반 학생들 중 40퍼센트 이상이 운동하기에 관심이 있다.

20. 작년, 나는 산에 갔다. ① 나는 산 중턱에서 케이블카를 탔다. ② 우리 아빠는 새 차를 샀다. ③ 그때, 나는 꼭대기로 하이킹을 갔다. ④ 꼭대기에서, 나는 나무가 빨갛고 노랗다는 것을 알았다. ④ 아름다운 가을 나뭇잎을 보는 것은 놀랍고 흥미로웠다.

21. 걷는 것을 좋아하니? 하루에 몇 걸음정도 걷는가? 걷기는 모든 연령대 사람들에게 많은 건강 이점을 제공해줄 수 있다. 그것은 특정한 질병들을 예방하는데 도움이 될 수 있다, 그래서 당신은 장수할 수 있다. 그것은 또한 어떠한 특별한 장비를 요구하지 않으며 어디에서든지 이뤄질 수 있다.

22. 도서관 규칙
- 제시간에 책 반납하기
- 시끄럽게 하지 않기
- 음식 먹지 않기

23. 화재 발생시 무엇을 해야하는지 아는가? 당신은 "불이야!" 라고 소리쳐야만 한다. 당신은 젖은 타올로 얼굴을 가려야 한다. 당신은 낮은 자세를 취하고 빠져나와야만 한다. 엘리베이터가 아닌 계단 사용할 것을 기억해라. 또한, 당신은 가능한 빨리 119에 연락해야한다.

24. 내 이름은 John Brown이다. 나는 Main Street의 문제점을 신고하고 싶다. 오늘 아침 나는 교통 신호등이 고장난 것을 보았다. 나는 이것이 사고를 유발할까 걱정스럽다. 즉시 와서 확인해주길 바란다.

25. 요가는 힘과 균형을 기를 수 있는 몸과 마음의 실천이다. 그것은 또한 고통을 다루고 스트레스를 줄이는 데 도움을 줄 수 있을 것이다. 많은 유형의 요가가 있다. 요가의 다양한 형태를 살펴보자.

사회 2024년 1회

01. ③	02. ②	03. ①	04. ②	05. ①
06. ④	07. ②	08. ①	09. ①	10. ①
11. ②	12. ④	13. ③	14. ③	15. ④
16. ③	17. ③	18. ③	19. ②	20. ②
21. ①	22. ①	23. ③	24. ④	25. ④

1. 희토류는 17종의 희귀한 원소를 말하는데 스마트폰에서 전기차, 반도체에 이르기까지 첨단 전자제품 제조에 꼭 필요한 광물이다.

2. 어떠한 장소를 상징하는 대표적인 건축물이나 조형물을 랜드마크라 한다.
① 위도 - 적도를 기준으로 남과 북으로 얼마나 떨어져 있는지를 나타내는 위치 ③ 행정구역 - 행정기관이 권한 미치는 일정한 구역 ④ 날짜 변경선 - 경도 180도를 기준 삼아 인위적으로 날짜를 구분하는 선

3. 북부 아프리카와 서남아시아 지역은 대표적인 사막 지역의 건조 문화 지역이다.
② 북극 문화 지역 - 한대 기후 지역으로 극야, 백야 현상, 오로라 현상이 나타남 ③ 유럽 문화 지역 - 크리스트교 문화 지역으로 산업이 발달함 ④ 오세아니아 문화 지역 - 해양 문화, 원주민 문화와 영국 문화 영향을 받음

4. 적도 부근에 안데스 산맥 위치한 기후는 고산 기후이다.
① 건조 기후 - 강수량이 적어 사막과 스텝 기후로 나뉨, 서남아시아, 중앙아시아 지역 ③ 열대 기후 - 적도 부근의 지역, 일년 내내 여름의 기후 ④ 한대 기후 - 최난월이 10도 미만의 기후, 극야, 백야 현상, 툰드라

5. 다음의 설명은 독도이다.

② 마라도 - 우리나라 가장 남쪽에 위치한 섬

6. 열대 기후의 대표적인 농업 형태는 플랜테이션이다.
① 낙농업 - 젖소 사육과 우유, 버터, 치즈 산업 발달 ② 수목 농업 - 오렌지, 포도, 올리브 등 ③ 혼합 농업 - 식량 작물인 밀 재배와 사료 작물인 옥수수 재배

7. <보기>의 내용은 지진에 대한 설명이다.
① 가뭄 - 비가 내리지 않아 메마름 ③ 폭설 - 엄청난 눈의 양으로 교통 마비와 지붕 붕괴 ④ 홍수 - 집중 호우로 인한 하천의 범람과 침수

8. 갯벌 지형에 대한 설명이다.
② 고원 - 높은 산지의 평탄한 지형 ③ 피오르 - U자곡에 바닷물이 유입한 지역 ④ 용암 동굴 - 화산 지형의 동굴

9. 두 나라의 화폐의 교환 비율을 환율이라 한다.
② 실업률 - 경제 활동 인구 중 실업자가 차지하는 비율 ③ 경제 성장률 - 일정 기간 동안 한 나라의 경제 성장을 나타내는 지표 ④ 물가 상승률 - 물가 지수의 전년 대비 변화율

10. 변동성은 문화가 고정된 것이 아니라 변화하는 속성을 지닌다.
② 수익성 - 자본 투입에 대한 수익을 거둘 수 있는 정도 ④ 희소성 - 인간이 욕구는 무한한데 자원이 부족한 상태

11. 회사원 김씨는 규정에 없는 부당한 이유로 사표를 강요받은 것은 부당 해고에 해당한다.
① 권력분립 - 견제와 균형의 원리에 따라 서로 다른 기관에 분산하여 권력을 나눔 ③ 임금 체불 - 임금을 정기적으로 지급되지 못하고 밀려 있는 현상 ④ 국민 투표 - 국가의 중요 사항에 대해서 국민의 직접 의사결정을 묻는 형태

12. 선거구는 법률을 정하는 국회에서 정한다.
① 심급 제도 - 급이 다른 법원에 항소하여 판결을 받을 수 있는 제도 ② 지역화 전략 - 지역을 세계에 알리려는 전략 ③ 사법부 독립 - 재판의 독립과 법원 구성의 독립

13. 법률에 의한 정책을 수립하고 실행하는 국가 기관은 정부이다.
① 언론 - 국가 기관을 감시하고 비판, 여론 수렴 ② 정당 - 공직 후보자 추천, 국민의 정치적 의사 형성 ④ 이익 집단 - 특수 이익을 위한 집단 형성

14. <보기>의 것들을 담당하는 국가 기관은 헌법재판소이다.
① 국회 - 법률 제정, 국가 기관 감시 ④ 선거 관리 위원회 - 선거 관리와 정당에 대한 사무 관리

15. 움직일 수 없는 자산을 부동산이라 한다.
① 예금 - 일시에 일정한 자금을 일정기간 동안 금융기관에 맡김 ② 적금 - 일정 기간 동안 정해진 자금을 정기적으로 저축함

16. 균형 가격(시장 가격)은 수요량과 공급량이 일치하는 점에서 결정된다.

17. 고인돌은 청동기 시대 강력한 지배계급의 출현을 의미한다.

18. 정약용, 박지원, 박제가 등은 조선 후기 대표적인 실학자들이다.
① 불교 - 삼국시대 수용 ② 도교 - 무위자연, 산수사상, 신선사상 ④ 풍수지리설 - 지형과 지세에 따른 운수 사상

19. 영·정조 시기에 탕평책을 통해 왕권을 강화하고 정치를 안정시키려 하였다.
① 호패법 - 조선의 신분증명 표시(패) ③ 과전법 - 조선 태조 때 실시한 토지 제도 ④ 위화도 회군 - 이성계가 정권을 장악한 사건

20. 신라의 삼국 통일 후 왕권을 강화시키고 체제를 정비한 왕은 신문왕이다.
① 세조 - 조선 6조 직계제 ③ 유형원 - 조선 후기 실학자 ④ 흥선 대원군 - 고종의 생부로 세도정치 타파와 통상 수교 거부 정책 실시

21. 병자호란 후 청에 대한 복수심에 북벌론이 제기되었다.
② 화랑도 조직 - 신라 진흥왕 ③ 별무반 편성 - 고려 여진 정벌을 위한 특수 부대 ④ 광주 학생 항일 운동 - 한일 학생 간에 다툼에서 비롯, 3·1 운동 이후 최대 민족 운동

22. <보기> 내용은 신라의 삼국통일 과정이다.
② 신분제 폐지 - 1894년 갑오개혁 ③ 금속 활자 발명 - 고려 직지심체요절 ④ 임진왜란 승리 - 이순신 장군

23. 고려는 몽골에 맞서 40년간 항쟁을 하였다.
① 가야 - 연맹왕국, 철기문화 발달 ② 발해 - 고구려 문화 계승, 해동성국

24. <보기>의 내용은 박정희 정부에서 일어나 사건들이다.

25. 일제는 중일전쟁과 태평양 전쟁을 하면서 징용, 징병, 여성 군 위안부 등을 동원하였다.
① 병자호란 - 조선에 청의 침범 ② 과거제 시행 - 고려 광종 ③ 서경 천도 운동 - 고려 묘청

과학 2024년 1회

01. ①	02. ③	03. ④	04. ③	05. ①
06. ①	07. ④	08. ②	09. ③	10. ④
11. ②	12. ④	13. ③	14. ④	15. ③
16. ②	17. ②	18. ①	19. ①	20. ③
21. ①	22. ④	23. ③	24. ①	25. ②

1. 액체나 기체 속에서 물체를 밀어올리는 힘을 부력이라고 한다. 중력은 지구가 잡아당기는 힘, 마찰력은 접촉한 물체의 운동을 방해하는 힘, 탄성력은 모양이 변한 물체가 원래 모양으로 되돌아가려는 힘이다.

2. '입사각과 반사각은 같다'는 반사의 법칙에 의해 반사각의 크기가 60°이므로 입사각도 60°이다.

3. (+)대전체는 자유 전자를 끌어당기므로 (+)대전체와 가까운 알루미늄 막대의 끝은 (-)로 대전된다. 자유전자가 줄어든 반대쪽 끝은 (+)로 대전된다. 이러한 현상을 정전기 유도라고 한다.

4. 전류가 흐르는 직선 도선 주위에는 자기장이 생긴다. 전류의 방향과 자기장의 방향은 오른나사의 법칙으로 찾을 수 있다. 주먹을 쥐고 엄지손가락만 세웠을 때 엄지손가락의 방향을 전류의 방향과 일치시키면, 네 손가락이 감아쥔 방향으로 자기장이 형성된다. 전류의 방향이 반대가 되면 자동으로 자기장의 방향도 반대가 된다.

5. (속력 = 거리 / 시간)이다. 그래프를 보면 시간이 2초, 이동 거리가 4m이므로 속력은 (4m / 2초 = 2m/s)이다.

6. 위치 에너지는 질량과 높이에 비례한다. 그러므로 질량이 같다면 위치 에너지가 가장 큰 것은 가장 높은 곳에 있을 때이다.

7. 물질을 이루는 입자가 스스로 운동하여 모든 방향으로 퍼져 나가는 현상을 확산이라고 한다. 융해는 고체가 액체로 변하는 현상, 응결은 기체가 액체로 변하는 현상, 응고는 액체가 고체로 변하는 현상이다.

8. 기화는 액체가 기체로 변하는 현상을 말한다.

9. 암모니아 분자 모형을 보면 H라고 쓰여진 수소 원자가 3개 그려져 있다. 또한 암모니아의 분자식이 NH_3이므로 H가 3개임을 알 수 있다.

10. 밀도는 (질량 / 부피) 값으로 단위 부피당 질량을 뜻한다. 밀도가 크면 아래로 가라앉게 된다.

11. 화학 반응식의 화살표를 기준으로 왼쪽에 있는 반응물과 오른쪽에 있는 생성물의 원소와 원자의 수가 같아야 한다. 반응물인 과산화수소는 H가 4개, O

가 4개이다. 생성물인 산소는 O가 2개이므로 다른 생성물은 H가 4개, O가 2개여야 한다. 계수가 2이므로 ㉠은 H가 2개, O가 1개가 된다. 그래서 ㉠은 H_2O이다.

12. 그래프를 보면 마그네슘의 질량이 3g일 때, 산화 마그네슘의 질량이 5g이다.

13. 광합성을 하여 스스로 양분을 만드는 생물을 식물이라고 한다. 그러므로 식물계에 속한다. 균계는 버섯과 곰팡이 같이 죽은 생물을 분해하여 양분을 얻는 생물, 동물계는 움직이며 다른 생물을 먹이로 삼아 양분을 얻는 생물, 원생생물계는 균계, 식물계, 동물계에 속하지 않는 핵이 있는 생물이다.

14. 호흡은 포도당을 산소와 반응시켜 이산화탄소와 물을 만들며 생활에 필요한 에너지를 얻는 과정이다.

15. 소화계는 큰 영양소를 작은 영양소로 분해하는 역할을 하는 기관계로 입, 식도, 위, 소장, 대장, 간, 쓸개, 이자 등이 이에 해당한다. 폐는 호흡계이다.

16. 심방과 심실 사이, 심실과 동맥 사이에 존재하여 혈액의 역류 방지 역할을 하는 것을 판막이라고 한다. 융털은 소장의 표면적을 넓혀 영양소를 잘 흡수할 수 있도록 한다. 폐포는 폐에서 공기와 닿는 면적을 넓혀 기체 교환이 효율적으로 일어나도록 한다. 혈구는 혈액의 세포 성분으로 적혈구, 백혈구, 혈소판이 있다.

17. 호르몬은 특정 세포나 기관으로 신호를 전달하여 몸의 기능을 조절하는 물질로 내분비샘에서 생성되어 혈액을 통해 운반된다. 무기염류는 뼈, 이, 혈액 등을 구성하고 몸의 기능을 조절하는 물질로 칼슘, 나트륨, 철 등이 있다. 바이타민은 몸의 기능을 조절하는 물질로 바이타민 A, B, C, D 등이 있다.

18. 생식세포는 생식에 관여하는 세포로 정소에서 만들어지는 정자와 난소에서 만들어지는 난자가 있다. 이외의 세포는 체세포라고 한다.

19. 한 쌍으로 이루어진 유전자는 생식세포 형성시 나눠지게 된다. 그래서 아버지는 A만을, 어머니는 O만을 만들게 되고, 둘이 합쳐져 딸은 AO의 유전자형을 갖게 된다.

20. 지진이 발생할 때 생긴 진동을 지진파라고 한다. 지진파의 속도 변화로 지구 내부를 알아낸다. 화석은 과거에 살았던 생물의 유해나 흔적이므로 지구 내부 구조를 알 수 없다. 오존층은 높이 20~30km 구간에 존재한다. 태양풍은 태양에서 뿜어져나오는 입자의 흐름이다.

21. 열과 압력을 받아 성질이 변한 암석을 변성암이라고 한다. 마그마가 냉각되어 생성된 암석을 화성암이라고 하는데 그 중 빠르게 냉각된 것은 화산암, 느리게 냉각된 것은 심성암이라 한다. 퇴적물들이 다져지고 굳어진 암석을 퇴적암이라고 한다.

22. 월식은 지구의 그림자가 달을 가려서 생긴다. 그림자는 태양의 반대편에 생기므로 달의 위치는 태양의 반대편인 ④이어야 한다.

23. 지구형 행성은 수성, 금성, 지구, 화성이다.

24. 따뜻한 기단이 찬 기단 위로 올라타면서 만들어지는 전선은 온난 전선이다. 정체 전선은 두 기단의 세력이 비슷하여 한 곳에 오래 머무는 전선이다. 폐색 전선은 이동 속도가 빠른 한랭 전선이 온난 전선을 따라잡아 만나면서 형성된다. 한랭 전선은 찬 기단이 따뜻한 기단의 아래를 파고 들면서 생긴다.

25. 별은 정지해 있는데 지구에서 별을 보면 별이 움직이는 것처럼 보인다. 지구가 태양을 공전하면서 지구의 위치가 달라지기 때문에 생기는 현상이다. 그로 인해 연주 시차도 생긴다.

도덕				2024년 1회
01. ②	02. ①	03. ②	04. ①	05. ④
06. ①	07. ②	08. ③	09. ③	10. ④
11. ①	12. ③	13. ②	14. ③	15. ①
16. ②	17. ④	18. ④	19. ③	20. ③
21. ①	22. ④	23. ④	24. ③	25. ②

1. 사람은 자신이 속한 사회에서 다른 사람과 더불어 살아가야 한다. 이러한 인간의 특성을 사회적 존재라고 한다.
* 인간의 특성 : 도구적 존재, 문화적 존재, 이성적 존재, 사회적 존재

2. ①의 "정직해야 한다."는 도덕적 추론 과정 중 하나인 도덕 원리에 해당한다. ②, ③, ④는 있는 그대로의 객관적 사실, 즉 사실 판단에 해당된다.

3. 불교에서 '자비'란 "내가 소중하듯 남도 소중하며 나와 남을 하나로 여겨 크게 사랑하라"라는 불교의 핵심 원리이다.

4. 이웃 간의 관계에서 필요한 도덕적 자세는 관심, 배려, 양보, 기본 예절을 지키는 것 등이 있다. 이웃 간의 갈등을 해결하기 위해서는 이웃의 처지를 이해하고 양보하며 이웃의 입장을 먼저 생각하며 도와주고 보살피는 배려가 필요하다.

5. 개인적 자아의 모습으로 소망, 능력, 가치관 등이 있을 수 있는데, 사회적 관습은 개인적 자아의 모습이 아니다.

6. 산업 혁명 이후, 대량 생산 체제하에서 공장의 매연, 자동차 배기가스 등으로 인한 대기 오염, 공장 폐수, 생활 하수로 인한 수질 오염 등은 모두 환경 문제에 해당한다.

7. 가치의 유형 중, 물질적 가치와 정신적 가치의 구분에서 의복, 주택, 음식 등 사물이나 물건이 지니는 가치를 물질적 가치라고 하고, 사랑, 감사, 진리 등 정신적 만족을 주는 가치를 정신적 가치라고 한다. 이 문제에서 사랑, 감사, 진리는 정신적 가치이고, 용돈은 물질적 가치이다.

8. 제시된 사례는 스마트폰 중독에 대한 것인데, 이러한 각종 중독 문제를 해결하기 위해서는 '절제'의 덕목이 필요하다.

9. 봉사 활동은 자기의 이익보다 공익을 추구하고 보수나 대가를 바라지 않으며, 일회성으로 끝나지 않고 지속적으로 참여해야 한다. ⓒ처럼 다른 사람의 명령에 억지로 참여해서는 안 되며, 자신의 의사에 따라 자발적으로 참여해야 한다.

10. 진정한 우정을 맺기 위해서는 친구의 잘못에 대해 바람직한 방향으로 권면하고, 아무리 친해도 기본 예절을 지키며, 서로 협력하고 존중의 대상으로 생각해야 한다. 그리고 친구가 어려움에 처했을 때 외면하지 말고 도와주어야 한다.

11. 인권은 인종, 피부색, 언어, 종교 등과 상관없이 누구나 동등하게 누려야 하는 '보편성'의 특성이 있다.
* 인권의 특성 : 보편성, 천부성, 불가침성

12. 도덕적 실천 의지란 주어진 상황에서 도덕적 행동을 하려는 굳은 마음가짐이다. 제시된 사례에서는 어려움에 처한 사람에 대해 관심을 갖고 공감하여 용기를 가지고 도와주어야 한다.

13. 정의로운 국가가 추구하는 보편적 가치는 자유, 평등, 평화, 정의, 공정, 인권, 복지이다.
'혐오'는 정의로운 국가가 추구하는 가치가 아니다.

14. 통일을 해야 하는 이유 중, ㄱ. 분단 비용의 지출을 줄이기 위해서이고, ㄷ. 군사적 긴장 관계를 완화시키기 위해서이다.

15. 문화 상대주의는 그 문화가 생기게 된 배경과 원인을 그 사회의 관점에서 이해하려는 태도이다. 이를 통해 다른 문화를 존중할 수 있고 문화의 다양성을 높일 수 있는 바람직한 문화 이해의 태도이다.

16. 환경 친화적인 삶을 살기 위해 실천해야 할 방법으로는 과대 포장 안하기, 일회용품 사용하지 않기, 장바구니 사용하기, 대중 교통 이용하기, 사용한 물건 재활용하기, 사용하지 않는 전등 및 전자 제품 꺼두기, 가전 제품 중 에너지 효율을 확인하기

17. 회복 탄력성이란 어려움을 도약의 발판으로 삼아 더 높이 도전하는 마음의 힘을 말한다.

18. 국가의 기원과 관련해서 자연 발생설이란 아리스토텔레스의 사상이다. 아리스토텔레스는 인간의 사회적 본성에 따라 가정을 이루고, 가정들이 모여 마을, 마을들이 모여 자연스럽게 국가가 형성되었다고 보는 이론이다.

19. 생태 중심주의 자연관은 인간과 동·식물, 산과 바다 같은 무생물을 모두 자연의 일부이며 그 자체로 소중하다고 보는 입장이다. ㄱ과 ㄹ은 인간 중심주의적 자연관이다.

20. 언어적 폭력이란 상대방의 인격을 무시하거나 모욕하는 말을 하여 정신적·심리적 피해를 주는 행위이다. 욕설이나 야유, 험담하는 것, 나쁜 소문을 퍼뜨리기 등을 말한다. 꼬집거나 고의로 밀치는 행동은 신체적 폭력에 해당된다.

21. 국가의 정책과 법을 만드는 과정에서 자발적으로 참여하는 것은 주인 의식을 실천하는 것이다.

22. 서로의 생각과 차이를 인정하고 상대방의 생각을 존중하며 상대방에게 열린 마음을 가지고 서로 양보하는 태도를 역지사지의 태도라고 한다.

23. 부패란 공정하지 못한 방법을 통해 자신의 이익을 추구하는 행위이다. 부패로 인해 개인과 사회의 도덕성이 훼손되고, 서로가 불신하는 사회적 분위기가 조성되며, 구성원 사이에 대립과 분열이 심화된다. 부패의 결과로는
① 비합리적 관행 증가,
② 국가 투명도 하락,
③ 사회 공동체 의식 감소가 나타난다.

24. 과학 기술을 책임 있게 활용하는 자세에는 인간의 존엄성과 인권을 존중하는 자세, 동·식물의 생명과 생태계를 보전하는 자세, 미래 세대를 고려하는 자세, 인류 전체의 복지 증진에 기여하는 자세 등이 필요하다. 단지 유용성만을 추구해서는 안 된다.

25. 마음에 평화를 얻기 위한 자세로는 자신의 욕심을 버리고 절제하는 자세, 자신의 모습을 있는 그대로 바라보고 긍정하는 자세, 다른 사람의 실수나 잘못을 용서하는 자세 등이 필요하다.

2024년 2회

국어 2024년 2회

01. ②	02. ④	03. ③	04. ④	05. ④
06. ②	07. ②	08. ①	09. ④	10. ①
11. ④	12. ③	13. ③	14. ②	15. ②
16. ①	17. ③	18. ①	19. ③	20. ④
21. ①	22. ②	23. ④	24. ①	25. ②

1. 축구경기에서 자신의 팀에 방해가 되지 않을까 걱정하는 지후에게 실력을 발휘하면 잘할 수 있을 거라고 격려하는 의도가 드러난다.

2. '막상 토론을 해 보니 상대방의 주장에 반박할 타당한 근거가 떠오르지 않아 당황스러웠다. 우물쭈물하다가 토론이 끝나 버려 매우 아쉬웠다.'에서 상대방 주장에 반박할 근거를 미리 마련하는 것이 필요함을 알 수 있다.

3. 자신의 마음대로 단어를 바꾸어 말하면 의사소통이 되지 않아 힘들어진다. 이는 언어는 같은 언어를 사용하는 사람들 사이의 약속에 해당하는 '언어의 사회성'이다.

4. 올바른 표현 : ① 된장찌개, ② 마치고(끝내고), ③ 왠지

5. ① ㄱ : 여린입천장소리 ② ㅁ : 입술소리
③ ㅈ : 센입천장소리 ④ ㅌ : 잇몸소리

6. 맑게[말께]가 올바른 표현이다.

7. 그곳의 경치는 아름답다. : 형용사
① 밥이 정말 맛있다. : 부사
② 새로 산 신발이 나에게 작다. : 형용사
③ 사진을 보니 옛 추억이 생각난다. : 관형사
④ 학생들이 운동장에서 축구를 한다. : 명사

8. ① 토끼가(주어) 들판에서 풀을 뜯는다(서술어).
② 바람이(주어) 불고(서술어) 나무가(주어) 흔들린다(서술어).
③ 나는(주어) (겨울이(주어) 오기(서술어))를 기다린다(서술어).
④ 비가(주어) 와서(서술어) 우리는(주어) 소풍을 연기했다(서술어).

9. 웃음의 사회적 효과로 알맞은 것은 ④이다.

10. 문장의 호응을 고려할 때 '한 것이다'가 어울린다.

11. 진수가 아버지 만도에게 증오심을 느낀다는 것은 어울리지 않는다.

12. 진수는 고등어와 지팡이를 든 두 팔로 아버지의 목줄기를 부둥켜안고 업힌다.

13. 만도가 진수를 업고 외나무 다리인 난관을 극복하는 장면을 보여준다.

14. '찾으시면, 나무라면' 등 시적 상황을 가정하여 표현한다.

15. ① 3음보의 율격, ② 각 연이 다른 글자로 시작한다. ③ '잊었노라' 반복적으로 사용한다. ④ '~면 ~ 잊었노라'의 문장 구조를 여러 번 나타낸다.

16. 이 글의 주된 정서는 잊지 못하는 임에 대한 '그리움'이다.

17. "누가 네 말을 곧이 듣겠느냐?"라는 물음에서 ③이 적절하지 않다는 것을 알 수 있다.

18. 북곽 선생은 호랑이에게 아첨하던 자신의 모습을 감추고 농부에게 사대부의 허세를 보여주고 있다.

19. ③ : 호랑이를 가리키고, 나머지는 모두 북곽 선생을 가리킨다.

20. '플라스틱 전혀 사용하지 않고 생활하기는 어렵겠지만, 줄일 수 있다면 줄여 보자. 특히 짧은 시간 사용하고 버리는 일회용 플라스틱 제품은 더더욱 선택하지 말자.'에서 핵심 주장은 ④인 것을 알 수 있다.

21. 플라스틱은 쉽게 분해되지 않는다.

22. 플라스틱이 끼치는 피해와 문제 상황이 나열되고 있다. 따라서 열거 접속사 '또한'이 어울린다.

23. ① 다이빙할 때의 '풍덩'소리를 그림에 표현했다.
② 아크릴 물감을 사용해 색을 선명하게 표현했다.
③ 롤러를 이용해 물보라 외의 부분을 파란색으로 매끈하게 칠했다.

24. 앞, 뒤의 내용을 볼 때 색채, 기법, 구도 중 '색채'가 들어갈 것을 알 수 있다.

25. '물보라가 일어나는 : 위로 솟고 부풀어 오르다.'는 ②와 어울린다.

수학 2024년 2회

01. ③	02. ②	03. ②	04. ④	05. ③
06. ③	07. ①	08. ④	09. ④	10. ②
11. ④	12. ③	13. ①	14. ③	15. ①
16. ②	17. ③	18. ④	19. ①	20. ②

1. 가지가 더 이상 뻗어나가지 않는 (원으로 색칠된) 부분을 모두 곱한다.
$\therefore 2 \times 2 \times 3 \times 7 = 2^2 \times 3 \times 7$

2. 수직선상에서 오른쪽에 있는 수가 큰 수이다.

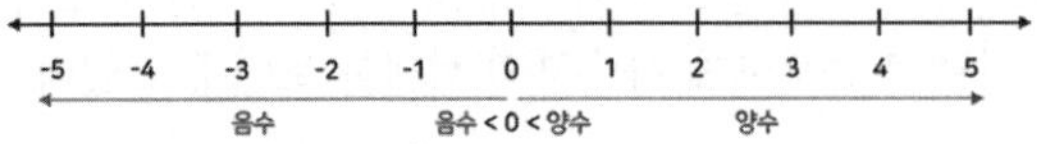

① $-4 < -3$
② $-\dfrac{1}{2} < \dfrac{5}{2}$
③ $(-3)^2 = 9$ 이므로 $0 < (-3)^2$
④ $5 > 4$

3.

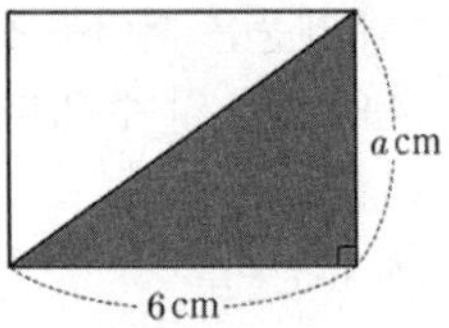

직각삼각형의 넓이는 사각형 넓이의 절반이다.
사각형의 넓이는 가로 × 세로 이므로
$(6 \times a) \times \dfrac{1}{2} = \dfrac{(6 \times a)}{2}$ 이다.

4. $3x - 5 = 3 + x \Leftrightarrow 2x = 8$
$\therefore x = 4$

5. 그래프를 확인해보면 10분 뒤 이동 거리가 3km 임을 알 수 있다.

6.

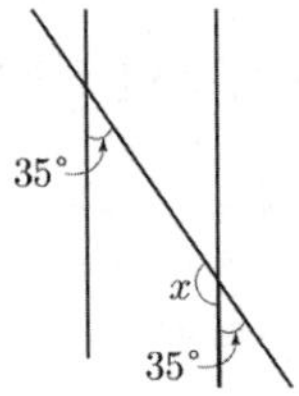

n과 l 사이의 교각이 35°이므로 n과 m 사이의 교각(예각)도 35°이다.
$\therefore 180° - 35° = 145°$

7. 히스토그램에서 통학 시간이 30분 미만인 부분은 다음과 같다.

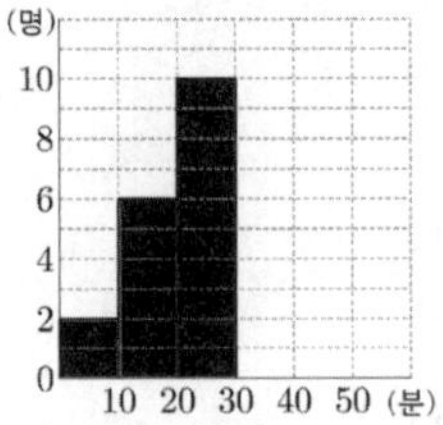

따라서 총 인원수는 $2 + 6 + 10 = 18$(명)이다.

8. 분수를 유한소수로 나타내려면 분모를 소인수분해 했을 때 2와 5만 있어야 하므로 분모의 7을 제거하기 위한 x의 가장 작은 자연수는 7이다.

9. $(2x^3)^2 = 2^2(x^3)^2 = 4x^6$ 이다.

10. $(5a - 2b) + (2a + 3b) = (5a + 2a) + (3b - 2b) = 7a + b$ 이다.

11. $5x - 20 \geq 0 \Leftrightarrow 5x \geq 20 \Leftrightarrow x \geq 4$이다.
따라서 이를 수직선에 나타내면 다음과 같다.

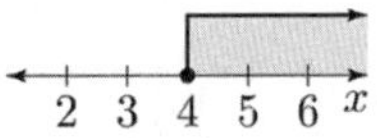

12. 연립방정식의 해는 그래프의 교점과 같다.
교점은 $(x, y) = (1, 2)$ 이므로 $x = 1, y = 2$이다.

13. 삼각형 ADE와 ABC는 닮음이므로
$\overline{AE} : \overline{AC} = \overline{AD} : \overline{AB}$ 이다.
$6 : 15 = 4 : x + 4 \Leftrightarrow 6(x + 4) = 60$
$\therefore x = 6$

14. 10이하의 자연수 중 4의 배수는 4, 8이고 6의 배수는 6이므로 4의 배수 또는 6의 배수가 나오는 경우의 수는 3가지이다.

15. $7\sqrt{5} - 4\sqrt{5} = 3\sqrt{5}$ 이다.

16. $(x - 2)(x + 5) = 0$을 만족하는 x는 -5 또는 2이다.

17. ① 아래로 볼록하다.
② 점 $(4, 0)$을 지나지 않는다.

③ 꼭짓점의 좌표는 (2, 0)이다.
④ 직선 $x = 2$를 축으로 한다.

18.

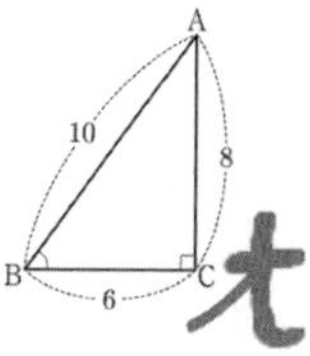

$\tan B = \frac{8}{6} = \frac{4}{3}$이다.

19. 호 AB에 대한 원주각의 크기는 일정하므로
$\angle ACB = \angle ADB$이다.
$\therefore \angle ADB = 40°$

20. 평균 $= \frac{\text{모든 자료의 합}}{\text{모든 자료의 수}}$이므로
$\frac{4+5+7+8}{4} = \frac{24}{4} = 6$이다.

영어 2024년 2회

01. ④	02. ②	03. ①	04. ①	05. ③
06. ①	07. ②	08. ④	09. ③	10. ④
11. ③	12. ①	13. ③	14. ①	15. ①
16. ③	17. ②	18. ④	19. ①	20. ④
21. ②	22. ②	23. ④	24. ③	25. ④

1. 나는 사람들 앞에서 말할 때 부끄러움을 느낀다.

2. 조용한 곳에서 시끄럽게 떠들지 마라.
① 부유한 - 가난한
② 친절한 - 상냥한
③ 깨끗한 - 지저분한
④ 가득찬 - 텅 빈

3. 한국에 많은 멋진 곳들이 있다.

4. 나는 그에게 어제 전화를 했지만 받지 않았다.

5.
A : 어떤 색깔을 더 좋아하니, 노랑 아니면 파랑?
B : 나는 노랑보다 파랑을 더 좋아해

6.
A : 무슨 일이야 John, 너 괜찮아?
B : 어제 상자를 들어올리다 허리를 다쳤어.
A : 안타깝다.

7.
· 이 사진을 봐 주세요.
· 내가 자리를 비울 때 그가 우리 개를 돌봐줄거야.

8. 8:00 p.m. : 영어 숙제 하기

9.
A : 그녀는 무엇을 하는 중이니?
B : 그녀는 공을 던지는 중이야.

10.
A : 오후에 시간 괜찮니?
B : 응, 왜?
A : 함께 도서관에 가서 공부할 수 있다고 생각했어.
B : 좋아. 좋은 계획이야.

11.
A : 우리 Jane 생일에 무엇을 해야할까?
B : 그녀가 가장 좋아하는 식당에서 저녁 식사를 하자.
A : 그거 좋은 생각이야.

12.
A : Sam, 너는 여가 시간에 무엇을 하니?
B : 나는 영화보는 것 좋아해. 너는?
A : 나는 기타치는 것을 즐겨.

13.
여름 과학 캠프
장소 : 국립 과학 박물관
일시 : 2024년 8월 10일-11일
신청하기 위해서는 사이트를 방문해주세요.
진짜 과학자들을 만나서 배웁시다!

14.
안녕하세요, 신사 숙녀 여러분. 뮤지컬이 곧 시작될 것입니다. 핸드폰은 꺼주시길 바랍니다. 또한, 공연 중 사진 촬영은 피해주세요. 멋진 시간을 보내시길 바랍니다.

15.
A : 나 오늘 우리 동아리 활동에 갈 수 없을 거야.
B : 이런, 안타깝다. 왜?
A : 나 감기에 걸렸어.

16. 태국 큰 축제인 Songkran은 4월에 열린다. 이 축제는 전통적인 태국의 새해를 기념한다. 여러분은 그 축제에서 큰 물 싸움을 즐길 수 있다. 또한 전통 태국 음식을 맛볼 수 있다.

17. 시베리안 호랑이는 전 세계에서 가장 큰 고양이다. 그것은 러시아 동쪽의 추운 지역에서 산다. 그것은 검은 줄무늬를 가진 주황색 털을 가지고 있다. 그것은 사슴과 같은 큰 동물들을 먹는 것을 좋아한다. 배고픈 호랑이는 하룻밤에 거의 30킬로그램을 먹을 수 있다.

18. 요즘, 나는 종종 내가 해야 하는 일들을 잊는다. 예를 들어, 나는 오늘 축구 유니폼 가져갈 것을 잊었다. 나는 유미에게 조언을 청했다. 그녀는 할 일 목록을 작성하는 것을 제안했다. 그것은 도움이 될 것이다.

19. 우리 학교의 학생들은 스마트폰으로 영상을 보는 것보다 소셜 미디어 사용하는 것을 더 좋아한다.

20. 내가 가장 좋아하는 계절은 여름이다. 나는 해변에 가서 모래 속에서 노는 것을 좋아한다. 바다에서 수영하는 것은 기분이 좋다. 나는 시원해지기 위해 아이스크림 먹는 것을 또한 즐긴다. 지구의 얼음은 빠르게 녹고 있다. 여름은 재밌게 즐기기 위한 가장 좋은 때이다.

21. 당신이 10층에 있다고 상상해보자. 길에 있는 개미들 보이는가? 물론 아니다. 하지만 독수리는 볼 수 있다. 그들은 강력한 눈 때문에 훌륭한 사냥꾼들이다. <u>그들은</u> 3.2킬로미터까지 떨어져있는 토끼들을 볼 수 있다.

22. 동물원 안전 수칙
- 동물들에게 먹이 주지 마세요.
- 우리에 들어가지 마세요.
- 목소리를 낮춰 말하세요.

23. 나는 어떻게 스트레스를 줄이는지에 대한 몇 가지 방법들을 공유할 것이다. 먼저, 걷기 위해 밖에 나간다. 신선한 공기를 맡으면, 기분이 더 나아진다. 나는 또한 좋아하는 음악을 듣는다. 그것은 내가 휴식을 취하는 데 도움이 된다. 나는 이러한 방법들이 당신이 스트레스를 덜 느끼도록 도움이 될 수 있길 바란다.

24. 나는 7월 3일에 웹사이트에서 검은색 모자를 주문했어요. 하지만 내가 받은 모자는 검은색이 아닌 갈색입니다. 잘못 온 모자를 다시 보낼 것입니다. 갈색 모자를 받으면 내 돈을 환불해 주세요.

25. 우리는 독서를 하여 많은 유용한 것들을 배울 수 있다. 좋은 책을 읽는 것은 우리가 생각하는 기술을 만들고 다른 사람들의 감정을 이해하는 데 도움이 된다. 그러면 우리는 어떤 종류의 책을 읽어야하는가? 여기 알맞은 책을 고르는 방법이 있다.

사회 2024년 2회

01. ①	02. ④	03. ②	04. ④	05. ④
06. ①	07. ③	08. ③	09. ①	10. ③
11. ③	12. ②	13. ①	14. ③	15. ②
16. ④	17. ④	18. ②	19. ②	20. ②
21. ③	22. ①	23. ①	24. ④	25. ②

1. 경도의 차이로 인하여 시차가 발생하고 낮과 밤이 다른 시간에 나타난다.

2. 열대 우림 기후는 일년내내 덥고 습한 기후를 나

타낸다.
① 냉대 기후 - 연교차가 큼, 동계 스포츠 발달 ② 한대 기후 - 최난월의 기온이 10℃미만의 기후로 툰드라 기후라고도 함 ③ 지중해성 기후 - 여름은 고온 건조, 겨울은 온난습윤한 기후

3. (가) 지역은 제주도이다.
② 설악산은 강원도에 있다.

4. 국제의 하천 주변의 갈등은 물 때문이다.
① 슬럼 - 삶의 질이 낮고 오염되어 쇠퇴한 지역 ② 해식애 - 해안 절벽 ③ 현무암 - 화산지역의 기반암

5. 두 개 이상의 국가에서 기업 활동을 하는 기업을 다국적 기업이라고 한다.
① 노동조합 - 노동자들의 이익을 위해 결성한 단체 ② 민주주의 - 구성원 다수에 의한 의사결정이 이뤄지는 체제 ③ 석회동굴 - 카르스트 지형에서 형성

6. 도심을 중심업무지구라고 한다.
② 비무장 지대 - 무장이 금지된 지역 ③ 개발 제한 구역 - 도시의 무분별한 팽창을 억제하기 위해 설치 ④ 세계 자연 유산 - 지구의 역사를 잘 나타내 주는 곳, 희귀한 동물이나 식물이 보존된 곳, 풍경이 너무나 아름다운 곳 등을 특별히 지정하여 보호함

7. 지구의 평균 기온이 높아지는 현상을 지구 온난화라고 한다.
① 인구 공동화 - 주간에는 사람이 많지만 야간에는 지역이 텅 비는 현상으로 도심에서 나타남 ② 전자 쓰레기 - 사용 가치를 잃어버린 전기·전자 제품 ④ 해양 쓰레기 - 해양에 잔존하는 각종 쓰레기

8. 원산지 상표를 인정하는 제도를 지리적 표시제라고 한다.
① 인플레이션 - 지속적인 물가 상승 ② 생태 발자국 - 인간이 삶에 필요한 자원 생산과 폐기에 드는 비용을 토지로 환산한 지수 ④ 기후 변화 협약 - 지구 온난화를 억제하기 위한 국제 협약

9. 환경 변화로 새로운 지식을 익히는 것을 재사회화라고 한다.
② 귀속 지위 - 선천적이고 자연 발생적 지위 ③ 역할 갈등 - 서로 다른 지위에서 동시에 역할을 요구할 때 심리적 갈등 ④ 지방 자치 제도 - 지역의 업무는 스스로 처리하는 제도

10. 후천적 사회화로 문화를 익히는 것을 학습성이라 한다.
① 수익성 - 이익 발생 가능성 ② 안전성 - 원금이 보장되는 정도 ④ 희소성 - 필요한 자원이 부족한 상태

11. 법은 국회에서 제정된다.
① 관습 - 오랫동안 전해진 습관 또는 관행 ② 도덕 - 인간이 지켜야 할 바람직한 행동 기준 ④ 종교 규범 - 한 종교 내에서 지켜져야 할 규율

12. 민주 선거 4원칙은 보통, 평등, 직접, 비밀 선거이다.

13. 급이 다른 법원에서 여러 번 재판을 받을 수 있는 제도를 심급제도라고 한다.
② 선거 공영제 - 선거 비용의 일부를 국가나 지방자치 단체가 지불 ③ 선거구 법정주의 - 선거가 실시되는 지역은 법률로 정함 ④ 국민 참여 재판제 - 형사 재판의 경우 일반 국민이 재판에 참여하여 의사를 제출하는 제도

14. 균형 가격은 공급량과 수요량이 일치하는 선에서 결정된다.

15. 일할 능력과 의욕이 있지만 일자리가 없는 상태를 실업이라 한다.
① 신용 - 거래의 대가를 치룰 수 있는 능력 ③ 환율 - 다른 나라의 화폐와 교환 비율 ④ 물가지수 - 물가 변동을 파악하기 위한 지수

16. 노동 3권의 세 번째는 단체 행동권이다.
① 자유권 - 국가로부터 간섭받지 않을 권리 ② 평등권 - 동등한 대우를 받을 권리 ③ 국민 투표권 - 국가의 최종 의사를 국민이 결정할 권리

17. 주먹도끼는 구석기 시대의 대표적 도구이다.

18. 순조부터 철종까지 3대 걸친 기간을 세도정치 시기라고 한다.
① 골품제 - 신라의 신분제도 ③ 제가 회의 - 고구려 귀족 회의 ④ 병참 기지화 정책 - 1930년대 이후 일제 식민지 정책

19. <보기>의 왕들은 백제의 왕들이다.

20. 발해를 건국한 인물은 대조영이다.
① 원효 - 통일 신라 불교 대중화 ③ 정약용 - 조선 후기 실학자 ④ 흥선 대원군 - 세도정치 타파

21. 고려 시대 김부식은 현존 최고의 역사서 삼국사기를 편찬하였다.
① 천마도 - 신라 ② 농사직설 - 조선 세종 때 편찬한 농서 ④ 대동여지도 - 조선 후기 김정호 제작

22. 집현전은 세종의 학술 연구기관이다.
② 화랑도 조직 - 신라 진흥왕 ③ 유신 헌법 제정 - 박정희 정부 ④ 한국 광복군 창설 - 대한민국 임시 정부

23. 독도는 우리 영토이다.

24. 이순신은 임진왜란에서 큰 활약을 하였다.
① 강감찬 - 고려 귀주대첩 ② 김유신 - 신라 삼국 통일 ③ 윤봉길 - 상하이 훙커우 공원 폭탄 의거

25. 3·15 부정 선거로 시작하여 이승만을 하야시킨 사건은 4·19 혁명이다.
① 3·1 운동 - 일제 강점기 최대 민족 운동 ③ 6·25 전쟁 - 1950년 북한의 기습 남침으로 시작하여 1953년에 휴전 협정 체결 ④ 광주 학생 항일 운동 - 한국과 일본인 남학생 간의 다툼에서 비롯된 민족 운동

과학 2024년 2회

01. ③	02. ②	03. ③	04. ②	05. ④
06. ④	07. ④	08. ③	09. ①	10. ④
11. ①	12. ②	13. ④	14. ①	15. ①
16. ①	17. ③	18. ③	19. ②	20. ②
21. ④	22. ②	23. ②	24. ②	25. ①

1. 물체와 접촉면 사이에서 물체의 운동을 방해하는 힘은 마찰력이다. 부력은 액체나 기체가 물체를 위로 밀어 올리는 힘, 중력은 지구가 물체를 당기는 힘, 탄성력은 변형된 물체가 원래 모양으로 되돌아가려는 힘이다.

2. 진폭은 진동의 중심에서 마루 또는 골까지의 수직 거리이다. 주기는 매질이 한 번 진동하는 데 걸리는 시간, 파장은 마루에서 다음 마루까지의 거리, 진동수는 매질의 한 점이 1초 동안 진동하는 횟수이다.

3. 전류의 세기는 전압에 비례하고 저항에 반비례한다. 옴의 법칙에 의하면 (전류 = 전압 ÷ 저항)이므로 (저항 = 전압 ÷ 전류)이다. (2V ÷ 1A = 2Ω)이다.

4. 대류는 액체나 기체 상태의 분자가 직접 이동하면서 열이 전달되는 방법이다. 단열은 물체 사이에서 열이 이동하는 것을 막는 것, 복사는 물질의 도움 없이 열이 직접 전달되는 방법, 전도는 고체에서 분자의 운동이 이웃한 분자로 전달되어 열이 이동하는 방법이다.

5. (일 = 힘 × 이동 거리)이다.
(20N × 5m = 100J)이다.

6. 물체가 가진 중력에 의한 위치 에너지와 운동 에너지의 합을 역학적 에너지라고 한다. 공기 저항이나 마찰이 없을 때 운동하는 물체의 역학적 에너지는 항상 일정하게 보존된다.

7. 기체의 부피가 일정하게 유지되는 것은 내부의 압력과 외부의 압력이 같기 때문이다. 피스톤을 눌러 외부의 압력을 증가시켰으므로 내부의 기체 압력

도 증가하였다. 부피가 감소하면 기체 입자의 사이의 거리가 감소한다.

8. 쇳물은 액체, 철은 고체이다.

9. 더 이상 다른 물질로 분해되지 않으면서 물질을 이루는 기본 성분을 원소라고 한다. 분자는 물질의 성질을 나타내는 가장 작은 입자이다. 혼합물은 두 종류 이상의 순물질이 섞여 있는 물질, 화합물은 두 종류 이상의 원소로 이루어진 물질이다.

10. (밀도 = 질량 ÷ 부피)이므로 D가 (50 ÷ 20 = 2.5)로 가장 크다.

11. 화학 반응식의 계수비는 분자 수의 비를 의미한다. (수소 분자 : 질소 분자 : 암모니아 분자 = 3 : 1 : 2)이다. 그러므로 수소 분자 3개와 질소 분자 1개가 반응하면 암모니아 분자 2개가 생성된다.

12. 구리와 산소가 반응하여 산화 구리가 생성된다. 일정 성분비 법칙에 의하면 화합물을 구성하는 성분 원소 사이에는 일정한 질량비가 성립한다. (구리 : 산화 구리 = 4 : 5)이므로 구리가 8g이면 산화 구리는 10g이어야 한다.

13. 광합성은 식물이 빛에너지를 이용해 이산화 탄소와 물로 포도당과 산소를 만드는 과정이다.

14. 진핵세포로 이루어진 생물 중 광합성을 하지 못하고 대부분 죽은 생물을 분해하여 양분을 얻는 생물은 균계이다. 원핵생물계는 원핵세포로 이루어진 단세포 생물이며, 대부분 세균이다.

15. 세포는 생물의 몸을 구성하는 기본 단위이다. 기능과 모양이 비슷한 세포들의 모임을 조직이라고 한다. 여러 조직이 모여 일정한 모양과 기능을 갖추면 기관, 비슷한 기능을 하는 기관들의 모임은 기관계, 개별적이며 독립적인 생물체는 개체이다.

16. 대뇌는 표면에 주름이 많은 2개의 반구로 나뉘어 있다. 여러 자극을 해석하고 운동기관에 명령을 내리며, 기억, 추리, 학습, 감정 등 정신 활동을 담당한다. 간뇌는 체온, 혈당량, 체액의 농도 등을 일정하게 유지한다. 중간뇌는 눈의 움직임, 홍채의 수축과 이완을 조절하고, 연수는 심장 박동, 소화, 호흡 등을 조절한다.

17. 폐포는 폐를 구성하는 작은 공기주머니로 표면이 모세 혈관으로 둘러싸여 있다. 폐포와 모세 혈관 사이에서 산소와 이산화 탄소가 교환된다. 융털은 영양소와 닿는 소장 내벽의 표면적을 넓혀 영양소를 효율적으로 흡수할 수 있게 한다. 이자는 3대 영양소를 분해하는 소화액을 분비하는 소화 기관이다. 네프론은 사구체, 보먼주머니, 세뇨관으로 이루어진 오줌을 만드는 콩팥단위이다.

18. 체세포 분열 결과 염색체 수와 모양이 같은 2개의 딸세포가 만들어진다. 염색체 수의 변화가 없으므로 딸세포의 염색체 수는 4개이다.

19. 생식세포가 만들어질 때 한 쌍의 대립유전자가 분리되어 서로 다른 생식 세포로 들어간다. 아버지는 생식세포로 T를 만들고, 어머니는 t를 만든다. 두 생식세포가 만나 수정되면 아들은 Tt를 갖게 된다.

20. 맨틀은 두께가 가장 두껍고, 가장 큰 부피를 차지하며 지각보다 무거운 암석으로 이루어져 있다. 지각은 단단한 암석으로 이루어져 있으며, 두께가 가장 얇다. 외핵은 유일하게 액체 상태로 추정되며, 내핵과 함께 철과 니켈 같은 무거운 물질로 이루어져 있다.

21. 지구가 자전함에 따라 천체가 천구상에서 하루에 한 바퀴씩 회전하는 겉보기 운동인 일주 운동을 하게 된다. 낮과 밤이 반복되고, 별이 뜨고 진다. 별들은 북극성을 중심으로 1시간에 약 15°씩 회전한다. 지구의 공전 때문에 생기는 현상으로는 별이 태양을 기준으로 하루에 약 1°씩 이동하는 연주 운동이 있다. 그래서 계절에 따라 별자리의 위치가 변한다.

22. 화성에는 산화 철 성분이 많아 붉게 보이며 극지방에 얼음과 드라이아이스로 이루어진 극관이 있

다. 또한 과거에 물이 흘렀던 흔적인 대협곡이 남아 있다. 금성은 행성 중 가장 밝게 보이며, 이산화 탄소로 이루어진 두꺼운 대기로 둘러싸여 있어 기압과 표면 온도가 높다. 목성은 행성 중 가장 크며, 표면에 적도와 나란한 줄무늬가 나타나고, 거대한 붉은 반점인 대적점이 나타난다. 토성은 밀도가 가장 작고, 얼음과 암석으로 된 뚜렷한 고리가 보인다.

23. 해수에 녹아 있는 여러 가지 물질인 염류는 짠맛을 내는 염화 나트륨이 가장 많고, 쓴맛을 내는 염화 마그네슘이 두 번째로 많다.

24. 포화 상태는 포화 수증기량 곡선상의 공기이다. 포화 수증기량 곡선 아래 공기는 불포화 상태이다.

25. 겉보기 등급은 우리 눈에 보이는 별의 밝기를 정한 등급으로, 등급의 숫자가 작을수록 밝은 별이다. 절대 등급은 모든 별이 지구로부터 10pc 거리에 있다고 가정했을 때 별의 밝기를 나타낸 등급이다.

도덕 2024년 2회

01. ②	02. ④	03. ③	04. ①	05. ③
06. ④	07. ③	08. ④	09. ②	10. ③
11. ①	12. ④	13. ①	14. ②	15. ①
16. ①	17. ②	18. ④	19. ②	20. ①
21. ④	22. ③	23. ③	24. ④	25. ②

1. 옳고 그름을 판단할 수 있는 기준을 제공하고, 옳은 일을 자발적으로 실천할 수 있도록 돕는 것을 '도덕'이라고 한다.

2. 도덕 원리 검사 방법 중에서 모든 사람이 같은 도덕 원리를 채택하였을 때 발생할 수 있는 결과를 수용할 수 있는지 생각해 보는 것을 '보편화 결과 검사'라고 한다.
* 역할 교환 검사 : 상대방의 처지에서 도덕 원리를 수용할 수 있는지 생각해 보는 것

3. 행복한 삶을 위한 좋은 습관으로 ㄴ의 독서를 생활화한다. ㄹ의 건강을 위해 꾸준히 운동을 한다를 고를 수 있다.

4. 인권의 특징으로 첫 번째, 인간이라면 누구나 누려야 하는 권리(보편성)와 두 번째, 누구도 절대 침해해서는 안 되는 권리(불가침성)가 있다. 그 외에도 태어날 때부터 갖는 선천적인 권리인 천부성과 오랜 기간 동안 영원히 보장되는 항구성 등이 특징이라고 할 수 있다.

5. 바람직한 삶의 목적으로 ③ "돈을 많이 벌 수 있다면 법을 어겨도 돼."는 바람직하지 못한 말이다.

6. 수치심을 느끼게 하는 사진, 동영상을 인터넷이나 사회 관계망 서비스(SNS)에 퍼뜨리는 행위는 '사이버 폭력'의 일종이라고 말할 수 있다.

7. 도덕 추론 과정에서 도덕 원리와 사실 판단에 이어 ㉠에 해당되는 것은 '도덕 판단'이다.

8. 고대 그리스 철학자로서, 인생의 궁극적 목적을 행복이라고 보고, 도덕적 행동을 습관화할 때 이러한 행복을 얻을 수 있다고 강조하는 사상가는 '아리스토텔레스'이다.

9. 친구 사이에서 느끼는 따뜻하고 친밀한 정서적 유대감을 '우정'이라고 한다.
④ '자애'란 부모님의 자녀에 대한 사랑을 의미한다.

10. 세계 시민이 갖추어야 할 자세에는 인류애, 연대 의식, 평화 의식 등은 필요하지만, 차별 의식을 지양해야 할 태도이다.

11. 이웃과의 관계에서 필요한 도덕적 자세로, ㄱ. 서로 대화하고 소통한다. ㄴ. 서로 양보하는 자세를 갖는다. 가. 적합한 도덕적 자세이다.

12. 정보 통신 매체 활용을 위한 덕목에서 절제, 존중, 책임 등의 자세는 필요하지만, 타인에게 해악을 끼치는 행위는 삼가야 한다.

* 정보화 시대에 요구되는 도덕적 자세 : 존중의 원칙, 책임의 원칙, 정의의 원칙, 해악 금지의 원칙

13. (가)에 들어갈 인물로, 인도의 대표적인 비폭력 불복종 운동가인 간디를 고를 수 있다.
간디는 영국의 식민 지배에 비폭력, 평화적으로 시민 불복종 운동을 이끈 인도 독립의 핵심 인물로 평가받고 있다.

14. 다문화 사회의 바람직한 태도로 '인류의 보편적 가치를 추구한다'를 고를 수 있다.
우리 문화만을 고집하거나 다른 문화에 대해 편견을 갖거나 문화가 다르다는 이유로 차별해서는 안 된다.

15. 마음의 평화를 얻기 위한 방법으로 '미움과 원한을 표출하기'는 적합하지 않는 방법이다.

16. 평화 통일을 위한 노력 중에서 남북한 신뢰를 형성해야 한다. 그리고 남북한의 동질성을 회복하고 군사적 긴장을 완화시켜야 하며, 남북 간의 경제적 불평등을 개선해야 할 것이다.

17. 평화적 갈등 해결 방법으로 '중재'란 제3자가 제시안 중재안을 무조건 따라야 하는 것이고, 가장 바람직한 해결 방법은 당사자 간의 '협상'에 이르는 것이다.

18. 과학 기술의 바람직한 활용 방안으로 ㉣에서 미래 세대와 현재 세대에 미치는 영향을 모두 고려해야 한다.

19. 성품과 행실이 높고 맑아 탐욕이 없는 상태를 '청렴'이라고 한다. 공직자에게 반드시 필요한 도덕적 자세라고 할 수 있다.

20. 통일 한국이 추구해야 할 가치로 민주, 자주, 정의 등이 있고, 독재는 추구해야 할 가치가 아니라 배제되어야 할 가치이다.

21. 제시문에 해당되는 국제 사회의 문제는 '환경 파괴'이다.

22. 바람직한 시민의 자질로, 애국심, 책임 의식 그리고 시민들의 적극적인 참여 의식이 있다.

23. 도덕적 성찰 방법으로 좌우명 정하기, 명상하기, 일기 쓰기 등이 있을 수 있는데, ③ 나쁜 습관을 반복하고자 다짐하는 것은 잘못된 태도이다.

24. 바람직한 국가의 역할로 공정한 법과 제도 마련, 국민의 생명과 재산 보호, 인간다운 삶을 위한 복지 제도 운영 등이 있다.

25. 환경친화적 삶을 위한 실천 태도로 일회용품 사용 줄이기, 가까운 거리를 이동할 때 걷기, 사용하지 않은 전기 플러그 뽑아두기가 있다.

기출문제집(중졸)

인쇄일	|	2024년 9월 27일
발행일	|	2024년 10월 4일
펴낸곳	|	도서출판 국자감
지은이	|	편집부
주소	|	서울시 영등포구 경인로77가길 16 부곡빌딩 401호(문래동2가)
등록번호	|	2022.12.22 제 2022-000150호
ISBN	|	979-11-982268-8-4 13370

한양 시그니처 관리형 시스템

#정서케어 #학습케어 #생활케어

관리형 입시학원의 탄생

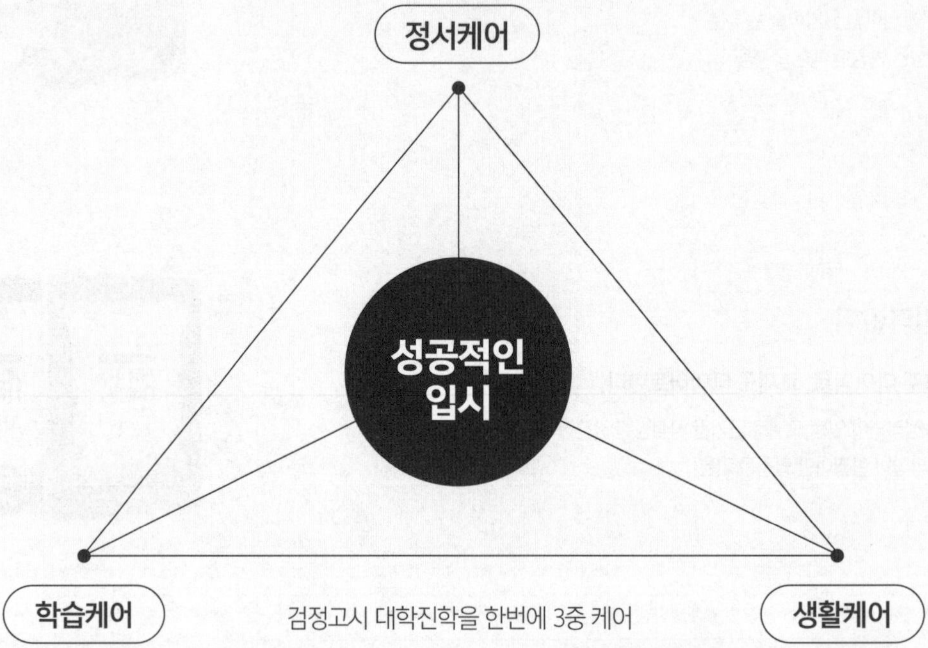

검정고시 대학진학을 한번에 3중 케어

정서케어

- 3대1 멘토링
  (입시담임, 학습담임, 상담교사)
- MBTI (성격유형검사)
- 심리안정 프로그램
  (아이스브레이크, 마인드 코칭)
- 대학탐방을 통한 동기부여

학습케어

- 1:1 입시상담
- 수준별 수업제공
- 전략과목 및 취약과목 분석
- 성적 분석 리포트 제공
- 학습플래너 관리
- 정기 모의고사 진행
- 기출문제 & 해설강의

생활케어

- 출결점검 및 조퇴, 결석 체크
- 자습공간 제공
- 쉬는 시간 및 자습실
  분위기 관리
- 학원 생활 관련 불편사항
  해소 및 학습 관련 고민 상담

HANYANG ACADEMY

| 한양 프로그램 한눈에 보기 |

· 검정고시반 중·고졸 검정고시 수업으로 한번에 합격!

기초개념	기본이론	핵심정리	핵심요약	파이널
개념 익히기	과목별 기본서로 기본 다지기	핵심 총정리로 출제 유형 분석 경향 파악	요약정리 중요내용 체크	실전 모의고사 예상문제 기출문제 완성

· 고득점관리반 검정고시 합격은 기본 고득점은 필수!

기초개념	기본이론	심화이론	핵심정리	핵심요약	파이널
전범위 개념익히기	과목별 기본서로 기본 다지기	만점 전략서로 만점대비	핵심 총정리로 출제 유형 분석 경향 파악	요약정리 중요내용 체크 오류범위 보완	실전 모의고사 예상문제 기출문제 완성

· 대학진학반 고졸과 대학입시를 한번에!

기초학습	기본학습	심화학습/검정고시 대비	핵심요약	문제풀이, 총정리
기초학습과정 습득 학생별 인강 부교재 설정	진단평가 및 개별학습 피드백 수업방향 및 난이도 조절 상담	모의평가 결과 진단 및 상담 4월 검정고시 대비 집중수업	자기주도 과정 및 부교재 재설정 4월 검정고시 성적에 따른 재시험 및 수시컨설팅 준비	전형별 입시진행 연계교재 완성도 평가

· 수능집중반 정시준비도 전략적으로 준비한다!

기초학습	기본학습	심화학습	핵심요약	문제풀이, 총정리
기초학습과정 습득 학생별 인강 부교재 설정	진단평가 및 개별학습 피드백 수업방향 및 난이도 조절 상담	모의고사 결과진단 및 상담 / EBS 연계 교재 설정 / 학생별 학습성취 사항 평가	자기주도 과정 및 부교재 재설정 학생별 개별지도 방향 점검	전형별 입시진행 연계교재 완성도 평가

D-DAY를 위한 신의 한수
검정고시생 대학진학 입시 전문
검정고시 합격은 기본!
대학진학은 필수!
입시 전문가의 컨설팅으로 성적을 뛰어넘는 결과를 만나보세요!
HANYANG ACADEMY
YouTube
HANYANG ACADEMY

OUR SERVICES

현지 관리
안심시스템

엄선된
어학연수교

전세계 1%대학
입학 프로그램

전문가
1:1 컨설팅

All In One
수속 관리

해외
어학연수
English Language Study

해외
인턴십
Internship

해외
대학유학
University Level Study

해외
초중고유학
Early Study abroad

해외
영어캠프
English Camp

24개국 네트워크 미국 | 캐나다 | 영국 | 아일랜드 | 호주 | 뉴질랜드 | 몰타 | 싱가포르 | 필리핀

국내 유학업계 중 최다 센터 운영!

감자유학 전국센터

강남센터	강남역센터	분당서현센터	일산센터	인천송도센터
수원센터	청주센터	대전센터	전주센터	광주센터
대구센터	울산센터	부산서면센터	부산대연센터	
예약상담센터	서울충무로	서울신도림	대구동성로	

문의전화 1588-7923